国家社科基金青年项目

"《四库全书》小说家类纂修研究"（21&ZD273）结项成果

张 玄 著

《四库全书》小说家类纂修考

中华书局

图书在版编目(CIP)数据

《四库全书》小说家类纂修考/张玄著. —北京:中华书局,2024.
11. —ISBN 978-7-101-16881-5

Ⅰ. Z121.5;I207.41

中国国家版本馆 CIP 数据核字第 2024YS0275 号

书　　名	《四库全书》小说家类纂修考
著　　者	张　玄
责任编辑	吴爱兰
装帧设计	刘　丽
责任印制	韩馨雨
出版发行	中华书局
	(北京市丰台区太平桥西里 38 号　100073)
	http://www.zhbc.com.cn
	E-mail:zhbc@zhbc.com.cn
印　　刷	三河市中晟雅豪印务有限公司
版　　次	2024 年 11 月第 1 版
	2024 年 11 月第 1 次印刷
规　　格	开本/920×1250 毫米　1/32
	印张 11¾　插页 2　字数 294 千字
国际书号	ISBN 978-7-101-16881-5
定　　价	68.00 元

目　录

序

谭　帆

　　前不久，张玄发来了他的书稿《〈四库全书〉小说家类纂修考》，此书即将由中华书局出版，希望我能写几句话作为序言。我当然非常愿意，也非常高兴。这部书不是张玄的博士论文，但开始写作是在他博士在读期间，毕业以后又断断续续从事这一项研究工作，直到2019年获批国家社科基金青年项目，方始全力以赴，完成了25万余言的著作，的确可喜可贺。

　　张玄来自东北辽宁，大学毕业于锦州师范高等专科学校，后短暂工作过，又考上了渤海大学的硕士，用今天的标准来衡量，属于出身不好的一类考生。好在他运气不错，那年的考生本来就不多，面试不知何故就来了他一个，所以在无人竞争的前提之下，张玄被顺利录取，成为华东师大中文系的博士研究生。读博数年，张玄非常用功，也以实际行动证明了自己的能力和价值。记得入学第一个学期，张玄递交的课程论文是《〈四大痴〉传奇考论》，这是一篇考据文章，考订评判了明人编辑的一部专题杂剧集《四大痴》（含"酒卷"李逢时《酒懂》、"色卷"无名氏《蝴蝶梦》、"财卷"徐复祚《一文钱》和"气卷"孟称舜《残唐再创》），这本杂剧集还没受到学界太多的关注，选题是有意义的，所以我给了他"文献尚可，理论一般"的八字评语。其实对他以后的发展还心中无底，但这篇文章也展露了他长于文献发现和考订的特长。果不其然，半年之后，待他交给我第二篇论文的时候，竟有点"惊艳"——选题、考订和文字都很出色。这篇题为《稀见〈三家村老委谈〉六种清代抄本考述》的论文原为李舜华老师的课堂作业,李老师授课喜欢学生做某位作家,或某本书,或某个专题的资料整理,以此提高学生的文献辑录和考订能力,是一个很好的培养方法。据说那门课上,李老师给的范围是《中国古典戏曲论著集成》,张玄选了徐复祚的《曲论》。于是就有了这篇文章,有了他学术研究论文发表的"处女作",且是发表在《文学遗产》(2015 年第 4 期)这样的权威期刊上,起点着实不低!还有了以后《徐复祚集》的编纂(谭帆、张玄主编,华东师范大学出版社 2021 年)。也许是有了这么一个"刺激",张玄的研究状态迅速提升。不久之后,就有了关于《四库全书》提要小说家类的系列考证文章。其中撰写最早的一篇文章应该是《上海图书馆藏〈四库全书总目〉残稿小说家类考》,发表在《文献》2019 年第 4 期。张玄的博士论文选择了晚明笔记体小说为研究对象,这是一个被动选择,因为从 2012 年开始,我带着学生一起在做国家社科基金重大项目"中国古代小说文体发展史",笔记体小说是其中的一个重要组成部分。通过上述回顾,我想要说明的是,张玄从事《四库全书》小说家类的研究是有基础的,因为无论是徐复祚《三家村老委谈》研究,还是晚明笔记体小说研究和《四库全书》小说家类的编纂研究都是以笔记体小说为对象,有其研究的一体性。

　　张玄的这部书之所以将《四库全书》小说家类的"纂修"作为研究对象,是在细致梳理研究史基础上的一次学术选择。作者指出,虽然学界对四库小说研究多有关注,但文史学界的研究各有"欠缺"和"不足"。如文学界的研究表现出紧守学科界限的特点,更多的是从具体的提要、作品和序文等方面来分析著录的思想观念;而史学研究则对小说家类的重视程度明显不足。因此总体来看,文史学界对于《四库全书》小说家类的纂修以及纂修背后的观念、分类等的研究尚显薄弱。作者认为,以《四库全书》的编纂过程为线索,对编纂过程中的采进、编校、抽毁等基本问题进行考索,可以梳理出《总目》小说观念和分类的生成史,是四库小说研究需要解决的一个较为重要的问题。这种研究观念的提出是有学术意义的,也能在史料和观念上提供许多新的研究路径和方法。据此,本书采用以问题为导向的方法,对具体问题予以专门的讨论。全书共设立十一章,前两章是对《四库全书》小说家类的"采进"与"禁毁"、"删改"与"编校"进行梳理分析,以此作为总论。第三章至第十一章是具体问题的分论,对现存稿、抄、刻本《总目》小说家类相关文献,以及部分纂修史料进行考辨和研究。虽然现存的几部《总目》稿本小说家类并不完整,相关史料也显得零碎,但作者花的功夫是很大的,所揭示的四库小说观念和著录体例的形成过程还是清晰的、富于成效的。通过对四库小说家类的纂修研究,作者进一步认识了清代小说观念的变更历史,从而为小说史和小说理论史的研究提供了坚实的历史文献基础。作者设立的研究目标是全面呈现《四库全书》小说家类的纂修过程,勾勒四库小说观念和著录体例的形成轨迹,由此揭示古代笔记小说的基本面貌,为小说史研究提供有益的补充;同时,对四库小说家类的纂修史料进行全面系统的搜集、整理和研究。客观地说,本书基本达到了这一要求,也基本实现了这一个目标。作者指出,本书作为一种非文学视角的古代小说研究,选择《四库全书》小说家类为个案是具典型意义的。四库小说家类及其提要是对古代小说发展的总结,有着较为系统的观念和分类。而以往的研究对四库小说家类的纂修过程却较少涉及。事实上,四库小说的纂修既是史学范畴问题,也是小说范畴的问题。在长达二十余年的纂修过程中,四库小说家类的编纂史,可看成是清代学者对古代小说性质、观念、地位等问题的思考和讨论,也侧面反映了古代小说和古代小说观念的发展历史。

张玄的下一个题目应该是对明清文言小说的整体研究,着重于文献,用他自己的话来说是"一种基于版本学的明清文言小说研究"。

这是他在博士学位论文《晚明笔记小说研究》基础上的延伸。他有一个"野心",试图对明清文言小说做出穷尽性的研究,也希望能写出一部以文献研究为主体的研究著作,我们期待张玄的《明清文言小说书录及版本研究》能顺利完成。

是为序。

2024 年 8 月

绪　论

一、四库小说纂修问题的发现

中国古代小说若以语体来衡量,可以分为文言和白话两类。从文学文体的角度,文言小说中又大致可为笔记和传奇两类。其中,笔记小说的范围与古典目录小说家类基本一致,故其所指代的小说,即是传统的中国古代小说,这部分小说一直是古代小说之正宗,也是精英知识分子经常提及的"稗官小说"。从"体"的角度来说,这部分小说代表着古代小说的正体,而后世小说家的创作无不体现着一种"尊体"的倾向。直至清末,西方思想以及文学观念不断引入,传统小说的正统地位开始动摇。此后经过梁启超、鲁迅、周作人等新文化学者对于西方文学思想的宣传,原本在古代并不被官方以及多数士大夫认可的白话通俗小说开始受到广泛的关注,而白话小说讲求人物、叙事、结构等特点,恰恰与西方文学观念中的小说多有相似之处,故而在当时的文化、政治运动的背景下,白话小说被推到了小说中心,甚至文学中心的地位,并被赋予了启迪民智的历史使命。"叙事"开始成为衡量是否为小说的重要标准。在这种西方文学观念的标尺下,传统的文言小说开始被抛弃,失去了应有的地位和话语权,甚至不少学者认为传统文言小说并非真正意义上的小说。鲁迅《中国小说史略》是古代小说研究的开山之作,正如其序言所说:"中国之小说自来无史;有之,则先见于外国人所作之中国文学史中,而后中国人所作者中亦有之，然其量皆不及全书之什一，故于小说仍不详。"①而鲁迅先生对于中国古代小说的认识以及所确立的研究范式，影响了之后的小说研究。古代小说研究明显侧重于白话通俗小说，传统文言小说常常受到冷落。这种"重白话轻文言"的研究格局，几乎让白话小说成为了中国古代小说的代名词，提及古代小说，则无非是《三国》《红楼》《水浒》《西游》。

在这种"重白话轻文言"的小说研究格局下，仍然有一些学者保持着清醒的头脑，尊重古代小说发展的史实。如胡怀琛、浦江清、朱一玄等，都对中国古代小说的性质，以及传统文言小说有着较为客观的描述。而古代小说研究格局的改观，则开始于20世纪80年代，一部分学者开始注意到小说研究中文言小说的缺失，进而开始了文献的整理以及文学角度的研究，如李剑国《唐前志怪小说史》、侯忠义《中国文言小说史稿》、吴志达《中国文言小说史》、陈文新《中国笔记小说史》等等，学者们对于传统文言小说的发展演变，以及重要作家、作品进行了系统的梳理。此时期对于文言小说的重视，也确实在一定程度上改变了古代小说研究的既有格局，但随着研究的深入，中西小说观念之间的巨大差异和小说研究的惯性思维让文言小说的研究进入到一个瓶颈期。事实上，文言小说研究的困境，也正是小说史研究急需解决的问题，如何解决文言小说在小说史中的地位，在史实与文学之间找到一个平衡点，似乎是一件非常棘手的事情。面对研究的现实，一些学者敏锐地发现，问题的症结似乎仍然来源于研究者所持的小说观念，虽然文言小说逐渐被重视，但相关研究者所持的观念仍然是西方以"叙事"为主的小说观念，这无异于戴着一副有色眼镜来看待中国古代文言小说，其研究所得结论自然有失客观。对此，刘勇强揭示出中国古代小说研究中出现的"以西例律我国小说"现象，

① 鲁迅：《中国小说史略》，上海古籍出版社，2006年，第1页。

并提出:"现在的问题是,用正确的理论与方法研究中国古代小说,是一个比以往更为紧迫的任务……由西方文学理论越俎代庖,僭越中国古代小说诠释的局面现在应该结束了。"①谭帆先生也说到:"今人以'虚构之虚实散文'观念来梳理和限定中国古代小说其实不符合中国小说之实际……20世纪以来中国小说研究的基本格局是'重白轻文'和'重传奇轻笔记',而形成这一格局的根本乃是'小说'与'novel'的对接,这一格局对中国小说研究产生了深远影响,中国现代学术史范畴的'小说'研究由此形成,同时也影响了现代小说的创作。然而,这一格局也在某种程度上使中国小说研究和创作与传统中国小说之'本然'渐行渐远。"②虽然两位学者的论述都是针对"重白轻文"的现象以及西方小说观念而言,但他们的担心之中,不乏对古代小说研究前景的忧虑,因为新世纪以来的小说研究的确有着某种困境,而这种研究的困境在近些年体现得尤为明显。

　　21世纪以来,中国古代小说研究似乎很难找到可以填补的学术空白,学术界可以为古代小说研究提供切实可行的新思路、新方法、新视角的论著并不多见。当然,在这种"困境"之中,学者们还是选择艰难前行,旧问题的新研、文献的发掘、小说海外的传播、文本细读等都是这一时期古代小说研究所取得的主要成就。与此同时,对古代小说研究进行深刻反思,也成为此时期值得注意的动向。但令人感到遗憾的是,在以刘勇强、谭帆、潘建国等学者为代表的对古代小说研究进行深刻反思的过程中,有不少学者因为自身的学科所限,其反思仍然是立足于文学体系,最终还是回归文学研究,从而导致一些学

---

① 刘勇强:《一种小说观及小说史观的形成与影响——20世纪"以西例律我国小说"现象分析》,《文学遗产》2003年第3期。
② 谭帆:《术语的解读:中国小说史研究的特殊理路》,《文艺研究》2011年第11期。

者在讨论中西小说观念差异的同时,时不时地还是流露出"纯文学"的思维方式。显然,这种反思并不彻底,也不能完全地做到"回归本土""回归历史的本来面目",更不能客观真实地反映古代小说发展的事实。笔者认为,要想客观、准确地揭示古代小说的发展过程,必须尊重史实和文献,回归古代学术体系,以古人普遍的小说观念为衡量标尺。因此,跨越学科的界限对于古代小说研究而言有着积极的意义,将古代小说研究从文学体系中抽离出来,站在历史和文献学的角度,合理运用其研究方式、方法来勾勒古代小说发展演变的过程,是一次有益的尝试。小说研究领域从来不缺乏文献和历史的研究,但研究者基本都将文献考辨和历史思维作为一种工具,其目的还是为文学研究服务,具有强烈的文学思维,并不是完全意义上的"旁观者"视角。而站在历史和文献的"旁观者"角度来考查小说史,其所具有的客观与冷静是原本文学研究所不具备的。正所谓"他山之石,可以攻玉"①。

---

① "古典学"概念近年来颇为流行,即相对于现代学术的中国古典学术。而"古典学"作为一个学科概念被提出,实际上是从中国古代自有的学术体系出发,意在重建中国古典学体系。事实上,"古典学"的学科建设思路与笔者所进行的古代小说研究思路是基本一致的,都是回到传统的学术体系之中进行问题的探讨。钱志熙在《古典学:中国古典学术的绍续与发展》(《名作欣赏》2022年第34期)一文中说道:"子学之盛,虽然是在春秋战国,但中国古代创作子书的著作形式,历汉魏六朝迄宋元明清,一直未断。汉魏子书之多,自不待言。唐宋元明清,子书虽衰而仍在。更重要的是,子书创作的基本原则,即'立说',在文史各领域有很大的发展。而子部之末'小说家'所衍生的整个中国古代的笔记、小说传统,更可称蔚为大观。之所以将'小说'归入子书一部,其根本在明道,所以中国古代的小说,尽管思想有纯杂,艺术有高低,但始终没有完全脱离伦理性的立场。这些都是中国古典学术的性质所决定的。我们现在主要以西方引入的艺术观念来理解、评价中国古代的小说,而忽略了其原本子家立言、寓教于乐的本质,自然无法对中国古代小说、戏曲的价值作出准确的评价。"

作为一种非文学视角的古代小说研究,《四库全书》小说家类是颇具典型意义的案例,四库小说既是对古代小说发展的总结,有着较为系统的观念和分类,又存在于《四库全书》所代表的传统学术体系之中。而以往的四库小说研究,多采取文学研究的视角、方法,主要集中在《四库全书总目》,尤其是观念、分类、作品以及传播等问题上,对于四库小说家类的纂修过程却甚少涉及。事实上,四库小说的纂修,既是史学范畴中的史实问题,同时在长达二十余年纂修过程的背后,纂修官们不断地修订,即四库小说家类的编纂史,也侧面反映了古代小说的发展史,以及清代学者对古代小说性质、观念、地位等问题的思考和讨论。这些问题之于小说研究,不但可以弥补四库小说研究的缺失,同时还能还原一段真实的小说史。

二、前人研究述评与相关问题的思考

《四库全书》小说家类的纂修问题,对于我们认识四库小说观念和著录体例的形成有着至关重要的作用,学界研究尚显薄弱。以往对于《四库全书》以及《四库全书总目》的研究,文学界侧重于文体观念的分析,而史学界多是对四库纂修过程进行宏观地把握。虽然目前对该问题的直接研究成果较少,但文史学界的相关性研究仍然具有重要的启发意义。

从文学研究来看,大致以20世纪80年代为界分为两个阶段,而前一个阶段又可分为清代和民国两个时期:首先,在《四库全书》和《总目》成书之后,清人笔记中多有谈及《四库全书》的纂修,如法式善《陶庐杂录》、江藩《炳烛斋杂著》、陈康祺《郎潜纪闻》等,均具有一定史料价值。其次,民国时期在论文方面对纂修多有涉及。如费自圻《四库全书的编纂及其内容》、伯昭《清高宗对于四库纂修之督课》、容媛《〈四库全书〉纂修考》、南湖《〈四库全书〉之纂修及庋藏》等。上述研究成果,虽然不是直接涉及四库小说的纂修问题,但却是从整体上对《四库全书》纂修过程中的疏漏进行订补,均不乏参考价值。

后一个阶段是从 20 世纪 80 年代之后,随着"四库学"的兴起,四库小说也开始更多地为小说研究界所关注,此时期除了少数如潘建国《中国古代小说书目研究》(上海古籍出版社,2005 年)、吴哲夫《〈四库全书〉子部"小说家类"图书著录之评议》(《故宫学术季刊》1995 年第 1 期)从宏观角度对四库小说家类著录观念、分类、不足等方面进行研究以外,大多数研究者则是选择从具体问题入手,这类研究分为三类:一是著录观念和思想研究。论文有程国赋、蔡亚平《论〈四库全书总目〉"小说家类"的著录标准及著录特点》(《明清小说研究》2008 年第 2 期),吴承学、何诗海《论〈四库全书总目〉的文体学思想》(《北京大学学报》2007 年第 4 期),关四平《〈四库全书总目〉对唐代小说的著录与研究》(《学术交流》2021 年第 11 期),苗怀明《浅论〈四库全书总目〉视野中的古代通俗文学》(《长江学术》2015 年第 2 期)等。二是对著录作品的研究。论文有李昭鸿《〈四库全书〉之异文现象——以文渊阁、文津阁本〈古今说海〉"说选部"为讨论范畴》、张国风《文渊阁四库本〈太平广记〉底本考索》(《社会科学战线》1995 年第 3 期)、吴晗《〈四库全书总目〉之〈开元天宝遗事〉提要辨证》(《中国典籍与文化》2020 年第 2 期)等。三是以传播为视角,主要对四库小说的禁毁进行研究。单篇论文有王颖《乾隆时期小说禁毁的特点》(《郑州航空工业管理学院学报》2012 年第 6 期)、赵维国《论乾隆之际小说禁毁的文化管理政策》(《中国文学研究》2005 年第 4 期)、任芯颖《小说禁毁的"涟漪效应"及其在流通史上的意义》(《明清小说研究》2021 年第 1 期)、赵振祥《从〈四库全书〉小说著录情况看乾嘉史学对清代小说目录学的影响》(《明清小说研究》1999 年第 1 期)等。此外,还有一些论文是从思想、文化的角度来对《四库全书》以及《总目》小说进行研究分析,如赵涛《〈四库全书总目〉的小说思想探源》(《河南大学学报》2017 年第 4 期)、罗立群《古代武侠小说对"剑术"的表现及其文化意蕴》(《南开学报》2006 年第 6 期)等。

学位论文有任芯颖《纂修〈四库全书〉期间小说禁毁现象研究》(四川师范大学 2015 级硕士论文)、周广玲《纂修〈四库全书〉对〈阅微草堂笔记〉创作的影响》(南京师范大学 2008 级硕士论文)、杨润东《〈四库全书总目〉"说部"研究》(山东大学 2021 级硕士论文)、吴文庆《〈四库全书总目〉明小说家类提要研究》(西南大学 2020 级博士论文)等。以上硕博论文都直接关注到了四库小说家类的纂修问题,虽然只是涉及其中的一个方面,但足以说明四库小说研究的深化。

四库小说研究虽然备受关注,但文学界的研究仍然表现出紧守学科界限的特点,更多的是从具体的四库提要、作品、序文出发来分析著录的观念、思想,对于纂修史实方面较少涉及。

从史学研究来看,关于《四库全书》的纂修问题,一直是"四库学"研究的重点,多为清史研究者所关注。他们或是从整体上研究《四库全书》的编纂过程,或是对相关文献进行考辨,史学界整体上更侧重于《四库全书》和《四库全书总目》史实的研究,对内容、分类、观念等文学问题较少涉及。专著方面有郭伯恭《四库全书纂修考》(上海书店出版社,1992 年)、黄爱平《四库全书纂修研究》(中国人民大学出版社,1989 年)、司马朝军《〈四库全书总目〉编纂考》(武汉大学出版社,2005 年)、吴哲夫《〈四库全书〉纂修之研究》(台北故宫博物院,1990 年)、江庆柏《〈四库全书荟要〉研究》(凤凰出版社,2018 年)、夏长朴《四库全书总目发微》(中华书局,2020 年)、张升《四库全书馆研究》(北京师范大学出版社,2012 年)、宁侠《四库禁书研究》(商务印书馆,2018 年)等。论文有金梁《四库全书纂修考跋》(《东方杂志》1924 年第 21 卷第 9 号)、陈垣《〈四库全书〉编纂始末》、刘浦江《〈四库全书初次进呈存目〉再探——兼谈〈四库全书总目〉的早期编纂史》(《中华文史论丛》2014 年第 3 期)、王菡《国家图书馆所藏〈四库全书总目〉稿本述略》(《文学遗产》2006 年第 2 期)、崔富章《文澜阁〈四库全书总目〉残卷之文献价值》(《文献》2005 年第 1 期)、夏长朴《〈四库全书初次进呈存目〉初探——编纂时间与文献价值》(《汉学研究》2012 年第 2 期)、《重论天津图书馆藏纪昀删定〈四库全书总目〉稿本的编纂时间》(《湖南大学学报》2016 年第 6 期)、琚小飞《四库全书早期编纂史事新探——基于〈四库全书馆校档残本〉的研究》(《文献》2022 年第 3 期)等。史学界的研究着重在史实的发覆,有些学者选择从具体作品入手,进行以小见大的研究,但多选择更具典型意义的经、史两部文献作为切入点,"小说家类"并不为研究者所重视。

近年来学者们开始关注"四库部类"和"四库断代专项"纂修的研究,刘玉珺《四库唐人文集研究》则是国内较早的"四库断代专项"研究,以四库唐人文集的编纂为基础,进而对唐人文集从唐至清的发展演变进行梳理,颇具新意。此类研究还有北京大学陈恒舒的博士论文《四库全书清人别集纂修研究》,在借鉴前者研究思路的同时,更加注重于纂修过程的探讨。论文方面有宁夏江《〈四库全书总目〉子部术数类著目纂修疏略及原因分析》(《图书馆工作与研究》2013 年第 11 期)、许超杰《〈四库全书〉提要文本系统例说》(《文献》2020 年第 6 期)。此外,学者们也将研究的视野扩大到《四库全书》纂修的相关文献上,如琚小飞《〈四库全书考证〉的编纂、抄写及刊印》(《中国典籍与文化》2018 年第 1 期)、江庆柏《陆费墀〈四库全书荟要〉纂修》(《浙江师范大学学报》2016 年第 6 期)、琚小飞《〈四库全书简明目录〉版本考》(《史学史研究》2022 年第 3 期)等。

除了研究论著外,四库学相关文献的刊布,也为研究提供了基础。如杜泽逊《四库存目标注》(上海古籍出版社,2007 年)、《四库提要著录丛书》(北京出版社,2011 年)、罗琳主编《四库全书底本丛书》

（文物出版社,2019 年）、纪昀等纂《四库全书总目稿抄本丛刊》（上海科学技术文献出版社,2021 年）等。

　　无论是在文学界还是史学界,相关研究成果都颇为丰富,但仍然存在继续开拓的空间。从整体上来看,一方面"四库学"大有被"四库总目学"取代之趋势,忽略了《四库全书》纂修之相关问题。另一方面,我们的研究有时候容易"偏于一隅"或"浮于表面"。文学和史学的研究方法各有长短,单独从一个学科进行研究难免会固守于一隅,甚至产生重复劳动的现象,如果能将文、史研究方法相互结合,不仅能够扩宽研究视野,而且能丰富研究的层次。对于《四库全书》小说家类纂修研究而言,现有的研究成果在方法和思路上给我们提供了可供参考的范例以及丰富的史料,但仍然缺乏全面系统的研究。文学方面,四库小说的研究基本局限在《总目》之中,而且往往集中在观念、体制、传播等外在问题上。事实上,我们只知其然而未知其所以然,诸如四库小说家类纂修的相关史实、小说观念和著录体例的形成过程、不同版本的内容和提要之间的差异等,类似的问题始终"悬而未决"。史学方面,现有研究成果大多是对《四库全书》纂修过程的宏观梳理,以及《总目》相关基本文献的考辨,重在史实的钩沉。即便是个案研究,也以经、史文献为主,"小说家类"并未获得足够的关注。针对目前的研究状况,打破学科的固有界限,将文学、史学、文献等相关学科相结合的研究方式势在必行,跨学科研究不仅能够拓宽小说研究的视野,还能达到"他山之石"的效果,从一个相对客观的角度来观照古代小说的发展演变。

　　综上所述,文学界和史学界对于《四库全书》小说家类的纂修研究尚显薄弱,故而本书试图以《四库全书》的编纂过程为线索,对编纂过程中的采进、编校、禁毁等基本问题进行考索,并梳理《总目》小说观念和分类的生成史。

三、研究方法与路径

关于《四库全书》小说家类纂修的研究思路，笔者认为应该做到以下几个方面：首先，全面地掌握现有的《四库全书》以及《四库全书总目》的研究成果，避免重复劳动。其次，对现存《总目》稿本和四库小说底本进行全面的搜访工作，并对这些资料进行整理，写成经眼录。再次，充分利用现已出版和国内外藏书机构公开的数据库、影像资料库，拓宽资料搜寻的视野，特别是在四库馆供职人员的文集、书札、笔记等文献中尽可能地搜集相关资料。最后，在对文献比较研究的基础上，试图从小说家类的纂修背景、编校过程、观念生成等方面切入，全面呈现其纂修史实，进而分析四库小说观念产生的原因，以便帮助我们深刻认识和思考清代小说观念以及中国小说史之相关问题。

本书内容大致可分为两个部分：一是将《四库全书》小说家类的纂修作为研究对象，以小说家类的纂修过程作为线索，深入探讨四库小说家类文献的采进、筛选、编校、删改、禁毁等一系列问题。二是尽可能清晰地呈现《四库全书总目》小说家类长达二十余年的修订过程，亦即小说观念和分类的生成史。对现存《总目》稿本、诸阁本书前提要、《四库全书简明目录》提要以及其他版本提要和相关史料进行全方面地研究，揭示《总目》修订和提要差异背后真实的原因。通过对四库小说家类纂修的深入研究，以其作为视角，来观照四库纂修的史实，为"四库学"的研究提供一个可供参考的视角。与此同时，进一步认识清代小说观念，为中国小说史和小说理论史的研究提供坚实的历史文献基础。在研究思路上，本书既从"四库学"出发，揭橥小说家类纂修之相关史实，又从文学的视角来分析四库小说思想观念的演变过程，从中窥探中国古代小说的本质特征。为中国古代小说的跨学科研究提供切实可行的发放和思路。本书研究之目标，是全面而清晰地呈现《四库全书》以及《四库全书总目》小说家类的纂修过程，勾勒四库小说观念和著录体例的形成轨迹，正确揭示中国文言小说的基本面貌与清代文言小说的观念认识，对"四库学"和小说史研究方面的不足之处做一次有益的补充。并对四库小说家类的纂修史料进行一次全面、系统的搜集、整理以及比较研究。

　　基于上述研究思路和目标，以及研究内容之自身特点，本书将采取跨学科的研究方式，打破文学、文献学、史学三个学科之间的原有界限，将有利于问题的解决作为选择研究方法、视角、思维的方向。以史料文献为基础，在对《四库全书》和《四库全书总目》小说家类纂修过程的史实进行梳理研究的同时，将《总目》小说家类的思想观念和著录体例的生成作为考察重点，并从文学的角度反观《四库全书》的纂修。在研究方法上，针对此前学界研究所存在的不足，即小说研究较少涉及纂修，而四库研究对小说多有忽略。注重对相关文献的考辨，全面系统收集《四库全书》和《总目》小说家类纂修的相关史料，并对其进行比较分析、考订辩证，力图做到言之有据，不坠空谈。跨学科的研究方式，将纂修史实的呈现和思想观念的分析相结合，拓展了"四库学"和小说的研究视野，为跨学科研究提供新的思路。对四库小说家类纂修史料进行一次全面的搜集和整理。特别是在访书经眼的基础上，对四库小说底本的版本情况进行详细的著录和研究。

　　根据四库小说家类在多个学科的研究现状，能够看到四库小说家类纂修的相关史料尚有待全面搜集，而与纂修相关问题若干基本问题也急需进行深入探讨。结合学界研究现状和研究内容的特点，本书将采用以问题为导向，对具体问题采取专论的形式。前两章对《四库全书》小说的采进与禁毁、删改与编校进行分析，通过文献的研究与比勘，揭示四库纂修官对底本的选择、具体修订及其背后的原因，并结合其他史料分析影响纂修官选择小说的因素。在四库小说禁毁方面，由于学界研究成果丰富，虽然涉及小说不多，但基本问题与其他部类文献差异不大。所以这一部分主要是针对笔者发现的新材料进行个案研究,由此来了解小说的禁毁。三至十一章是对现存稿、抄、刻本《总目》小说家类相关文献以及《四库全书简明目录》小说提要的考辨和研究。在《总目》长达二十余年的修订历史中,四库小说观念和著录体例的形成经历了一个复杂、曲折的过程。本部分内容将研究揭示这一形成过程和原因,同时通过小说家类的个案来进一步认识《四库全书》的纂修。附录一《四库小说底本知见书录》是对海内外现存四库小说底本、进呈本的搜集,并进行版本的著录与研究。其中包括一些稀见小说底本以及新发现的四库小说提要分纂稿。附录二是一篇旧作,此文从文献出发,尝试去解决"笔记小说"的概念问题,因笔者认为笔记小说和传统目录学意义上的小说是同一种文体,只是称呼不同而已,所以该文章对笔记小说概念的考索,也是对古代小说观念的思考,同时是本书研究任务之一,因为都是关于小说观念的讨论,故将旧作附于此,两篇文章殊途同归,这是一种继承与批判共存的思考。附录三是从中国古代小说的史实与文献出发,对其文体属性和特征进行的思考,同时也是对本书研究内容的呼应。传统古代小说(子部小说)既然不是今之文学作品,那么今之文学研究方法自然不能完全适合于古代小说研究,而从史学和文献学角度来考查古代小说或许是一种积极的尝试。

事实上,今人基本将笔记小说等同于古代子部小说家类著录的那些作品,也就是古人眼中的小说,并将其与传奇、话本、章回并立,视为中国古代小说的四种文体,"笔记小说"概念的提出,为文学文体角度的古代小说研究提供了方便,较好地做到了古与今的结合。虽然"笔记小说"概念的本身仍然存在诸多模糊之处,但此是由古代小说自身特点所决定的,而这一文体概念自清末民国初年提出后,至今一直为图书馆古籍著录和文史学研究所接受,得到了广泛的应用,故学术研究也不可因噎废食。从史实和文献出发,去总结古代小说观念的发展变迁,一直是笔者努力的方向之一。但在实际研究过程中,相关资料众多,且大都是感发式的片言只语,这些材料是否代表了作者的真实想法?是否可靠?又代表了多大范围群体的看法?从群体的角度,作者代表的是士大夫精英知识分子、底层知识分子,还是粗通文墨的乡绅?普通民众对于小说有何看法?这些问题在研究古代小说观念时都需要考虑,但在实际的研究中往往挂一漏万,难得周全。但笔者认为,通过一系列对不同时代、不同群体小说观念的研究,会让我们更接近事实的真相。

第一章　四库小说采进与禁毁考述

四库开馆之后进行了数年的征书活动,这些征集而来的图书成为了编纂《四库全书》的主要来源。但由于种种原因,四库馆所采进之书并没有全部收入《四库全书》或是《四库全书总目》(后简称《总目》)存目之中。纂修官对采进之书的择汰也是一种文体观念的表现,这对于我们研究四库小说的分类和观念的形成史颇具参考意义。而在《四库全书》编纂的同时,开展了大范围查毁违禁之书的活动,四库禁毁是四库学研究中一个备受关注的问题,以往研究者多用力于禁毁小说的搜集整理上,而对四库禁毁相关史实的探讨稍显薄弱。笔者通过访书,发现多种地方刊印的禁毁书目没有受到学界足够的关注,但它们对于研究四库禁毁在地方基层的施行以及各级官府具体的禁毁活动有着重要的意义,值得研究者的注意。本节将结合史料文献,分析四库开馆之后采进小说的情况以及采进小说的来源和特点,并对未能入选《总目》之书进行分析,揭示其原因。同时根据所发现的史料文献,对四库禁毁史实试做补充。

第一节　四库小说的采进

《四库全书》开始编纂之后,四库馆开始了征书活动,但最初征书并不顺利,藏书家多持以观望的态度,未能够积极响应官府的号召。清高宗见此状,即下发谕旨,采用了恩威并施的方式,乾隆三十八年

(1773)十一月十七日《贵州巡抚觉罗图思德奏遵旨再行查访黔省实无遗书折》中说到:"揆之事理人情,并无阻碍,何观望不前,一至于此! 必系督抚等因遗编著述,非出一人,疑其中或有违背忌讳字面,恐涉乎干碍,预存宁略毋滥之见,藏书家因而窥其意指,一切秘而不宣。甚无谓也! 文人著书立说,各抒所长,或传闻异辞,或纪载失实,固所不免。果其略有可观,原不妨兼收并蓄。即或字意触碍,如南北史之互相诋毁,此乃前人偏见,与近时无涉,又何必过于畏首畏尾耶!朕办事光明正大,可以共信于天下,岂有下诏访求遗籍,顾于书中寻摘瑕疵,罪及收藏之人乎? 若此番明切宣谕后,仍似从前疑畏,不肯将所藏书名开报,听地方官购借,将来或别有破露违碍之书,则是其人有意隐匿收存,其取戾转不小矣!"①经过清高宗的这道谕旨以及一系列相应措施,各地方的藏书家才纷纷献书出来,所献书籍,均经过登记造册,并盖有一方特殊的木记,以便《四库全书》编纂完成之后的发还工作。

　　小说在古代的学术体系中一直处于稗官小道的地位,并不为传统知识分子所重视。作为《四库全书》一部稽古右文的盛世大典,小说自然无法与经、史相提并论,甚至集部中某个朝代或某一类的文献体量也远远超越小说家类,如集部中仅清代别集就有 620 部,可见小说并非是《四库全书》重点收录的部类。小说虽然无法与经、史相比,但仍然可以起到"资考证""广见闻""益教化"的作用,所以我们看到《总目》小说家类仍然收录了三百余部作品。具体来看,《总目》著录了 123 部,存目 196 部,合计 319 部。关于四库小说的来源,我们可以通过《总目》和《四库采进书目》来进行考察,《四库采进书目》著录了四库馆采进小说四百余部,除了一书多个版本的作品外,四库采进

---

①　中国第一历史档案馆编:《纂修四库全书档案》,上海古籍出版社,1997 年,第185 页。

文献的数量要多于《总目》著录的作品。至于为何大量采进之书未能出现在《总目》之中，笔者认为大致原因有三：一、随着四库纂修的深入，查禁违碍之书的工作也逐渐展开，部分小说由于内容涉及违碍而遭到禁毁。二、采进之书内容不完整，无法撰写提要，故纂修官未予收录。三、部分采进小说不符合四库小说的文体观念，因而无法著录。

关于四库小说的采进本来源，《总目》所注文献来源要比吴慰祖《四库采进书目》更为完整，我们首先分析《总目》注明的采进来源，兹列表如下：

来源		著录	存目	合计	
通行本		0	2	2	
内府藏本		45	17	62	
永乐大典本		11	8	19	
各省采进本	江苏巡抚采进本	14	7	21	125
	两江总督采进本	6	11	17	
	两淮盐政采进本	4	24	28	
	河南巡抚采进本	1	1	2	
	江西巡抚采进本	3	4	7	
	安徽巡抚采进本	2	3	5	
	浙江巡抚采进本	5	37	42	
	福建巡抚采进本	0	1	1	
	山东巡抚采进本	0	3	3	
	湖南巡抚采进本	0	1	1	
私人进呈本	兵部侍郎纪昀家藏本	6	1	7	
	浙江范懋柱家天一阁藏本	3	22	25	

来源		著录	存目	合计	
私人进呈本	两淮马裕家藏本	4	4	8	109
	副都御使黄登贤家藏本	1	2	3	
	浙江鲍士恭家藏本	14	9	23	
	左都御史张若溎家藏本	1	1	2	
	内阁学士纪昀家藏本	1	0	1	
	编修程晋芳家藏本	1	10	11	
	编修汪如藻家藏本	1	3	4	
	编修励守谦家藏本	0	6	6	
	浙江朱彝尊曝书亭藏本	0	1	1	
	浙江孙仰曾家藏本	0	1	1	
	浙江吴玉墀家藏本	0	2	2	
	浙江郑大节家藏本	0	3	3	
	浙江汪汝瑮家藏本	0	1	1	
	大学士英廉家藏本	0	2	2	
	大学士英廉购进本	0	7	7	
	浙江汪启淑家藏本	0	2	2	
合计		123	196	319	

由上表可知,《总目》所注四库小说来源总体上是以各省的进呈本为主,其次是私人进献本,最后是宫内藏本。私人进献,多为参与四库全书纂修的在京官员。从地域分布来看,各省采进本中,江、浙地区进呈书数量为诸省之最,这也从侧面证明了江、浙地区文化的发达。私人进献方面,浙江范氏天一阁贡献图书最多,其次是同省的鲍廷博,再次是编修程晋芳和总纂官纪昀。纪昀本身就是一位优秀的小说家,从《阅微草堂笔记》中可知,其对古今小说非常熟悉,这很可

能源自于纪氏丰富的小说收藏，故其进献多部小说并不奇怪。与各省进呈小说比例相似，私人进献也以江、浙文人藏书家为主。现将《采进书目》中记录的小说采进情况列表如下：

采进书目		数量	合计
直隶	直隶省呈送书目	2	2
江苏	江苏省第一次书目	35	43
	江苏省第二次书目	8	
两江	两江第一次书目	29	41
	两江第二次书目	10	
	两江总督高第三次进到书目	2	
两淮	两淮盐政李呈送书目	26	98
	两淮盐政李续呈书目	55	
	两淮盐政李呈送书目	6	
	两淮商人马裕家呈送书目	4	
	两淮商人马裕家呈送书目	2	
	两淮商人马裕家呈送书目	5	
浙江	浙江省第一次书目	0	
	浙江续购书	3	
	浙江省第二次书目	2	
	浙江省第三次书目	2	
	浙江省第四次孙仰曾家呈送书目	0	
	浙江省第四次吴玉墀家呈送书目	11	
	浙江省第四次鲍士恭呈送书目	37	
	浙江省第四次汪启淑家呈送书目	2	
	浙江省第四次汪汝瑮家呈送书目	3	

采进书目		数量	合计
浙江	浙江省第五次范懋柱家呈送书目	31	130
	浙江省第五次曝书亭呈送书目	4	
	浙江省第五次郑大节呈送书目	1	
	浙江省第六次呈送书目	17	
	浙江省第七次呈送书目	6	
	浙江省第八次呈送书目	1	
	浙江省第九次呈送书目	0	
	浙江省第十一次呈送书目	4	
	浙江省第十二次呈送书目	6	
安徽	安徽省呈送书目	12	12
山东	山东巡抚呈送第一次书目	4	5
	山东巡抚第二次书进书目	1	
山西	山西省呈送书目	1	1
河南	河南省呈送书目	2	2
陕西	陕西省呈送书目	0	0
江西	江西巡抚海第一次呈送书目	0	2
	江西巡抚海第二次呈送书目	2	
	江西巡抚海第三次呈送书目	0	
	江西巡抚海第四次呈送书目	0	
	江西巡抚海续购书目	0	
	六次续采	0	
湖南	湖南省呈送书目	0	0
	湖南续到书	0	

续表

采进书目		数量	合计
湖北	湖北巡抚呈送第一次书目	0	1
	湖北巡抚呈送第二次书目	0	
	湖北巡抚呈送第三次书目	1	
福建	福建省呈送第一次书目	1	2
	福建省呈送第二次书目	0	
	福建省呈送第三次书目	0	
	福建省呈送第四次书目	0	
	福建省呈送第五次书目	0	
	福建省呈送第六次书目	1	
广东	广东省呈送书目	0	0
云南	云南省呈送书目	0	0
衍圣公交出书目		0	0
总裁于交出书目		2	2
总裁王交出书目		2	2
总裁张交出书目		1	1
总裁曹交出书目		0	0
总裁李交出书目		0	0
编修励第一次至六次交出书目		2	2
编修庄交出书目		0	0
庶吉士邹交出书目		0	0
庶吉士王交出书目		0	0
庶吉士庄交出书目		0	0
督察院副都御使黄交出书目		8	8
工部候补员外郎冯交出书目		0	0

采进书目		数量	合计
内阁侍读严交出书目		0	0
内阁侍读沈交出书目		0	0
翰林院孔目熊交出书目		0	0
国子监学正汪交出书目		6	6
侍读纪交出书目		3	3
吏部主事程交出书目		0	0
编修朱交出书目		2	2
编修徐交出书目		0	0
编修郑交出书目		0	0
编修励交出书目		0	0
翰林院检讨萧交出书目		0	0
礼部侍郎金交出书目		0	0
翰林院庶吉士王交出书目		0	0
提调张交出书目		0	0
提调刘交出书目		0	0
冼马刘交出书目		0	0
奉天送到书目		0	0
武英殿	武英殿第一次书目	6	15
	武英殿第二次书目	9	
江苏采辑遗书目录简目		25	25
浙江采集遗书总录简目		32	32
合计			419

《采进书目》中所录小说采进情况,地域上与《总目》无异,均以江、浙为主,而《采进书目》中两省贡献小说的比例更大,几乎占全部

进呈小说的 70% 以上。《采进书目》中大多数的采进书单都没有具体的分类，而小说在内容上又具有博杂的特征，所以难免与杂史、杂家相混，我们在统计数据时选择的是一种比较谨慎的方案，其实际数量或许多于此次统计。不过江苏和浙江的采集遗书总目都明确有小说家类，其中所著录的小说显然与我们今天通行的小说观念有着很大的差别，显现出非常博杂的一面，而这种小说观念与古代小说的实际颇有相近之处。与《采进书目》不同的是，《总目》中体现的小说观念，明显是将小说范围缩小了许多。实际上，这是纂修官看到古代小说常与杂史、杂家相混的事实，而试图将小说的概念变得更为严谨、客观，突出小说的文体特征。所以我们在《总目》提要中经常看到纂修官对小说之"体"的强调。

关于四库采进之书的研究，以往我们大多借助于吴慰祖编订的《四库采进书目》，此书是在 1921 年涵芬楼排印《进呈书目》的基础之上重新校订之后编纂而成的，为我们了解四库采进的实际情况提供了宝贵的资料。此外，清沈初等撰《浙江采集遗书总录》也是以往学者们参考的重要资料。两部采进书目均著录了不少小说作品，在著录方式上，《浙江采集遗书总录》颇具特色，此书有一个较为独特的"说类"，此类之下又分为：总类、文格诗话、金石书画、小说。以"说"分类很容易让人联想到小说，但仔细分析其所著录之书，文格诗话和金石书画都不能列入小说类，而总类和小说两类属小说文献无疑，但从古代书目的小说著录情况来看，我们也能看到一些书目的小说家类不乏类似诗话、金石、书画等文献的出现，这也体现出古代小说的博杂。而"说"本身也是古代文体中的一类，《文心雕龙》第十八篇《论说》中就对"说"这种文体进行过论述，大多为议论之文。直到明代我们还能看到明人文集中还有"说"这一文类的出现。所以在《总录》中"说"似乎是一个囊括小说的大类。总之，这种著录方式正说明了古今小说观念的差别。近年来，随着新文献的不断发现，让我们对四库采进书目的情况有了更为深刻的认识。在新见文献中以下几部文献价值最为突出：上海图书馆藏翁方纲稿本《说部杂记》，此书包括十七篇小说札记和三篇集部提要，此书内容不见于澳门中央图书馆藏《翁方纲纂四库提要稿》，两书在诸多方面都颇为相似，同为翁方纲纂修四库提要之相关手稿。南京图书馆藏翁方纲《纂校四库全书事略》，该书分为上、下两册。上册书衣题"四库全书纂校事略"，下册书衣题"苏斋纂校四库全书事略"，下册为翁氏纂办《四库全书》的校阅书单，首为"闰三月十六日同诸公敬阅内发书单，商定应刻者凡二十种"。次为"应抄者凡四百七十四种"，包含南书房、武英殿做书作库、御书房、斋宫、圆明园诸处书单。次为"另圈拟备刻者十二种"。次为"应诸公恭阅者一百零八种"，包含南书房、武英殿做书作库、御书房、瀛台等处书单。次为"另圈总书目六种"。次为"另点出应商酌者一百一十九种"。并附有与程晋芳书一通、一份查核书目。国家图书馆藏翁方纲稿本《覃溪杂抄》，该书包括一批内府访书单：御书房、南书房、懋勤殿、清漪园、静明园、畅春园、斋宫、古董房、瀛台、画舫斋、圆明园、天禄琳琅、续天禄琳琅、景阳宫、摛藻堂、五所前库、五所前库书籍、御书房撤下书籍。哈佛大学燕京图书馆藏《乾隆代呈进书目》，著录了包括曝书亭、小山堂、鲍士恭、吴玉墀、汪启淑、孙仰曾、汪汝瑮、范懋柱、郑大节等浙江籍藏书家进呈书目，共计 260 余种。该目对我们了解浙江进呈小说情况颇具参考价值。国家图书馆藏姚鼐稿本《惜抱轩四库馆校录书题》，此书收录提要稿 91 篇，其中包含 4 篇小说提要稿，分别是：《却扫编》《桯史》《辍耕录》《西溪丛语》。台北"中研院"历史语言研究所傅斯年图书馆藏《四库馆进呈书籍底簿》，此书为乾隆抄本，10 册。包括：两淮商人马裕、两淮盐政李质颖呈送书目；总裁、编修、翰林、内阁、吏部等官员交出书目；浙江第四次书目中汪启淑、汪汝瑮、孙仰曾家呈送书目，第五次范懋柱呈送书目；江苏呈送书目；浙江省第五次书目中曝书亭书目、郑大节呈送书目，第四次吴玉墀、鲍士恭呈送书目;武英殿第一、二次书目;奉天、直隶、广东、安徽、河南、山西、福建等省呈送书目;两江第一次、第二次、第三次呈送书目;浙江第一、二、三(曝书亭书十四种、小山堂书六种)、六、七、八、十一、十二次呈送书目;陕西、湖南、江西、山东、湖北等省呈送书目。澳门何东图书馆藏《翁方纲纂四库提要稿》,此书是翁氏纂校笔记和所拟提要稿,是现存资料最为丰富的分纂稿。以上采进书目文献基本都经过了学者们的介绍和研究,故对他们的基本情况不做赘述①。

从小说的角度来看,以上史料中载有丰富的小说文献,虽然大部分都已经收录进《总目》,但仍有一些作品没有入选。笔者从以上采进目录中辑得未入选《总目》书目,兹胪列于此:谢肇淛《五杂组》、屈大均《广东新语》、陈继儒《眉公秘笈》、张大复《闻雁斋随笔》、茅元仪《澄水帛》《六月谭》、黄秉石《黄氏书弈附杂纂》、黄汝良《冰署笔谈》、刘昌《悬笥琐探》、顾元庆《明四十家小说》、朱维藩《谐史》、《明人小说》、张贵胜《遣愁集》、周晖《金陵琐事》、冯梦龙《古今谭概》、吴震方《说铃》、冯梦龙《古笑史》、高鹤《见闻搜玉》、杨尔曾《仙媛纪事》、贾似道《悦生随抄》。而推究未入选的原因,其中《广东新语》《五杂组》《眉公秘笈》等都是因为书中有违碍内容而成为禁书,最终未能收入《四库全书》。也有部分作品是因为采进之书有残缺,无法了解全貌而未能入选,如《冰署笔谈》。此外,还有少数作品,则是因

---

① 相关研究论著包括:姜雨婷《傅斯年图书馆藏〈四库馆进呈书籍底簿〉研究》(南京师范大学 2012 年硕士论文)、李振聚《论翁方纲〈纂校四库全书事略〉的文献价值》(《历史文献研究》2020 年第 2 期)、刘勇《姚鼐〈惜抱轩四库馆校录书题〉的文献价值》(《安徽史学》2019 年第 1 期)、高树伟《国家图书馆藏〈惜抱轩四库馆校录书题〉抄本考略》(《中国四库学》2019 年第 1 期)、张升《明清宫廷藏书研究》(商务印书馆 2006 年版)(《新世纪图书馆》2017 年第 11 期)等。

为文体内容的原因,而未被收录。这部分小说没有被收录的原因值
得研究者的注意,体现了四库小说家类的收录标准和文体观念。现
存的大多数采进书目都没有提要,我们仅从书目中很难获知其未被
收录的真实原因。幸运的是,今存四库分纂官所拟定的分纂稿,可以
为我们寻找问题的答案提供线索。目前保存小说类分纂稿文献最丰
富的是《翁方纲纂四库提要稿》,四库提要的拟定方法是需要分纂官
在所拟提要稿的末尾注明该书是应刊、应抄、应存。而翁氏所拟提要
稿基本符合这一规范。翁方纲在所拟小说提要稿中部分明确注明
"不应存目",并说明了原因。如《遣愁集》分纂稿云:"谨案:《遣愁
集》十四卷,古吴张贵胜辑。虽亦集小故事,而近于传奇、解人颐之
类。毋庸存目。"①由分纂稿可知,翁氏并不排斥具有叙事属性的小
故事,而是对类似"小故事"的性质有所怀疑。众所周知,《总目》
明确谈及小说的功能是"广见闻、益教化、资考证",而这三个方面
既是对古代小说功能的精准概括,也是一种普遍的认识。那些辞
藻华丽、叙事宛转的传奇小说,以及具有浓郁娱乐性质,供人解颐
谈笑的谐谑类作品,自然就缺乏古代小说应有之价值功能。小说
应该是记事述闻与说理的结合,可补史之不足,又具有一定的学术
性,以资考证,小说内容讲求"雅正",体现伦理教化的目的。纵观
翁氏所拟定的提要稿,就是这样一种小说观念的体现。但通过翁
氏分纂稿我们也能看到,一些翁氏认为"不应存目"的书籍,最终也
被收入《四库全书》或著录于《总目》存目之中,如张大复《梅花草
堂笔谈》。翁氏提要稿云:"谨案:《梅花草堂集笔谈》十四卷,明张
大复著。大复字元长,昆山人。此书其说部也,所说既皆无关考
证,而其第十三卷内《论孟解》十二条,以释家语诂圣经,害道之尤

---

① 中国第一历史档案馆编:《纂修四库全书档案》,上海古籍出版社,1997 年,第
215、216 页。

者也。不应存目。"①翁氏首先从小说的功能角度否定了该书的价值,另外有提及书中存在"害道"的内容,不符合《四库全书》编纂的思想,所以不应存目。翁氏的观点,反映了部分四库小说的编纂思想,其实也体现了翁氏个人的学术主张。翁氏在学术上主张义理、考证,曾说道:"既有其所据之书,则其记载之先后,互较之虚实,此其中既有义理之所征者,既有文势之所区别者,故凡考子史诸集者,皆与治经之功一也,天下古今未有文字不衷于义理者也。"②"至若篆变隶、隶变楷以来,历朝诸家之原委,亦必讲求之,以定学术之淳漓,趋向之邪正,此非衷于义理乎。"③由此来看,翁氏对于《梅花草堂笔谈》的批评并不奇怪,而他所强调的是"义理",即便是小说这种稗官小道也不能例外。如果从古代小说的文体来看,翁氏义理考证的学术思想,既不符合古代小说的发展实际,也并不适合于小说的编纂。因为小说不同于经、史,他不需要为事件的"真实性"负责,也不同于经史著述那样具有严肃的编纂目的,这是小说文体的独特性,也是其区别于其他文体的根本。即便是翁氏所拟小说提要稿,其内容也掺杂了不少荒诞不实的故事,而从义理的角度来看,他们也并不注重于此。翁氏提要稿中还有一篇《靳史》提要稿,后来被收录于史部。"谨案:《靳史》三十卷,明查应光辑。皆取历代事之近于谐谑者,即其卷前伪撰朱彝尊序一篇,可知其书矣。不应存目。"④虽然翁氏对书中谐谑

---

① 中国第一历史档案馆编:《纂修四库全书档案》,上海古籍出版社,1997年,第203页。

② [清]翁方纲:《复初斋文集》卷七《考订论二》,清光绪四年(1878)李彦章校刊本。

③ [清]翁方纲:《复初斋文集》卷七《考订论三》,清光绪四年(1878)李彦章校刊本。

④ 中国第一历史档案馆编:《纂修四库全书档案》,上海古籍出版社,1997年,第106页。

内容和作伪文字非常反感,但笑话书确是古代小说重要的组成部分,是一个无法回避的事实。

从《梅花草堂笔谈》《靳史》《遣愁集》等提要稿中,我们可推知《古笑史》《仙媛纪事》《见闻搜玉》等小说没有收入《四库全书》的原因。但从通行的刻本《总目》中可以看到,在后来的编纂过程中,纂修官并没有完全采纳翁氏的意见,而是将部分"不应存目"的小说,收录进存目之中。翁氏提要稿既代表了部分四库小说的纂修思想,同时我们从翁氏所拟提要稿的抄存意见多被《四库全书》和《总目》采纳一事中,也能看出翁氏小说观念对于《总目》编纂的影响。但作为一部大型丛书,分纂官的意见还要经过总纂官的审核修订,而总纂官纪昀就是一位出色的小说家,他的小说观念明显比翁氏更加严谨。《总目》前后经过了二十余年反复的修订,通行的刻本《总目》,对于古代小说的总结就显得更为严谨、准确。刻本《总目》试图以"荒诞不经"作为区分小说的标准,但古代小说的内容并非只有杂事、异闻两种,还存在大量内容博杂的作品,而笑话书在古代小说发展中亦占有一席之地,上述这些内容均在《总目》中有所体现,虽然这些作品大多著录于存目之中,但也反映了四库纂修官在总结古代小说文体和小说史时,采取了较为客观的态度。

通过对上述采进书目的分析,我们大致可以总结出以下几点结论:第一,从笔者目前所见采进书目中,没有章回小说、话本小说、传奇小说的相关文献。第二,《四库全书总目》将小说家类分为杂事、异闻、琐语三类,由采进书目可知,杂事类小说占比最大,志怪小说比重最小。值得注意的是,从采进书目中也能看出,异闻类作品,与我们熟知的叙述花妖狐鬼、新奇怪异之事的志怪小说有着本质的区别。第三,采进书目中大部分都收进《四库全书》,部分著录于《总目》存目之中。而那些没有进入《四库全书》的书籍,有的因为后来成为违禁之书,被撤出销毁。有的是由于卷帙不完整,无法校阅。有的则是

不符合文体规范。第四,采进书目一般不分类别。将翁方纲所纂提
要稿及其拟定的"访阅书单"与刻本《总目》对比,可知翁氏所拟抄存
意见,大多被采纳,而部分经过了部类的调整,有些作品翁氏认为应
存,但后来被淘汰,有的认为不应存目,但之后又出现于存目之中。

　　从采进书目的整理和分析中,我们能够发现其中不乏四库小说
观念的体现。虽然在《四库全书》编纂之初,还没有形成较为成熟的
纂修规范和体例。但我们从以翁方纲为代表的分纂官以及不同地区
的采进书目可以发现,对于小说文体的理解,无论是分纂官,还是负
责采进图书的官员,具有高度的一致性。所采进的小说基本都是古
典目录小说家类著录的作品,与我们经常使用的"笔记小说"概念颇
为相似,而那些符合现代文学体系下小说观念的章回、话本、传奇小
说却没有进入"小说"之列。关于四库馆没有采进此类小说的原因,
笔者认为这实际上与古代小说观念有着直接的关系。古今对于小说
的理解有着很大的差别,因为古人没有我们今人的"文学"观念,古代
的学术体系,是以士大夫为创作主体,主要是通过目录中部类的设置
体现的,而子部小说家类是目录学、文献学意义上的"小说",古人从
来没有认为"小说"是文学作品,古代小说家也不认为写小说是一种
文学创作。如果说集部文献与今天的文学观念大致相符的话,那么
子部小说与集部诗文完全是不相干的两个部类,其间差别判若云泥。
真正与小说有着千丝万缕联系的是史部的杂史和子部的杂家。而章
回、话本、传奇小说,皆文辞华丽,讲求虚构、叙事,是真正的叙事文
学。这与古代小说内容特点同样有着本质的区别。总之,古代小说
是一种记事述闻与说理的结合,不是有意虚构的故事。四库总纂官
纪昀同样是一位优秀的小说家,深知古代小说文体的精髓。所以像
蒲松龄《聊斋志异》这样的文言小说也无法进入四库小说家类。纪昀
曾评价《聊斋志异》是"才子之笔"而非"著书者之笔",什么是"著书
者之笔"呢? 其门人盛时彦云:"夫著书必取熔经义,而后宗旨正;必

参酌史裁,而后条理明;必博涉诸子百家,而后变化尽……故不明著书之理者,虽诂经评史,不杂则陋;明著书之理者,虽稗官脞记,亦具有体例。"①很显然,即便地位不高的小说,也要符合"著书"的体例和规范。如此看来,那些重描写、虚构、叙事、新奇的小说显然就不符合小说的体例。那么何为小说之正体呢? 纪昀《阅微草堂笔记》就是很好的答案,此书虽然也叙述了鬼怪奇异的故事,但仍是借传统记录见闻的方式,来暗喻学问、人生、处世等道理。篇幅短小、文辞简约,其中还充满了理趣以及人文关怀。关于纪昀对《聊斋志异》的评价,有不少学者进行了多角度的阐述。事实上,"著述者之笔"和"才子之笔"的差别,是体的差别,纪昀是在解释小说与其他文体之间本质的差别,其实四库小说观念中并不排斥荒诞不经的故事,因为这类故事即便是在史书里也时有出现,对于"虚"和"实"很难做精准的分辨,但即便是叙述花妖狐鬼的奇幻故事,也要采用"记事述闻"的小说笔法,而不是有意地塑造、描绘。其内容要"雅正",其功能要有"资考证""益教化""广见闻"的特性。所以纪昀的这句评价,并不是在要求小说要实录,也不是严格意义上的自我著书经验的阐发,而是对传统小说观念的继承,并加以发挥和总结。《总目》小说家类小序和著录的作品就是这种观念的体现。

第二节　四库小说的禁毁

在"四库学"的研究中,《四库全书》的禁毁是学者们关注的重要问题之一,对此,清人在笔记、书话中早已有所论及,清末民初姚觐元又编撰了《清代禁毁书目》,为四库禁毁研究提供了线索。民国以来,学者们在研究《四库全书》的纂修时也会涉及禁毁一事,如郭伯恭

---

① ［清］纪昀:《阅微草堂笔记》,中华书局,2013 年,第 324 页。

《四库全书纂修考》、黄爱平《四库全书纂修研究》、吴哲夫《〈四库全书〉纂修之研究》等。随着四库禁毁研究的深入,出现了相关研究专著,如吴哲夫《清代禁毁书目研究》、宁侠《四库禁书研究》等。在四库小说禁毁方面,如李梦生《禁毁小说夜谭》,王利器《元明清三代禁毁小说戏曲史料》,安平秋、章培恒主编《中国禁书大观》等均有提及,但明显不够系统,缺乏从四库著录小说的本身来进行论述。关于四库小说禁毁的史料并不多见,乾隆五十二年(1787)六月十一日《礼部尚书纪昀奏沥陈愧悔并恳恩准重校赔缮文源阁明神宗后诸书折》中说到:

　　本月初八日文报到京,臣敬接廷寄谕旨,跪读之下,惶骇战惧,莫知所为。谨遵旨与臣彭元瑞将阎若璩《古文尚书疏证》底本内所引李清、钱谦益诸说,详检删削。臣纪昀现在趱办赔写外,伏念臣一介庸愚,叨蒙简擢,俾司四库总纂主事,受恩稠叠,迥异同侪,理应办理精详,方为不辜任使。乃知识短浅,查核不周,致有李清《诸史异同录》一事,虽幸蒙恩宥,已自觉日夜疚心。兹阎若璩《尚书古文疏证》复有失于删除之处,更蒙我皇上格外矜全,不即治罪。闻命之下,感愧交并。在皇上圣度包容,固共仰天地仁爱之心,圣人宽大之政。在臣则受任至久,受恩至深,乃错谬相仍,愆尤丛积,实上无以对圣主,下无以对天下之人。若再不殚竭血诚,力图晚盖,是臣竟顽同草木,无复人心。

　　伏查四库全书,虽卷帙浩博,其最防违碍者多在明季、国初之书。此诸书中经部违碍较少,惟史部、集部及子部之小说、杂记,易藏违碍。以总目计之,不过全书十分之一二。当初办之时,或与他书参杂阅看,不能专意研寻;或因誊录急待领写,不能从容磨勘,一经送武英殿缮写之后,即散在众手,各趱功课,臣无从再行核校。据今李清、阎若璩二书推之,恐其中似此者尚或不免。现在虽奉旨派员详校,但诸书杂阅不能专力于明季、国初,又兼校讹字、脱文、偏旁、行款及标记译语,亦不能专力于违碍。至交臣核定,臣惟查所签之是非,其所未签更不能遍阅,恐终不免尚有遗漏。臣中夜思维,臣虽年过六旬,而精力尚堪校阅,且诸书曾经承办,门径稍熟,于违碍易于查检。不揣冒昧,仰恳皇上天恩,予臣以悔罪自赎之路,准将文源阁明神宗以后之书,自国朝列圣御纂、皇上钦定及官刊、官修诸编外,一概责臣重校。凡有违碍即行修改,仍知会文渊、文津二阁详校官画一办理,臣俱一一赔写抽换,务期完善无疵。臣断不敢少有回护,致他日再蒙圣鉴指出,自取重诛。

惟臣现办核签之事,计全书六千余函,限两月告竣,每日须核签一百余函,方能蒇事,实无余力复勘他书。且一日之中,详校官一百二十五人收发往来,商酌应答,亦不能静心细阅。如蒙圣慈,准于两月限满、各官销签完竣之后,容臣展限至皇上回銮以前,独自常川在园,将明季、国初史部、子部、集部应勘之书,再行尽力勘办,庶违碍可以全除,秘籍益臻精善,臣亦得藉赎前愆,稍酬高厚。①

纪昀在叙述禁毁事实之外,还总结了禁书的特点,认为经部文献中违碍较少,史部、集部,尤其是子部小说、杂记中违碍内容出现的频率较高。纪氏的总结大致符合实际情况,而小说杂记因为常常充当"史之余"的角色,不免在记录见闻时涉及清王朝的历史,因此不少小说被禁毁,甚至为作者招来杀身之祸。华亭举人蔡显《闲渔闲闲录》就是最为典型的例子,此书据作者自序所说是录所见所闻之作,但因

---

① 中国第一历史档案馆编:《纂修四库全书档案》,上海古籍出版社,1997 年,第 2023、2024 页。

其中涉及了清兵南下的所作所为而被他人告发,最终被斩首示众,其所著书一并销毁。

　　在《四库全书》的纂修过程中,到底禁毁了多少种小说,向来没有学者做过专门的统计,《四库禁毁书丛刊》及《补编》共收录了四库禁毁小说17种,笔者又根据姚觐元《清代禁毁书目》(补遗)、孙殿起《清代禁书知见录》、《纂修四库全书档案》、《清代文字狱档》、《清代禁毁书目题注》、《清代各省禁书汇考》等史料共辑得73种,笔者相信实际的禁毁数量要比这一数据更多①。从整体上来看,四库禁毁小说可分为两类:一为文言笔记类,共63种。具体为:蔡显《闲渔闲闲录》、李清《三垣笔记》、黄汝良《冰署笔谈》、张怡《玉光剑气集》《謏闻续笔》、朱长祚《玉镜新谭》、陈汝锜《甘露园短书》、刘万春《守官漫录》、茅元仪《戍楼闲话》《青油史漫》《六月谈》《澄水帛》《福堂寺贝余》《掌记》《暇老斋笔记》、罗万程《青琐遗编》《典故纪闻》、刘若愚《酌中志》《酌中志余》《酌中志略》、沈寿世《破梦闲谈》《雪堂随笔》《野老漫录》、沈德符《野获编》、郑仲夔《玉麈新谈》(四种)、钮绣《觚剩》《觚剩续编》、屈大均《广东新语》《遗事琐谈》、袁萃《弹园杂志》、黄瑜《双槐岁钞》、陶珽《续说郛》、张大复《梅花草堂笔谈》《闻雁斋随笔》、贾新铭《闻见录》、焦竑《玉堂丛语》、吴甡《忆记》、陈继儒《见闻录》、谢肇淛《五杂组》、吴震方《说铃》、陈继儒《解人颐》、李默《孤树裒谈》、张潮《虞初新志》、贺钦《医闾漫记》、宋僧晓莹《罗湖野录》、赵吉士《寄园寄所寄》、顾起元《客座赘语》、杨循吉《听雨纪谈》《蓬窗别录》、蓬蒿子《定鼎奇闻》、伍袁萃《林居漫录》、张燧《千百年眼》、谈迁《枣林杂俎》、陈禹谟《说储》、陈全之《蓬窗日录》、冯可宾《广百川学海》、周晖《金陵琐事》《琐事剩录》、储茂卿《今古钩元》等。另外为长

---

① 胡海义《清代乾隆朝禁毁小说书目考》中根据史料辑得禁毁书目57种,部分为四库禁毁小说(《中华文化研究》2023年第1期)。

篇白话类,共计 10 种,具体有:无名氏《英烈传小说》《缴闯小说》《说岳全传》、江左樵子《樵史演义》《精忠传》《水浒传》、无名氏《退虏公案》、陈鼎《留溪外传》、吴门啸客《镇海春秋》《归莲梦》。长篇白话小说本身就不符合传统的小说观念,这部分小说实际上是排除在小说家类之外的,之所以被禁毁,则是由于四库禁书的范围不断扩大而被波及。文言笔记部分,依照《总目》分为杂事、异闻、琐语三类,从禁毁书目来看,杂事和琐语成为了禁毁的重灾区,其原因与这类小说记录见闻的性质有直接的关系。而被当今大多数研究者视为文言小说正宗的异闻类,也就是通称的"志怪小说"却没有遭遇大面积的禁毁,原因自然得益于其记述奇闻异事、荒诞不经的内容。

　　以往学界在了解四库禁毁时,通常是参考姚觐元、雷梦水、孙殿起等编的禁毁书目,其次是一些档案资料,但这些禁毁资料所反映的史实是相当有限的。此前研究多关注于清高宗的禁书谕旨,以及大臣们上奏的禁书情况。而在实际禁书过程中,具体负责禁毁书籍的或许是一些基层的衙门和官员,各省、府、州县以及基层官员是如何开展禁书活动的,查缴禁书时又是否存在明确的目标,这些问题更值得我们去深入探究。

　　四库禁书大致开始于乾隆三十九年(1774),乾隆三十九年八月初五日《寄谕各督抚查办违碍书籍即行具奏》:

　　　　至各省已经进到之书,现交四库全书处检查,如有关碍者,即行撤出销毁。其各省缴到之书,督抚等或见其书有忌讳,撤留不解,亦未可知,或有竟未交一关碍之书,则恐其仍系匿而不献。着传谕该督抚等,于已缴藏书之家,再令诚妥之员,前去明白传谕,如有不应存留之书,即速交出,与收藏之人,并无干碍。朕凡事开诚布公,既经明白宣谕,岂肯复事吹求。若此次传谕之后,复有隐讳存留,则是有心藏匿伪妄之书,日后别经发觉,其罪转

不能逭,承办之督抚等亦难辞咎。但各督抚必须选派妥员,善为
经理,毋得照常通行交地方官,办理不善,致不肖吏役藉端滋扰。
将此一并谕令知之。钦此。遵旨寄信前来。①

　　从这则档案中,我们能了解到四库采进与禁毁是同时进行的,而
清高宗要求各省督抚在采进之时,就要详加核对,查阅有无违碍情
况,然后再将违碍书目上奏。而已经采进之书,纂修官们也要在编校
时仔细查看,纂修官翁方纲就在校阅时发现诸多违碍文字。这些违
碍之书,最终汇总编成禁书书目,下发给各省,以便有针对性地展开
查禁违碍活动,提高工作的效率。笔者近年来通过访书,发现几种稀
见四库“禁毁书目”,此类书目实际上是当时中央各部门和地方刊刻
下发的禁毁书单,目的是便于那些基层负责人查禁违碍之书。这些
书目部分被姚觐元整理刊刻出来,也就是我们所熟悉的全毁书目和
抽毁书目,但姚氏刻本内容并不完整。令人遗憾的是,这部分史料未
能引起学界的足够重视,也未见有专门的研究成果。但此类刻本书
目作为官方下发的查毁禁书文件,真实记录了四库禁书过程中直接
负责此项工作的基层政府以及官员是如何开展禁书活动的,对于我
们了解四库禁书的史实颇有助益,具有一定的史料价值。兹将笔者
所见国家图书馆藏诸种刻本禁毁书目版本内容情况介绍如下:
　　(一)国家图书馆藏清刻本《禁毁书目》,善本书号:16860。
　　此书一册,不分卷。清乾隆刻本。半叶八行,行字不等,白口,左
右双边。该书有残缺,内容不全。钤有“长乐郑振铎西谛藏书”朱文
方印,知此书为郑振铎旧藏。首页题“历次钦奉谕旨禁毁书目　已见
军机处所发书者,不重列”。从所存内容来看,分为两个部分: 一是

① 中国第一历史档案馆编:《纂修四库全书档案》,上海古籍出版社,1997年,第
239页。

历次钦奉谕旨禁毁书目,另一部分是摘毁书目。今通行的四库禁毁书目很少提及"摘毁书目",而这种禁毁方式类似于"抽毁书目",是将一部书部分内容销毁。

(二)国家图书馆藏清乾隆四十七年(1782)翰林院刊本《全毁书目》不分卷,一册。善本书号:18454。

此书半叶十行,行二十字,小字双行同,白口,四周双边。单鱼尾。版心上镌"全毁书目"或"抽毁书目",书前有乾隆四十五年至四十七年(1780—1782)谕旨数道。书后倒数第二叶刻有"乾隆四十七年五月　日刊发",末叶刻"四库馆提调办事翰林官五泰、瑞保、德昌、百龄、汪如藻、运昌翰林院藏板",此书实际分为"全毁"和"抽毁"两个部分,"抽毁"书目附有提要。南京图书馆亦藏有此刻本,钤有"钱塘丁氏藏书"白文方印。

(三)国家图书馆藏清乾隆间刻本《抽毁书目》不分卷,一册。善本书号:16854。

此书半叶八行,行十六字,小字双行同,白口,四周双边,单鱼尾。该书内容分为"抽毁书目"和"全毁书目","抽毁书目"附提要。钤有"长乐郑振铎西谛藏书"朱文方印、"长乐郑氏藏书之印"朱文长方印。封页有姚觐元跋云:"此江阴缪编修小山寄赠,与浙江官刊本校之,盖军机处奏毁书目,特浙本全毁在前,抽毁在后,为小异耳。觐元记。"①

(四)国家图书馆藏清浙江书局刻《禁书总目》不分卷,两册。

此书半叶八行,行字不等,白口,四周单边,单鱼尾。版心上题"禁书总目",书前有乾隆三十九年至四十三年谕旨,次《四库馆查办违碍书籍条款》。卷首题"浙江省书局为刊颁事,今将本省历次奏缴违碍各书,并外省咨查各书名目,遵照四库馆核议条款,详悉校勘,分

━━━━━━━━━━

① 《抽毁书目》不分卷,国家图书馆藏乾隆间刻本。

别全毁、摘毁,甄别各条开载于后"①。该书内容分为全毁书目、应毁钱谦益著作各书、应毁吕留良编著各书、应毁王锡侯悖妄各书、应毁徐述夔悖妄各书、应毁专案查办悖妄各书、应毁尹嘉铨编纂各书、石刻七种,所有流传拓本应行缴销,具竖碑摩崖之处,应查明磨毁、应须抽禁不必全毁各书、奉旨酌改、无庸销毁及应行类推酌改字句各书、续准外省移咨各种书目。

(五)国家图书馆藏清浙江刻本《禁书总目》不分卷,一册。善本书号:16853。

半叶八行,行字不等,无格,白口,四周双边,单鱼尾。版心上题"禁书总目"。书前官文云:"四库馆颁发各省进到遗书内查出干碍全毁、抽毁各书,并军机处颁行各省查办违碍书目,及浙省历次奏解前册未载各书名目,再行汇刻印刷成本,发交各府州县及各儒学教职委员传齐绅士、地保、坊铺书贾人等,广为散给,遍布通行,使遐陬僻壤,咸得周知,凡有存留书目开载各书,即日呈出,该州县学委员,即日备文解交省局,以凭委员解京销毁,各该绅矜士庶,务各详细检查旧箧行笥,断编零帙,尽数呈缴,不使稍有遗匿,致干罪谴,其各凛遵毋违。"②该书内容主要为四库馆奏准全毁书目、四库馆奏准抽毁书目附提要、军机处奏准全毁书目、军机处奏准抽毁书目附提要、应毁钱谦益著作书目、应毁吕留良编著各书、应毁王锡侯悖妄各书、应毁徐述夔悖妄各书、应毁专案查办悖妄各书、应毁尹嘉铨编纂各书、石刻七种,流传拓本应行缴销,具竖碑摩崖之处,应查明磨毁、山西省续查出石刻诗文、浙江省查办奏缴应毁书目、外省移咨应毁各种书目、世祖章皇帝谕宏觉师数条应行收缴。钤有"长乐郑振铎西谛藏书"朱文方印、"慈溪耕余楼藏"朱文长方。

① 《禁书总目》不分卷,国家图书馆藏浙江书局刻本。
② 《禁毁书目》不分卷,国家图书馆藏清浙江刻本。

（六）国家图书馆藏清乾隆刻本《纂辑禁书目录》不分卷，一册。善本书号：01808。

半叶八行，行十九字，白口，四周双边，单鱼尾。版心上题"纂辑禁毁书目录"，书前有上谕。此书大致载录了乾隆三十九年（1774）至四十六年（1781）四库所禁之书的目录合集。

这类禁毁书目在南京图书馆、苏州大学图书馆、北京大学图书馆、南开大学图书馆、哈佛大学燕京图书馆等藏书机构均有收藏。此外，2019年北京保利春季拍卖会曾拍出一部清乾隆刻本《历次禁毁书目》，2020年北京中国书店第88期大众收藏书刊资料文物拍卖会拍出清乾隆刊《禁毁书目》三种，2023年上海博古斋春季艺术品拍卖会拍出旧抄本《禁书汇目》一册，蓝格素笺。内容包括全毁书目、抽毁书目、禁书总目、违碍书目四种，钤有"上海县印"满汉文官印、"林简侯印""陆足达印"等。笔者因为长期从事《四库全书》研究，近年来颇注意收集禁毁书目古籍文献，收藏有两种清乾隆刻本禁毁书目，其中一种较为稀见，且书中序跋内容涉及基层禁毁工作实际，具有较高的研究价值，故将该书版本情况介绍如下：

清乾隆四十五年（1780）浙江平湖县知县刘雁题刻本《奏毁违碍书目、奏毁违碍书续目》一册，不分卷。书高26厘米，宽16.5厘米。板框高21.2厘米，宽15厘米。半叶十一行，行字不等，白口，左右双边，单鱼尾。书前有乾隆三十九年（1774）至四十三年（1778）上谕，版心上题"上谕"。正文卷端题"奏毁违碍书目"，版心亦题此名。卷末有跋云：

　　右应毁诸书有四库馆行知者，有浙省奏缴者，有直省咨查者，历奉藩宪刊目颁行，凡荐绅之家，应无藏弆矣。惟是村僻乡氓，故家旧族，往往先世亦有遗书，而后嗣式微，罔知识别，则蠹衰残编，未必查搜净尽。今缴书之限，钦定二年，计至乾隆四十

五年十二月初四日，浙省限满，倘逾限发觉，便干罪谴，自非家喻
户晓，保无疏略，因循雁题职添民牧，与有责焉。谨将上谕四条
备录简端，而以历次查毁书目汇镌成册，于编查保甲之时，分册
传谕，俾塾师、馆童人人共喻，因亲而亲，因友而友，各照册检缴，
庶应毁之书，不致再有遗漏。至奉旨谕禁之钱谦益、金堡、屈大
均等，以及逆犯吕留良、王锡侯、徐述夔，尤只字单词，在所必废。
而自国初以溯明季版行文字，率多谦益序跋，今汲古阁旧刊十七
史所载钱谦益序文，已奉饬删毁，其余序跋自应一体查删。凡总
集内遇有谦益诸人诗文，皆不可不检点摘毁，以免后累。若书目
之外别有违碍者，更无论稗官别集，总宜及今搜缴，知书明理之
士，幸毋自贻伊戚，而兼贻守土者之咎也。乾隆四十四年二月既
望平湖县知县光山刘雁题跋。①

《续目》后亦有跋文云：

　　刊前目后一岁以来，陆续奉符查毁，又积二百三十余种，□
藏书之家，不及周□，仍汇而梓之，幸各留心检缴，转瞬限满，慎
毋自误也。乾隆四十五年季春下澣刘雁题再识。②

关于刊刻禁毁书目之事，乾隆四十七年（1782）十二月初十日《军机
大臣福隆安等奏请将阅过全毁抽毁各书摘开书目刊行片》云：

---

① 《奏毁违碍书目　奏毁违碍书续目》，清乾隆四十五年（1780）浙江平湖县知
县刘雁刻本。
② 《奏毁违碍书目　奏毁违碍书续目》，清乾隆四十五年（1780）浙江平湖县知
县刘雁刻本。

　　查违碍各书,由外省陆续解进及由四库馆于各处送到遗书内签出者,节经臣等遵旨详细阅看,将必应销毁之本分次开单,连原书进呈销毁。其应行抽毁及毋庸销毁之本,亦经分别查办进呈。所有各省解送四库馆遗书内,其应行全毁及抽毁之本,业经大学士英廉于本年三月内奏明,派令各纂修等覆加检核,逐一开缮清单,行知各该督抚,令其遵照严查,分别办理在案。至外省查办违碍书籍,俱系解交军机处转交总纂纪昀、陆锡熊等协同各纂修逐细检阅,分别呈进。现在阅进之书,大约重本居多,续获者渐少,似于查办违碍各书已可得十之八九。今将届限满之期,恐各该处尚未遍知,不能画一办理,自应将此项书目通行宣布,传示周知,俾各一体凛遵,庶于查办益加严密。

　　臣等查各省解毁书籍内,有沿途经雨水沾湿成块难于翻阅者,业经奏明将原捆缴进销毁无凭开列书名外;其阅过奏定之全毁、抽毁各本,实在共七百八十九种,应请摘开书目,各注明撰人姓名,汇刊成册,通行各该省,令其遍加晓谕,庶乡曲愚民不致冒昧收藏,自干法禁,而按目查考,搜缴更当净尽,无复稍有遗留矣。谨另缮清单一并进呈,俟发下即交与武英殿刊刻颁发。嗣后如有应毁新本,再行随时增刊续入。

　　合并声明。谨奏。①

　　结合此条档案史料和现存诸种刻本禁毁书目,我们对四库禁书活动以及禁书书目的刊行可以得出以下几点认识:

　　一、开列禁书书单的部门包括军机处和四库馆。禁书形式包括全毁、抽毁以及摘毁三种。抽毁和摘毁书目常附有提要。

① 中国第一历史档案馆编:《纂修四库全书档案》,上海古籍出版社,1997年,第1693页。

二、中央和地方上对于禁书查缴工作都有一定限期,并以此来考查下级工作的效率。

三、四库禁书主要有各省进呈之时的自查自缴,已呈进之书由纂修官检阅。各纂修官将违碍之书上报汇总,形成总目,并刊刻成书,下发给各部门以及各省,各省再下发给府、县,府、县则会根据上级的要求负责具体的查缴工作。基层官府会将禁书总目付梓,散发给社会上有可能存在违碍之书的家族、商铺以及个人。

四、"禁书总目"书前往往都附有上谕,其刊行机构有武英殿、各部门、各省、府、县,下级府、县的刊印数量较多,下发给治所的乡绅士贾、旧家大族,其涉及范围之大,几乎包括了社会上的各个阶层,以便自查。在刊行上,禁书总目一般采用汇刻的形式,即将上谕、各省、各部门等颁行的禁书总目,以及本地历次查缴书目汇辑刊行,而随着禁毁活动的不断深入,禁书逐渐增多,之前刊刻的禁毁书目还有可能会增补续刊。

第三节　结语

以上是关于四库小说的采进、禁毁,以及相关史实的考述。史料所反映的不仅只有历史的真实,还包括颇多具有启发意义的信息。通过研究,我们可以看到小说并非四库采进的重点,相比于经、史、集部来说,小说仍然身份低微。而此时正值《四库全书》和《总目》纂修的开始阶段,小说的概念和分类还未明晰,但从四库小说采进书目中能够看到,当时文人对于小说的理解与今人之小说观念仍有很大差别,这一点对于我们正确理解四库小说观念至关重要。四库馆所采进的小说基本都属于传统目录子部小说家类文献,即便像《聊斋志异》这样的文言小说,也无法获得官方的认可,甚至连进入存目的资格也没有。小说家类存目之书虽然价值不高,但至少符合小说之体,而《聊斋志异》"兼有二体"的艺术创造让其偏离了小说创作的轨范。有意思的是,我们今天所认为的"小说正宗""古代小说发展的高峰""小说经典名著"的白话小说,都没能进入采进的名单。其原因正是这些小说并非是真正意义上的"小说",更为确切地说是不符合小说之"体"。这清楚地说明了当时大多数文人对于小说有着较为一致的认识,而且这种认识具有相当的普遍性,这种小说观念自《汉书·艺文志》直至《总目》,始终得到精英知识分子的遵守和维护,他们无疑是古代小说的正宗与主流。虽然明清章回、话本小说发展繁荣,艺术也相当成熟,但他们并非小说,也不符合小说的"体",至少不是小说的正体。他们走上小说中心的位置,还要等到清末民初西方小说观念的引进,以及梁启超将白话小说作为工具,进行富于政治色彩的宣传,这就意味着所谓的白话小说在地位上的崛起并非是古代小说自身发展的结果。

从禁毁的角度来看四库小说,可知小说的禁毁原因较为简单,常常是因为内容中涉及清兵南下和清朝民族历史,这些内容又往往出现在杂事和琐语两类。值得注意的是,在禁毁此类小说的同时,白话章回小说如《水浒传》《精忠传》等也被纳入禁书之列,而对于这类小说的禁毁并非始于四库的纂修,在明代已经被视为霍乱民心的"贼书"。清前期关于淫词小说的禁毁就从未间断过,乾隆十九年(1754),福建道监察御史胡定上奏,将《水浒传》彻底禁毁,胡定在奏折中说道:"阅坊刻《水浒传》,以凶猛为好汉,以悖逆为奇能,跳梁漏网,惩创蔑如。乃恶薄轻狂曾经正法之金圣叹,妄加赞美;梨园子弟,更演为戏剧;市井无赖见之,辄慕好汉之名,启效尤之志,爰以聚党逞凶为美事,则《水浒》实为教诱犯法之书也。查康熙五十三年,奉禁坊肆卖淫词小说。臣请申严禁止,将《水浒传》毁其书板,禁其扮演,庶乱言不接,而悍俗还淳等语。查《定例》,坊间书贾,止许刊行理学政治,有裨文业诸书,其余琐语淫词,通行严禁,违者重究。是教诱犯法之书,例禁森严。今该御史奏请将《水浒》申严禁止等语,查琐语淫词,原系例禁,应如所奏请,敕下直省督抚学政,行令地方官,将《水浒》一书,一体严禁;亦毋得事外滋扰。"①其他被禁的章回小说大多也属于"淫词小说",故遭此厄运不足为怪。事实上,章回小说本来就不在四库小说的采进之列,因为它们在纂修官看来并不能算作小说。《四库全书》的纂修也不是他们被禁的直接原因,不过是随着四库禁书活动的深入开展、禁毁范围的扩大,借此机会对这类小说进行一次更为彻底的查禁。

以往学界在四库小说采进与禁毁的研究方面,多关注于小说的禁毁,特别是禁毁小说的搜罗上,对四库小说的采进活动甚少提及。采进实际上是一个选择的过程,采进官和纂修官对小说的择汰,如同古代选本一样,都表明他们对具体作品的认识和态度,也可以视作为一种文学批评。从宏观来看,与四库小说的研究格局相类似,都存在"重文学而轻史实"的现象。事实上,四库小说纂修史实的梳理,能够帮助我们回过头来更为准确、客观地进行文学研究,而史实不仅仅是些零碎的文献资料,还从侧面反映出阶段性的文学观念以及编纂者的文化心理。这是四库小说研究者常常忽略的问题,值得学界的注意。

---

① 王利器:《元明清三代禁毁小说戏曲史料》(增订本),上海古籍出版社,1981年,第44页。

第二章　四库小说删改与编校考述

在《四库全书》的纂修过程中,对于采进或是辑佚之书的删改和编校,显得尤为重要,纂修官们既要考虑违碍的问题,还要统一底本的体例,而采进或辑佚之书,在文字、格式、提要内容等方面都或多或少地存在错误,这些都需要经过纂修官和总纂官的深思熟虑和精心的修订。因为通过删改和编校的书籍,将会成为诸阁本誊抄底本,而底本的优劣决定了阁本《四库全书》的收书质量。不仅如此,四库馆还要时时将誊录之本进呈给清高宗审阅。从档案史料中,我们能够看到,在四库馆的进呈之本中,清高宗陆续发现错字、漏抄、空页等现象,为此还特地制定了考核制度,如果出现错误,相关责任人均要被记过。总纂官纪昀、陆锡熊,总校官陆费墀等都曾被记过,并要求赔写,甚至还要接受削职罚奉的处罚。关于校书记过之事,《纂修四库全书档案》中有过完整的记录,而这种记过制度创立于乾隆四十二年(1777),乾隆四十二年三月二十四日《谕内阁所有进过书籍讹错之处着军机大臣每三月查核一次》:

> 乾隆四十二年三月二十四日内阁奉上谕:
> 今日据刘墉奏,昨进四库全书内《少阳集》誊写错字,伊未经看出,请交部议处一折。四库全书誊写,屡有错误,经朕指出更正者不少,若不定以处分,将来鲁鱼亥豕,累牍连篇,成何事体!但若将奏请处分之人交部,其未经奏请者转得置身局外,何以得

情理之平？着自今年正月起，所有进过书籍讹错之处，交军机大臣通行查核。经朕看出错讹者，其分校、覆校名下错至两次，总裁名下所校错至三次者，均着查明，奏请交部议处。此议处处分原轻，不过示以知愧。既已分阅，可不悉心乎？此后着交军机大臣照此每三月一次，查办奏闻。其总纂官纪昀、陆锡熊，总校官陆费墀，所办书籍既多，竟应免其处分，而伊等应更详慎办理，期于无误。如或因此稍有懈弛，则非朕体恤伊等之意矣。将此谕令四库馆总裁等知之。钦此。（军机处上谕档）①

　　《四库全书》卷帙浩繁，而总纂官、总校官、分纂官等常常负责多项任务，压力之下，出现错误在所难免。事实上，在乾隆四十九年（1784）北四阁《四库全书》均已纂办完成之后，校勘工作依然没有停止，纪昀、陆锡熊、陆费墀等都曾被派往文津、文溯、文澜等阁校勘图书。但一部《四库全书》的文本量就已经相当巨大，而南北七阁之书，若想完全改正阁本中的错误，是一项几乎不可能完成的任务。

　　因为校勘底本之事，在《四库全书》的纂修过程中，扮演着相当重要的角色，而学界对四库小说校勘事宜的关注明显不足，相关研究成果甚少，故此问题实有进一步探讨的必要。本书拟从删改和编校两个方面来论述四库小说的编校工作，在全面梳理四库小说编校工作史实的同时，揭示四库小说编校的特点。

第一节　四库小说的删改

　　四库小说的删改与禁毁是紧密关联的，四库禁毁书分为：全毁、

---

① 中国第一历史档案馆编：《纂修四库全书档案》，上海古籍出版社，1997 年，第576 页。

抽毁或摘毁,全毁之书采取一种"斩草除根"的方式,将禁毁之书消灭于无形,而抽毁或摘毁之书,则是对一部书中的部分内容进行删改,这种禁毁方式让纂修官们颇费心思,因为既要删去违碍内容,又要做到文本前后毫无违和,是一件较难完成的工作。而这项删改工作自乾隆四十六年(1781)第一分《四库全书》纂办完成,至乾隆六十年,持续很长时间。所以对于《四库全书》的纂修而言,能够顺利地纂办完成,当然是第一等要事,但删改也是一项非常重要的工作。关于《四库全书》删改的细节,乾隆四十一年十一月十六日《谕内阁明人刘宗周等书集只须删改无庸销毁》云:

> 前因汇辑《四库全书》,谕各省督抚,遍为采访。嗣据陆续送到各种遗书,令总裁等悉心校勘,分别应刊、应钞及存目三项,以广流传。
>
> 第其中有明季诸人书集,词意抵触本朝者,自当在销毁之列。节经各督抚呈进,并饬馆臣详细检阅,朕复于进到时,亲加披阅,觉有不可不为区别甄核者。如钱谦益在明已居大位,又复身事本朝,而金堡、屈大均则又遁迹缁流,均以不能死节,觍颜苟活,乃托名胜国,妄肆狂狺,其人实不足齿,其书岂可复存?自应逐细查明,概行毁弃,以励臣节而正人心。若刘宗周、黄道周,立朝守正,风节凛然,其奏议慷慨极言,忠荩溢于简牍,卒之以身殉国,不愧一代完人。又如熊廷弼受任疆场,材优干济,所上封事,语多剀切,乃为朝议所挠,致使身陷大辟。尝阅其疏内有"洒一腔之血于朝廷,付七尺之躯于边塞"二语,亲为批识云:"观至此为之动心欲泪,而彼之君若不闻,明欲不亡,得乎?"可见朕大公至正之心矣。又如王允成《南台奏稿》,弹劾权奸,指陈利弊,亦为无惭骨鲠。又如叶向高为当时正人,颇负重望,及再入内阁,值逆阉弄权,调停委曲,虽不能免责贤之备,然视其《纶扉奏草》,

请补阁臣疏至七十上，几于痛哭流涕，一概付之不答，其朝纲丛脞，更可不问而知也。以上诸人所言，若当时能采而用之，败亡未必若彼其速。是其书为明季丧乱所关，足资考镜。惟当改易违碍字句，无庸销毁。又彼时直臣如杨涟、左光斗、李应升、周宗建、缪昌期、赵南星、倪元璐等，所有书籍并当以此类推。即有一、二语伤触本朝，本属各为其主，亦止须的改一、二语，实不忍并从焚弃，致令湮没不彰。至黄道周另有《博物典汇》一书，不过当时经生家策料之类，然其中纪本朝事迹一篇，于李成梁后设谋慭害，具载本末，尤足征我朝祖宗行事正大光明，实大有造于明人，而彼转逞狡谋阴计，以怨报德。伏读《实录》，我太祖高皇帝以七大恨告天，师直为壮，神戈所指，肇造鸿基，实自古创业者所莫及。虽彼之臣子，亦不能变乱黑白，曲为隐讳，存其言并可补当年纪载所未备。因命馆臣酌加节改，附载《开国方略》后，以昭征信。

近复阅江苏所进应毁书籍内，有朱东观编辑《崇祯年间诸臣奏疏》一卷，其中多指言明季秕政，渐至瓦解而不可救，亦足取为殷鉴。虽诸疏中多有乖触字句，彼皆忠于所事，实不足罪。惟当酌改数字，存其原书，使天下万世，晓然于明之所以亡，与本朝之所以兴，俾我子孙永念祖宗缔造之艰难，益思兢兢业业，以祈天而永命。其所裨益，岂不更大，又何必急毁其书乎！

又若汇选各家诗文，内有钱谦益、屈大均所作，自当削去，其余原可留存，不必因一、二匪人致累及众。或明人所刻类书，其边塞、兵防等门，所有触碍字样，固不可存，然只须删去数卷，或删去数篇，或改定字句，亦不必因一、二卷帙，遂废全部。他若南宋人书之斥金，明初人书之斥元，其悖于义理者，自当从删，其书均不必毁。使无碍之书，原听其照旧流行，而应禁之书，自不致仍前藏匿，方为尽善。

着《四库全书》总裁等，妥协查办，粘签呈览，候朕定夺，并将此通谕中外知之。钦此。①

由档案可知,全毁的重点是那些没有守住大节的所谓贰臣,而涉及明清易代的史实,则多属于抽毁的范围。虽然总纂官纪昀曾云:"伏查四库全书,虽卷帙浩博,其最防违碍者多在明季、国初之书。此诸书中经部违碍较少,惟史部、集部及子部之小说、杂记,易藏违碍。"②但纵观四库小说的禁毁情况,其并非违碍的重灾区。《四库全书》所抄录的一百余部小说作品,基本上都是明代以前的小说,涉及明清易代史实的内容并不多见。陈恒舒的博士论文《四库全书清人别集纂修研究》中将四库清人别集分为五种类型,分别为:涉重要违禁人物删改例、涉敏感事件删改例、涉言辞触碍删改例、无违碍而馆臣妄自猜疑之例、涉行款版式调整删改例③。陈氏所总结的这五种类型,基本概括了四库删改的方式。

关于四库小说的删改情况,我们可以借助台北故宫博物院编《四库全书补正》来进行分析,该书是利用台北故宫博物院所藏文渊阁《四库全书》,并广搜善本,对四库所收之书内容进行的补正,"四库全书网络群书散佚,集千章百卷于一堂,固为我国学术文化之宝库,然修纂之时,利用版本不足,而馆臣又失之疏略,且任意删削改易原书文字,致使诸多资料失真失实。本篇引相关版本详为补缀,匡正缺失,意在使全书益臻完善"④。虽然这些补正所使用的文献资料,不一

---

① 中国第一历史档案馆编:《纂修四库全书档案》,上海古籍出版社,1997 年,第552、553、554 页。
② 中国第一历史档案馆编:《纂修四库全书档案》,上海古籍出版社,1997 年,第2023、2024 页。
③ 参见陈恒舒:《四库全书清人别集纂修研究》,北京大学 2013 年博士论文。
④ 台湾故宫博物院四库全书补正编辑委员会:《四库全书补正》子部,台湾商务印书馆,1999 年,第 1 页。

定是四库底本,但他们都是难得一见的珍稀之本,尤其是其中有一些是宋元刊本,其校勘价值更为突出。这些善本在内容方面相比文渊阁本更加完善,从文渊阁本对原书进行的删改中能够看出四库本删改的方式方法以及重点内容,故此书能够为我们的研究提供一些参考。《四库全书补正》收录了小说三十六部:《朝野佥载》《唐新语》《次柳氏旧闻》《刘宾客嘉话录》《云溪友议》《云仙杂记》《鉴诫录》《北梦琐言》《南部新书》《儒林公议》《涑水记闻》《渑水燕谈录》《青箱杂记》《后山谈丛》《谈苑》《画墁录》《玉壶野史》《侯鲭录》《东轩笔录》《道山清话》《默记》《挥麈录》《玉照新志》《闻见录》《清波杂志》《邵氏闻见后录》《北窗炙輠录》《桯史》《四朝闻见录》《癸辛杂识》《归潜志》《辍耕录》《水东日记》《闺媛丛谈》《太平广记》《酉阳杂俎》等。为了更为清晰地展现文渊阁《四库全书》小说家类删改的情况,兹将此三十六部小说的具体删改内容,每书择取数条代表性删改文字,列表如下:

书名	参校本	文渊阁《四库全书》删改情况
《朝野佥载》六卷	万历间绣水沈氏尚白斋刊《宝颜堂秘笈》本	卷一四库本"亦如冉闵杀番"句,明刊本"番"作"胡"。卷四四库本"遇契丹之孙万荣"句,明刊本"之"作"贼"。
《唐新语》十三卷	清康熙三十五年刊《稗海》本	卷二"高祖即位",四库本"以舞人安叱奴为散骑常侍"句,又"而先令舞人致位五品"句,清刊本"舞人"均作"舞胡"。卷四"司农乡姜师度"条,四库本"号曰平壤渠",清刊本"壤"作"虏"。又"远迩畏慕",清刊本"远迩"作"夷夏"。
《次柳氏旧闻》一卷	嘉靖间长洲顾氏文房刊本	"兴庆宫上潜龙之地",四库本"及禄山犯阙。乘传遽以告",明刊本"禄山"作"羯胡"。

书名	参校本	文渊阁《四库全书》删改情况
《刘宾客嘉话录》一卷	明嘉靖顾氏文房刊本	"张巡之守睢阳"条,四库本"玄宗已幸蜀。贼势方炽",明刊本"贼势"作"胡羯"。又"干犯阙庭"句,明刊本"干犯"作"羶臊";"贾嘉隐年七岁"条,四库本"嘉隐云。番头尚为宰相。獠面何废聪明。徐状番也"句,明刊本"番"字均作"胡"。
《云溪友议》三卷	明刊本	卷上"南阳录章"条,四库本"愧于元魏之主"句,明刊本"元魏"作"夷狄"。卷下"名义士章",四库本"声动华夏皇唐之义士也"句,明刊本"华夏"作"华夷"。"杂嘲戏章",四库本"遮渠不道是吴儿"句,明刊本"吴儿"作"胡儿"。
《鉴诫录》十卷	康熙间抄本	卷六"布变朝章"。四库本"思乡云。塞北行人绝"句,清抄本"塞北"作"虏北"。"屈名儒章",四库本"不可与缺唇人科名。中外所闻"句,清抄本"中外"作"四夷"。
《北梦琐言》二十卷	康熙三十五年《稗海》本	卷一"日本国王子綦"条,四库本"此日本人犹不可轻"句,清刊本"日本"作"夷"。卷十七"先邪先代"条,四库本"太宗于北方沙陀碛立沙陀府以招集降户",清刊本"户"作"虏"。
《南部新书》十卷	明刊本	卷八"卢常侍铨"条,四库本"乃遽别为一调以嘲曹。因举座欢笑而散",明刊本作"乃号为怨胡天。以曹状貌胡。满座欢笑。卢因目丹霞为怨胡天"。

书名	参校本	文渊阁《四库全书》删改情况
《儒林公议》一卷	康熙三十五年刊《稗海》本	"太宗篡嗣下河东"条，四库本"盖深爱契丹强盛"，清刊本作"盖深愤丑虏凭陵"。"宝元初拓跋元昊初叛"条，四库本"元昊既愤。且以为辞。遂并集部落入寇"句，清刊本"部落"作"丑类"。"景德初"条，四库本"契丹南侵。车驾幸澶渊"，清刊本"南侵"作"入寇"。
《涑水记闻》十六卷	旧抄本	卷四"又曰太宗初筑塘泊"章，四库本"盖以遏敌人之奔轶"句，旧抄本"盖欲断虏入寇之路"。又"可以限绝契丹隄塞"句，旧抄本"契丹"作"北胡"。卷十二四库本，"李士彬世为属国边酋"章，旧抄本"边酋"作"胡酋"。又"边兵近十万人"句，旧抄本"边"作"胡"。又其后"夏人"旧抄本作"夏虏"。又"敌骑"作"虏骑"。卷十四"永洛既失守"章，四库本"岂不为西人之羞哉"句，旧抄本"西人"作"夷狄"。
《渑水燕谈录》十卷	康熙三十五年《稗海》本	卷二"王武恭"条。四库本"外至远方君长皆知其名职。称之曰黑相。北人常呼其名以惊小儿。为四方畏服"句，清刊本"远方"作"远夷"、"北人"作"北虏"。
《青箱杂记》十卷	康熙三十五年《稗海》本	卷二"世讥道依阿诡事四朝十一帝"条，四库本"石晋之末。结衅边境"作"与虏结衅"。

书名	参校本	文渊阁《四库全书》删改情况
《后山谈丛》四卷	明《宝颜堂秘笈》本	卷一"莱公既逐"章,四库本文中凡"敌"字,明刊本皆作"虏"。又"若车驾不起转。恐契丹残害生灵"句,明刊本"契丹"作"夷狄"。又其后"兼彼大敌颇乏粮糗。虽恃雄锐之众。必怀苟且之忧"句,明刊本"大敌"作"大戎"、"雄锐"作"腥羯"。
《谈苑》四卷	明《宝颜堂秘笈》本	卷四"陶谷久在翰林"章,四库本"敌骑未退。天雄军横截其后。万一陷没。则河朔皆敌土也"句,明刊本作"虏骑未退。天雄军截其贼后。万一陷没。则河朔皆虏适也"。又"敌骑满野。屯塞四门。终日兀坐。越七日敌退"句,明刊本"敌骑"作"戎虏"、"敌"作"虏"。
《画墁录》一卷	清康熙三十五年《稗海》本	"永洛之役"条,四库本"是时夏人虽入月城"句,清刊本"夏人"作"胡人"。"元祐末宣仁圣烈太后上宾"条,四库本"辽使回至滑州死"句,清刊本"辽"作"虏"。
《玉壶野史》十卷	旧抄本	卷一"太祖问赵韩王"章,四库本"尝笑李陵辈苟生。甘耻于沙漠之域",旧抄本"沙漠"作"羊酪"。卷四"景德初"章,四库本"辽人请盟"句,旧抄本"辽人"作"北戎"。"真宗为开封尹"章,四库本"半生食官禄半生食他禄"句,旧抄本"官"作"汉"、"他"作"蕃"。又"咸平六年敌至望都"句,旧抄本"敌至"作"蕃寇"。其余"敌"字旧抄本皆作"蕃"。

书名	参校本	文渊阁《四库全书》删改情况
《侯鲭录》八卷	康熙三十五年刊《稗海》本	卷六"梅圣俞"条，四库本"岂唯能写人心语"，清刊本作"岂唯能写胡人语"。"种太尉师道"条，四库本"预知金人南下"句，清刊本作"预知金贼反复"。又后文"外塞干戈里"句，清刊本"干戈"作"胡儿"。
《东轩笔录》十五卷	清康熙三十五年刊《稗海》本	卷八"麟州踞河外"章，四库本"使彼见之。亦伐谋之一端也"句，清刊本"彼"作"贼"。又后文"元昊望见。遽语献策边人"句，清刊本"边人"作"戎人"。卷十五"北番每宴人"章，四库本"惟方偕一举而尽。其王大喜"句，清刊本"其王"作"戎王"。
《道山清话》一卷	明弘治间无锡华氏刊本	"裕陵尝因便殿与二三大臣论事"条，四库本"盖北有强邻……未尝一日不念之。二敌之势所以难制者。有城国。有行国。依古以来。未有敌国外患如今之强盛者。比之汉唐奚啻十倍。大臣皆言陛下圣虑及此。二敌不足扑灭矣"句，明刊本作"盖北有狂虏……未尝一日不念之。二虏之势所以难制者。有城国。有行国。古之夷狄能行而已。今兼中国之所有矣。比之汉唐最为强盛。大臣皆言陛下圣虑及此。二虏不足扑灭矣"。
《默记》三卷	明嘉靖二十三年刊本校	卷中"神宗初即位"章，四库本"一日语及北边事曰。太宗自燕京城下军溃。敌人追之"句，明刊本"北边""敌人"皆作"北虏"。又"此乃不共戴天之仇"句，明刊本"此"作"虏"。

书名	参校本	文渊阁《四库全书》删改情况
《挥麈录》二十卷	明汲古阁影宋抄本	卷一"明清侧闻"章,四库本"故马政废阙。武备不修。遂致外敌内侵。危弱之甚"句,明抄本"外敌内侵"作"胡虏乱华"。卷四"太平兴国六年"章,四库本"契丹素不顺中国"句,明抄本"契丹"作"犬戎"。《挥麈后录》卷一"靖康元年正月"章,四库本"金人侵濮州"句,明抄本作"金贼犯濮州"。卷八"王伦字正道"章,四库本"大辽不可灭。金人不可盟",明抄本"金人"作"女真"。《挥麈三录》卷一"太祖舍其子而立弟"章,四库本"金人所以未有毁祸之意"句,明抄本"金人"作"黠虏"。
《玉照新志》六卷	旧抄本	卷二"陈莹中谏垣集言之详矣"章,四库本"竭生灵膏血以取必争之地。使上累圣德。亿兆同忧。今敌人之乞和非畏吾也"句有脱文,旧抄本作"竭生灵膏血。数挑胡敌。以取必争之地。使上累圣德。亿兆同忧。且天生北狄。谓之犬戎。投骨于地。猖然而争者犬之常也。今乃摇尾乞怜。非畏吾也"。
《闻见录》二十卷	崇祯汲古阁刊本	卷三"伯温侍长老言"章,四库本"时契丹通和。兵革不用"句,明刊本"契丹"作"北虏"。卷十二"眉山苏明允先生嘉祐初游京师"章,四库本"衣不衷之衣。食犬彘之食"句,明刊本"不衷"作"夷狄"。

续表

书名	参校本	文渊阁《四库全书》删改情况
《清波杂志》十二卷	宋刊本	卷六"徽宗在潜邸"章,四库本"时识者皆知必致铜驼荆棘"句,宋刊本"铜驼荆棘"作"夷虏乱华"。卷十一"樱桃抄"章四库本"奈敌人自若"句,宋刊本"敌人"作"胡儿"。
《邵氏闻见后录》三十卷	明崇祯汲古阁刊《津逮秘书》本	卷八"初回纥风俗朴厚"条,四库本"中国为之虚耗而其俗亦坏"句,明刊本"其俗"作"虏俗"。又后文"中外者天也"句,明刊本"中外"作"华夷"。"太史令傅奕上疏除佛法"条,四库本"汉明帝始立祇神",明刊本"祇神"作"胡神"、"羌氏"作"羌胡"。
《北窗炙輠录》一卷	旧抄本	卷下"子范谓余曰刘信叔守合肥"条,四库本"自金人南下。内外将士无一人为国家捐躯于。出死力。一见敌人之前驱者。望风奔溃。相袭为常",旧抄本"南下"作"犯顺"、"一见敌人"作"以逆虏人"。
《桯史》十五卷	元刊本	卷一"汴京故城"章,四库本"靖康塞马南牧"句,元刊本"塞"作"胡"。卷四"叶少蕴内制"章,四库本"以制四裔之命"句,元刊本"四裔"作"四夷"。卷五"宣和服妖"章,四库本"而金兵南下卒于不能制也"句,元刊本"金兵南下"作"金虏乱华"。
《四朝闻见录》五卷	清文瑞楼乌丝栏抄本	卷一"请斩乔相"条,四库本"文忠真公奉使北庭。道梗不得进……谓敌既据吾汴。则币可

续表

书名	参校本	文渊阁《四库全书》删改情况
		以绝”句。抄本“北”“敌”两字均作“虏”。又下文“乔公行简……谓蒙古渐兴。其势已足以亡金。金昔吾之仇”句,抄本“蒙古”作“强鞑”,两“金”字皆作“虏”。
《癸辛杂识》六卷	清康熙三十五年《稗海》本	别集卷下“一彫”条,四库本“北中谓一聚马为彫”句,清刊本“北中”作“虏中”。
《归潜志》十四卷	旧抄本	卷九“王翰林从之”条,四库本“若道汉家一百年。自严陵钓竿上来且道得”句下注缺,旧抄本作“然关风甚事”。卷十“金朝名士大夫多出北方”条,四库本缺一字,旧抄本作“梁”。“赵闲闲”条,四库本缺一字,旧抄本作“妬”。
《辍耕录》三十卷	元刊本	卷三“岳鄂王”章,四库本“彼国安能八十年。漠漠凝尘空偃月”句,元刊本“彼国”作“北虏”。又“帝幸燕云困楚囚”句,元刊本“楚囚”作“虏囚”。卷八聂碧窗诗,四库本“又咏燕姬”作“胡妇”。卷九“想肉”章,四库本“靖康丙午岁大金入汴”句,元刊本“大金入汴”作“金狄乱华”。
《水东日记》三十八卷	明万历间昆□重华刊本	卷三“松江李墟沈梦萱先生”章,四库本“试招抚四裔”句,明刊本“裔”作“夷”。“定襄伯郭登治大同”章,四库本“一日敌兵迫城下”句,明刊本“敌兵”作“达贼”。卷六“都督喜信回回人”章,四库本“佛本西域固宜神则有当事者”,明刊本“西域”作“夷人”。

书名	参校本	文渊阁《四库全书》删改情况
《桂苑丛谈》一卷	明刊本《宝颜堂秘笈》	"客饮甘露亭"章,四库本"西坐一人。北番之服",明刊本"北番"作"北虏"。又其后"西坐者乃笑而言"句,明刊本"西坐者"作"虏服"。又下文凡"西坐者"皆作"虏服"。
《太平广记》五百卷	嘉靖四十五年谈氏刻本	此书删改处除少数有"虏""夷"等字外,多为大段文字的缺失,四库采进之本似不完整。
《酉阳杂俎》二十卷	万历三十六年李云鹄刊本	卷十二"李白名播海内"章,四库本"及禄山反。制乐府诗"句,明刊本"乐府诗"作"胡无人"。卷十六,四库本"北方之先索国"句,明刊本"北方"作"北虏"。另,此书中亦有与违碍无关的大段阙文①。

从上表内容中能够明显地看出来,与集部文献相比,四库小说因为所抄录之书大多为宋元小说,所以因有违禁文人而被删改的情况基本上没有出现。纂修官对于四库小说的删改大致分为两个方面:一是涉及少数民族,尤其是女真、金人、鞑靼等清朝民族历史的文字,是删改最为严格的地方。这些文字中往往有"虏""胡""夷""戎""狄"等字,或者涉及少数民族人物,如安禄山反叛事迹。因为这些文字都关系到少数民族的历史,而作为少数民族的清王朝统治者,自然对那些鄙视、讥讽少数民族的文字非常反感,这些悖逆之语是绝不能进入四库全书的。二是无违碍而馆臣妄自猜疑之例,这部分其实与少数民族的历史关系不大,但纂修官还是将其删去,如《刘宾客嘉话

---

① 台北故宫博物院四库全书补正编辑委员会:《四库全书补正》子部,台湾商务印书馆,1999 年,第 1135—1232 页。

录》《太平广记》《酉阳杂俎》等。其原因笔者认为有三个方面:第一,
纂修官迫于压力,谨小慎微,无端猜忌。第二,底本选择不精。第三,
也可能底本完整,但抄录时漏抄。事实上,《四库全书》中的错抄、漏
抄等现象非常多,文渊阁作为校勘最为精审的一部,尚且如此,可以
想见,其他诸阁中因抄写而致误的情况或许更为普遍。清高宗在审
阅进呈本时,就发现了很多类似情况。乾隆五十七年(1792)五月十
三日《军机大臣阿桂等奏遵旨核议纪昀覆勘文津阁书籍各情折》云:

> 臣阿桂、臣和珅、臣王杰、臣福长安、臣董诰、臣庆桂谨奏,为
> 遵旨议奏事。
> 　　本年五月初二日左都御史纪昀奏覆勘文津阁书籍完竣等因
> 一折,奉旨:军机大臣议奏。钦此。
> 　　据称:文津阁全书六千余函,现俱勘完归架,所有勘出从前
> 详校各员遗漏未签之处,逐条造具清册,修补完整。其中缺页、
> 缺卷及成部、成卷应行换写各书,并查出他本抵换书三种,请照
> 从前《性理大全》《史记正义》之例赔写。又提要内有任意删节、
> 改窜及遗失私撰各篇页,并请先交武英殿官为换写,所需工料、
> 银两,于议叙得官供事名下摊追。等语。
> 　　查详校文渊、文源两阁书籍各员,上年经纪昀覆行勘出遗漏
> 未签者,业据奏明将讹错较少之员罚令校勘;文渊、文源两阁空
> 函书讹错较多之员,罚令前赴热河校勘文津阁空函书;其未经勘
> 书丁忧、告假、回籍及外任各员,交部分别议处,经臣等核准在
> 案。现在热河勘出遗漏各条,其原办之详校官,内有上年经纪昀
> 遵旨带同赴文渊、文源两阁覆勘书籍者,计各该员每人所勘书不
> 下七八百函,签出各条较前数倍。此次纪昀册内所开,除莫瞻
> 菉、王坦修、裴谦、程嘉谟、仓圣脉、何思钧、温常绶、德生、孙球、
> 许兆椿、牛稔文、吕云栋、祁韵士、徐以坤、常循、刘源溥、倪廷枚

十七员已经罚令勘书,毋庸再议外,其未经勘书之各员,除病故降革外,所有孙溶、潘有为、石鸿翥、朱钤、温汝适、郭在逵、吴锡麒、王燕绪、李岩、卜维吉十员,应请交部,照册开各条,分别议处。

至应行换写各书,卷帙较繁。查从前《性理大全》因全部抬写错误,《史记正义》系他本抵换,俱经纪昀奏明此二项书籍系承办供事舛错,以致全部四分均须另写,请于议叙得官各供事名下摊赔。一面交武英殿先行换写,所需工料照数追银完缴。此次文津阁勘出缺页、缺卷及成部、成卷应行换写,并他本抵换各书,与《性理大全》《史记正义》事同一例,自应照前摊赔换写。

又据纪昀查出提要内删节、改窜及遗失私撰各篇页,与总目不符,必须一律赔换,以臻完善,均应如纪昀所奏,先交武英殿官为换写,其需用工料银若干两,应即查明议叙各供事现任某省,饬令按数摊赔,并行知各该督抚上紧追齐归款,毋任延宕。俟写毕后,仍责成纪昀带领官匠将文渊、文源二阁换写篇页,逐一抽换完竣,再前赴文津阁,抽换整齐,免致歧误。并将未刻御制诗文一并补缮添入,以归画一。

所有臣等核议缘由,谨恭折具奏,伏乞皇上圣鉴。谨奏。①

《四库全书》卷帙浩繁,又分抄七部,所存在的错误,远不止上述所提到的这些。清高宗命总纂官纪昀、陆锡熊等赔写,并前往诸阁校对,也只不过是改正部分,还有不少错误则永远留存于四库本中。

纂修官对四库小说的删改,一方面造成了文本的不完整,这使得后世的很多研究者都尽量避开利用四库本文献。虽然稗官小说是几

---

① 中国第一历史档案馆编:《纂修四库全书档案》,上海古籍出版社,1997 年,第 2305—2307 页。

流之末,其内容的价值也无法与经、史文献相比,甚至不如集部,但以
纪事述闻为主的古代小说,在记录一个作家的所见所闻时,却有着很
高的史料价值,能够补正史之不足。另一方面,也造成了四库诸阁本
之间在内容上存在较大差异。造成四库诸阁本内容差异的原因,主
要是随着《四库全书》编纂的深入,清高宗发现已经纂办完成的阁本
书中出现了不少错误,这在前面所引的档案中已有描述。但需要注
意的是,由于负责重校的人员不同,有的中途退出重校任务而另选他
人,再加上每个人的负责任程度难以保证统一,所以无论是抽毁之书
的重写,还是抄写错误的重校,都会出现一定程度的差异。而重校工
作最仔细认真的还是文渊阁本,北四阁的其他三阁次之。南三阁相
比北四阁就更加不如了。总之,四库小说的删改相较于集部文献显
得更为单一,而那些涉及明清易代史实的作品,早已属于全毁之列,
或者只是著录在《总目》存目之中。留下来的作品,其时代以宋、元为
主,远离了违碍的"重灾区"。触犯禁忌的往往是少数民族的历史,以
及清朝自身的发展史。

第二节　四库小说的编校

　　关于《四库全书》的采编流程,张升在《四库全书馆研究》中曾做
过详细的总结,其大致过程为:"四库馆主要分为翰林院四库馆(办理
处)与武英殿四库馆(主要为缮写处)两部分,其运作程序大致是这
样的:图书先在办理处校办好,包括提出处理意见、拟写提要、校正原
书等,然后送到缮书处缮写、校正,成为《四库》定本。翰林院四库馆
的办书程序,具体到内府书、采进书及大典本来说,又有一些差异。
采进书、内府书的办书流程为:采进书、内府书送进翰林院后,由提调
分给纂修办理,纂修拟写提要并提出处理意见;其中定为应刊、应抄
者,经总纂、总裁乃至送呈预览裁定,然后发回原纂修详校;校勘后,

要经总纂、总裁审阅,即于原书内改正;然后发下武英殿校正,誊录成正本。武英殿四库馆的办书程序,可大致推测为:武英殿提调将底本分下给分校,分校校好后,分给自己负责的誊录,誊录抄好后,再交回分校,分校再校此誊抄稿。分校校好后,再交复校,复校校好后汇交提调,若没有问题就装订成正本。"①而陈恒舒在其博士论文《四库全书清人别集纂修研究》中将四库馆采编流程总结为:编辑、校勘底本、校订誊抄本、审查②。审查一般为删改四库底本中的违碍文字,对此,上一节内容已经谈及,故此不赘。下面我们同样从编辑、校勘底本、校订誊抄本三个方面来看看纂修官对四库小说的编校。

一、目录、序跋、传记等非正文内容的删改

四库纂修官在编校底本时,常常对书籍中的目录、序跋等非正文内容进行删改,对此,漆永祥有过详细的论述:"古代学者,每刻一书,必有一序,甚或更多;续刻整理者,亦每每有序跋;有的古籍,累世而刻,目录、题辞、序跋、传状等有多至数卷者。这些文字给了我们许多作者事迹、著述情况、刊刻流布以及辗转收藏等方面的史实与信息,有着重要的参考价值。然而《四库全书》中,却删省了大量此类篇目,为世人所不满。但客观地讲,这是编纂大型丛书、类书一贯的做法,而非《四库》本所独有,也就是说,这是该书的体例使然。试想全书3461种79309卷,我们以最少的方式做一假设计算:《四库全书》所收书每部有1篇目录、1篇序文、1篇跋文,则共有10383篇;再以15篇为1卷,可得692卷。此数量已经大得惊人,如果每部书都有详尽的目录,附有大量的序跋、题辞、传状等,势必更大量地增加全书的容量。从此角度讲,删省目录序跋似是一种无奈而必然的选择。从另

① 张升:《四库全书馆研究》,北京师范大学出版社,2012年,第114、115页。
② 陈恒舒:《四库全书清人别集纂修研究》,北京大学2013年博士论文。

一角度讲,有些序跋例如大量方志中的序文,多为代笔之作,内容空洞,了无新意,多所雷同,删之反而洁净。值得注意的是,《四库全书》中对待古籍目录序跋的处理,也不是悉数删去,而是有所变通。如对于目录,个人别集相对不保留目录;但大型总集等,因为翻检不便,就保留目录。对于序跋的处理:一是原序一般都予以保留;二是多保留相对较前的古人之序跋,而删省相对靠后的近今人之序跋;三是对一些难得见到的序跋全部保留,比如《大典》本中辑得之序跋传状等。因此,对《四库》本之删省目录序跋,亦当客观分析,不能以整理一部别集的体例与标准来要求。"①漆永祥所论颇为中肯,这样一部大型丛书,对待文本必然会选择一些简便方法,不然难以完成。漆氏以一篇序跋来算,可以说是非常保守的。我们知道,明清时期,文人刊刻诗文集非常喜欢请名人来为自己的书作序,一书多序的现象非常普遍,甚至有一书序跋多达十多篇的情况。如果这样来算的话,那么《四库全书》的编纂仅在此方面所花费的功夫就相当巨大,这不但影响了编纂的进度,也给纂修官们增加了难度。而在这些诗文集的序跋中,有不少序跋都是对作者的赞美和追忆,文献和理论价值极其匮乏。如此,对于这些序跋的删改就势在必行。从这一点来说,四库纂修官的做法无疑是值得肯定的。

对于四库小说而言,删去序跋、目录的情况则与诗文集有着较大的不同,因为小说长期以来在文人心中仍然处于稗官小道的地位,所以将小说作为个人代表性作品,并收入全集中的作家很少,很多小说都是以抄本流传,或者是由学生、后代刊刻出版。小说这种低下的地位,决定了小说家在请人作序这方面并不积极,有序跋的大多是由后

① 漆永祥:《从〈全宋诗〉的编纂看〈四库全书〉的文献价值》,北京大学中国古文献研究中心等编《海峡两岸古典文献学学术研讨会论文集》,上海古籍出版社,2002年。

代刊刻出版的小说,内容则多交代该书的价值,以及刊刻的始末。当
然也有一部分有作者的序文,而从作家序文中也能感受到对这类游
戏之书的轻视。因为今天所能见到的四库小说底本颇为有限,所以
我们所做的分析难免有以偏概全之嫌。笔者将现存的四库小说底本
与文渊阁本《四库全书》相对比,发现四库小说目录的删去情况较多,
而对于序跋的删除,可能因为小说序跋本就不多,所以并不是非常的
普遍。相较于序跋而言,根据笔者所见四库小说底本,在目录的删除
方面则相对更为普遍和统一,可能是目录比较常见,其所占篇幅较
多,而且小说一般篇幅有限,并非诗文集和卷帙较多的丛书、类书,故
而删去也无关紧要,所以我们看到文渊阁本《四库全书》小说的目录
极少。

二、底本的校勘

从笔者所见的四库小说底本来看,纂修官对底本进行校勘的方
式主要有以下几种:粘签,这种方式部分用于底本空白不足,而修改
文字较多的情况。另外,也用于内容的修改。如国家图书馆藏《猗觉
寮杂记》就主要使用粘签方式进行校勘,《与洪丞相求序书》首页天
头粘签云:"'后'字下疑空'计'字。"卷上首页天头粘签云:"'四皓
安刘','老'字误"、"赵高下空'杀'字"、"画史,'史'字衍"①、"按牧
之《阿房宫赋》系'复道行空,不霁何虹? 长桥卧波,未霁何龙?',坊
间传本亦有作'未云'者。是以龙比长桥,非以龙比复道"②、"'宛
若'二字,索隐诸书并云未详其义,此句疑有脱误"③等;内容钩抹,这
种方式也可以分为两种:一种是直接钩抹,直接用于段落的删除。如

---

① [宋]朱翌:《猗觉寮杂记》,国家图书馆藏旧抄本(四库底本)。
② [宋]朱翌:《猗觉寮杂记》,国家图书馆藏旧抄本(四库底本)。
③ [宋]朱翌:《猗觉寮杂记》,国家图书馆藏旧抄本(四库底本)。

国家图书馆藏《苏氏演义》中就有诸多每条末尾的小字案语被删去的情况。另一种是在纂修官墨笔钩抹的文字旁,再进行修改;眉批,这也是纂修官经常使用的校勘方式,如国家图书馆藏《苏氏演义》的天头空白处,就有诸多墨笔批示。如卷上"凡篆文加〇俱空一格,候另填""此条依初进本用黄签"①"文俱空格写,候另填"②等等。从编校的内容来看,主要有三个方面:

(一)底本正文内容的修改

此又可分为三种情况:1. 删除内容,如前所述,国图藏《苏氏演义》四库底本中,对于条末小字部分的删除。另外,国图藏《松漠纪闻》底本中,这种直接用墨笔删去的情况更加普遍,而所删去的文字,多是涉及少数民族的违碍内容。为了再次提醒相关誊录人员,纂修官还在天头空白处写明"删"字或者所要删去的内容,以示提醒。如"'妻女'二字,及七行亦有以下应删"③。而这种大面积删改原文的行为,也让此书失去了该有的史料价值,这是四库小说编校带来的最大的失误。2. 对于正文内容的修改,如《苏氏演义》中一句原本为"《古今注》增补'木',《古今注》作'末'又作'木'"改为"原本脱落,今据《古今注》增补"④,另原本"盖于袍耳圆领小袖,本类胡服,即赵武灵王好着胡服是始也"改为"盖于袍上圆领小袖,本类非古,即赵武灵王用以习射是始也"⑤。显然这里的修改也是出于内容的违碍。3. 格式的修改,纂修官在这方面主要会在天头书写格式的调整方法,不过也有在其他地方提示誊录者格式的修改,如《松漠纪闻》内护页空白处,正文首页的右侧,纂修官墨笔提示首页抄录格式应为"钦定

---

① [唐]苏鹗:《苏氏演义》,国家图书馆藏抄本(四库底本)。
② [唐]苏鹗:《苏氏演义》,国家图书馆藏抄本(四库底本)。
③ [宋]洪皓:《松漠纪闻》,国家图书馆藏抄本(四库底本)。
④ [唐]苏鹗:《苏氏演义》,国家图书馆藏抄本(四库底本)。
⑤ [唐]苏鹗:《苏氏演义》,国家图书馆藏抄本(四库底本)。

四库……,松漠纪闻卷上,宋〇洪皓〇撰〇〇,正文……"①而在文中
这样对于格式的修改比比皆是,如《苏氏演义》中天头处写有"小字
双行""'二'字空格""另一行"②等。

(二)底本卷次的修改

如《松漠纪闻》原本分为《松漠纪闻》《续松漠纪闻》《松漠纪闻补
遗》三卷,为了统一体例,纂修官则将原本三卷内容改为上、下两卷,
原来的《松漠纪闻补遗》移入卷下。纂修官将原本《松漠纪闻》卷末
"松漠纪闻终"改为"松漠纪闻上"。将原本《松漠纪闻补遗》卷末所
题"纪闻终"改为"松漠纪闻卷下"。文渊阁本《四库全书》即分为
两卷。

(三)底本篇目顺序的调整

为了体例以及内容的逻辑性,纂修官有时候会对底本篇目顺序
进行修改。如台湾图书馆所藏《唐摭言》、国家图书馆的《清波别志》
都是这种情况。篇目次序的调整,无论是在收录的书籍,还是《总目》
提要,都是较为普遍存在的。

三、校订誊抄本

陈恒舒在其博士论文《四库全书清人别集纂修研究》中,运用文
渊阁本与文津阁本《四库全书》比勘的方式,来说明纂修官对于誊抄
本的校订③。但这样的比勘只能反映纂修官校订工作的部分情况,
因为无论是文渊阁,还是文津阁,都是最终抄录完成之本,而在《四库
全书》的抄录之中,以及抄录之后,对于阁本的校勘并未停止,诸阁本
文字内容的不同是由于誊录时产生的不同,还是后来成书之后的校

---

① ［宋］洪皓:《松漠纪闻》,国家图书馆藏抄本(四库底本)。
② ［宋］洪皓:《松漠纪闻》,国家图书馆藏抄本(四库底本)。
③ 参见陈恒舒:《四库全书清人别集纂修研究》,北京大学 2013 年博士论文。

订,亦或是诸阁本所用底本就有差别,其实是纂修史中一个重要的问题。而在比勘中,是应该区别对待的。所以对"校订誊抄本"的研究,最应该参考的是诸阁本所用的誊录底本,以及纂修官在底本上所作的修订内容。对于这类誊录本,笔者暂未能发现有相关文献的流传,所以难以对该问题进行有效的研究。不过在我们比较诸阁本内容的不同时,上述问题是值得思考的。

关于四库小说的编校史实,国家图书馆所藏《附〈太平广记〉〈通志〉等书签讹总档》或许能够为我们提供四库小说编校方面更多的细节。该书的基本情况,以及对于四库馆编校工作研究的价值意义,琚小飞已有专文论述,并认为"《四库全书馆校档残本》为纂修《四库全书》期间形成的馆臣签讹档册,为复校阶段核查分校官签改书籍讹错及誊录官誊抄书籍的记录,涵盖底本中分校官所粘贴校签上的内容、复校官删改增补的校改意见以及销签记录"①。琚氏对于该书内容和性质的概括是符合实际的。而对于四库小说编校的研究,此书同样具有重要的参考价值。通过该书,我们不仅能够看到分校官对于小说文本的校阅情况,还能够看到复校官对于分校官的校阅成果的修订。该书收录了二十二种书籍的签讹情况,其中有两部小说,分别是《太平广记》和《鸡肋编》。这两部书中都有大量复校官对于分校官签讹的修订,有的是复校官在一条签讹末尾做的修订意见,有的则直接墨笔钩抹删去,还有一些是原文钩抹侧注明修改文字。今举数例,以见一斑。如第一册《太平广记》:"卷二百五十一,一页后五行至二页前三行,刊本原有阙文。二页前六行'李都忘先拒其诙谐,遂问曰'刊本脱'李'字,'谐'下衍'是'字,今增删。卷二百四十三,八页前四行,空行俟酌,十一页后八行后'竟不得其死,且坐酷滥也',

---

① 琚小飞:《〈四库全书〉早期编纂史事新探——基于〈四库全书馆校档残本〉的研究》,《文献》2022 年第 3 期。

刊本其误脱'在坐下',今移正。卷二百五十七,又后七行'主人耻之痛,杖其乐将',刊本之讹而痛,讹复恶二字,今改。此系分校改,误应依底本。卷二百五十八,又前二行,'家粪壤转集得野泽蜣蜋'刊本'粪壤'讹'襄便',今改。此分校签出,'襄'应改'壤','粪'字可不增。"第八册《鸡肋编》首叶题为:"'复校鸡肋编',卷上,九页前五行,'今其门伐犹存',案(复校官加'说文'二字)'伐'与'阀'通,《左传》成十六年,却至骠称其阀(修改为'伐')阅可证。二十二页后七行,'是岁多疫'(改为'役'),元本简端(二字钩抹)标云疑(二字改为'注役')作'疫',按'多役'谓'徭役',似当从元底。十九页后二行,'其从子思礼少学相人于张憬藏元本'(加'上句'二字),脱'从'字,思讹师焉,脱'少学'二字①。"

　　综上所论,四库小说的删改与编校工作所参照的仍然是《四库全书》通行的编校规范,并无方法的创新。从纂修官对于小说文献的编校以及《总目》小说家类的纂修来看,小说并非四库馆工作的重点,纂修官们也并不想在此过多地耗费精力,毕竟小说家类多"荒诞""鄙猥"之书,其价值不高。

---

① 以上相关引文均出自四库全书馆《附〈太平广记〉〈通志〉等书签讹总档》,国家图书馆藏稿本。

第三章　现存《四库全书总目》小说家类稿抄本文献述论

　　《四库全书总目》小说家类一直是小说研究界关注的重点,学者们对其进行了颇为深入的研究,也取得了相当丰硕的成果。但纵观四库小说的研究史,能够发现学者们的研究多集中于内容、观念、分类等方面,将四库小说作为一个中心,试图管窥清代小说观念,抑或是对总纂官纪昀小说思想的分析。而且研究者均以乾隆六十年(1795)刊刻的《总目》,特别是中华书局1965年以浙本《总目》作为底本,参校殿本、粤本,影印出版之书作为研究的基础文献。众所周知,《总目》的编纂,自乾隆三十八年开始,至乾隆四十六年第一部《总目》稿本进呈,而后又不断修订,直至乾隆六十年浙本、殿本才先后付梓,内容才最终确定下来,前后经历了二十余年的修订过程。事实上,纂修官在小说观念、分类、著录等方面的修订,恰恰真实地反映了传统精英知识分子对古代小说的总体认识,以及古代小说文体特征的总结。而官方对于小说的认识,自《汉书·艺文志》至《四库全书总目》,组成了一部正统"小说史",在古代小说史发展演变中无疑扮演着重要的角色,是我们研究的主要依据和文献来源。而诸如小说分类、内容表述、不同部类的调整等,都反映了纂修官们对于小说诸多问题的探讨,修订中出现的不同意见,向我们展示了游离于刻本《总目》之外的另一种声音,体现了小说文体本身的复杂性,以及关于古代小说文体的不同认识。这为我们研究古代小说官方思想提供了珍贵的线索。但《总目》经历的修订过程在刻本中是难以呈现的,这对于四库小说的研究来说是颇为遗憾的。事实上,以今天学术体系来看,古代小说属于文学研究,而"纂修"常常被视作一个历史学问题,严格来说已经脱离文学研究者关注的范围。所以我们能看到四库小说研究者很少分析其背后的成书过程,而从"四库学"角度来说,"纂修"则属于史学研究的范围。遗憾的是,小说作为传统学术中的稗官小道,并不为史学研究者所重视,"四库学"的研究往往将经、史两部文献作为分析的对象。很明显,学科的固化给我们探讨四库小说带来了极大的障碍,想要继续推进四库小说的研究,打破学术分科的壁垒无疑是有意义的事情。从史学、文献学的研究出发,运用其研究思维、方式方法来考查四库小说观念、分类的生成史,不仅能够让我们从另外一个角度来审视古代小说,对于"四库学"的研究也具有一定的参考意义。

此外,中西方对于小说的认识有着本质的区别,使用西方小说观念来考查中国古代小说,不免有诸多龃龉之处,对此,新世纪以来已有不少学者进行了反思,刘勇强《一种小说观及小说史观的形成与影响——20世纪"以西例律我国小说"现象分析》早已指出"现在的问题是,用正确的理论与方法研究中国古代小说,是一个比以往更为紧迫的任务"[1]。刘氏进而认为:"无论如何,由西方文学理论越俎代庖,僭越中国古代小说诠释的局面现在应该结束了。"[2]如何正确地研究中国古代小说史,客观地揭示古代小说发展的规律,确实是小说研究所面临的长期问题。笔者认为,从史学和文献学角度来观照古

[1] 刘勇强:《一种小说观及小说史观的形成与影响——20世纪"以西例律我国小说"现象分析》,《文学遗产》2003年第3期。
[2] 刘勇强:《一种小说观及小说史观的形成与影响——20世纪"以西例律我国小说"现象分析》,《文学遗产》2003年第3期。

代小说应该是一个可行的方案,至少能客观地梳理出古代小说史发展的本来面目,避免文学固有研究思维的束缚。这样一种类似"还原"与"回归"的研究方式,并非是否定我们长期以来采用的西方小说观念,也并非否定现代文学观念下的古代小说研究,因为从文学本身的角度来看,中国古代的白话小说,虽然在古代并不为官方所认可,但还是得到了广泛的接受,反映了古代小说的发展过程,而且在文学性上,确实具有传统古代小说难以取代的价值。我们不能因为要还原古代小说史,而否认白话小说是中国古代小说史独特的组成部分。"还原"与"回归"的本意应该是更好地认识古代小说史,并不是简单的非此即彼的判断。这也是笔者进行《四库全书》小说家类纂修研究的意义所在。

关于四库小说观念和分类的生成研究,现存的诸多《总目》稿本是最有价值的参考资料,从中我们可以发现各个阶段四库小说家类的修订,能够帮助我们分析修订背后的原因。在我们进行具体研究之前,有必要将现存《总目》小说家类相关文献做一番梳理。

一、四库提要分纂稿

根据《总目》的编纂流程,先由分纂官撰写提要分纂稿,然后再将这些分纂稿收集起来,以供《总目》参考。今存的分纂稿与《总目》所收篇目相比相当稀少,主要集中于《翁方纲纂四库提要稿》,其他分纂稿大多收录于吴格整理的《四库提要分纂稿》中。而随着信息技术的发展、古籍数据库资源的完善,分纂稿时有新的发现,这为我们研究《总目》早期纂修史提供了宝贵的资料。从所收小说分纂稿的情况来看,翁方纲所纂提要最多,姚鼐亦有数篇。如刘勇《姚鼐〈惜抱轩四库馆校录书题〉的文献价值》一文,就发现姚鼐撰写的提要稿数篇,其中包括了小说家类提要稿四篇①。

二、台湾图书馆藏《四库全书初次进呈存目》

此书为《总目》早期稿本。不分卷,现存四十八册,共计 1790 篇提要。半叶八行,行二十一字,四周双边,白口,单鱼尾。板框高 21.8 厘米,宽 15 厘米。版心写有部类名称,该书封页题签"四库全书初次进呈存目　经部一",各部首册首页粘有黄色签条,题"初次进呈抄录经部",该书抄写体例与后来《总目》稿本有明显区别,显然没有乾隆四十六年(1781)进呈的上图稿本《总目》那样成熟。所以这部书是一个分纂官所拟提要稿的汇编本。该书子部小说家类,不分杂事、异闻、琐语三类,也没有存目。共收录提要五十五篇,从所收之书来看,其所反映的小说观念比较宽泛,不似刻本《总目》那样谨慎,故而大概有五分之一的提要在之后的修订中被移入杂家类,如《春渚纪闻》《贵耳集》《诚斋杂记》《琅嬛记》《澄怀录》《梦溪笔谈》《尧山堂外纪》《谭概》《无事编》《烟霞小说》《古今异苑谭概》等。从中也能够看出杂家与小说家类之间的联系,以及纂修官在分类上的纠结。而《文府滑稽》一书之后被著录于集部总集类存目,大概是纂修官考虑到其收录"寓言俳谐之文"。关于《进呈存目》的成书时间,夏长朴根据该书内容考订为乾隆四十年五月至四十一年正月之间②,后刘浦江结合档案史料,认为该书的成稿时间在乾隆三十九年七月左右③。

该书 2012 年由台湾商务印书馆影印出版,后由江庆柏整理,

---

① 参见刘勇:《姚鼐〈惜抱轩四库馆校录书题〉的文献价值》,《安徽史学》2019年第 1 期。

② 夏长朴:《〈四库全书初次进呈存目〉初探——编纂时间与文献价值》,《汉学研究》第 30 卷第 2 期,2012 年,第 165—198 页。

③ 刘浦江:《〈四库全书初次进呈存目〉再探——兼谈〈四库全书总目〉的早期编纂史》,《中华文史论丛》2014 年第 3 期。

2015 年人民文学出版社出版,2016 年陕西师范大学出版社出版赵望秦等校证《四库全书初次进呈存目校证》。

三、上海图书馆藏《四库全书总目》残稿

上海图书馆藏《钦定四库全书总目》提要残稿,现存二十四册,金镶玉装。白口,四周双边,单鱼尾。所用纸大都为黄色格纸,少数用红格纸。版框高 21.7 厘米,宽 15.5 厘米。该书内有大量纂修官的涂抹修改。其中小说家类存:卷一百四十,小说家类一中的《世说新语》《朝野佥载》两篇,页码为二、三;卷一百四十一,小说家类二:四十四篇(此类后附重写《侯鲭录》《泊宅编》两篇,未计算),末附重写《侯鲭录》《泊宅编》两篇。此卷页码相连,保存较为完整,页码为一至四十九;卷一百四十二,小说家类三中的《博物志》(残)、《西京杂记》、《述异记》、《酉阳杂俎》、《云仙杂记》、《清异录》(残)六篇,页码为四十四至五十。刘浦江根据提要内容考订该书的抄写时间为乾隆四十六年(1781)二月,修订时间为乾隆四十六年(1781)二月至四十七年(1782)七月之间①。

该书后影印收录于 2021 年上海科学技术文献出版社《四库全书总目稿抄本丛刊》。

四、国家图书馆藏《四库全书总目》残稿

该书今存六十三卷,四十八册。书内多有修订。存卷一百四十一小说家类二·异闻和一百四十二小说家类三·琐语两卷。这部《总目》稿本继承了上图《总目》稿本的修订成果,在此基础上又进行了修订。夏长朴根据提要内容推定该稿本的抄写时间为乾隆四十七

---

① 刘浦江:《四库提要源流管窥——以陈思〈小字录〉为例》,《文献》2014 年第 5 期。

年(1782)四月以后,乾隆四十七年(1782)七月之前①。后杨新勋将
《四库全书简明目录》作为参照,进而认为该书的抄写时间在乾隆四
十七年(1782)七月之前②。但其修订时间并非是集中完成,而是在
此之后的数年内完成的。

　　此书后影印收录于 2021 年上海科学技术文献出版社《四库全书
总目稿钞本丛刊》。

五、辽宁图书馆藏文溯阁抄本《四库全书总目》残稿

　　辽宁图书馆所藏文溯阁抄本《总目》,半叶九行,行二十一字,白
口,四周双边,单鱼尾,红格,版心上题"钦定四库全书总目"。该书保
存完好,页码相连,封页为绫绢面,并有题签"钦定四库全书总目卷一
百四十三"。每册首页钤有"文溯阁宝""东北图书馆所藏善本",末
叶钤"乾隆御鉴之宝"。卷一百四十三末叶题"协勘官编修臣祝堃,
誊录拔贡生臣段绍恭",卷一百四十三末叶题"协勘官编修臣祝堃,誊
录拔贡生臣段绍恭"。该书现存卷一百四十三子部小说家类存目一
和卷一百四十四子部小说家类存目二。

　　此书后影印收录于 2021 年上海科学技术文献出版社《四库全书
总目稿抄本丛刊》。

六、国家图书馆藏文溯阁抄本《四库全书总目》

　　此书与辽宁图书馆所藏文溯阁《总目》版式行款皆同,只是封面
似为后世藏家更换,也无题签。卷一百四十小说家类一首页有校官

---

① 夏长朴:《试论国家图书馆藏〈四库全书总目〉稿本残卷的编纂时间——兼论
　与天津图书馆藏〈总目〉稿本残卷的关系》,《中国四库学》2019 年第 3 辑。
② 纪昀等:《四库全书总目稿抄本丛刊》,上海科学技术文献出版社,2021 年,第
　56 页。

"臣蔡新恭校"粘签,并钤有"激面轩董氏藏书之印""董增儒印""抱残""北京图书馆藏"等。国图藏文溯阁抄本《总目》仅卷一百四十小说家类一、卷一百四十一小说家类二两卷。

此书后影印收录于 2021 年上海科学技术文献出版社《四库全书总目稿钞本丛刊》。

七、天津图书馆藏《钦定四库全书提要》残稿

此书不分卷,今存一函六十册。书高 35.9 厘米,宽 21 厘米,版框高 22.2 厘米,宽 15 厘米。半叶八行,行二十一字,四周双边,白口,单鱼尾,红格。版心上题"钦定四库全书",中题篇名,下题页码。全书没有连续的页码,而是每篇页码独自起讫。此书小说家类分为杂事、异闻、琐记三类,残存提要四十三种。

此书后影印收录于 2021 年上海科学技术文献出版社《四库全书总目稿抄本丛刊》。

八、上海图书馆藏翁方纲《说部杂记》稿本

此书不分卷,附《渔洋诗话》《师友诗传录》、《诗传续录》提要。一夹一册,共三十二页,经折装。半叶十一行,行字不等,小字双行,白口,四周双边,单鱼尾,蓝格。该书内容包括十七篇小说札记和三篇集部提要,不见于澳门中央图书馆藏《翁方纲纂四库提要稿》,两书在诸多方面都颇为相似,同为翁方纲纂修四库提要之相关手稿。《说部杂记》共收录图书二十种,其中宋元明小说札记十七种,分别是《铁围山丛谈》《芦浦笔记》《井观琐言》《梁溪漫志》《敝帚轩剩语》《余庵杂录》《宋景文笔记》《珩璜新论》《曲洧旧闻》《寒夜录》《佩韦斋辑闻》《北轩笔记》《岁时广记》《二老堂杂志》《木笔杂抄》《湘素杂记》《肯綮录》。四库提要的分纂稿,尤其是小说提要稿,现存资料很少。《说部杂记》虽然是翁方纲在参与四库全书编修过程中所写的校阅札

记,但从中能够看出四库纂修官对于四库小说的校订修改以及小说观念,为我们研究《总目》的早期编纂史提供了相当珍贵的资料。

九、清乾隆四十九年赵怀玉刻本《四库全书简明目录》

《简明目录》的编纂是因为清高宗考虑到《总目》卷帙浩繁,不便查阅,所以下令编纂此书,使学者可以由书目而寻提要,由提要而得全书,实际上该书具有目录索引的性质。《简明目录》编纂完成于乾隆四十七年(1782),四库馆臣赵怀玉将其录副,并于乾隆四十九年在浙江刊刻。该书1985年由上海古籍出版社出版,不过这个整理本所据底本并非乾隆四十九年赵怀玉刻本,而是后出的粤刻本,其内容与赵刻本有不少差别,所以这个本子无法反映乾隆四十七年的进呈本面貌,不宜作为研究分析的文本。除了刻本以外,国家图书馆藏清内府抄本《钦定四库全书简明目录》,这部抄本《简明目录》可能就是乾隆四十七年七月《简明目录》告竣之后的缮写进呈本,至少反映了《简明目录》告竣之后的面貌。同时此书也是乾隆四十七年赵怀玉录副之底本。

探讨四库小说的分类和观念的生成史,不仅对四库小说的研究有着积极的意义,事实上,《四库全书》及其副产品《四库全书总目》作为官方编修的大型丛书,在小说的认识上,具有突出的典范意义,而清朝作为中国最后一个王朝,其学术研究可以追本溯源,可以很好地继承历代的研究成果,往往带有总结性质。这是我们进行"纂修"研究的价值和意义。可以说,四库小说一方面代表了古代官方的学术思想,另一方面也是古代小说观念的体现。基于这样的实际,我们该如何研究四库小说观念的形成过程?笔者认为现存的诸种《总目》稿本为我们探究这一问题提供了珍贵的资料。《总目》自乾隆三十八年开始至六十年结束,其间进呈数次,形成了诸多《总目》稿本。最初的《总目》稿本来自分纂稿的编纂,其后随着编撰体例和规范的明确,形成了较为成熟的进呈稿本,而纂修官又在这些稿本上做了不同的修订,这些修订内容被后来的进呈本所参考和吸收。每一部《总目》稿本都代表了该阶段《总目》的纂修成果,其中自然包含了一个阶段的观念,而随着纂修的深入,经历了多次的修订之后,才最终形成了我们看到的刻本《总目》。从这个编纂过程中,我们能看到观念的分歧、著录取舍、次序的调整、文字的修订等。但需要注意的是,现存的稿本资料大多是残本,不少稿本中还夹杂了不相关的资料,关于每部稿本的成书过程和成书时间还需要仔细地考证,这些都是我们研究中需要面对的问题。所以想要梳理出一条四库小说分类、观念形成的脉络,就要对现存的多种《总目》稿本以及相关的史料进行考订研究,只有对现存零散的文献做好基础的研究,或以小见大,或管窥蠡测,最终才能将一条条琐碎的信息串起,形成一条完整信息链,最终找到问题的答案。

综上所述,笔者认为从现存的相关文献入手,考订其成书年代、编纂的目的、修订的情况等,并将诸种文本所反映出的思想观念加以梳理,最终在此基础之上,讨论四库小说分类和观念的形成,是较为合理的研究方式。接下来我们就对《总目》小说家类文献的基本问题进行考订,并与现存的其他相关文献比勘,以点带面,来理清四库小说分类和观念的生成过程及其相关问题。

第四章 现存诸阁本《四库全书》 小说家类书前提要研究

　　《四库全书》的纂修开始于乾隆三十八年(1773),至乾隆四十六年(1781)第一分告竣,其间经历八年的时间。《四库全书》共抄写七部,分藏南北。除了所附《四库全书总目》(后简称《总目》)、《四库全书简明目录》《四库全书考证》外,所收之书,每部之前都有提要一篇。不过由于编纂时间的不统一,以及文本来源的不同,在内容上无论是与稿本《总目》,还是后来刊刻的浙本、殿本《总目》,甚至是阁本所附带的《总目》相比都有着或多或少的差异。这些差异体现出相当复杂的一面,为我们分析阁本书前提要的来源以及《总目》的纂修制造了不小的麻烦,不过仔细勘比分析之后我们还是能够找出提要纂修源流的蛛丝马迹,这些分析结果无疑会给我们的研究带来帮助。关于现存诸阁本提要之间,以及阁本书前提要与稿本、刻本之间差异,前人已经注意并进行了研究,如郭伯恭、夏长朴、刘浦江等①。前辈学者的研究成果不仅为诸阁本书前提要的源流考辨奠定了基础,同时还为我们确立了很好的研究范式。笔者试图在前辈研究成果的基础之上,以小说家类书前提要作为中心,对以往学界很少留意的诸

---

① 郭伯恭《四库全书纂修考》(岳麓书社,2010 年)、夏长朴《四库全书总目发微》(中华书局,2020 年)、刘浦江《四库提要源流管窥——以陈思〈小字录〉为例》(《文献》2014 年第 5 期)等。

阁本小说家类书前提要进行比勘研究,揭示现存诸阁本提要之间的差异及其特点,并进一步窥探四库提要纂修源流,为研究四库小说家类提要的生成打下基础。

第一节 《四库全书》的纂办及现存四种
阁本小说家类书前提要概况

《四库全书》所抄写的七部,由于战乱原因,今仅存"三部半",分别是文渊阁、文津阁、文溯阁和存世不及原书一半的文澜阁。前三部保存完好,而文澜阁则由于太平天国运动遭到严重损毁,仅剩下 8000余册,不及原书四分之一。后由丁丙、钱恂、张宗祥等学者主持,分别于光绪年间、乙卯(1915)、癸亥(1923)进行了三次大规模的补抄,文澜阁《四库全书》才得以基本恢复原貌①。文澜阁《四库全书》小说家类现存的原写本书前提要仅有二十七篇,不足原书的四分之一。篇目及校上时间为:《唐新语》乾隆五十一年五月、《大唐传载》乾隆五十二年三月、《云溪友议》乾隆五十二年三月、《唐摭言》乾隆五十一年五月、《洛阳缙绅旧闻记》乾隆五十二年三月、《青箱杂记》乾隆五十一年八月、《龙川别志》乾隆五十二年二月、《孔氏谈苑》乾隆五十一年三月、《甲申杂记》乾隆五十二年二月、《湘山野录》乾隆五十一年七月、《玉壶野史》乾隆五十二年三月、《东轩笔录》乾隆五十二年四月、《侯鲭录》乾隆五十一年八月、《闻见前录》乾隆五十一年二月、《闻见后录》乾隆五十一年五月、《北窗炙輠录》乾隆五十一年四月、《步里客谈》乾隆五十一年九月、《癸辛杂识》乾隆五十一年八月、《乐郊私语》乾隆五十一年九月、《语林》乾隆五十年六月、《山海经广注》

---

① 陈东辉:《关于文澜阁〈四库全书〉卷前提要及其他》,《四库学》2018 年第1 期。

乾隆五十二年二月、《神异经》乾隆五十一年四月、《汉武故事》乾隆五十一年二月、《汉武帝内传》乾隆五十一年三月、《异苑》乾隆五十一年二月、《还冤志》乾隆五十年十月、《酉阳杂俎》乾隆五十二年四月。因补抄本提要无法反映文澜阁《四库全书》书前提要的编纂情况，所以这二十七篇原写本提要对我们的研究来说无疑是弥足珍贵的。因为要与其他三部阁本书前提要进行比勘研究，所以我们就以现存文渊阁、文津阁、文溯阁、文澜阁本小说家类所共有的二十七篇提要为研究的中心。

《四库全书》诸阁本，有纂办完成和送至诸阁贮藏两个时间，而阁本《四库全书》的完成时间应该以纂办缮写完成时间计算。郭伯恭《四库全书纂修考》根据档案史料考证北四阁——文渊、文溯、文津、文源完成时间，"《四库全书》：第一分成于乾隆四十六年（辛丑），第二分成于四十七年（壬寅），第三分成于四十八年（癸卯），第四分成于四十九年（甲辰），此无可疑者"①。而文汇、文宗、文澜南三阁的续办缮写完成时间是从乾隆四十七年七月至五十二年六月，前后五年告竣。以上是《四库全书》纂办完成时间，但《四库全书》的送贮藏庋并非于完成的当年，而是稍后陆续完成的，如文溯阁《四库全书》的送贮就分为前后五次进行，《署直隶总督英廉奏运往盛京文溯阁头拨全书已送至山海关交奉尹接运折》云：

> 乾隆四十七年十一月初十日
> 大学士兼署直隶总督臣英廉谨奏，为奏闻事。
> 案准尚书·额驸·公福隆安等抄奏内开，应送盛京文溯阁收贮之四库全书，分作五拨起程，面奉谕旨：自京至山海关，令通永道李调元沿途往来经理。钦此。钦遵。知会到前督臣郑大

① 郭伯恭：《四库全书纂修考》，岳麓书社，2010年，第120、121页。

进。当即飞饬遵照将应需抬运人夫妥协雇备去后。兹据通永道李调元禀称,遵即赴京,会同内务府司员常福,将头拨书籍等项共一百八十二抬,于十月二十日自京起程。沿途需用抬夫,均系雇备足用,按站给价,随到随运,并无迟误,亦无擦损。于十月二十九日抵山海关,三十日送至关外红墙交界处所,交与奉天府府尹伯兴,逐一点收,接运前进。等情前来。

臣覆查无异,除饬该道俟二拨书籍起程,仍会同委员妥协照料运送外,所有应送盛京头拨书籍已运至山海关与奉省交替缘由,理合缮折具奏,伏祈皇上睿鉴。谨奏。

乾隆四十七年十一月十二日奉朱批:览。钦此。①

文津阁《四库全书》则分为四次,《直隶总督刘峨奏奉旨送往文津阁全书已全数运至热河折》云:

乾隆五十年五月初八日

直隶总督臣刘峨跪奏,为奏明事。

窃照前准武英殿修书处咨会,奉旨送往热河文津阁陈设四库全书,奏明于三月二十日起分为四拨,间十日一起运往,令臣按站雇夫并派员照料。等因。当经臣饬委霸昌道玉成赴京领运,送至古北口,交热河道当保接替照料,并将应需抬夫以及绳杠席片等项,饬令妥协预备在案。

兹据霸昌、热河二道禀称:奉拨四库全书,均已敬谨接替护送,逐程照料。今第四起书籍,于四月二十五日运至热河,面同武英殿委员点交热河总管如数查收,先后并无短少、渍湿。等情

① 中国第一历史档案馆编:《纂修四库全书档案》,上海古籍出版社,1997年,第1679页。

前来。臣覆查无异。

　　所有奉旨送往四库全书已全数运至热河缘由,理合缮折奏明,伏祈皇上睿鉴。谨奏。

　　朱批:览。①

　　而实际上在诸阁之书送贮的过程中,因为违碍文字的陆续发现,也不断地被抽换修改,乾隆五十年(1785)二月十七日《军机大臣奏遵查四库全书内添改抽挖各书办理情形片》云:

　　遵旨将四库全书内,奉旨添改、抽挖各书,曾否于各分内一律办竣之处,交查该馆。兹据覆称:所有进呈书籍内,奉旨增改抽挖之本,俱经随时改妥覆奏,并查明各分,随发随办。所有文渊、文源、文津三阁及摛藻堂、味腴书室各本,现在逐一办理。惟盛京文溯阁各书在未经运送以前,钦奉指出者,业已随时改正外,其业经送往陈设后,续于进呈时仰蒙指出者,逐条记档,现在行文该将军等按卷检齐,遇便委员带来,再行照改发往。并将节次遵旨改挖各书,开写清单进呈。谨奏。(军机处上谕档)②

　　事实上,档案中所提到的违碍书籍的抽换和修订,也是造成阁本书前提要差异的原因,不过这些提要的修改较为明显,通过与其他阁本提要的对比不难发现。

---

① 中国第一历史档案馆编:《纂修四库全书档案》,上海古籍出版社,1997年,第1878页。

② 中国第一历史档案馆编:《纂修四库全书档案》,上海古籍出版社,1997年,第1862页。

第二节　现存四种阁本小说家类
书前提要内容的同异

　　现存诸阁本书前提要的文本来源颇为复杂,从内容上来看,不但与阁本《总目》提要有着不小的差别,不同阁本提要之间也存在异同。对于诸阁本书前提要的纂修研究,首先是需要对现存各个阁本书前提要做仔细认真的比勘,以此为基础再进行合理的推断。我们仍然选取文渊、文溯、文津、文澜四阁本小说家类书前共有的二十七篇提要作为比勘的对象,以此来分析阁本书前提要的源流和纂修情况,为了更为清晰地展现比勘的结果,笔者用列表的方式将比勘结果展示如下:

文渊、文溯、文津、文澜阁本小说家类书前提要同异表		
序号	提要之篇名	提要之同异
1	《酉阳杂俎》	文津阁本无"与二酉藏书之义也"一句。文津阁本"逸典"后有"语"字。**此篇提要文澜、文渊、文溯阁本同,与文津阁本小异。**
2	《神异经》	文津阁本"怪诞不经"后无文澜阁"共四十七条"一句。文津阁本"此书其称",文澜阁本"其"作"已"。文澜阁本中"故其中"至"相采摭已"一段文字,文津阁本仅作"流传以久,固不妨过而存之,以广异闻也"。此段中"故"字为文渊阁本无。**此篇提要文津阁本同文溯阁本。文澜阁基本同于文渊阁本,仅一字之差。**
3	《汉武故事》	《西征赋》后文津、文渊、文溯阁本均有"引"字,而文澜阁本无。文渊、文溯、文澜阁本"陈文烛晦伯"中"伯"字,文津作"百"。**此篇提要四阁本基本相同,仅一字之差。**

续表

文渊、文溯、文津、文澜阁本小说家类书前提要同异表		
4	《汉武帝内传》	"东方朔传赞称好事者"文澜阁本无"称"字，文澜阁本中"传赞自有矛盾"，"有"字文溯阁、文渊阁、文津阁均作"相"。文澜阁本"其不关于"中"关"字文溯、文渊、文津均作"出"。文渊阁和文澜阁本中从"张华《博物志》"至"所说又不同"一大段文字为文津、文溯阁本所无。**此篇提要文津阁与文溯阁本同，文渊、文澜阁本基本同，仅一字之差。**
5	《异苑》	文澜阁本中"宋敬叔"，文津、文渊阁本后有"撰"字。文渊、文澜阁本中"称敬叔"，文津、文溯作"其"。文渊、文津、文溯阁本"于江州"，文澜阁作"镇江州"。文渊、文澜阁本中"诋毁之词"，文津、文溯阁本"词"作"语"。文渊、文澜阁本中"则偶疏也"，文津、文溯阁本作"又震亨疏略之失也"。文渊、文澜阁本中"经籍志所载"，文津、文溯阁本"载"字作"纪"。文渊、文澜阁本中从"刘知几"至"失载"一段文字为文津、文溯本无。文渊、文澜阁本中"窜乱"，文津、文溯本作"窜改"。"然核"，文津、文溯阁本无"核"字。文渊、文澜阁本中"《博物志》《述异记》"，文津、文溯阁本作"搜神述异诸记"。文渊、文澜阁本中"陶侃胡奴"，文津、文溯阁本后有"等"字。文渊、文澜阁本中"据世说"至"考证"一段文字，文津、文溯本有不同表达。**此篇提要文津与文溯阁本同，文渊与文澜阁本基本相同。两者差异较大。**
6	《还冤志》	文澜阁本"传写之讹"，文津阁本后有"无疑"二字，文溯阁本后有"考"一字，文渊阁本后有"至"一字。"遂误以刻"，"刻"字文溯作"冠"。文澜阁本中"佛教日昌"，"日"字文津阁本作"弥"字。**此篇提要四阁本文字内容基本相同，仅个别字句差异。**

续表

文渊、文溯、文津、文澜阁本小说家类书前提要同异表		
7	《山海经广注》	文澜、文津阁本中"卷首"一句,文渊阁本无。从"卷首"至"广见闻"一段文字文溯阁本无,其中"广"字文津阁本作"资"。此篇提要文澜、文津阁本文字内容基本相同,仅个别字差异。文渊、文溯阁本与之相较则各有不同。
8	《语林》	文渊阁本篇名作"《何氏语林》"。"何良俊撰"后文津、文溯阁本有另一段文字。此篇提要文津和文溯阁本相同,文渊和文澜阁本基本相同。
9	《乐郊私语》	"鄂"字文渊阁本作"谔"。此篇提要四阁本文字内容基本相同。
10	《癸辛杂识》	"商维濬"文溯阁本无"维"字。文澜阁本"阙"字写法与文澜阁本同。文澜阁本"可以小说忽之矣"后文溯、文渊、文津阁本均有一大段文字。此篇提要文渊、文津、文溯阁本基本相同,文澜阁本有删减。
11	《步里客谈》	文澜阁本中"江阴军学",文溯阁本作"县学"。"别号"后文渊阁本有"宋史差缪"四字。"风云变色"中"色"字文溯、文渊、文津阁本均作"灭"。此篇提要四阁本基本相同。
12	《闻见后录》	"博字"一句,文津阁本无。"其后"后文津阁本有"伯温"二字。"后录其"后文渊阁本有"如"。"较前录颇为琐杂"文津阁本有不同表达。"知康节"中"知"字文津阁本作"盖"。"盖怙权"至"不足怪"一段文字为文津阁本无。"证碧云"一句与文津阁本的表述不同。此篇提要文津和文溯阁本同,文渊和文澜阁本同。

文渊、文溯、文津、文澜阁本小说家类书前提要同异表		
13	《北窗炙輠录》	"一卷",文溯、文津阁本作"二卷"。"操有孟子"至"方士中"一大段文字与文津阁不同。此篇提要文津与文溯阁本同,文渊和文澜阁本同,二者文字差异较大。
14	《闻见前录》	"由于激"后文溯、文津阁本有"成"字,"记"字文溯、文津阁本作"纪"。此篇提要文渊、文澜、文津、文溯基本相同,其中文津、文溯、文渊更为接近。
15	《湘山野录》	"续录一卷",文渊阁本无此句。"僧"字文溯、文津阁本无。"北宋杂事"中"杂"字文溯、文津阁本无,"事以"一句文津阁本无。"历鹗"至"此书耶"一大段文字,文津阁本无。"吴开优"至"不足深求"一大段文字,文津阁本无。此篇提要文溯、文津阁本相同,文澜阁和文渊阁本基本相同,仅卷数有别。
16	《玉壶野史》	"失实"后文渊、文津阁本有"者"字。此篇提要文渊、文澜、文津阁本基本相同,仅一字之差。文津和文渊阁本全同。文溯阁本提要另有来源。
17	《东轩笔录》	文澜阁本"字道辅"后文渊、文溯、文津阁本另有一句。文澜阁本提要末,文津阁本仍有一段文字。此篇提要文津、文溯、文渊阁本相同。文澜阁本文字不同,另有来源。
18	《侯鲭录》	文渊、文津阁本在"先生"后有"所谓"二字,"尚多有",文渊、文溯、文津阁本作"多尚有"。此篇提要四阁本基本相同,仅二处差异。
19	《甲申杂记》	"凡一百四",文津阁本作"百四"。文溯阁本提要至"书在后也"结束,此前文字与文津阁本同。"卷末"至"依托矣"一段文字为文

续表

		文渊、文溯、文津、文澜阁本小说家类书前提要同异表
		津阁本无。文澜阁本"甲申杂记中李定"后一大段文字为文津阁本无。此篇提要文澜和文渊阁本同,文溯和文津阁本文字内容长度不一,有删节。
20	《青箱杂记》	"大人之"后文津阁本有"间"字。此篇提要四阁本基本相同,文澜、文溯、文渊阁本与文津阁本仅一字之差。
21	《孔氏谈苑》	文津、文渊、文溯阁本篇名作"谈苑"。此篇提要四阁本基本相同,仅篇名有别。
22	《龙川略志》	"程子之"一句,文溯阁本无。此篇提要文津、文渊、文澜阁本同,文溯阁本少一句。
23	《洛阳缙绅旧闻记》	此篇提要四阁本同。
24	《唐摭言》	"其序称","其""序"字后文津阁本分别有"散""一篇"。"王定保撰"后文津阁本有"定保"二字。"五代史"至"而详矣"一段文字为文津阁本无。"之前已"后文溯、文津、文渊阁本有"先"字。此篇提要文津和文溯阁本同。文澜和文渊阁本基本同,仅一字之差。
25	《云溪友议》	"商维濬"文津阁本无"维"。"亦与史不符"后文津阁本尚有一大段文字,"皆委巷"前文津阁本有"题"字。此篇提要文渊、文津、文溯阁本同。文澜阁本不同,应另有来源。
26	《大唐传载》	"传其所问",文溯、文渊阁本作"闻"。此篇提要四阁本基本相同,而文津和文澜阁本、文渊和文溯阁本更为接近。
27	《唐新语》	"臣等谨案"至"乃题"一段文字,文溯阁本无。"三卷"文津阁本作"三卷"。"商维濬",文溯和文津阁本无"维"字。"前修云云",文溯阁本无"云云"。另,至"其实"一段文字,与文津阁本表达不同。此篇提要文澜、文渊阁本相同,二者与文津阁本仅一字之差。文溯阁本另有来源。

　　从比勘结果来看,四种阁本书前提要的关系是非常复杂的,内容上既有四阁本皆同的情况,也有其中两两相同,两组彼此各异。个别提要会出现三种相同,甚至四阁本皆不相同的情况。而在分析他们的文本来源时,很难找到内容完全相同的两种阁本提要,这似乎提示我们诸阁本书前提要由于编纂时间不一,其所采用的提要文本来源也存在差异①。具体来看,在二十七篇提要中,除去仅有一字之差的情况,我们还是能够发现,文渊和文澜以及文津和文溯阁本书前提要相同的次数较多,彼此关系似乎更为紧密。而同为北四阁的文渊、文溯、文津三阁本书前提要,并没有因为地缘和编纂时间相近的原因而显示出内容上的一致性,但文溯和文津阁内容上的相似,还是能够说明,北四阁集中纂办,或许在某一个时间段所使用的文本具有同源的属性,但随着后来的校勘工作不断进行以及违碍文字的查禁、诸阁负责校勘人员的变化,出现了彼此文本内容上的差异。文渊阁藏地最近,校勘最为方便,所以后面的查校工作也最为仔细,故其内容与文津、文溯有所差异。虽然后来的南三阁纂办时间较晚,但其采用的书前提要文本来源,可能是与校勘最为仔细的文渊阁本有着密切的关系,这也就是我们看到的文渊和文澜阁本书前提要有诸多相似之处的原因。

　　关于诸阁本书前提要的来源,刘浦江曾经以《小字录》为例,通过

---

① 对此,许超杰在《〈四库全书〉提要文本系统例说》一文中指出:"一则提要可能具有多种提要稿,即不同的源文本,而不同的源文本也产生了不同的提要文本系统……存在不同分纂官分别为同一种书的不同版本撰写的分纂稿、不同分纂官为同一种书的同一版本撰写的分纂稿、同一分纂官为同一种书的不同版本撰写的多种分纂稿等三种产生不同源文本的情况。"许氏对于提要文本来源的分析可备一说,但文中所指出的三种情况在四库提要的纂修过程中是普遍现象还是个别现象,似乎还需要进一步的探讨(《文献》2020年第6期)。

诸阁本之间以及稿本、刻本的相互比对,认为诸阁本书前提要分为两个不同的来源,而刘浦江也发现文渊和文澜阁本《小字录》书前提要的相同,并认为文渊阁本是办理最为认真、也是质量最高的一部,而文溯阁本和文津阁本则不似文渊阁那么认真。南三阁中的文澜阁"经与文渊阁本书前提要相比对,笔者发现,这些单篇提要一般与乾隆四十五、四十六年抄成的文渊阁提要内容相同或相近,而与较早抄成的文渊阁提要则有较大出入"①。根据这些情况,刘浦江又对南三阁提要的编纂判断到:"我估计是乾隆四十七年以后,由翰林院按照统一格式抄写的四库书前提要底本,每篇提要至少一式三份,专供办理南三阁全书采用,当每种书抄校完毕后,只需将这些业已按照统一格式抄好的书前提要填上年月即可。文澜阁本《小字录》抄成于乾隆五十二年二月,其内容与文渊阁本书前提要几乎一字不差,大约就是这个缘故。"②按之前本文所讨论的二十七篇小说家类书前提要,刘浦江对于文渊和文澜阁本书前提要之间关系的判断大致符合事实,但是我们也能从对比中看到更为复杂的一面。例如抄成于乾隆四十五年(1780)、四十六年的《山海经广注》和《癸辛杂识》同样与文澜阁本书前提要在内容上有着不小的差异。而较早抄成于乾隆四十三年的文渊阁《闻见后录》提要,却与文澜阁提要相同。此外,我们发现早期抄写的文渊阁提要,如乾隆四十二年、四十三年的,与文溯阁、文津阁提要相比对,内容往往相近或相同。在此之后,文渊阁本与文津和文溯阁本书前提要不同的情况开始明显增多。四库阁本书前提要的编纂似乎比我们想象的更为复杂。除了底本来源的不同,阁本书

---

① 刘浦江:《四库提要源流管窥——以陈思〈小字录〉为例》,《文献》2014 年第 5 期。

② 刘浦江:《四库提要源流管窥——以陈思〈小字录〉为例》,《文献》2014 年第 5 期。

前提要在编撰时还发生过诸多情况,乾隆五十七年五月十三日《军机大臣阿桂等奏遵旨核议纪昀覆勘文津阁书籍各情折》提到:"又据纪昀查出提要内删节、改窜及遗失私撰各篇页,与《总目》不符,必须一律赔换,以臻完善,均应如纪昀所奏,先交武英殿官为换写,其需用工料银若干两,应即查明议叙各供事现任某省,饬令按数摊赔,并行知各该督抚上紧追齐归款,毋任延宕。俟写毕后,仍责成纪昀带领官匠将文渊、文源二阁换写篇页,逐一抽换完竣,再前赴文津阁,抽换整齐,免致歧误。"①阁本《四库全书》办理告竣之后,乾隆皇帝又发现了诸多错误,由于办理人员以及严谨程度不一,造成了书前提要出现删节、改窜、私撰等现象,从而体现在诸阁本提要内容的较大差异。这则档案资料不仅告诉我们阁本书前提要差异的原因,还交代了阁本书前提要本来的底本应该是《四库全书总目》这一重要信息。此外档案中还具体说明了提要换写的步骤,即乾隆皇帝发现阁本错误之后,命纪昀前往北四阁逐一复核,纪昀将错误汇总,交由武英殿官重写,写好之后仍由纪昀负责完成抽换篇页的任务。

第三节　现存阁本小说家类书前提要
与《总目》稿本、刻本提要的关系

　　阁本书前提要由于编纂的时间不一、使用的提要底本也不尽相同,呈现在最终写定的提要稿上,就如我们所见的那样,诸阁本提要之间在内容上有着很大的差别。我们能够从诸阁本书前提要的对比中发现其来源的复杂性,但由于资料的缺乏,还无法准确地判断每部阁本书前提要所参考的究竟是《总目》编纂过程中的哪部稿本。虽然

---

① 中国第一历史档案馆编:《纂修四库全书档案》,上海古籍出版社,1997年,第2307页。

如此,但将书前提要与其他现存的《总目》稿本、刻本比对,还是能找到书前提要文本来源的线索,同时也能帮助我们分析《总目》编纂的过程。前辈学者在这一方面已经做过一些工作,笔者仅在前人的基础上,以诸阁本小说家类书前提要作为分析的范围,并以《闻见后录》《北窗炙輠录》《唐摭言》三篇提要为例,来具体分析小说家类阁本书前提要的文本源流。此外,本书所选的三篇提要,因为相互之间差异较大,对我们的比对分析来说具有典型意义。

首先来看《闻见后录》提要,此提要笔者暂时没有发现有分纂稿的存世,不过在乾隆三十九年(1774)左右写定的《四库全书初次进呈存目》(后简称《进呈存目》)中收录该书提要,今将提要稿转录如下:

> 《闻见后录》三十卷
>
> 宋邵博撰。盖续其父伯温之书,故曰《后录》。中如论复孟后诸条,亦有与《前录》重出者。然伯温所记多朝廷大政,可裨史传。是书兼及经义、史论、诗话,又参以神怪俳谐,不过杂家流耳。又伯温盛推二程,博乃力排程氏而宗苏轼。观所记游酢、谢良佐之事,盖康节没后,程氏之徒尊其师而抑邵,故博有激以报之,皆非平心之论也。至其汇辑疑孟诸说,至盈三卷,说外丙仲壬与《皇极经世》相违,记王子飞事称佛法之灵,记汤保衡事推道教之验,论晏殊薄葬之非,诋赵鼎宗洛学之谬,皆有乖邵子之家学。他若以元稹诗作黄巢之类,引据亦颇疏略。惟其辨宣仁之诬,载司马光集外章疏之类,可资考订。议《通鉴》削屈原之非,驳王安石取冯道之谬,辨伊川《易传》非诋垂帘,证绍兴玉玺实非和璧,论皆有见,谈诗亦多可采。宋人说部,完美者稀,节取焉,可矣。[1]

---

① [清]四库馆臣编纂,赵望秦等校证:《四库全书初次进呈存目校证》,陕西师范大学出版总社,2016年,第919页。

　　《进呈存目》将此篇提要放入杂家类。与之后的上图进呈稿本
《总目》以及刻本提要中那样明确的文体观念不同的是,此篇提要中,
分纂官首先认为从此书内容上来看,既有经义、史论等比较雅正的部
分,也有志怪神异等小说家言,性质近似杂家,而最后又认为该书为
宋人说部。由此可见,在《总目》编纂之初,小说在归类的问题上并没
有一个统一的意见。但分纂官在这篇提要中体现出的矛盾,也能够
让我们看到古代小说内容"杂"的一面。在此之后的乾隆四十六年
(1781)进呈的上图稿本《总目》中,总纂官对该篇提要似乎比较满
意,并没有进行重写或较大幅度的改动,只是在提要书写的规范和内
容考证的严谨两个方面加以补充,提要云:

　　《闻见后录》三十卷　　江西巡抚采进本
　　宋邵博撰。博字公济,伯温子也。是编盖续其父书,故曰
《后录》。其中论复孟后诸条,亦有与《前录》重出者。然伯温所
记多朝廷大政,可裨史传。是书兼及经义、史论、诗话,又参以神
怪俳谐,较《前录》颇为琐杂。又伯温书盛推二程,博乃排程氏而
宗苏轼。观所记游酢、谢良佐之事,知康节没后,程氏之徒欲尊
其师而抑邵,故博有激以报之。盖怙权者务争利,必先合力以攻
异党,异党既尽,病利之不独擅,则同类复相攻。讲学者务争名,
亦先合力以攻异党,异党既尽,病名之不独擅,则同类亦相攻。
固势之必然,不足怪也。至其汇辑疑孟诸说,至盈三卷,证《碧云
騢》真出梅尧臣手,记王子飞事,称佛法之灵。记汤保衡事,推道
教之验,论晏殊薄葬之非,诋赵鼎宗洛学之谬。皆有乖邵子之家
法。他若以元稹诗作黄巢之类,引据亦颇疏略。惟其辨宣仁之
诬,载司马光《集外章疏》之类,可资考订。议《通鉴》削屈原之
非,驳王安石取冯道之谬,辨伊川《易传》非诋垂帘,证绍兴玉玺
实非和璧,论皆有见,谈诗亦多可采。宋人说部,完美者稀,节取

焉可矣。①

　　对于该提要,纂修官只是稍作补充,并调整了提要的排列次序。该篇提要也被乾隆五十二年(1787)左右进呈的国图稿本《总目》所继承,同样未做修订,最终刊刻的浙本、殿本《总目》与之完全相同。

　　前文已经提到,现存的《闻见后录》四种阁本书前提要,基本可分为两个不同的系统:写定于乾隆四十九年十月的文津阁和四十七年五月的文溯阁提要相同。而乾隆四十三年三月的文渊阁和五十一年五月的文澜阁提要相同。两个系统提要内容有着较大的差别。如果我们将这两种提要与《进呈存目》和上图《总目》稿本相对比,则会发现文津阁和文溯阁的书前提要与《进呈存目》收录的提要稿完全相同,而文渊阁和文澜阁本书前提要则与上图稿本提要稿完全相同。由此可见,文津、文溯阁这个系统是直接参考了《进呈存目》提要稿,文渊、文澜阁本利用了上图稿本提要稿。值得注意的是,文渊阁提要的校上时间为乾隆四十三年三月,这是文渊阁本书前提要写定时间较早的一类提要稿,比三年之后进呈的上图稿本还要早,这或许是在对《进呈存目》的提要稿进行修订之后形成的一篇定稿,这篇提要也反映了《总目》在乾隆三十九年至四十六年之间的一个纂修成果。而成书于乾隆四十三年的《四库全书荟要》没有收录《闻见后录》,文渊阁本书前提要恰好可以为我们弥补这个缺憾,为我们了解这一时间段《总目》的纂修提供了参考资料。这是阁本书前提要的价值之一。

　　至此,或许我们可以对《闻见后录》提要纂修源流进行推测:首先是分纂官的提要稿被收入《进呈存目》,而稍后在《总目》的纂修中,纂修官对该篇提要进行了修订,并被负责文渊阁本书前提要编纂的

————————

① ［清］纪昀等:《四库全书总目稿抄本丛刊》第5册,上海科学技术文献出版社,2021年,第126页。

纂修官所采纳,其修订时间当在乾隆四十三年(1778)三月之前,而后这篇提要也被收录到乾隆四十六年进呈的上图稿本中,第一分文渊阁本《四库全书》和《总目》稿本都进呈于这一年,他们的编纂工作基本是同一时间完成的,所以文渊阁本书前提要与上图稿本提要内容的相同就顺理成章。而在此后漫长的《总目》修订中,并没有对该篇提要有任何的修改,也最终呈现在刻本《总目》之中。令人意外的是,校上于乾隆四十七年五月、四十九年十月的文溯阁本、文津阁书前提要却没有参考《总目》和文渊阁本书前提要,而都是照搬了早期编纂的《进呈存目》提要稿。按理来说,上图稿本提要稿的质量明显优于《进呈存目》,《总目》稿本也在不断修订之中,文渊阁本《四库全书》也编纂完毕,种种因素都难以想象负责纂办文溯、文津阁《四库全书》为何要舍近求远,对《总目》修订成果视而不见,选择一篇并不出色的提要稿?笔者未能找到相关资料来解答此问题。唯一的解释,正如刘浦江所言,北四阁的纂修,文溯、文津、文源似乎没有文渊阁那么的认真负责。如果说,后面陆续纂办的六部阁本都不似文渊阁认真,那么校上于乾隆五十一年五月的文澜阁本书前提要就让我们知道了事实的复杂性,不管文澜阁是参考了文渊阁还是乾隆四十六年之后的《总目》,它都很好地吸纳了《总目》修订的成果。这一点也许提示我们,阁本书前提要的编纂在选择文本时,并不仅仅是认真与否那么简单。

下面我们再来看一看《北窗炙輠录》提要与现存稿、刻本的差异。该提要同样没有发现有分纂稿的传世,我们只能通过《进呈存目》来了解早期的提要内容,兹将该提要稿抄录于下:

《北窗炙輠录》二卷

宋施德操撰。德操字彦执,海昌人。生不婚宦,病废而没。尝与张九成、张璎为友,里人称持正先生。所记多当时前辈盛德

之事,有益于立身行已,可为士大夫观法者,盖儒者之言也。中
多称道二程,间一及苏氏,而不甚推重。其第一条即言王氏新法
由于激成,其微意可知。惟称林灵素有活人心,未免好为高论。
而解《孟子》"万物皆备"一条,尤近于性恶之旨,不可为训耳。
朱彝尊尝得是编于海盐,借抄者始稍稍流播。而《海昌志·人
物》莫有举其姓名者,则其湮没已久也。①

　　该书同样被著录在杂家类。在之后的修订过程中,纂修官似乎
对该篇提要不太满意,进行了重写。上图稿本呈现了这一阶段修订
的结果,提要云:

　　　　臣等谨案:《北窗炙輠录》一卷,宋施德操撰。德操有《孟子
　　发题》,已著录。是书炙輠之名,盖取义淳于髡事。然所记多当
　　时前辈盛德可为士大夫观法者,实不以滑稽嘲弄为主,未审何以
　　命此名也。德操与张九成友善,故《孟子发题》附刻于《横浦集》
　　末。其学问则九成纯耽禅悦。德操多称道二程,虽间一及苏氏,
　　而不甚郑重。其第一条即言王氏新法由于激成,以阐明程子之
　　意,则宗洛而不宗蜀,其微意固可概见。惟林灵素妖妄蛊惑,实
　　方士中桀黠之雄,而德操称其有活人之心,未免好为异论。又解
　　孟子万物皆备一条,尤近荀卿性恶之旨。其横浦之学,偶相渐
　　染,故立是异说欤? 瑕瑜不掩,分别观之可也。德操病废终身,
　　行事无所表见,志乘至不载其姓名,其书明以来传本亦稀。朱彝
　　尊始得是本于海盐,乃稍稍传抄流播。残编蠹蚀,几佚幸存,亦

① [清]四库馆臣编纂,赵望秦等校证:《四库全书初次进呈存目校证》,陕西师
　　范大学出版总社,2016 年,第 914 页。

可云希觏之秘笈矣。①

　　在上图稿本《总目》中《北窗炙輠录》从杂家类调整到小说家类，内容上也进行了较大的修改。该篇提要在之后进呈的国图稿本《总目》中没有进行修订，最终收录到刻本《总目》之中。与现存的文渊、文溯、文津、文澜四阁本书前提要相对比，写定于乾隆四十一年（1776）十月的文渊阁本书前提要，被后来的上图稿本所采用，并在之后的《总目》修订中未加以任何修改。由此我们能够看出，《进呈存目》在进呈之后不久就开始了修订的工作，文渊阁本书前提要就是成果之一。乾隆五十一年四月校上的文澜阁本书前提要与文渊阁本完全相同，同属于一个系统。完成于乾隆四十七年五月的文溯和乾隆四十九年八月的文津阁本书前提要内容彼此完全相同，但与文渊阁和文澜阁相比则有着较大的差异，今择取文溯阁本提要抄录于下：

　　　　臣等谨案:《北窗炙輠录》二卷，宋施德操撰。德操字彦执，海昌人。生不婚宦，病废而没。尝与张九成、张璇为友，里人称持正先生。所记多当时前辈盛德之事，有益于立身行己，可为士大夫观法者，盖儒者之言也。中多称道二程，间一及苏氏，而不甚推重。其第一条即言王氏新法由于激成，其微意可知。惟称林灵素有活人心，未免好为高论。而解《孟子》"万物皆备"一条，尤近于性恶之旨，不可为训耳。其书自明以来，传本甚稀，朱彝尊尝得是编于海盐藏书家，借抄始稍稍流播。而《海昌志·人物》莫有举其姓名者，则其湮没固已久矣。乾隆四十七年五月恭

①　[清]纪昀等:《四库全书总目稿抄本丛刊》第5册,上海科学技术文献出版社,2021年,第130页。

校上。①

　　该篇提要稿除个别字句稍有不同之外,与《进呈存目》提要稿的内容基本相同,只有卷数方面不同于《进呈存目》。但可以肯定的是,负责文溯和文津阁书前提要的纂修官肯定参考了《进呈存目》,并进行了简单的修改。如果到这里我们就得出诸阁本书前提要分为两个系统,分别为文渊和文澜阁本、文溯和文津阁本,文渊阁和文澜阁本书前提要吸收了《总目》修订的成果,而文溯和文津阁本则是参考了早期的《进呈存目》,只是略加修改,显得非常不负责任的结论的话,显然是与事实不符。实际上,诸阁本书前提要远比我们想象的更为复杂。从现存的二十七篇四种诸阁本书前提要中,我们很容易就能找到相反的例证,并且我们很难总结出一条清晰的文本源流。《山海经广注》提要就很好地提示了我们这一点。该提要没有收入《进呈存目》,上图稿本残缺此篇。现在我们能见到的较早的提要稿就是校上于乾隆四十六年(1781)九月的文渊阁本书前提要,今转录于此:

　　　　臣等谨案:《山海经广注》十八卷。国朝吴任臣撰,任臣有《十国春秋》已著录。是书因郭璞《山海经注》而补之,故曰《广注》。于名物训诂、山川道里,皆有所订正。虽嗜奇爱博,引据稍繁,如堂庭山之黄金,青邱山之鸳鸯,虽贩妇佣奴皆识其物,而旁征典籍,未免赘疣。然掎摭宏富,多足为考证之资。所列《逸文》三十四条,自杨慎《丹铅录》以下十八条,皆明代之书,所见实无别本。其为稗贩误记,无可致疑。至应劭《汉书注》以下十四条,则或古本有异,亦颇足以广见闻也。旧本载图五卷,分为五类:曰灵祇;曰异域;曰兽族;曰羽禽;曰鳞介。云本宋咸平舒雅旧

―――――――――
① 金毓黻等编:《文溯阁四库全书提要》,中华书局,2014 年,第 2468 页。

稿,雅本之张僧繇,其说影响依稀,未之敢据。其图亦以意为之,
无论不真出雅与僧繇,即说果确实二人,亦何由见而图之。故今
惟录其注,图则从删。又前列《引用书目》五百三十余种,多采自
类书,虚陈名目,亦不琐录焉。乾隆四十六年九月恭校上。①

　　根据此篇提要的校上时间,我们或许可以推测上图稿本内容与
之大致相同。在之后进呈的国图《总目》稿本中,此篇提要没有经过
大的改动,只是在"未免赘疣"之后,添加一句"卷首冠杂述一篇,亦
涉冗杂"②。这一修订在文渊阁本书前提要纂办完成之后,也没有被
文渊阁本书前提要所吸收。但之前提到的与文渊阁本书前提要内容
一致情况较多的文澜阁书前提要,则吸收了乾隆四十六年(1781)之
后《总目》的修订成果,这也能够看到文澜阁本书前提要的编纂与时
俱进的一面。同样内容相似度较高的文溯阁和文津阁本书前提要,
也出现了不同的情况,校上于乾隆四十七年十月的文溯阁本书前提
要内容相对简单,能够看出来是出自早期《总目》稿本,提要云:

　　臣等谨案:《山海经广注》十八卷。国朝吴任臣撰,任臣有
《十国春秋》已著录。是书因郭璞《山海经注》而补之,故曰《广
注》。于名物训诂、山川道里,皆有所订正。虽嗜奇爱博,引据稍
繁,如堂庭山之黄金,青邱山之鸳鸯,虽贩妇佣奴皆识其物,而旁
征典籍,未免赘疣。旧本载图五卷,分为五类:曰灵祇;曰异域;
曰兽族;曰羽禽;曰鳞介。云本宋咸平舒雅旧稿,雅本之张僧繇,

---

① [清]纪昀等:《景印文渊阁四库全书》第1042册,台湾商务印书馆,1985年,
第201页。
② [清]纪昀等:《四库全书总目稿抄本丛刊》第5册,上海科学技术文献出版
社,2021年,第225页。

其说影响依稀,未之敢据。其图亦以意为之,无论不真出雅与僧
繇,即说果确实二人,亦何由见而图之。故今惟录其注,图则从
删。又前列《引用书目》五百三十余种,多采自类书,虚陈名目,
亦不琐录焉。乾隆四十七年十月恭校上。①

　　此后校上于乾隆四十九年(1784)二月的文津阁本书前提要这一
次没有与文溯阁本一致,而是与乾隆五十二年二月校上的文澜阁本
书前提要内容基本相同,仅有一字之差。

第四节　结语

　　以往学界很少关注四库阁本小说家类书前提要,大都把精力专
注于刻本《总目》的研究。实际上,通过上述的对比分析,可知阁本小
说家类书前提要不仅能够帮助我们考索四库小说观念和分类的形成
史,还能够藉此来窥探四库提要的纂修过程,具有双重价值和意义。
首先,从四库小说观念和分类的研究角度来看,《进呈存目》反映了四
库小说的最初分类情况,而随着《总目》修订的深入,提要撰写体例、
规范的建立,部分提要从杂家类移入小说家类,这一变动反映了《总
目》在纂修过程中文体意识逐渐加强,同时也透露出了四库小说观念
的变化。由于史料的缺乏,以往我们只能从上图稿本及其修订稿中
来探索乾隆三十九年(1774)《进呈存目》之后,直到乾隆四十六年上
图《总目》稿本进呈期间《总目》的修订情况,而文渊阁本书前提要中
部分提要写定时间较早,有些是《进呈存目》进呈之后不久修订校上,
还有的是二三年之后完成的,就恰好为我们了解在此六七年内《总
目》及其小说家类的纂修情况提供了宝贵的资料。可以说,阁本书前

---

① 金毓黻等编:《文溯阁四库全书提要》,中华书局,2014 年,第 2492、2493 页。

提要在一定程度上为我们弥补了证据链条上那缺失的一环。其次，通过对现存诸阁本小说家类书前提要的对比分析，我们发现前辈学者在诸阁本书前提要的文本来源方面的研究成果，似乎有进一步斟酌的必要。而以某篇或某类作为阁本书前提要探索的中心，进行文本源流的归纳总结，似乎并不能很好地窥见四库阁本书前提要的全貌。事实上，阁本书前提要的文本来源以及诸阁本书前提要之间的关系，远比我们想象的更为复杂，这种复杂性是由书前提要纂修时间不一、主要负责人员不同、采用的提要稿文本来源不一、未能形成统一参考底本、复查复校情况差异等多种因素所共同决定的。上面对于现存诸阁本小说家类书前提要的对比研究就很好地说明了这一点。虽然总体上来看，文渊和文澜、文津和文溯阁本书前提要相似概率较大，但这并不排除他们之间互有异同情况的发生。此外，复杂的情况之下，一些倾向性信息同样值得我们思考，如文澜阁书前提要与文渊阁很多都相同，而不同之处，文澜阁本明显吸收了《总目》更新的纂修成果。但文溯阁和文津阁却频频从早期写定的《进呈存目》中选择底本，忽视《总目》的修订，而两阁所附带的《总目》却要比书前提要认真得多，提要质量也优于阁本书前提要。这些问题有待于我们对诸阁本书前提要进行更为深入的研究，值得学界同仁的注意。

第五章 现存诸阁本《四库全书总目》小说家类研究

——以国图、辽图所藏文溯阁抄本《四库全书总目》残卷为中心

辽宁省图书馆(后简称"辽图")和国家图书馆(后简称"国图")分别藏有一部文溯阁抄本《钦定四库全书总目》,这两部文溯阁抄本应该都是文溯阁本《四库全书》抄本前所附的《四库全书总目》。而文溯阁抄本《四库全书总目》今分别藏于国家图书馆、辽宁省图书馆和天津图书馆,各馆所藏《总目》均为残本,且卷数各不相同。其中,辽图和国图所藏文溯阁《总目》残本中皆存有小说家类,辽图所藏为卷一百四十三子部小说家类存目一和卷一百四十四子部小说家类存目二,国图所藏为卷一百四十子部小说家类一和卷一百四十一子部小说家类二。以往学界对于这些阁本《总目》关注不多,其中小说家类更是很少提及,而关于阁本《总目》小说家类的研究不仅能够让我们藉此来窥探《总目》的纂修历史,还对了解四库小说观念的生成颇有助益。幸运的是,近来出版的《四库全书总目稿抄本丛刊》所影印的《总目》稿抄本中恰好收录了此两部残本,这为我们研究《总目》的纂修无疑提供了巨大的方便。此书书前附有江庆柏《前言》和琚小飞《文溯阁抄本〈钦定四库全书总目〉解题》,对于这两部抄本的成书时间、内容及其与其他《总目》稿抄刻本关系进行了初步研究,对我们了解这两部抄本的基本情况颇有参考价值。让人感到遗憾的是,两位学者都没有对小说家类提要进行深入的分析,而文中关于两部抄本

基本问题的探索还有进一步研究的必要。笔者试以两部文溯阁抄本《总目》残存小说家类作为中心,来对成书时间、是否为同一部抄本的离散以及与现存其他稿抄刻本小说家类的关系的问题进行更细致的探讨。

第一节　国图、辽图藏文溯阁
抄本《总目》的基本情况

辽宁图书馆所藏文溯阁抄本《总目》,半叶九行,行二十一字,白口,四周双边,单鱼尾,红格,版心上题"钦定四库全书总目"。该书保存完好,页码相连,封页为绫绢面,并有题签"钦定四库全书总目卷一百四十三"。每册首页钤有"文溯阁宝""东北图书馆所藏善本",末叶钤"乾隆御鉴之宝"。卷一百四十三末叶题"协勘官编修臣祝堃,誊录拔贡生臣段绍恭"。关于编修官祝堃,乾隆四十七年(1782)七月十九日《质郡王永瑢等奏刘全之协同校办〈简明目录〉可否遇缺补用片》提及:"又查校官祝堃一员,由中书中式进士,改授庶吉士,前后在馆六年,历经派办《总目》及《简明目录》,行走亦属勤奋,可否一并准其照例授职之处,均出自圣恩。"①据此大概可以推测祝堃在乾隆四十一年的时候就已经在馆,而且始终没有间断,永瑢为《四库全书》总裁,他能和其他副总裁、总纂官一起提到对他的奖励问题,可见其在馆之贡献。而当日这件事就得到了乾隆皇帝的批复,此日《谕刘权之着借补侍讲祝堃免其散馆照例授职》载:"乾隆四十七年七月十九日奉旨:刘全之遇有侍讲缺出,准其借补。祝堃着免其散馆,照例授

_____

① 中国第一历史档案馆编:《纂修四库全书档案》,上海古籍出版社,1997 年,第1604 页。

职。余依此。钦此。"①其后,乾隆五十二年(1787)八月十一日,祝氏任详校官,参与覆勘文渊等阁四库全书,签出周亮工《读画录》等书有违碍之处。可知其在馆时间至少在十年以上。值得注意的是,祝堃是在乾隆四十七年被授予官职,而此文溯阁抄本末题"编修祝堃",说明这部《总目》抄写之时,祝堃已有官职。由此我们或许可以推测这部文溯阁《总目》抄本抄写时间的下限为乾隆四十七年七月十九日。而琚小飞认为根据"天图、国图《总目》残稿中的提要修改,可以将文溯阁抄本《总目》抄写时间的下限定在乾隆四十九年七月二十四日"②。

文溯阁抄本《总目》卷一百四十三卷末题:"右小说家类杂事之属一百零二部,四百七十五卷(内八部无卷数),皆附存目。"③而浙本、殿本两部刻本《总目》均题为:"右小说家类杂事之属一百一部,四百七十五卷(内七部无卷数),皆附存目。"④相比刻本《总目》,文溯阁抄本《总目》多出一部,查阅此书提要,可知这部就是李清《外史新奇》,兹将提要转录于下:

　　《外史新奇》无卷数　　两江总督采进本
　　　明李清编,清有《南北史合注》已著录,是书杂辑古来轶闻琐语新异可喜者,编为一集,不分门目,亦不次时代,盖随手杂录之

① 中国第一历史档案馆编:《纂修四库全书档案》,上海古籍出版社,1997年,第1605页。
② 琚小飞:《文澜阁抄本〈钦定四库全书总目〉解题》,《四库全书总目稿抄本丛刊》第1册,上海科学技术文献出版社,2021年,第79页。
③ [清]纪昀等:《四库全书总目稿抄本丛刊》第19册,上海科学技术文献出版社,2021年,第218页。
④ [清]纪昀等:《武英殿本四库全书总目》第39册,国家图书馆出版社,2019年,第204页。

本,后人抄而存之耳。清史学颇深,具有根柢,而此编所载皆不著其书名,类明人剿剟之本,知非其有意撰述者也。①

李清《外史新奇》一书颇为罕见,今仅有抄本流传,藏于上海图书馆,故笔者前往目验此书,将其版本信息交代如下:

上海图书馆藏清劳权抄本《外史新奇》十二卷,一册。白纸。半叶十六行,行四十字,无界行。书前有昆山后学朱用纯序,每卷前均有卷目。正文卷端题"外史新奇卷之一,兴化李清映碧甫辑",封面题"苍莨斋收藏丹铅精舍手抄本外史新奇,小谟觞仙馆旧藏,戊午五月重装"。"苍莨斋"为清末四川藏书家高世异斋号,"丹铅精舍"是劳权的室名,"小谟觞仙馆"为清代山东文登藏书家于昌进斋号。钤有"华阳高氏苍莨斋考藏金石书籍记"朱文长方印、"世异印信"白文方印、"世异长寿"白文方印、"意在三代两汉六朝之间"白文方印、"合众图书馆印"朱文方印、"泽山心赏"朱文方印、"小谟觞仙馆"白文方印、"景葵所得善本"朱文长方印、"博览群书"椭圆朱文印、"劳权之印"白文方印、"高世异图书印"朱文长方印、"丹铅精舍"朱文长方印、"高氏校阅精抄善本印"朱文方印、"杭州叶氏藏书"朱文长方印、"苍莨斋所藏抄本"白文方印、"合众图书馆藏书印"朱文长方印、"古润戴培之收藏书画私印"朱文长方印、"润州戴植字培之鉴藏书画章"朱文方印、"苍莨斋高氏藏书记"朱文长方印、"戴植秘玩"朱文方印、"武林叶氏藏书印"朱文长方印、"高世异图书印"朱文长方印、"翰墨轩书画记"白文方印、"倍万楼藏本"朱文长方印、"听鹂馆主人"朱文长方印、"戴芝农鉴赏章"白文方印、"苍莨斋"朱文方印、"华阳国士"白文方印、"华阳国士珍秘之印"朱文长方印、"戴芝农父秘笺之印"朱文长方印等。

　　乾隆五十二年(1787)清高宗发现李清《诸史同异录》中有违碍文字之事后,大为震怒,下令"所有四阁陈设之本及续办三分书内,俱着掣出销毁,其《总目提要》亦着一体查删"①。八天之后文溯阁所贮李清《诸史同异录》就被掣出销毁。乾隆五十二年四月初二日、初三日的《军机大臣奏遵旨销毁李清书四种应行补函商酌办理情形片》《军机处大臣和珅等为访查李清所著书一并销毁事致江浙等省督抚函》。从这些档案中可知此事的严重程度,李清的著述也很快被掣出销毁。而文溯阁抄本《总目》中存有李清《外史新奇》提要,由此又可以推测该部抄本的抄写时间不应早于乾隆五十二年三月十八日,这也就是这部抄本的时间上限。同时也可以进一步推测,这部抄本应该是乾隆五十二年因李清等违碍之事的撤出本。琚小飞也同样根据抄本中的违碍内容而将抄写时间考订于该年②。琚氏又根据档案资料将该抄本撤出的时间定于乾隆五十五年七月二十日陆锡熊查勘文溯阁《四库全书》之时。与李清《外史新奇》一起被撤出的提要还有卷一百四十四小说家类存目二中仲遵《花史》,其原因或许是提要中提及陈继儒作序事。兹将提要稿移录于此:

　　　　《花史》二十七卷　　浙江巡抚采进本
　　　　明仲遵撰,遵字王路,嘉兴人。是书成于万历丁巳,杂采说
　　部花事,而参以己所论著,分二十七类。体既庞杂,语尤纤佻,前
　　有陈继儒序,盖其气类也。然学继儒而不成,遂更出其下。自序

----

①　中国第一历史档案馆编:《纂修四库全书档案》,上海古籍出版社,1997年,第1992页。
②　参见琚小飞:《文澜阁抄本〈钦定四库全书总目〉解题》,《四库全书总目稿抄本丛刊》第1册,上海科学技术文献出版社,2021年,第79页。

有云：“予《花史》成梦，迅雷起于内室，花神恶我游说，当必震其霆怒，率领万花扣阙，奏知天帝，鸣鼓如雷耳云云。”全书大抵如是，虽名《花史》，然不可入之谱录，姑附之于小说家焉。①

刻本中已无此提要，故文溯阁抄本此卷末卷数也与刻本不同。

因现存《总目》稿抄本多为残本，而存有小说家类存目之本更不易见，笔者将此抄本与浙本、殿本《总目》进行了仔细的比勘，结果发现文溯阁抄本《总目》的内容与殿本高度吻合，在浙本、殿本发生差异时，也皆同于殿本，无一例外。值得注意的是，《矩斋笔记》和《鄢署杂抄》两篇提要因“恩赐”类内容需要提格书写，但其中“召”和“覃”二字明显为后来填写，而高出板框的格和栏线也是后画上去的。这两处修改是什么时间发生的呢？笔者未能找到答案，留此以俟方家解疑。

国图所藏文溯阁抄本《总目》版式行款皆同，只是封面似为后世藏家更换，也无题签。卷一百四十小说家类一首页有校官“臣蔡新恭校”粘签，并钤有“激面轩董氏藏书之印”“董增儒印”“抱残”“北京图书馆藏”等。

第二节　国图、辽图藏本与现存
稿抄刻本《总目》的差异

笔者首先将国图文溯阁抄本《总目》与刊刻的浙本、殿本《总目》进行了内容上的对比，结果显示，国图藏文溯阁抄本《总目》与刻本《总目》文字内容上有多达六十三处差异，其中同于浙本《总目》的地

---

① ［清］纪昀等：《四库全书总目稿抄本丛刊》第 19 册，上海科学技术文献出版社，2021 年，第 198、199 页。

方有十三处,而同于殿本《总目》的地方有五十处。由此方面来看,这部抄本的文字更接近于殿本《总目》,但这与上文辽图所藏文溯阁抄本一边倒地同于殿本《总目》有着明显的差别。可事实并非如此简单,国图所藏的这部抄本中还发生了提要与浙本、殿本《总目》互有异同的现象,如《因话录》《大唐传载》《东南纪闻》《东轩笔录》。其中《东轩笔录》的提要排序同于浙本,但内容却与殿本相同。更让人疑惑的是,《默记》《独醒杂志》两篇提要部分文字与浙本、殿本均不相同。这些差异足以能够说明国图所藏的文溯阁抄本《总目》的提要来源相当复杂,并非是偶然现象。因内容只是个别字句的差别,故在此不详列原文进行对比。江庆柏在《四库全书总目稿抄本丛刊》的前言中说道:"国图藏文溯阁抄本《总目》仅卷一百四十小说家类一、卷一百四十一小说家类二两卷。版面没有涂抹,非常整洁。这部抄本和辽宁省图书馆藏文溯阁抄本《总目》体式相同,两者是不是同一部书分散开的,还需要进一步分析。可以指出的是,国图所藏的两卷是辽图抄本所没有的。"①江氏在文中并没有下判断,而两部分藏于不同图书馆的抄本版式相同,且卷数不同,表面看上去似乎应该是同一部书稿的离散。但通过与刻本《总目》的对比,辽图本与殿本内容高度吻合,而国图本却情况复杂,这是否可以说明两部抄本并非同一部《总目》抄本呢? 因为笔者只是比对了小说家类的两卷内容,所以还不敢妄下断言。确实还需要进一步的研究。此外,这部抄本的提要顺序与浙本《总目》相同。从内容上来看,该抄本也应该是因李清事件而被撤出的,卷一百四十一小说家类二《默记》一篇提要中提及李清《南唐书合注》一书,其中"李清《南唐书合注》亦称所引《江南野

---

① ［清］纪昀等:《四库全书总目稿抄本丛刊》第 1 册,上海科学技术文献出版社,2021 年,第 8 页。

史》李后主小周后事,参校本书无此文,则亦不能无误"①一句,殿本总目直接删去,而浙本总目则改为"又其中所引江南野史李后主小周后事,参校马陆二家《南唐书》无此文,则所不能无误"②。

以上我们讨论了两部文溯阁抄本与刻本《总目》的差别,接下来我们再来看看两部抄本与《总目》稿本的差别。笔者曾对上海图书馆藏总目稿本小说家类进行研究,结果发现纂修官对上图稿本小说家类提要内容的修订并不多,修订稿基本保留了上图稿本的本来面目。从上图稿本中纂修官的修订来看,凡是经过改动的地方,大都被浙本、殿本《总目》提要所吸收。仅就上图稿本现存的小说提要内容而言,与最终刊刻的浙本、殿本《总目》以及国家图书馆所藏《总目》稿本提要高度吻合。虽然我们无从得知天津图书馆所藏稿本小说家类的修订情况,但可以肯定的是,纂修官的这次修订在后来的稿本中并没有再做大幅度的改动,仅对提要的分类、顺序、个别字句等方面进行了微调。文中笔者也提到上图《总目》稿本修订稿与国图稿本之间文字内容高度吻合。总之,上图稿本修订稿与国图稿本以及殿本《总目》之间具有明显的继承关系。那么国图所藏的这部文溯阁抄本与现存《总目》稿本之间的差异对比,上图稿本修订稿无疑是最佳的参考对象。笔者选取了两者均保存完整的小说家类二提要进行了对比,结果发现国图藏文溯阁抄本与上图稿本《总目》的修订稿内容高度吻合,也就是说国图藏本吸收了上图稿本修订稿的修订成果。最明显的例子就是多篇提要中提及"商维濬",上图稿本中多写作"商濬",修订稿中多朱笔添加"维"字,国图藏文溯阁抄本也与上图稿本修订稿相同,也都同于殿本,无一例外。而此处浙本多作"商濬",却

① [清]纪昀等:《四库全书总目稿抄本丛刊》第16册,上海科学技术文献出版社,2021年,第351页。
② [清]纪昀等:《四库全书总目》(下),中华书局,1965年,第1197页。

与上图稿本相同。由此也能够证明国图藏文溯阁抄本的抄写时间不会晚于上图稿本修订稿的时间,也就是乾隆四十六年(1781)二月。因为上图稿本在《总目》的纂修中起到了承上启下的关键作用,所以理清国图所藏文溯阁抄本与上图稿本及其修订稿的关系,就能对其与《总目》稿本的关系有了一个大致的了解。

关于阁本《总目》与阁本书前提要,前人已有研究,具体到这部国图文溯阁抄本,江庆柏也注意到其间差异。笔者拟对此抄本小说家类进行更深一步的分析。首先值得注意的一点是,国图藏文溯阁抄本与文溯阁本书前提要的顺序和篇名有所差异,为了更为清晰地展示这部分内容,列表如下:

国图藏文溯阁小说家类一	国图藏文溯阁小说家类二	文溯阁本小说家类一书前提要	文溯阁本小说家类二书前提要
《西京杂记》六卷	《侯鲭录》	《西京杂记》六卷	《泊宅编》三卷
《世说新语》三卷	《泊宅编》	《世说新语》三卷	《珍席放谈》二卷
《朝野佥载》六卷	《珍席放谈》	《朝野佥载》六卷	《铁围山丛谈》六卷
《唐国史补》三卷	《铁围山丛谈》	《唐国史补》三卷	《国老谈苑》二卷
《大唐新语》十三卷	《国老谈苑》	《唐新语》十三卷	《道山清话》一卷
《次柳氏旧闻》一卷	《道山清话》	《次柳氏旧闻》一卷	《墨客挥犀》十卷
《刘宾客嘉话录》一卷	《墨客挥犀》	《刘宾客嘉话录》一卷	《唐语林》八卷
《明皇杂录》二卷《别录》一卷	《唐语林》	《明皇杂录》二卷《别录》一卷	《枫窗小牍》二卷
《大唐传载》一卷	《枫窗小牍》	《大唐传载》一卷	《南窗记谈》一卷
《教坊记》一卷	《南窗记谈》	《教坊记》一卷	《过庭录》一卷
《幽闲鼓吹》一卷	《过庭录》	《幽闲鼓吹》一卷	《萍州可谈》三卷
《松窗杂录》一卷	《萍州可谈》	《松窗杂录》一卷	《高斋漫录》一卷

国图藏文溯阁小说家类一	国图藏文溯阁小说家类二	文溯阁本小说家类一书前提要	文溯阁本小说家类二书前提要
《云溪友议》三卷	《高斋漫录》	《云溪友议》三卷	《默记》三卷
《玉泉子》一卷	《默记》	《玉泉子》一卷	《挥麈前录》四卷后录十一卷
《云仙杂记》十卷	《挥麈前录》	《云仙杂记》十卷	《玉照新志》六卷
《唐摭言》十五卷	《玉照新志》	《唐摭言》十五卷	《投辖录》一卷
《中朝故事》二卷	《投辖录》	《中朝故事》二卷	《张氏可书》一卷
《金华子》二卷	《张氏可书》	《金华子》二卷	《闻见前录》二十卷
《开元天宝遗事》四卷	《闻见前录》	《开元天宝遗事》	《清波杂志》十二卷别志三卷
《鉴诚录》十卷	《清波杂志》	《鉴诚录》十卷	《鸡肋编》三卷
《南唐近事》一卷	《鸡肋编》	《南唐近事》二卷	《闻见后录》三十卷
《北梦琐言》二十卷	《闻见后录》	《北梦琐言》二十卷	《北窗炙輠录》二卷
《贾氏谈录》一卷	《北窗炙輠》	《贾氏谈录》一卷	《步里客谈》二卷
《洛阳缙绅旧闻记》五卷	《步里客谈》	《洛阳缙绅旧闻记》五卷	《桯史》十五卷
《南部新书》十卷	《桯史》	《南部新书》十卷	《独醒杂志》十卷
《王文正笔录》一卷	《独醒杂志》	《王文正笔录》一卷	《耆旧续闻》十卷
《儒林公议》二卷	《耆旧续闻》	《儒林公议》二卷	《四朝闻见录》五卷
《涑水记闻》十六卷	《四朝闻见录》	《涑水记闻》	《癸辛杂识》前集一卷、后集一卷、续集二卷、别集二卷
《渑水燕谈录》十卷	《癸辛杂识》	《渑水燕谈录》十卷	《随隐漫录》五卷

国图藏文溯阁 小说家类一	国图藏文溯阁 小说家类二	文溯阁本小说家 类一书前提要	文溯阁本小说家 类二书前提要
《归田录》二卷	《随隐漫录》	《归田录》二卷	《东南纪闻》三卷
《嘉祐杂志》一卷	《东南纪闻》	《嘉祐杂志》一卷	《归潜志》
《东斋记事》六卷	《归潜志》	《东斋记事》六卷	《山房随笔》一卷
《青箱杂记》十卷	《山房随笔》	《青箱杂记》十卷	《山居新话》
《钱氏私志》一卷	《山居新话》	《钱氏私志》一卷	《遂昌杂录》一卷
《龙川略志》十卷 《别志》八卷	《遂昌杂录》	《龙川略志》十卷 《别志》二卷	《乐郊私语》一卷
《后山谈丛》四卷	《乐郊私语》	《后山谈丛》四卷	《辍耕录》三十卷
《孙氏谈甫》三卷	《辍耕录》	《孙氏谈甫》三卷	《水东日记》 三十八卷
《孔氏谈苑》四卷	《水东日记》	《谈苑》四卷	《菽园杂记》十五卷
《画墁录》一卷	《菽园杂记》	《画墁录》一卷	《先进遗风》二卷
《甲申杂记》一卷 《闻见近录》一卷 《随手杂录》一卷	《先进遗风》	《甲申杂记》一卷 《闻见近录》一卷 《随手杂录》一卷	《觚不觚录》一卷
《湘山野录》三卷 续录一卷	《觚不觚录》	《湘山野录》三卷 续录一卷	《语林》三十卷
《玉壶野史》十卷	《何氏语林》	《玉壶野史》十卷	
《东轩笔录》十五卷		《侯鲭录》八卷	
		《东轩笔录》十五卷	

由上表可知,文溯阁抄本《总目》小说家类一、二的卷数、篇目、篇名均与文溯阁本书前提要存在差异。这种差异似乎提示我们阁本《总目》提要与阁本书前提要之间各有来源,是两个不同的提要系统。下面我们结合具体提要稿来看一下两者之间的差异。国图藏文溯阁抄本中仍保留着提要稿未修改之前的面貌,之后刊刻的浙本和殿本

都已经进行了程度不同的修改,而此篇提要也为上图稿本及其修订
稿和国图稿本及其修订稿所有,不同时期的提要稿为我们研究提要
纂修源流提供了珍贵的线索。下面我们就以《默记》提要为例,来分
别看一下其与《总目》稿本和修订稿、诸阁本《总目》提要、诸阁本书
前提要以及刻本《总目》之间的差异,由此来管窥四库提要的纂修源
流。《默记》今未见有分纂稿留存下来,而汇编于乾隆三十九年
(1774)的《四库全书初次进呈存目》(后简称"《进呈存目》")在史部
别史类杂史类中收录这则提要稿,今将原文照录如下:

> 宋王铚撰。铚字性之,汝阴人,自称"汝阴老民"。绍兴初,
> 以廷臣奏,荐诏视秩史官给札奏御,为枢密院编修官,尝著有《雪
> 溪集》。此编多载汴都朝野杂事,末一条乃考正陈思王《感甄
> 赋》事,所记颇有依据,可信者多。惟王朴引周世宗见火轮小儿,
> 及宋太祖以周世宗子赐潘美二事,似出附会。又李清尝以铚所
> 引《江南野史》李后主、小周后事,参校本书,无此文,盖亦征引
> 之误。①

此后这篇提要被纂修官所采纳,并对文字稍作润色。乾隆四十
六年进呈的上图《总目》稿本中此篇提要在继承《进呈总目》提要稿
的同时,又对文字内容进行了修订,上图稿本提要稿原文:

> 《默记》三卷,宋王铚撰,铚字性之,汝阴人。自称"汝阴老
> 民"。绍兴初,以荐诏视秩史官给札奏御,为枢密院编修官。此
> 编多载汴都朝野杂事,末一条乃考正陈思王《感甄赋》事,周辉

---

① [清]四库馆臣编纂,赵望秦等校证:《四库全书初次进呈存目校证》,陕西师
　范大学出版总社,2016年,第427、428页。

《清波杂志》尝疑其记尹洙事扼吭之妄,李清《南唐书合注》亦称引《江南野史》李后主小周后事,参校本书无此文。则亦不能无误,然铚熟于掌故,所言可据者多,如宋太祖以周世宗幼子,赐潘美为子一事,似不近理,而证以王巩所记,乃并其子孙世系,一一有征。则尹洙事或传者已甚。巩未察而书之。小周后事,或则今本《江南野史》非完书,其文在佚篇之内,均未可知。未必尽构虚词也。惟所记王朴引周世宗夜至五丈河旁见火轮小儿,知宋将代周一事,涉于语怪,颇近小说家言,不可据为实录耳。①

　　上图稿本提要稿在吸收《进呈存目》提要稿的内容之后,也对该书进行了更为深入的考证,提要稿的撰写体例明显更加规范,内容更为详实。总纂官应该对这篇提要比较满意,并没有做任何修订。因为抄写于乾隆四十八年(1783)天津图书馆藏《总目》残稿中没有小说家类提要稿,所以我们无法得知两者之间的关系。但国图藏《总目》稿本中存有小说家类一、二,可以为我们研究此篇提要在乾隆四十六年的纂修提供参考。今亦将国图稿本及其修订稿列表如下:

国图《总目》稿本	国图《总目》稿本修订稿
《默记》三卷,宋王铚撰,铚字性之,汝阴人。自称"汝阴老民"。绍兴初,以荐诏视秩史官给札奏御,为枢密院编修官。此编多载汴都朝野杂事,末一条乃考正陈思王《感甄赋》事,周煇《清波杂志》,尝疑其记尹洙事扼吭之妄,李清《南唐书合订》,亦称引《江南	《默记》三卷,宋王铚撰,铚有《补侍儿小名录》,已著录。此编多载汴都朝野杂事,末一条乃考正陈思王《感甄赋》事,周煇《清波杂志》,尝疑其记尹洙事扼吭之妄。然铚熟于掌故,所言可据者居多,如宋太祖以周世宗幼子,赐潘美为子一事,似不近理,而

① [清]纪昀等:《四库全书总目稿抄本丛刊》第5册,上海科学技术文献出版社,2021年,第108页。

国图《总目》稿本	国图《总目》稿本修订稿
野史》李后主小周后事,参校本书无此文。则亦不能无误,然铚熟于掌故,所言可据者多,如宋太祖以周世宗幼子,赐潘美为子一事,似不近理,而证以王巩所记,乃并其子孙世系,一一有征。则尹洙事或传者已甚。巩未察而书之。小周后事,或则今本《江南野史》非完书,其文在佚篇之内,均未可知,未必尽构虚词也。惟所记王朴引周世宗夜至五丈河旁见火轮小儿,知宋将代周一事,涉于语怪,颇近小说家言,不可据为实录耳。①	证以王巩所记,乃并其子孙世系,一一有征。则尹洙事或传者已甚。巩未察而书之,未必尽构虚词也。惟所记王朴引周世宗夜至五丈河旁见火轮小儿,知宋将代周一事,涉于语怪,颇近小说家言,不可据为实录耳。②

　　国图稿本与上图稿本完全一致,可见国图稿本与上图稿本之间的继承关系。由上表对比可知,国图稿本修订稿删去了有关于李清的文字。而上文说到乾隆五十二年(1787)三月李清《南唐书合订》被乾隆皇帝发现存在严重的违碍,此后不久就对阁本《四库全书》进行了全面的删改撤出③。如此一来,国图稿本《默记》提要中完全照录上图稿本,涉及李清文字仍在,这表明此稿本的抄写时间一定是在乾隆五十二年三月之前,而在国图修订稿中纂修官用朱笔删去相关文字,也能够说明国图稿本的修改时间要在此之后。关于国图稿本《总目》的

① [清]纪昀等:《四库全书总目稿抄本丛刊》第13册,上海科学技术文献出版社,2021年,第153页。
② [清]纪昀等:《四库全书总目稿抄本丛刊》第13册,上海科学技术文献出版社,2021年,第153页。
③ 李清《南唐书合订》撤出本,今存二部。一部藏于故宫博物院,存二至卷二十五,《故宫博物院藏〈四库全书〉撤出本汇编》据此本影印(故宫出版社,2015年)。另一部藏于国家图书馆,存1—4卷。关于《南唐书合订》撤出本,李士娟《〈四库全书〉撤出本中李清诸书被撤原因辨析》一文有所提及。

抄写时间和修订时间,王涵、崔富章、刘浦江、夏长朴等多位学者都进行了研究,而杨新勋在《中国国家图书馆藏〈钦定四库全书总目〉稿本解题》一文中则是参考前人研究成果,对这两个时间进行了更进一步的考订。杨氏认为国图稿本的抄写时间应该在乾隆四十七年(1782)七月之前,因为国图稿本的修订并非一人一时所为,这给修订时间的考订设置了很大的障碍,杨氏没有做具体的考订,只是大略说:"鉴于国图稿本在收书、次序及提要内容等方面与通行本《总目》仍有不少差异,馆臣不少修改文字没有被浙本、殿本《总目》所吸收,此稿本与天图稿本当并非浙本、殿本刊刻的直接依据,浙本、殿本《总目》与天图、国图稿本之间应该至少还有中介的稿本。这些也间接说明了馆臣对国图稿本的修改时间必然在乾隆六十年之前的数年里可能已经结束了。"①

　　国家图书馆藏文溯阁抄本《总目》与国图《总目》稿本内容完全一致,没有参考国图修订稿。虽然杨氏通过对国图稿本与刻本《总目》内容对比发现国图稿本的修订内容并没有完全被刻本《总目》,特别是殿本《总目》所吸纳。但如果单独从小说家类来看,国图的修订成果完全被殿本《总目》所继承,无一例外。但浙本的内容却与殿本不同,也就是说浙本没有参考国图修订稿,而是另有其他来源。因为殿本提要与国图稿本相同,故在此将浙本提要稿抄录于此:

　　　　《默记》三卷,宋王铚撰,铚有《补侍儿小名录》,已著录。此编多载汴都朝野杂事,末一条乃考正陈思王《感甄赋》事,周辉《清波杂志》尝疑其记尹洙事扼吭之妄。又其中所引《江南野史》李后主小周后事,参校马陆二家《南唐书》无此文,则亦不能无误。然铚熟于掌故,所言可据者居多,如宋太祖以周世宗幼

① 杨新勋:《中国国家图书馆藏〈钦定四库全书总目〉稿本解题》,《四库全书总目稿抄本丛刊》第 1 册,上海科学技术文献出版社,2021 年,第 60 页。

子,赐潘美为子事,似不近理,而证以王巩所记,乃并其子孙世系,一一有征。则尹洙事或传者已甚。巩未察而书之,小周后事则今本《江南野史》已非完书,其文在佚篇之内,均未可知,未必尽构虚词也。惟所记王朴引周世宗夜至五丈河旁见火轮小儿,知宋将代周一事,涉于语怪,颇近小说家言,不可据为实录耳。①

　　相较于殿本《总目》,浙本的修订显得更为细致用心,不像殿本那样简单地删除了事。同时说明了国图藏文溯阁抄本与殿本之间存在着密切的关系。至此,我们可以总结道,国图所藏的文溯阁抄本《总目》与殿本《总目》似为同源,经历了从《进呈存目》到上图稿本《总目》再到国图稿本《总目》,进一步到国图修订稿,最后展现在刊刻的殿本《总目》中。那么文溯阁抄本《总目》很有可能是直接抄录自上图修订稿或国图稿本,而抄写时间可以进一步推测在乾隆四十七年(1782)、四十八年(1783)之间。浙本《总目》出现的差异,或许可以理解为《总目》的修订并非一人,当时纂修官进行修订工作的底本也并非同一份。

　　以上是文溯阁抄本与稿本、刻本《总目》的关系,接下来我们再看一看其与其他阁本《总目》和阁本书前提要的关系,我们还是以《默记》提要作为分析的中心。文溯阁书前提要内容为:

　　　　臣等谨案:《默记》三卷,宋王铚撰,铚字性之,汝阴人。自称"汝阴老民"。绍兴初,以荐,诏视秩史官,给札奏御,为枢密院编修官。此编多载汴都朝野杂事,末一条乃考正陈思王《感甄赋》事,周辉《清波杂志》,尝疑其记尹洙事扼吭之妄。未免失之诋毁,而书中所引《江南野史》李后主小周后事,参校马陆二家《南唐书》无此文,则亦不能无误。铚熟于掌故,所言可据者居多,如

————————
① [清]纪昀等:《四库全书总目》(下),中华书局,1965年,第1197页。

宋太祖以周世宗幼子,赐潘美为子一事,似不近理,而证以王巩所记,乃并其子孙世系,一一有征。则尹洙事或传者已甚。巩未察而书之,小周后事则今本《江南野史》已非完书,其文在佚篇之内,均未可知,未必尽构虚词也。惟所记王朴引周世宗夜至五丈河旁见火轮小儿,知宋将代周一事,涉于语怪,颇近小说家言,不可据为实录耳。乾隆四十七年十月恭校上。①

与文溯阁抄本《总目》相比,阁本书前提要明显进行了修改,没有了关于李清的文字内容,看上去这似乎是因为乾隆五十二年(1787)所发生的李清事件而刻意为之,但此篇提要抄写时间为乾隆四十七年,按道理来说,纂修官没有必要在此时修改提要,那么是否有可能是后来替换之本,而时间上仍然照旧呢? 笔者认为这种可能性较大。上文已经提及文溯阁抄本《总目》提要与殿本《总目》应属同源,而浙本另有源头,但这篇文溯阁本书前提要看上去与浙本《总目》更为接近,仅一处文字稍有区别。无论如何,文溯阁抄本《总目》和文溯阁书前提要有着不同的文本来源。笔者也对比了小说家类卷二中的其他部分提要,结果发现文字内容之间的差异较多,已经不是个别字句的不同,很多提要的整段文字都有区别。而文溯阁书前提要与浙本《总目》之间有时候只是个别字相同,其内容差异远超过相同之处。我们发现同为阁本抄写《总目》,国图藏文溯阁抄本《总目》与文渊阁抄本《总目》也存在差异,文渊阁抄本提要:

宋王铚撰,铚有《补侍儿小名录》,已著录。此编多载汴都朝野遗闻,末一条乃考正陈思王《感甄赋》事,周辉《清波杂志》尝疑其记尹洙扼吭之妄,然铚熟于掌故所言,可据者居多。如宋太祖以

① 金毓黻等编:《文溯阁四库全书提要》,中华书局,2014年,第2458、2459页。

周世宗幼子赐潘美为子一事,似不近理,而证以王巩所记,乃并其子孙世系,一一有征,则尹洙事或传者已甚,巩未察而书之,未必尽构虚词也。惟所记王朴引周世宗夜至五文河旁见火轮小儿,知宋将代周一事,涉于语怪,颇近小说家言,不可据为实录耳。①

　　文渊阁抄本《总目》提要与殿本《总目》完全一致,这应该是后来修订的结果。今存文溯阁所附抄本《总目》,同样应该是替换之后的文本,遗憾笔者未见原本,不知其内容上做了怎样的修订。上面说过,阁本《总目》与阁本书前提要来源于不同的文本,所以他们的内容也有所差别。事实上,即便同样为阁本书前提要,其实也存在内容上的差异,为了更好地分析,今不避繁琐,将文渊阁和文津阁《默记》书前提要列表如下:

文渊阁本书前提要	文津阁本书前提要
臣等谨案:《默记》三卷,宋王铚撰,铚字性之,汝阴人。自称"汝阴老民"。绍兴初以廷臣奏,荐诏视秩史官,给札奏御,为枢密院编修官,所著有《雪溪集》,已别著录集部中。此编多载汴都朝野杂事,末一条乃考正陈思王《感甄赋》事,所记颇有依据,可信者多。惟王朴引周世宗见火轮小儿,及宋太祖以周世宗子赐潘美二事,似出附会。又所纪《江南野史》李后主小周后事,参校《龙衮书》无此文。然铚所著述,以此书为最纯。故李焘《续通鉴长编》亦多节取,其说固未可因	臣等谨案:《默记》三卷,宋王铚撰,铚字性之,汝阴人。自称"汝阴老民"。绍兴初,以荐诏视秩史官,给札奏御,为枢密院编修官。此编多载汴都朝野遗闻,末一条乃考正陈思王《感甄赋》事,周煇《清波杂志》尝疑其记尹洙扼吭之说②。颇为不合于事理,又其所引《江南野史》李后主小周后事,参校本书无此文,则亦不能无误。然铚熟于掌故,故所言可据者居多,如宋太祖以周世宗幼子赐潘美为子一事,似不近理,而以王巩所记,乃并其子孙世系,一一有征。则尹洙事或

---

① [清]纪昀等:《文渊阁本四库全书总目》,上海古籍出版社,2003年,第1452页。
② "说"应为"妄"字之误。

文渊阁本书前提要	文津阁本书前提要
《云仙》《萱》诸录出铨伪托，而概斥其为诬罔也。乾隆四十二年五月恭校上。①	传者已甚。巩未察而书之，小周后事则今本《江南野史》非完书，其文在佚篇之内，均未可知，未必尽称虚词也。惟所记王朴引周世宗夜至五丈河旁见火轮小儿，知宋将代周一事，涉于语怪，颇近小说家言，不可据为实录耳。乾隆四十九年八月恭校上。②

　　文溯阁、文渊阁、文津阁《默记》书前提要内容均有差别，文渊阁本文字差异最大，而文溯阁和文津阁内容颇为相近，只是个别字句有异。三种阁本前提要的对比，能够提示我们乾隆五十二年(1787)李清事件后，清高宗派不同纂修官去查勘阁本违碍文字，他们对阁本提要的修订工作应该没有统一的底本，而每个人所作修订都不尽相同，否则不可能出现诸阁本提要修订内容各不相同的现象。总之，通过对比我们能够看出来四库提要源流的复杂性，想要将稿、抄、刻本四库提要之间的关系理解，并非一件容易的事，我们只能借助有限的资料，稍作一番管窥蠡测。

---

① ［清］纪昀等：《景印文渊阁四库全书》第 1038 册，台湾商务印书馆，1986 年，第 398 页。
② 《四库全书》出版工作委员会：《文津阁四库全书提要汇编》，商务印书馆，2006 年，第 701、702 页。

第六章　上海图书馆藏《四库全书总目》残稿小说家类考

在《四库全书总目》(后简称"《总目》")二十多年的纂修过程中,四库纂修官对其进行了多次的修订,形成了诸多《总目》稿本。在这些稿本中,上海图书馆藏《四库全书总目》稿本(后简称"上图稿本")无疑是其中较为重要的一部。上图稿本进呈于乾隆四十六年(1781),稍后四库纂修官又在此稿本上进行了大量的修订工作(后简称"上图稿本修订稿"),这些修订对《总目》后来的纂修产生了很大的影响。笔者认为,上图稿本及其修订稿在整个《总目》纂修过程中明显具有承上启下的作用。现存的《总目》稿本大都已整理出版,并得到学者们深入的研究。笔者欲在前人研究成果的基础之上,以上图稿本小说家类为研究对象,试图对《总目》小说家类的纂修和修订中所反映的小说观念进行初步的探索。

第一节　上图稿本小说家类基本情况

最早对上海图书馆藏《四库全书总目》稿本进行研究的是沈津先生,沈先生在《校理〈四库全书总目提要〉残稿的一点新发现》一文中介绍了此稿本的版本情况,但并不全面,故本书稍作增补。上海图书馆藏《钦定四库全书总目》提要残稿,现存二十四册,金镶玉装。白口,四周双边,单鱼尾。所用纸大都为黄色格纸,少数用红格纸。版框高21.7厘米,宽15.5厘米。其中小说家类存:卷一百四十,小说家类一中的《世说新语》《朝野佥载》两篇,页码为二、三;卷一百四十一,小说家类二:四十四篇(此类后附重写《侯鲭录》《泊宅编》两篇,未计算),末附重写《侯鲭录》《泊宅编》两篇。此卷页码相连,保存较为完整,页码为一至四十九;卷一百四十二,小说家类三中的《博物志》(残)、《西京杂记》、《述异记》、《酉阳杂俎》、《云仙杂记》、《清异录》(残)六篇,页码为四十四至五十。

　　关于上图稿本抄写及修订时间,沈津先生并没有明确交代,只是说"此残稿非最初的稿本,也非后来的定稿,而是不断修改中的一部分稿本"①,后来崔富章先生根据五种尹会一的著作提要将此稿本的抄写时间确定为乾隆四十六年(1781)二月,又据周亮工《闽小纪》提要将修订的下线定在乾隆五十三年十月以前②。而刘浦江先生根据《纂修四库全书档案》认为:"上图稿本的修订时间当在乾隆四十六年二月至四十七年七月之间。"③笔者认为,刘浦江先生的结论是较为可信的。事实上,我们通过上图稿本与乾隆六十年先后刊刻的浙江杭州刻本、武英殿刻本《四库全书总目》(以下简称"浙本、殿本《总目》")内容上的差异,可以让这一结论变得更为精确。上图稿本小说家类二中的《墨客挥犀》提要,书名下附注版本来源为"内阁学士纪昀家藏本",浙本《总目》则注为"兵部侍郎纪昀家藏本"。我们知道纪昀在乾隆四十四年四月任内阁学士,乾隆四十七年四月"调补兵部侍郎,内阁学士员缺,着李绶补授"④,而在上图稿本小说家类二

① 沈津:《校理〈四库全书总目提要〉残稿的一点新发现》,《中华文史论丛》1982年第1期。
② 崔富章:《版本目录论丛》,中华书局,2014年,第15、16页。
③ 刘浦江:《四库提要源流管窥——以陈思〈小字录〉为例》,《文献》2014年第5期。
④ 贺治起、吴庆荣:《纪晓岚年谱》,书目文献出版社,1993年,第81—90页。

中,《墨客挥犀》《随隐漫录》《山房随笔》均注为"内阁学士纪昀家藏本",且均未加修订。由此可以说明,上图稿本修订时间的下线应该在乾隆四十七年(1782)四月以前,如果四月以后仍在修订的话,那么此时纪昀已经调补为兵部侍郎,其头衔也应该加以修订。另外,天津图书馆所藏《四库全书总目》残稿也能为此结论提供相关佐证。据刘浦江先生考证:"天图稿本的抄写时间上限大致划定在乾隆四十八、四十九年,其下限最迟不会晚于乾隆五十二年三月。"①天图残稿中有周亮工《书影》提要,其标题下所注版本来源,已改为"兵部侍郎纪昀家藏本"。而天图稿本是直接根据上图稿本修订稿抄写而成的,上图稿本于此书未改,而一年之后抄写成的天图稿本加以改正,这说明上图稿本的修订并无遗漏的可能,其修订时间应该也不会晚于乾隆四十七年四月。或许是由于校勘的疏忽,最先刊刻的殿本《墨客挥犀》提要仍作"内阁学士纪昀家藏本",而《随隐漫录》《山房随笔》已改为"兵部侍郎"。

将上图稿本与殿本、浙本《总目》相比勘,笔者发现他们之间还有以下几点不同的地方②:

一、所收篇目和篇数不同。上图稿本卷一百四十一小说家类二卷末云:"右小说家类,杂事之属,八十五部,五百六十一卷(内一部无卷数)皆文渊阁著录。"③而殿本《总目》则云:"右小说家类杂事之属,八十六部,五百八十卷,皆文渊阁著录。"④浙本较殿本多出一卷,为"五百八十一卷"。上图稿本的小说家类二共收录提要四十四篇(除去重复的《侯鲭录》《泊宅编》两篇),殿本、浙本《总目》收录四十

---

① 刘浦江:《天津图书馆藏〈四库全书总目〉残稿研究》,《文史》2014年第4期。
② 因小说家类二保存完整,故本书基本以此卷作为比勘的范围。
③ [清]纪昀等:《四库全书总目》卷一百四十一,上海图书馆藏稿本,第49叶A。
④ [清]纪昀等:《四库全书总目》,《景印文渊阁四库全书》第3册,台湾商务印书馆,1986年,第990页。

二篇。从具体所收篇目来看,上图稿本中的《春渚纪闻》《中吴纪闻》为殿本《总目》所无,浙本《总目》于两篇之外又少《东轩笔录》一篇,而殿本、浙本《总目》中的《桯史》《乐郊私语》为上图稿本所无。

二、提要分类不同。在殿本、浙本《总目》中,《东轩笔录》著录在小说家类中,《春渚纪闻》著录在杂家类五,《中吴纪闻》则著录在史部地理类。其中,《中吴纪闻》一篇在《四库全书总目》的纂修过程中,曾多次徘徊于史部地理类和子部小说家类之间,可见纂修官在此篇的分类上颇费一番心思。后文将有详细论述,此不赘。

三、篇目顺序上的差异。上图稿本与浙本、殿本《总目》在篇目顺序的排列上差异较大,我们还可以看到,上图稿本中,纂修官对篇目顺序进行了修订。而这一修订与乾隆四十六年(1781)进呈之后,清高宗所发两道谕旨中所提出的修改意见有着直接的关系。关于这次修订,笔者也拟在下文进行详细论述。

四、卷数不同。小说家类二中的《鸡肋编》,标题下注:"无卷数,江西巡抚采进本。"而殿本、浙本《总目》均注明此书"三卷,江西巡抚采进本"。查阅《四库采进书目》,此书著录在《两淮商人马裕家呈送书目》中,并注明一卷,一本①。

第二节　上图稿本小说家类所作的修订

《四库全书总目》从乾隆四十六年写定进呈至乾隆六十年刊刻,在这十多年中,《总目》又经过了多次修订,而上图稿本是整个修订过程中一个重要的环节。从上图稿本中可以看到,纂修官对原稿进行了诸多修订。或是删改,或是增补,抑或是在书眉处写明批语。沈津

① 吴慰祖校订:《四库采进书目》(原名《各省进呈书目》),商务印书馆,1960年,第67页。

先生认为"这些改动的字,或用黑笔,或用朱笔,从字体来看,也不属于一二人的手笔"①,"有的书法秀丽、行书流畅;有的笔划瘦挺,潦草不规;有的端楷,一笔不苟。而修改较多的为秀丽的行书和潦草不规的二种。笔者曾以所能见到的翁方纲手札、题跋、文稿核对,书法秀丽的行书确为翁氏亲笔无疑"②。但此稿本的天头,部分已被切去,致使一些批语不完,给解读带来了困难。

上图稿本小说家类的修订方式与其他部类基本相同,归纳起来大致有以下几个方面:

一、提要的增、删。纂修官在稿本中删除提要有两种方式:一种是在书眉处朱笔写上"删""此篇删"等字样,如《西京杂记》和《云仙杂记》的书眉处分别写有"此篇删""删"字样。另外一种是直接以"「」"符号,表示将此篇删去③,如《春渚纪闻》《中吴纪闻》《吴中旧事》。而增补提要也有两种方式:一是在书眉处直接写明所增加的提要。在《步里客谈》书眉处,写有"此下补《桯史》一篇二十六"。《遂昌杂录》的书眉处写有"添《乐郊私语》一篇三十"。另一种是用另一张纸写就,夹(或粘)在书中,以示增补。如《东南纪闻》,提要末注明"补《随隐漫录》下"。而在《随隐漫录》提要的书眉处也注明"此下补《东南纪闻》一篇三十一"。

二、提要的分类。小说在内容上往往非常混杂,有时会给著录者带来很大的麻烦,这种困惑也同样出现在《总目》小说家类的著录上。或许是因为纂修官们意见的不统一,导致对一篇提要的分类进行了

① 沈津:《校理〈四库全书总目提要〉残稿的一点新发现》,《中华文史论丛》1982年第1期。
② 沈津:《翁方纲与〈四库全书总目提要〉》,《中国图书文史论集》,正中书局,1991年,第127页。
③ 纂修官们使用的这一符号,与直接写明删除略有不同。其具体含义为:将此篇提要从此类中(或此卷)删去,调到其他部类。

多次的修订。比较典型的是《吴中旧事》，最早提及此书分类问题的是于敏中，《于文襄手札》收录了其在乾隆三十八年（1773）至四十一年（1776）间所写信札。其中，乾隆三十八年六月初三日一封信中写道："此次取到之书，昨已发下，《汉秘葬经》《吴中旧事》《金碧故事》亦并论勿用刊刻（皆非要书），则《吴中旧事》亦可无须再行缮进，即在应抄之列，亦只须缓办。再检阅此书所载，并非前贤嘉言懿行，不过诗话说部之类，似不应附于史部，应请再酌。"①稍后，在乾隆三十八年六月初九信中又提及此事："接字悉种种，《吴中旧事》改入子部小说家极为妥合。"②从这两封信中可知，于敏中的建议得到了纂修官的响应，此书被改入小说家类。此时《总目》尚在分纂阶段，而不久之后，大概在乾隆三十九年七月汇纂而成的《四库全书初次进呈存目》（后简称"《进呈存目》"）却没有收录此书③。乾隆四十六年二月进呈的上图稿本则将此书著录在小说家类二，但上图稿本修订稿又将此篇删去，放入史部地理类，之后的国家图书馆藏《总目》稿本也作了同样的处理。虽然我们无法了解天津图书馆所藏稿本《总目》小说家类的修订情况④，但从现存《总目》稿本的源流关系中可以判断，其在著录方面应该与上图稿本是相同的。而乾隆六十年先后刊刻的浙本、殿本《总目》，最终也将此书定格在了史部地理类。从此篇提要的修订过程可见纂修官们在小说著录上的分歧和矛盾。而判断的标准取决于内容是否雅正，此书提要末云："虽篇帙无多，要与委巷之谈异也。"似乎说明了著录的理由。

---

① ［清］于敏中：《于文襄公手札》（一），《中华再造善本·续编》，国家图书馆出版社，2012 年，第 4 叶 A。该书影印稿本，无页码，本文按原书顺序编码。
② ［清］于敏中：《于文襄公手札》（一），第 5 叶 A。
③ 参见刘浦江：《四库全书初次进呈存目再探——兼谈〈四库全书总目〉的早期编纂史》，《中华文史论丛》2014 年第 3 期。
④ 天津图书馆藏《四库全书总目》残稿中的小说家类散佚。

三、提要内容的修改。纂修官对提要内容的修订,大都是在原稿上直接进行的。有一些是直接划线删去部分内容,有的是在需要修订的内容上划线,将修改文字写于其旁。这些修订有的是对抄写错误的改正,有的是对内容考证的修改,也有对行文语意的润色,还有一部分是因为有违碍文字,故而删改。笔者将这些修改内容与浙本、殿本《总目》相比勘,发现他们的内容高度吻合,少有例外。在此略举两例,来对其加以说明(括号里的内容为上图稿本修订稿删除或修改地方):

（一）《辍耕录》

上图稿本、上图稿本修订稿	浙本、殿本
明陶宗仪撰。宗仪有《国风尊经》,已著录。此书乃杂记闻见琐事,前有至正丙午孙作序,书中称明兵曰"庆军",或曰"江南游军",盖丙午为至正二十七年,犹未入明所作也。郎瑛《七修类稿》谓:"宗仪多录旧书,如《广客谈》通本录之类,皆攘为己作。"今其书未见传本,无由证瑛之说确否。但就此书而论,则于有元一代法令制度,及至正末东南兵乱之事,纪录颇详,所考订书画文艺亦多足备参证,惟多杂以俚俗戏谑之语,间里鄙秽之事,颇乖著作之体。叶盛《水东日记》深病其所载猥亵,良非苛论,然其首尾赅贯,要为能留心于掌故。故朱彝尊《静志居诗话》谓:"宗仪练习旧章,元朝野旧事,实借此书以存,而许其有稗史学,则虽瑜不掩瑕,固亦论古者所不废矣。"(惟第三卷中载杨	明陶宗仪撰,宗仪有《国风尊经》已著录,此书乃杂记闻见琐事,前有至正丙午孙作序,书中称明兵曰"集庆军",或曰"江南游军",盖丙午为至正二十七年,犹未入明所作也。郎瑛《七修类稿》谓"宗仪多录旧书,如《广客谈》通本录之类,皆攘为己作。"今其书未见传本,无由证瑛之说确否。但就此书而论,则于有元一代法令制度,及至正末东南兵乱之事,纪录颇详,所考订书画文艺亦多足备参证,惟多杂以俚俗戏谑之语,间里鄙秽之事,颇乖著作之体。叶盛《水东日记》深病其所载猥亵,良非苛论,然其首尾赅贯,要为能留心于掌故。故朱彝尊《静志居诗话》谓:"宗仪练习旧章,元代朝野旧事,实借此书以存,而许其有稗史学,则虽瑜不掩瑕,固亦论古者所不废矣。"①

---

① ［清］纪昀等:《四库全书总目》(下),中华书局,1965 年,第 1203 页。浙本、殿本提要内容基本相同的情况下,本书举浙本为例。

上图稿本、上图稿本修订稿	浙本、殿本
维桢《正统辨》二千六百余言,大旨欲以元承南宗之统,而排斥辽金,考隋先代周后乃平陈,未闻唐宗诸儒谓隋承陈,不承周也,持论殊为纰漏。后维桢编《东维子集》,不载此文,盖已自悟其缪而削之。宗仪乃掇拾缕载,尤为寡识。今删除此条,用昭公义焉。①)	

(二)《墨客挥犀》

上图稿本、上图稿本修订稿	浙本、殿本
宋彭乘撰,案北宋有两彭乘,一为华阳人,真宗时进士,官至翰林学士,《宋史》有传。其作此书者,则筠州高安人,史不载其士履,故始末无可考见。书中称尝为"中书检正",又称"至和中赴任邕州",而不言其为何官,又自称尝至儋耳。其所议论,大抵推重苏黄,疑亦蜀党中人也。陈振孙《书录解题》载此书十卷,续十卷,称不知撰人名氏。今本为商浚刻入《稗海》者,卷首直题彭乘姓名,盖以书中所自称名为据,而止有十卷,与书录解题卷目不合。又书中如陈莹中言后苑牧貘独,潘大临作满城风雨近重阳诗,彭渊材游兴国寺诸条,惠洪所作《冷斋夜话》亦载之。皆全同其文,不易一字。惠洪本高安彭氏子,与乘同族同时,不应显相蹈袭若此。又如魏舒诣野店,张华博物、傅	宋彭乘撰,案北宋有两彭乘,一为华阳人,真宗时进士,官至翰林学士,《宋史》有传。其作此书者,则筠州高安人,史不载其士履,故始末无可考见。书中称尝为"中书检正",又称"至和中赴任邕州",而不言其为何官,又自称尝至儋耳。其所议论,大抵推重苏黄,疑亦蜀党中人也。陈振孙《书录解题》载此书十卷,续十卷,称不知撰人名氏。今本为商浚刻入《稗海》者,卷首直题彭乘姓名,盖以书中所自称名为据,而止有十卷,则已佚其续集矣。书中如陈莹中言后苑牧貘独,潘大临作满城风雨近重阳诗,彭渊材游兴国寺诸条,惠洪所作《冷斋夜话》亦载之。皆全同其文,不易一字。惠洪本高安彭氏子,与乘同族同时,不应显相蹈袭若此。又如魏舒诣野店,张华博物、傅融有三子诸

---

① ［清］纪昀等:《四库全书总目》卷一百四十一,上海图书馆藏稿本,第 44 叶 AB、45 叶 A。

上图稿本、上图稿本修订稿	浙本、殿本
融有三子诸条，皆全录《晋书》《北魏书》原文。别无考证，亦不相类。疑所谓正续二十卷者，久经阙佚，此本已为后人窜乱，非复振孙所见之旧，特于宋代遗闻轶事，以及诗话文评，征引详洽，颇有足资参订者，故存之以为考证之助。（疑原本残缺，后人又有所窜入，然于宋代遗闻轶事，以及诗话文评，征引详洽，存之亦颇资参考焉。）①	条，皆全录《晋书》《北魏书》原文。别无考证，亦不相类。疑原本残缺，后人又有所窜入，然于宋代遗闻轶事，以及诗话文评，征引详洽，存之亦颇资参考焉。②

　　纂修官对《墨客挥犀》提要的修改，主要着眼于文词语意是否精练准确，而对《辍耕录》改动的背后则隐藏着另一番政治的考量。清政府对涉及辽、金、元三朝的文字是相当敏感的，乾隆四十三年（1778）《四库馆查办违碍书籍条款》即有："凡宋人之于辽金元，明人之于元，其书内纪载事迹有用敌国之词，语句乖戾者，俱应酌量改正，如有议论偏谬尤甚者，乃行签出拟销。"③后清高宗在乾隆四十八年三月二十四日下发谕旨："前因披阅《御批通鉴纲目续编》，内《发明》《广义》各条，于辽、金、元三朝时事，多有议论偏谬及肆行诋毁之处，特交诸皇子及军机大臣量为删润改补，黏签呈览，并遇便发交直省督抚各一部，令其照本抽改。"④可见清高宗对此事忌讳之深、查处之严厉。正因为此，纂修官在最初拟稿时才对杨维桢的《正统论辨》大加

① ［清］纪昀等：《四库全书总目》卷一百四十一，上海图书馆藏稿本，第7叶B、8叶AB。
② ［清］纪昀等：《四库全书总目》（下），中华书局，1965年，第1195—1196页。
③ 陈垣、王重民编：《办理四库全书档案》（上），国立北平图书馆，1934年，第60叶B。
④ 中国第一历史档案馆编：《纂修四库全书档案》，《续办缮写四库全书处为咨取分校事致典籍厅移会》，上海古籍出版社，1997年，第1718页。

斥责。但纂修官们确实不像乾隆皇帝那样"高瞻远瞩"，在面对有利于王朝统治的时候立即改变了此前的态度。在上图稿本的修订中，纂修官删去了末尾涉及杨维桢《正统论》的一段文字，其直接原因是乾隆四十六年（1781）正月所下发的《命馆臣录存杨维桢〈正统论辨〉谕》，其中明确说道："今馆臣编辑《四库全书》，谓其持论纰缪，并《辍耕录》内所载者亦与删除，且言'隋先代周，继乃平陈，未闻唐宋诸儒谓隋承陈不承周也。'此语似是而非。"①可见清高宗并不同意馆臣的观点，而背后的原因仔细阅读这道谕旨之后便一目了然，清高宗认为借杨文正好可以说明清朝"为自古得天下最正"的正统地位，而辽、金乃是无所承继，自然也不能和清朝相比②。

四、提要篇目顺序的排列。上图稿本总目每篇提要的书眉处均有朱笔所写的数字，从这些数字来看，应该是纂修官对提要的重新排序。为了更为清晰地展示这部分内容，笔者将上图稿本、上图稿本修订稿及浙本、殿本《总目》小说家类二的提要顺序列表如下：

序号	上图稿本	上图稿本修订稿	浙本《总目》	殿本《总目》
1	《铁围山丛谈》	《东轩笔录》	《侯鲭录》	《东轩笔录》
2	《春渚纪闻》	《侯鲭录》	《泊宅编》	《泊宅编》
3	《国老谈苑》	《泊宅编》	《珍席放谈》	《珍席放谈》
4	《道山清话》	《珍席放谈》	《铁围山丛谈》	《铁围山丛谈》

① ［清］永瑢等：《景印文渊阁四库全书》第 1301 册，台湾商务印书馆，1985 年，第 332 页。
② 这里仍然有个疑问需要提出，从乾隆四十六年正月下发的《命馆臣录存杨维桢〈正统论辨〉谕》中能够明显看出清高宗是看过《辍耕录》提要稿的，但据现有资料，上图稿本是在乾隆四十六年二月写定进呈的，清高宗何以在正月看到《总目》进呈本，是上图稿本在正月就已经进呈，还是清高宗所见提要稿另有他本，笔者暂未能找到答案，故在此提出，以请方家解疑。

序号	上图稿本	上图稿本修订稿	浙本《总目》	殿本《总目》
5	《墨客挥犀》	《铁围山丛谈》	《国老谈苑》	《国老谈苑》
6	《唐语林》	《国老谈苑》	《道山清话》	《道山清话》
7	《枫窗小牍》	《道山清话》	《墨客挥犀》	《墨客挥犀》
8	《侯鲭录》	《墨客挥犀》	《唐语林》	《唐语林》
9	《东轩笔录》	《唐语林》	《枫窗小牍》	《枫窗小牍》
10	《萍州可谈》	《枫窗小牍》	《南窗记谈》	《南窗记谈》
11	《泊宅编》	《南窗记谈》	《过庭录》	《过庭录》
12	《珍席放谈》	《过庭录》	《萍州可谈》	《萍州可谈》
13	《高斋漫录》	《萍州可谈》	《高斋漫录》	《高斋漫录》
14	《默记》	《高斋漫录》	《默记》	《默记》
15	《挥麈前录》	《默记》	《挥麈前录》	《挥麈前录》
16	《玉照新志》	《挥麈前录》	《玉照新志》	《玉照新志》
17	《投辖录》	《玉照新志》	《投辖录》	《投辖录》
18	《张氏可书》	《投辖录》	《张氏可书》	《张氏可书》
19	《闻见前录》	《张氏可书》	《闻见前录》	《闻见前录》
20	《清波杂志》	《闻见前录》	《清波杂志》	《清波杂志》
21	《鸡肋编》	《清波杂志》	《鸡肋编》	《鸡肋编》
22	《闻见后录》	《鸡肋编》	《闻见后录》	《闻见后录》
23	《中吴纪闻》	《闻见后录》	《北窗炙輠》	《北窗炙輠录》
24	《北窗炙輠》	《北窗炙輠录》	《步里客谈》	《步里客谈》
25	《南窗记谈》	《步里客谈》	《桯史》	《桯史》
26	《过庭录》	《桯史》	《独醒杂志》	《独醒杂志》
27	《步里客谈》	《独醒杂志》	《耆旧续闻》	《耆旧续闻》
28	《独醒杂志》	《耆旧续闻》	《四朝闻见录》	《四朝闻见录》

序号	上图稿本	上图稿本修订稿	浙本《总目》	殿本《总目》
29	《耆旧续闻》	《四朝闻见录》	《癸辛杂识》	《癸辛杂识》
30	《四朝闻见录》	《癸辛杂识》	《随隐漫录》	《随隐漫录》
31	《癸辛杂识》	《随隐漫录》	《东南纪闻》	《东南纪闻》
32	《随隐漫录》	《东南纪闻》	《归潜志》	《归潜志》
33	《归潜志》	《归潜志》	《山房随笔》	《山房随笔》
34	《吴中旧事》	《山房随笔》	《山居新话》	《山居新话》
35	《山房随笔》	《山居新话》	《遂昌杂录》	《遂昌杂录》
36	《山居新话》	《遂昌杂录》	《乐郊私语》	《乐郊私语》
37	《遂昌杂录》	《乐郊私语》	《辍耕录》	《辍耕录》
38	《辍耕录》	《辍耕录》	《水东日记》	《水东日记》
39	《水东日记》	《水东日记》	《菽园杂记》	《菽园杂记》
40	《菽园杂记》	《菽园杂记》	《先进遗风》	《先进遗风》
41	《先进遗风》	《先进遗风》	《觚不觚录》	《觚不觚录》
42	《觚不觚录》	《觚不觚录》	《何氏语林》	《何氏语林》
43	《何氏语林》	《何氏语林》		

　　由上表可知,纂修官对上图稿本提要顺序做了较大的改动,这一修订被后来刊刻的浙本、殿本《总目》所参考。但纂修官们似乎对于《侯鲭录》《东轩笔录》的分类拿捏不定,殿本将《侯鲭录》提要移至小说家类一末,浙本则是将《东轩笔录》放置在小说家类一末。小说家类共分为杂事、异闻、琐语三类,这一修订体现了纂修官对于两部书内容性质的判断。而在上图稿本中,纂修官对于提要次序的修订,很明显并不是一个平常的改动。结合档案资料,会发现其背后另有原因。上图稿本于乾隆四十六年(1781)二月写定进呈,而后清高宗下发两道谕旨,对此稿本提出一些修订意见,其中乾隆四十六年二月十

五日上谕云:"所有《四库全书》经、史、子、集各部,俱着各按撰述人代先后,依次编纂。"①在这道谕旨中,清高宗着重强调了《总目》提要的编排顺序,他一方面对钦定各书提出了修订意见,另一方面也要求所录之书,必须以时代为次。但"按撰述人代先后,依次编纂"乃是历代修书的通例,四库纂修官们当然不会置之不理。事实上,上图稿本的排序已经证明了这一点,与修订稿相比,大的朝代排序并无错乱,只是每个朝代作品的排序有所不同。这说明上图稿本作为写定初稿,其在作者和成书年代的考订上或有疏失,需要进一步修订。这或许是清高宗这道谕旨背后真正的目的。上图稿本修订工作在次年完成,"乾隆四十七年(1782)七月十九日,臣永瑢等谨奏,为《四库全书简明目录》告成,并改定《总目》编次、《考证》均经完竣,恭折奏明事"②。此外,通过上图稿本总目中提要次序的修订,也能够印证刘浦江先生对于此稿本修订时间的考订。

　　总体上来看,纂修官对上图稿本小说家类提要内容的修订并不多,修订稿基本保留了上图稿本的本来面目。从上图稿本中纂修官的修订来看,凡是经过改动的地方,大都被浙本、殿本《总目》提要所吸收。仅就上图稿本现存的小说提要内容而言,其与最终刊刻的浙本、殿本《总目》以及国家图书馆所藏《总目》稿本提要高度吻合。虽然我们无从得知天津图书馆所藏稿本小说家类的修订情况,但可以肯定的是,纂修官的这次修订在后来的稿本中并没有再做大幅度的改动,仅对提要的分类、顺序、个别字句等方面进行了微调。

---

① 中国第一历史档案馆编:《纂修四库全书档案》(下),《谕内阁所有四库全书各部俱各按撰述人先后依次编纂》(军机处上谕档),第1290—1291页。
② 中国第一历史档案馆编:《纂修四库全书档案》(下),《质郡王永瑢等奏〈四库全书简明目录〉等书告竣呈览请旨陈设刊行折》(军机处原折),第1602—1603页。

第三节　上图稿本与现存几种《总目》 稿本小说家类提要之间的异同

据笔者所见资料,现存《四库全书总目》的稿本有四种,分别是:台湾图书馆藏《四库全书初次进呈存目》、上海图书馆藏《四库全书总目》残稿(存一百二十三卷)、天津图书馆藏《四库全书总目》残稿(存七十九卷)、国家图书馆藏《四库全书总目》残稿(存六十三卷)。国家博物馆、辽宁图书馆以及台湾图书馆也分别藏有《四库全书总目》残稿(分别存十六卷、一卷、一卷),据学者研究,它们与上图稿本出自同一部书稿①,故本书将它们与上图稿本算作一种。此外,现存的四库提要分纂稿是四库提要的原始文本,反映了提要编纂的初始情况,也可以看作是《总目》稿本的一种。这五种稿本《总目》大都为残稿,保存有小说家类提要的只有上图稿本、国家图书馆稿本、《进呈存目》和分纂稿②。下面我们就以上图稿本为中心,通过对比国家图书馆稿本、分纂稿以及《进呈存目》中的提要,来对诸稿本之间的关系以及小说家类的纂修过程做一番初步的探索。

---

① 参见黄燕生:《校理〈四库全书总目〉残稿的再发现》,《中华文史论丛》1991年第 48 期。崔富章:《〈四库全书总目〉版本考辨》,《文史》1992 年第 35 期。苗润博:《台北"国家图书馆"藏〈四库全书总目〉残稿考略》,《文献》2016 年第 1 期。
② 国家图书馆藏《四库全书总目》残稿,存卷一百四十一小说家类二和一百四十二小说家类三两卷。《国家图书馆所藏〈四库全书总目〉稿本述略》一文对此稿本概况有较为详细的介绍,刘浦江先生曾据王文中的比对结果,认为"浙本和殿本的底本都脱胎于这一稿本,只不过在浙本的底本入藏文澜阁之后,这一稿本仍在继续修改之中,因此惟有乾隆六十年付刊的殿本才能反映《总目》的最终修订结果"(《天津图书馆藏〈四库全书总目〉残稿研究》,《文史》2014 年第 4 期)。

　　现存分纂稿中的小说家类提要为数不多，而且大部分都保存在翁方纲所纂四库提要稿中，其中仅有《投辖录》一篇同时保存在上图稿本中，我们就以此篇为例。分纂稿《投辖录》提要：

　　　　谨按：《投辖录》一卷，宋王明清著。明清字仲言，汝阴人，铚之子。官朝请大夫，博闻多识，尝著《挥麈录》《玉照新志》。是书以"投辖"名，陈振孙《书录解题》曰："所记皆奇闻异事，客所乐听，不待投辖而留。"盖客谈之类也。所记皆北宋至南宋初之事。应存其目。①

　　乾隆三十九年（1774）七月二十五日，清高宗曾就《四库全书总目》的编纂下发谕旨："办理四库全书处进呈总目，于经史子集内，分析应刻、应抄及应存书名三项。各条下俱经撰有提要，将一书原委，撮举大凡，并详著书人世次爵里，可以一览了然。较之《崇文总目》，搜罗即广，体例如详，自应如此办理。"②这篇《投辖录》提要就是完全按照清高宗的谕旨而撰写的，但提要较为简略，也没有对其内容进行考订。写明"应存其目"，似乎认为此书并非复籍。然而，翁氏所撰提要并未被上图稿本所采纳，内容上与翁氏所撰提要相比差别较大，显然是经过重新撰写，上图稿本提要：

　　　　宋王明清撰。明清有《挥麈录》，已著录。是书乃其晚年所作，见于《书录解题》者一卷，与此本相同，其以"投辖"为名者，

---

① ［清］翁方纲等：《四库提要分纂稿》，上海书店出版社，2006 年，第 227—228 页。

② 中国第一历史档案馆编：《纂修四库全书档案》，《谕内阁着四库全书处总裁等将藏书人姓名附载于各书提要末并另编〈简明书目〉》（军机处上谕档），第 228 页。

陈振孙谓所记皆奇闻异事,客所乐听,不待投辖而留也。所列凡四十四事,大都掇拾丛碎,随笔登载,不能及《挥麈录》之援据赅洽,有资考证。然故家文献,所言多信而有征,在小说家中,尤为不失之荒诞者。惟第六条之首,原阙四行,乃传写者所脱佚,今已不可考矣。书中于每条之下,多注所闻之人。今考其江彦文一条,下注闻之陆务观;任芘臣、虹县良家子二条,下注闻之僧祖秀。祖秀乃宣和旧人,即作《艮岳记》者,明清犹及见之,而又下见陆游。其称己未岁,金人归我河南地者,为高宗绍兴九年;又称甲戌岁者,乃宁宗嘉定七年。则明清之老寿,可以概见,宜其于轶闻旧事多所谙悉也。①

这篇经过重写的提要,内容比翁氏所撰更加详实,体例也更为严谨。同时,《挥麈录》一书的价值也获得了认可,所以没有像翁氏建议的那样列入存目。在上图稿本中,此篇提要未加修订,而且与国家图书馆稿本和最终定稿的浙本、殿本《总目》的内容完全一致,看来总纂官对于这篇提要是较为满意的。

前面已经提到,据刘浦江先生的考证,《进呈存目》是截至乾隆三十九年(1774)七月已进呈提要的汇编本。此书在为研究《四库全书总目》早期编纂史提供了珍贵资料的同时,也对我们研究《总目》小说家类的编纂过程大有裨益。关于《进呈存目》的小说家类,笔者另有专文论述。下面我们来具体分析一下上图稿本与《进呈存目》之间的差异。

上图稿本中所存小说提要有二十篇也出现在《进呈存目》中,但它们并不全著录在小说家类,这些提要在《进呈存目》中的具体分布

---

① ［清］纪昀等:《四库全书总目》卷一百四十一,上海图书馆藏稿本,第 19 叶 AB、20 叶 A。

如下,史部杂史类:《四朝闻见录》《桯史》《挥麈前录》《默记》。史部地理类:《中吴纪闻》。史部故事类:《闻见前录》。子部杂家类:《北窗炙輠录》《墨客挥犀》《独醒杂志》《耆旧续闻》《闻见后录》《鸡肋编》《清波杂志》《癸辛杂识》。子部小说家类:《西京杂记》《述异记》《酉阳杂俎》《春渚纪闻》《辍耕录》《何氏语林》。这二十篇提要在上图稿本中全部著录在小说家类,但从上图稿本的修订中,我们知道纂修官们对于一些提要的分类是颇感矛盾的。如《中吴纪闻》著录在《进呈存目》的史部地理类,上图稿本将其移至小说家类二,在上图稿本的修订中,纂修官又在这一篇提要上做了删除的标记。从浙本、殿本《总目》的著录来看,这篇提要又被调整回史部地理类。与其相反的是,《春渚纪闻》本来在《进呈存目》中的小说家类,上图稿本也采用了这一分类,但在修订时,此篇被删去,调整到杂家类。纂修官对于提要分类的调整,实际上反映出小说著录中的困惑,而这种困惑来源于作品的内容和体例,在难分伯仲之时,纂修官也只能取其大要。上图稿本对于提要分类的调整不仅限于大的部类之间,具体到小说家类,则是进一步细化为杂事、异闻、琐语三个类别。当然,在小说家具体的分类上,同样经历了一个不断调整的过程。

从提要的内容来看,《进呈存目》的部分提要基本被上图稿本吸收,没有做太大的改动,如《闻见前录》《中吴纪闻》《春渚纪闻》等。而在上图稿本修订的提要中,部分经过重写,几乎看不出原来的模样,兹举《北窗炙輠录》为例,对比如下:

《进呈存目》	上图稿本
宋施德操撰。德操,字彦执,海昌人,生不婚宦,病废而没。尝与张九成、张璩为友,里人称持正先生。所记多当时前辈盛德之事,有益于立身行己,可为士大夫观发者,盖儒者之言也。	宋施德操撰,德操有《孟子发题》已著录,是书"炙輠"之名,盖取义淳于髡事。然所记多当时前辈盛德,可为士大夫观法者。实不以滑稽嘲弄为主,未审何以命此名也。德操与张九成

《进呈存目》	上图稿本
中多称道二程,间一及苏氏不甚推重。其第一条即言王氏新法由于激成,其微意可知。惟称林灵素有活人心,未免好为高论。而解《孟子》"万物皆备"一条,尤近于性恶之旨,不可为训耳。朱彝尊尝得是编于海盐借抄者,始稍稍流播,而《海昌志·人物》莫有举其姓名者,则其湮没,固已久也。①	友善,故《孟子发题》附刻于《横浦集》末。其学问则九成纯耽禅悦,德操多称二程,虽间一及苏氏,而不甚郑重。其第一条即言王氏新法,由于激成,以阐明程子之意,则宗洛而不宗蜀,其微意固可概见。惟林灵素妖妄蛊惑,实方士中桀黠之雄,而德操称其有活人之心,未免好为异论。又解孟子"万物皆备"一条,尤近荀卿性恶之旨。其横浦之学,偶相渐染,故立是异说欤。瑕瑜不掩,分别观之可也。德操病废终身,行事所表见,志乘至不载其姓名,其书明以来传本亦稀。朱彝尊始得是本于海盐,乃稍稍传抄流播。残编蠹蚀,几佚幸存,亦可云稀觏之秘籍矣。②

　　通过比对可知,上图稿本采纳了《进呈存目》提要中的一些信息,对提要进行了重写,而新的提要明显条理井然,体例严谨。因此上图稿本中的这则提要也被后来的国图稿本所采纳,而未作修改。除了部分提要需要重写之外,还有部分提要的修订是基于原稿的。这类修订主要针对两个部分:一是提要的作者、内容,二是提要的体例。下面我们以《鸡肋编》为例,来看一下提要前后的变化:

《进呈存目》	上图稿本
宋庄季裕撰。季裕名绰,以字行,清源人。官鄂州府。薛季宣《浪语集》有	宋庄季裕撰。季裕名绰,以字行,清源人。其始末未详,惟吕居仁《轩渠录》

① 江庆柏等整理:《四库全书初次进呈存目》,人民文学出版社,2015 年,第268 页。
② [清]纪昀等:《四库全书总目》卷一百四十一,上海图书馆藏稿本,第 26 叶B、27 叶 AB。

续表

《进呈存目》	上图稿本
为绰作《筮法新仪序》，其书今不传，惟此书仅存。是本不分卷数，凡百余条。虽随笔札记，间涉猥琐，征引亦未甚淹博，而亦有足资考证者，犹在《辍耕录》诸书上也。《说郛》所载止十之二三，且多讹错，此编犹为全本。①	记其"状貌清癯，人目为细腰宫院子"。又薛季宣《浪语集》有季裕《筮法新仪序》，亦皆不著其生平。据书中年月，始于绍圣，终于绍兴，盖在南北宋之间。又尹孝子一条，自称尝摄襄阳尉，又原州棠树一条，称作倅临泾，李俟食糟蟹一条，称官于顺昌，瑞香亭一条，称官于沣州，其为何官，则莫可考矣。此书前有自序，题绍兴三年二月五日。而所记有绍兴九年事，疑书成之后，又续有所增。世无刊本，陶宗仪《说郛》，仅录其二三十条，此本较《说郛》所载，约多五倍，后有至元乙卯仲春月，观陈孝先跋曰："此书庄绰季裕手集也，绰博物洽闻，有《杜集援证》《灸膏肓法》《筮法新仪》行于世，闻他著述尚多，惜未之见。此书经秋壑点定，取以为《悦生随抄》，而讹谬最多。因为是正如右，然扫之如尘，尚多有疑误。"云云。盖犹季裕之完本也。季裕之父在元祐中，与黄庭坚、苏轼、米芾诸人游，季裕犹及识芾及晁补之，故学问颇有渊源。亦多识轶闻旧事，书中如不知《龙城录》为同时王铚所作，反据以驳《金华图经》之类，间失考证，然可取者多，其记辽宋誓书一条，大旨以和议为主，亦各抒所见。季裕方浮沉郡县，与当时朝士附和秦桧者，固自有殊。统观其书，可与后来周密《齐东野语》相埒，非《辍耕录》诸书所及也。②

① 江庆柏等整理:《四库全书初次进呈存目》，人民文学出版社，2015 年，第270 页。

② ［清］纪昀等:《四库全书总目》卷一百四十一，上海图书馆藏稿本，第 23 叶B、24 叶 AB。

《进呈存目》中的提要考证粗疏、体例随意，还保留着分纂稿的原始状态。然而上图稿本中的提要稿则考证详瞻、体例谨严，明确交代了该书的价值和不足。笔者还发现，上图稿本中的提要往往会在文末说明列入小说家的理由，如《四朝闻见录》末云："惟王士禛《居易录》谓其'颇涉烦碎，不及李心传书'。今核其体裁，所评良允，故心传书入史部，而此书则列小说家焉。"①同样，国图稿本沿用了上图稿本的这篇提要。

通过上述分析，我们可以获得以下两点认识：一、《进呈存目》与上图稿本之间存在明显的继承和参考关系。二、上图稿本对于《进呈存目》的修订，大致包括分类、内容、体例三个方面。三、国图稿本与上图稿本修订稿的文字内容高度吻合。整体来看，国图稿本只是在卷数、题名以及个别词句方面做了少量修改。

第四节　上图稿本与诸阁本小说家类书前提要的关系

如果说现存的《总目》稿本是一个系统的话，那么《四库全书》诸阁本书前提要则是另一个系统，现存的文渊阁、文津阁、文溯阁、文澜阁书前提要彼此之间差异很大，很显然它们来自不同的底本。刘浦江先生已经通过《小字录》提要，对《总目》稿本和诸阁本书前提要之间的关系做了深入的探讨。笔者则试图在前辈的研究成果的基础上，具体考察一下上图稿本和诸阁本小说家类提要的关系，使我们对《总目》小说家类的纂修情况有一个更为深入的认识②。

---

① ［清］纪昀等：《四库全书总目》（下），中华书局，1965 年，第 1201 页。
② 文澜阁《四库全书》本《辍耕录》《投辖录》书前提要为丁氏补抄，故不宜纳入讨论的范围。文澜阁《四库全书》小说家类原本书前提要共有二十七篇，分别为《唐新语》《大唐传载》《云溪友议》《唐摭言》《洛阳缙绅旧闻记》（转下页）

　　上文我们对比了《辍耕录》提要在上图稿本、上图稿本修订本及《总目》三者中的差异,实际上,《进呈存目》也收录了此书提要稿,先将原文抄录如下:

　　　　《辍耕录》三十卷,明陶宗仪撰。宗仪,字九成,黄岩人。元
　　末教授松江。张士诚据吴,署为军咨不就。洪武初,举人才不
　　赴,晚岁乃出为教官。是书纪元一代制度及末年战争之事,可参
　　稽史氏。至于考订书画文艺,亦详悉可喜。惜多附俚俗戏谑之
　　语,自秽其书,遂不为后人所重耳。首有至正丙午孙作序,谓其
　　居松江时,有田一廛,作劳之余,时书所见,故名《辍耕录》。丙午
　　者,至正二十七年,明太祖始称吴元年,故其称明犹曰“集庆军”,
　　或曰“江南游军”云。①

- - -

（接上页）《青箱杂记》《龙川别志》《孔氏谈苑》《甲申杂记》《湘山野录》《玉
壶野史》《东轩笔录》《侯鲭录》《闻见前录》《闻见后录》《北窗炙輠录》《步里
客谈》《癸辛杂识》《乐郊私语》《语林》《山海经广注》《神异经》《汉武故事》
《汉武帝内传》《异苑》《还冤志》《酉阳杂俎》。其中有八篇提要为上图《总
目》稿本、文渊阁本、文津阁本、文澜阁本、文溯阁本所共有的。分别为《侯鲭
录》《闻见前录》《闻见后录》《北窗炙輠录》《步里客谈》《癸辛杂识》《语林》
《酉阳杂俎》。笔者将五种不同文本里共有的八篇提要进行了比勘,结果显
示《侯鲭录》和《酉阳杂俎》提要,五种文本内容基本相同。《闻见后录》和
《北窗炙輠录》提要,上图稿本与文渊阁本、文澜阁本相同,文津阁和文溯阁
本相同。《闻见前录》提要,文渊阁本、文津阁本、文溯阁本、文澜阁本内容相
同,与上图稿本仅一句文字有差异。《步里客谈》提要,上图稿本修订稿与文
渊阁本相同,而文澜阁本、文溯阁本、文津阁本相同。《癸辛杂识》提要,上图
稿本与文渊阁本、文津阁本相同,而文溯阁本、文澜阁本相同。《语林》提要,
上图稿本修订稿与文渊阁本、文澜阁本相同,文溯阁、文津阁本相同。

① 江庆柏等整理:《四库全书初次进呈存目》,人民文学出版社,2015 年,第
307 页。

　　这篇提要不见于现存的分纂稿中,我们无法得知其为何人所撰。但将其与上图稿本对比,可以看出这篇提要经过了重新撰写。此后乾隆六十年(1795)刊刻的浙本、殿本《总目》也做了同样的处理,而且它们的提要内容与上图稿本修订稿基本一致。在阁本提要方面,文溯阁本提要采纳了上图稿本的修订内容。让人意外的是校对最为严格的文渊阁本和稍后的文津阁本《辍耕录》书前提要并未参考上图稿本的修改,而是直接照抄了上图稿本的原稿。文渊阁、文津阁、文溯阁本《辍耕录》提要分别抄写于乾隆四十六年正月、四十九年四月和四十七年九月,上图稿本进呈于乾隆四十六年二月,修订时间在乾隆四十六年二月至四十七年七月之间。如果说文渊阁本提要是因为抄写时间较早,未能看到上图稿本的修订意见的话,那么文津阁本提要则没有这重顾虑,况且抄录于乾隆四十七年的文溯阁本已经参考了上图稿本的修订。原因很有可能是他们所据底本不同。文渊阁和文津阁本提要都是根据未经修订的上图稿本抄录的,而文溯阁本提要则参考了上图稿本修订稿。

　　至此,我们可以总结出《辍耕录》提要的源流,有三个分支:上图稿本→上图稿本修订稿→殿本、浙本;上图稿本→上图稿本修订稿→文溯阁本;上图稿本→文渊阁本、文津阁本。《辍耕录》提要各个文本的源流与刘浦江先生分析的《小字录》源流有着明显的差异,这充分说明四库提要文本之间的关系是相当复杂的。事实上,它们之间关系的复杂程度远不止于此。下面我们再以上文提到的《投辖录》为例,来做进一步的分析。

　　《投辖录》提要有幸保存在翁方纲的分纂稿中,但在后来进呈的上图稿本中被重新编写。而且上图稿本中的这篇提要未经纂修官修改,与浙本、殿本《总目》的提要内容也基本相同①。这表明,在乾隆

————————
① 浙本、殿本《总目》中《投辖录》提要,仅删去"明清有《挥麈录》已著录"一句。

四十六年(1781)二月上图稿本进呈之后,直到乾隆六十年《总目》付梓期间,《投辖录》提要并未经过太多修订。但将上图稿本与诸阁本书前提要相比勘,我们发现,它们之间有着明显的不同,而文渊、文津、文溯阁本提要内容则完全相同。兹将文渊阁本《投辖录》提要抄录如下:

> 臣等谨按:《投辖录》一卷,宋王明清撰。明清所著有《挥麈前录》、《后录》、《三录》、《余话》及《玉照新志》诸书,已别著录。是书乃其晚年所作,见于《书录解题》者一卷,与此本相同。其以"投辖"为名者,陈振孙谓:"所记皆奇闻异事,客所乐听,不待投辖而留,盖亦客谈之类也。"明清为王铚之子,熟于宋朝典故。其《挥麈》诸录,于朝廷旧事,前哲遗闻,纪录殊为详备。此编所列凡四十四条,大都掇拾丛碎,随笔登载,不能及《挥麈录》之精粹。然故家文献,所言多信而有征,在小说家中,犹为不失之荒诞者。明清《宋史》无传,其年齿始末,诸书多未之及。今按是编江彦文一条下,注闻之陆务观。任莒臣、虹县臣良家子二条下,注闻之僧祖秀。祖秀乃宣和旧人,即作《艮岳记》者。明清犹及见之,而又下见陆游,其称"己未岁,金人归我河南地者",为高宗绍兴九年。又称甲戌岁者,乃宁宗嘉定七年,则明清之老寿可以概见,宜其于轶闻旧事多所记识矣。乾隆四十一年十二月恭校上。①

与前面所举上图稿本《投辖录》提要相比,这篇提要的内容有着明显差别。显然文渊阁本书前提要没有参考上图稿本及以后的《总目》稿本,而是另有来源。而分别抄写于乾隆四十七年九月、四十九

---

① [清]纪昀等:《景印文渊阁四库全书》第1038册,台湾商务印书馆,1985年,第681—682页。

年十一月的文溯阁和文津阁本书前提要与文渊阁本同属于一个系统，或者就是直接照抄文渊阁本。这样，《投辖录》提要分成了两个系统：一是上图稿本系统，最终被浙本、殿本《总目》所吸收。另一个系统是文渊阁本系统，文溯阁和文津阁都从属于这个系统。

在比勘上图稿本与诸阁本提要时，笔者发现稍后抄写的文溯阁和文津阁提要并不一定是参考了上图稿本和文渊阁本，可能另有底本。如《何氏语林》提要最早出现在《进呈存目》中[1]，原文非常简略，分纂官似乎有敷衍了事之嫌：

> 《何氏语林》三十卷，明何良俊撰。良俊，字符朗，华亭人。官翰林院孔目。是书仿刘义庆《世说》体例，凡例二千七百余事。旨尚隽永，尤多名言，注亦搜罗详博，间附己说，考证甚精，非稗官小说可比。[2]

《进呈存目》小说家类提要往往会出现撰写质量不均衡的状况，因为提要稿最初是由众分纂官撰写而成的，难免会因各种原因而有类似情况发生。此篇提要我们已无法得知为何人所撰，或许是在进呈之时，纂修官见此提要质量不佳，于是进行了重写，成了我们所看到的上图稿本提要。兹将原文转录如下：

> 《何氏语林》三十卷，安徽巡抚采进本。明何良俊撰。良俊有《四友斋丛说》，已著录。是编因晋裴启《语林》之名，其义例

---

[1] 《翁方纲纂四库提要稿》（吴格整理）中亦有《何氏语林》一篇，然仅寥寥数语，没有提要（上海科学技术文献出版社，2005年，第643页）。

[2] 江庆柏等整理：《四库全书初次进呈存目》，人民文学出版社，2015年，第307页。

门目,则全以刘义庆《世说新语》为蓝本,而杂采宋齐以后事迹续之,并义庆原书共得二千七百余条。其简汰颇为精审,其采掇旧文,剪裁镕铸,具有简澹隽雅之致,视伪本李垕《续世说》,剽掇《南》《北》二史,冗沓臃肿,徒盈卷帙者,乃转胜之。每条下,又仿刘孝标例,自为之注,亦颇为博瞻。其间撷拾既富,间有抵牾,如王世懋《读史订疑》,所谓以王莽时之陈咸,为汉成帝时之陈咸者,固未之免。然于诸书舛互,实多订正,如第二十二卷纪元载妻王韫秀事,援引考证,亦未尝不极确核,虽未能抗驾临川,并驱千古,要其语有根底,终非明人小说所可比也。①

上图稿本进呈之后,纂修官并没有对此篇提要作过多的修改,只是将文中"未之"二字,改为"所不",后来的浙本、殿本《总目》提要均与上图稿本修订稿完全相同,抄录于乾隆四十二年(1777)二月的文渊阁本和五十年六月的文澜阁本也都吸收了这篇提要。而乾隆四十七年五月、四十九年四月的文溯阁和文津阁本提要则没有参照上图稿本系统,且它们的提要内容完全一致。笔者不避繁琐,将文溯阁本提要转录如下:

臣等谨案:《语林》三十卷,明何良俊撰。良俊字符朗,华亭人,官翰林院孔目。良俊以辩博自负,雅好著述,而所纪时事,每不免附会失实,当时至有"说谎定推何太史"之语。其所著《四友斋丛说》,颇为世所讥。而是编独完善精密,称为详瞻,盖其书名虽袭王说之旧,而其义例实本于刘义庆之《世说新语》,以词旨隽永为宗,大都撷录旧文,依类编缀。又以其淹贯,旁搜博采,广

---

① [清]纪昀等:《四库全书总目》卷一百四十一,上海图书馆藏稿本,第48叶AB、49叶A。

事搜罗。故所述至二千七百条,旷列眉分,皆可以考遗闻而资谈
助。每条下,又多依刘孝标之例,自为之注。其所捃拾,亦悉有
条理,至间有诸书舛互而附己说,以折衷之者。如第二十二卷辨
元载妻事抵牾之类,其考证殊见确核,尤非小说稗官所可比也。
乾隆四十七年五月恭校上。①

　　文溯阁和文津阁本书名均作《语林》,而且其在内容和体例上,都
不如文渊阁本那样详瞻、谨严。正如前人所说,文溯阁、文津阁的分
校官确实不像文渊阁本那样尽心尽责②。至于他们所据为何本,笔
者没有找到直接的证据,一时也难以回答。

　　通过以上的对比分析,上图稿本与诸阁本书前提要之间复杂的
关系显而易见。究其原因,不外与"各阁分校官选择提要底本的随意
性有很大关系"③。小说作为"小道",难与正经正史相提并论,四库
纂修官们在重视程度上自然也有高低之分。在这样的前提下,分校
官随意选择底本的行为似乎更加难以避免。

第五节　上图稿本小说家类的价值意义

　　众所周知,《总目》小说家类的著录方式和小说观念对后世产生
了巨大的影响,因此小说家类也成为了学界一直以来研究的重点。
但以往学者们对于《总目》小说家类的研究基本上限于分类、观念、作
品三个方面,而对小说家类的纂修过程则甚少涉及。事实上,我们的

---

① 金毓黻等编:《文溯阁四库全书提要》,中华书局,2014年,第2489—2490页。
② 参见刘浦江:《四库提要源流管窥——以陈思〈小字录〉为例》,《文献》2014
年第5期。
③ 刘浦江:《四库提要源流管窥——以陈思〈小字录〉为例》,《文献》2014年第
5期。

研究只是在表面上解决了《总目》小说家类是什么、怎么样这些基本问题。但为什么会这样，以及在《总目》长达二十多年的纂修过程中，小说家类究竟经历了哪些变化才最终形成了我们所看到的样子，这些问题都急待研究者给予明确的答复。幸运的是，现存的多种《总目》稿本及四库档案资料，为我们寻找答案提供了宝贵的线索，而上图稿本就是其中最为重要的一部。

正如刘浦江先生所分析的《小字录》提要早期编纂过程那样，小说家类提要也经历了一个相似的过程。即先是分纂官撰写提要稿，然后经过总纂官的修订，之后将这些修订过的提要稿进行分类编纂，成为了《总目》。在乾隆四十六年（1781）《总目》进呈之后，又经过了长达十多年的修订过程，形成了诸多稿本，最终在乾隆六十年才"定本"刊刻。从现存的《总目》稿本来看，我们可以理出小说家类纂修的一个完整过程：分纂稿→《进呈存目》→上图稿本→上图稿本修订稿→天津图书馆稿本→天津图书馆稿本修订稿→国家图书馆稿本→（浙本）国家图书馆稿本修订稿→殿本。天津图书馆的稿本、修订稿，因为散佚，我们无法了解其小说家类的修订情况，但通过上图稿本修订稿与浙本、殿本的比较，我们有理由相信，在乾隆四十七年上图稿本修订进呈之后，直到乾隆六十年浙本、殿本刊刻，在这十多年中，纂修官并没有对《总目》小说家类再进行较大的改动。由此可见，上图稿本修订稿的地位至关重要。其实，上图稿本及其修订稿在整个小说家类提要编纂过程中所起到的是一种承上启下的作用。它既总结了早期的编纂成果，又对后来《总目》的修订产生了深远的影响，这是其他稿本所不具备的。

前面已经提到，从乾隆三十八年开始编纂到六十年刊行，在二十多年的时间里，纂修官对于小说家类提要的内容、顺序、分类等方面都进行了不断的修改。尤其是对小说分类的修订最多，持续的时间最长，也最令纂修官们伤脑筋。《总目》提要的最初形态分纂稿是不分类的,乾隆三十九年(1774)汇编的《进呈存目》才开始对分纂稿加以分类编纂。《进呈存目》虽然有小说家一类,但与后来的上图稿本相比,并没有具体分成杂事、异闻、琐语三类。这似乎说明在乾隆四十六年上图稿本进呈之前,小说家类并没有具体的分类。此外,在《进呈存目》提要中,没有明确体现出"广见闻""资考证""益教化"的著录标准和小说观念。种种迹象表明,此时的小说家类编纂尚处于初级阶段,内容和体例都还没有得到很好的统一。

在《进呈存目》出现之后,上图稿本进呈之前的这段时间,《总目》无疑又经过了纂修官的修订,上图稿本就是对此前编纂、修订成果的一个高度总结。上图稿本不仅将小说家类明确分为三类,还将《进呈存目》中史部杂史类和子部杂家类的大量提要放入小说家类杂事之属。纂修官在分类上的这一修订,从一定程度上反映了小说家与杂史、杂家若即若离的关系。恰如杂事类末案语所云:"纪录杂事书,小说与杂史最易相淆,诸家著录亦往往牵混。今以述朝政军国者入杂史,其参以里巷闲谈,词章细故者,则隶此门。"①这段案语经常被引用,以说明小说与史的渊源关系,但在《总目》中,纂修官却很少提及杂家与小说家的关系。事实上,无论是上图稿本小说家类对于《进呈存目》杂史、杂家类提要的变动,还是上图稿本修订中将《春渚纪闻》又从小说家类移到杂家类,都说明与小说家类"牵混"的不止杂史。张舜徽先生在《四库提要叙讲疏》中曾说道:"《汉志》小说家载虞初《周说》九百四十三篇外,尚有臣寿《周纪》七篇,《百家》百三十九卷。书以周名,犹《易》象之称《周易》,盖取周普、周备之义。《周纪》《周说》,殆即后世丛抄、杂说之类。《百家》一书,尤可望名以知其实,此非抄纂而何?《隋志》小说家自《世说》《辨林》诸书外,复有《杂语》《杂书抄》诸种,其意更显。后世簿录家率以笔记丛抄之书

---

① ［清］纪昀等:《四库全书总目》(下),中华书局,1965 年,第 1204 页。

入于此门,实沿《汉》、《隋》诸志旧例也。"①可见,小说与杂家自始既有密切之关系。明胡应麟《少室山房笔丛》也曾有过类似的论断,云:"汉《艺文志》所谓小说,虽曰街谈巷语,实与后世博物、志怪等书迥别,盖亦杂家者流,稍错以事耳。"②如果我们将《千顷堂书目》和《总目》小说家类相对比,就会清晰地看到,前者小说家类大量的作品被四库纂修官调整到杂家类,明清小说观念的嬗变在这一分类的调整上得以充分地展现。四库纂修官对于小说家分类的修订恰恰是一种小说观念的流露,而这种观念在最终刊行的《总目》中是无法体现的,我们只能在这些现存的修订稿本中寻找蛛丝马迹。

从《进呈存目》到上图稿本,另一个重要的变化体现在提要的体例上。经过修订的上图稿本提要,不但在行文上有了明确判断性的论断,而且还褒贬分明,这自然是相关方面对提要撰写提出的要求。《于文襄公手札》中收录的一封信恰好可以为解读这一问题提供参考,信中说道:"愚见以为提要宜加核实,其拟刊者则有褒无贬,拟抄者褒贬互见,存目者有贬无褒,方足以彰直笔而示传信。"③正总裁官于敏中的这一建议在后来的上图稿本中得到了充分的体现。上图稿本现存小说提要均属应抄之列,提要中"褒贬互见"的写法随处可见。如《南窗记谈》中云:"然所记多名臣言行,及订正典故,颇足以资考证。惟袁州女子登仙一条,庞籍见天书一条,颇涉语怪。然籍见天书一事,《曲洧旧闻》已载之。盖宋人说部之通例,固无庸深诘者矣。"④再如《癸辛杂识》说道:"与所作《齐东野语》大致相近,然《野语》兼考证旧文,此则琐事杂言居十之九,体例殊不相同。故退而列之小说

① 张舜徽:《四库提要叙讲疏》,云南人民出版社,2005 年,第 120 页。
② [明]胡应麟:《少室山房笔丛》,上海书店出版社,2001 年,第 280 页。
③ [清]于敏中:《于文襄公手札》(二),国立北平图书馆 1933 年影印本,第 6 叶 A。
④ [清]纪昀等:《四库全书总目》(下),中华书局,1965 年,第 1196 页。

家,从其类也。"①在这些褒贬评判中,我们很容易发现纂修官眼中的小说"体例",就是指小说内容是以什么为主的问题,考证辨订、军国大事为主的入杂家、杂史类,而内容荒诞不经、繁杂琐碎的退至小说家。关于《总目》的小说观念,学界已有诸多研究成果,无需本书赘述。笔者想要说明的是,《总目》提要中所反映的小说观念经历了一个不断修正的过程,在这个过程中,纂修官们需要参考的不仅仅是作品的本身,还有体例、政治等诸多方面因素的影响。

　　总之,上图稿本以及纂修官的修订为我们研究《总目》小说家类的纂修和四库小说观念的形成提供了大量有价值的信息。诸如纂修官们的修订意见、小说家类的分类排序、撰写体例的变化等等,都是刻本《总目》所无法呈现的。这些信息在某种程度上来说是独一无二的,将他们与其他《总目》稿本、刻本以及诸阁本前提要相互比对参考,能够帮助我们认识四库小说观念从稿本到刻本之间的演变过程。上图稿本小说家类及其修订所展现的不仅是《总目》小说家类的编撰过程,还呈现了《总目》纂修的一个侧面,这无论对古代小说还是四库学的研究而言都有着积极的意义。

---

① ［清］纪昀等:《四库全书总目》(下),中华书局,1965 年,第 1201 页。

第七章 天津图书馆藏四库馆抄本《钦定四库全书提要》再探

——以子部小说家类提要为中心

由于近些年四库文献的不断整理出版,"四库学"也随之受到了更多研究者的关注,从而极大地推动了这门学问的发展。其中,阁本书前提要是"四库学"研究中的一个重要问题,并取得了丰富的研究成果①,但目前的研究,大多集中于某一阁本书前提要及其与刻本《总目》的比较分析,缺乏对现存诸阁本书前提要之间关系的总体把握,以及阁本书前提要编纂过程、成书时间、提要源流等基本问题的探讨。当然,要想厘清上述问题,不得不依赖于新文献的获得。天津图书馆(后文简称"天图")藏有一部特殊的《钦定四库全书提要》(后

---

① 关于《四库全书》阁本书前提要研究的主要成果有:刘浦江《四库提要源流管窥——以陈思〈小字录〉为例》(《文献》2014 年第 5 期),陈良中《〈书〉类"总目提要"与文渊阁本书前提要比勘》(《四库学》2018 年第 2 期),全见为《〈四库全书总目〉与〈四库全书初次进呈存目〉及书前提要中传记类提要的比较》(《四库学》2018 年第 2 期),张婷婷《〈四库全书总目〉与文津阁〈四库全书〉诗文评类书前提要对比研究》〔《黑龙江工业学院学报》(综合版)2018 年第 18 期〕,陈东辉《关于文澜阁〈四库全书〉卷前提要及其他》(《四库学》2018 年第 1 期)、《文澜阁本〈四库全书〉卷前提要相关问题综述》(《中国四库学》2018 年第 2 期),李国庆、王钒《〈四库全书〉卷前提要四种及其收书异同录——兼及金毓黻所论〈四库全书〉卷前提要问题》(《中国四库学》2018 年第 1 期)。此外,还有王娟《〈四库全书总目〉与文渊阁〈四库全书〉书前提要比勘研究》(山东大学 2011 年硕士论文)。

文简称"钦定提要"),此书虽名为"提要",却不同于我们常见的刻本
《四库全书总目》(后文简称"总目"),而是将阁本书前提要辑录成
编。"这部'卷前提要'在清宫经馆臣编纂后自成一套大书,每一篇
的开头,有'臣等谨案'四字;每一篇结尾,有校上年月及馆臣题名等
署款。其具备'卷前提要'主要特征和书写形式"①。由于该书不见
著录,亦甚少有人提及,所以一直深藏于图书馆中,没有得到研究者
广泛的关注。幸运的是,近年来天津图书馆历史文献部主任李国庆
将该书与文渊、文溯、文津阁本书前提要一同影印出版,名为《四库全
书卷前提要四种》,为我们研究阁本书前提要提供了重要的参考资
料。关于此书的内容和成稿过程,李国庆已有初步的研究②。事实
上,正如李氏所言,这部书前提要稿为我们留下了诸多疑问,尚待解
决。本书以此书小说家类提要为中心,通过不同文本之间的比对分
析,并结合相关史料文献,试图对该书的成书时间、编纂目的、提要来
源等基本问题进行深入的探索。

第一节　天图《钦定提要》的成书及其抄写年代

天津图书馆藏四库馆抄本《钦定四库全书提要》不分卷,今存一
函六十册。书高35.9厘米,宽21厘米,版框高22.2厘米,宽15厘
米。半叶八行,行二十一字,四周双边,白口,单鱼尾,红格。版心上

---

① 李国庆、王钒:《〈四库全书〉卷前提要四种及其收书异同录——兼及金毓黼
　所论〈四库全书〉卷前提要问题》,《中国四库学》2018年第1期。
② 目前所能看到的相关研究成果有李国庆为2015年出版的《四库全书卷前提
　要四种》撰写的出版前言以及2018年与王钒合撰的《〈四库全书〉卷前提要
　四种及其收书异同录——兼及金毓黼所论〈四库全书〉卷前提要问题》一文,
　此文应该是在出版前言的基础之上撰写发表的。两篇文章对天图《钦定提
　要》的基本情况及其与文渊、文溯、文津阁本书前提要异同做了简要的分析。

题"钦定四库全书",中题篇名,下题页码。全书没有连续的页码,而是每篇页码独自起讫。根据李国庆在"前言"中的描述,此书为残本,内容并不完整。由于出版之书只是将文字部分影印出来,我们无法从装订、版面、封页等信息中了解该书的残存情况。从影印本来看,原书没有正式的题名,所以《天津图书馆古籍善本书目》和各古籍书目检索系统著录的书名应该是后来馆方拟定的。从该书的版式、行款、形制以及抄写字体等种种特征来看,应该为纂修《四库全书》时所抄写。而该书内容、格式,确如李国庆所言,符合阁本书前提要的编写规范。可以初步判断,该书与阁本书前提要有着密切的关系,应该是为了阁本书前提要的办理而特意编纂的。众所周知,在《四库全书》的纂修过程中产生了《总目》《简明目录》《钦定四库全书考证》等副产品,但并没有这样一部书前提要的辑录本。揆之以理,四库馆既没有编撰此书的必要,辑录阁本书前提要单独成书也缺乏足够的价值和意义。值得注意的是,该书抄写工整、规范,且没有任何改动痕迹,说明这部阁本提要稿是经过修订之后整理写定之本,加之《总目》和书前提要的编撰分属两个系统,那么它的功能似乎只能是阁本书前提要纂修时所使用的某一个范本或重要的参考本。关于天图所藏的这部《钦定四库全书提要》,相关文献资料很少。幸运的是,笔者发现一条军机处上谕档,可以帮助我们了解该书的编撰情况。乾隆四十九年(1784)五月初六日《军机大臣奏遵查发下〈四库全书〉提要填写年月缘由片》云:

　　遵查发下《四库全书提要》末行有本年闰三月恭校上者。查向来缮校各书,所写年分均系按照各呈进年分填写,从前进过一、二、三分书均系如此办理。惟月分有填写在前、进呈在后者,因无甚关碍,是以进呈时即用原填月分,以省挖补痕迹。现在运送热河备进各书所填月分,自二月至四月不等。理合据实覆奏。

谨奏。①

　　根据此条档案,可知四库馆确实编纂过一部汇辑阁本书前提要之书,天图《钦定提要》应该与档案中提及的《四库全书提要》是同一类书稿。那么档案中的这部《四库全书提要》有没有可能指的是《总目》提要呢? 笔者认为没有这种可能,因为《总目》在编纂之时,并无末行注明校上年月之例,无论是刻本《总目》,还是在现存的稿本《总目》中,都没有校上年月。而符合此编撰体例的只有阁本书前提要和《四库全书荟要》书前提要,但《四库全书荟要》早在乾隆四十三年(1778)就已编纂完成,所以档案中提到的不可能是其他书稿。此外,从档案中我们还可以知道,阁本书前提要末行的校上年月,是根据进呈时间填写的,虽然月份可能有填写在前、进呈在后的情况发生,但年份是严谨可靠的。而每部书的进呈时间都不尽相同,有时候两部书的进呈时间相隔数年之久,这就成为我们今天所看到的阁本书前提要校上时间不同的原因。尽管书前提要的校上时间不一样,但总体上与诸阁本《四库全书》办理的时间顺序大致吻合。第一分文渊阁本《四库全书》完成于乾隆四十六年,之后文溯阁、文源阁、文津阁也相继告竣,后世称为"北四阁"。而文澜、文宗以及文汇三阁的纂办则开始于乾隆四十七年七月,续缮工作全部完成于乾隆五十二年六月。笔者粗略统计了天图《钦定提要》的校上时间,发现最早为乾隆四十五年二月,最晚为乾隆四十八年六月,这一时间段正是文渊阁本《四库全书》即将办理完成,其他北方三阁陆续告竣,而"南三阁"也开始办理之时。那么天图《钦定提要》很有可能就是给"南三阁"书前提要编纂提供的参考底本。另外,笔者还发现该书的校上时间先后与

————————
①　中国第一历史档案馆编:《纂修四库全书档案》,上海古籍出版社,1997年,第1774页。

经、史、子、集部类顺序大致相仿。

　　关于天图《钦定提要》抄写的具体时间,我们可以通过参考现存的多种《总目》稿本来确定。根据夏长朴、杨新勋两位学者的研究,国家图书馆藏《总目》稿本的成书时间要稍晚于乾隆四十六年(1781)二月进呈的上海图书馆藏《总目》残稿,大致抄写于乾隆四十七年一月至七月之间①。国图稿本继承了上图稿本的修订成果,并在此基础上做了新的修订,但国图稿本的修订工作并非集中于一时,而是在此后数年时间内完成的。笔者将天图《钦定提要》与国图稿本《总目》共存的小说家类提要进行了比对,结果发现天图《钦定提要》基本上吸收了国图稿本的修订成果,例如国图稿本中《投辖录》提要"明清有《挥麈录》已著录"②一句被纂修官墨笔删去,天图《钦定提要》亦无此句。《四朝闻见录》提要中"又载程公许与论真德秀谥议手柬"一句"又"字后纂修官墨笔添加"书中"二字,"考书中载高宗航海一条","书中"二字改为"所"字,天图《钦定提要》均予添改③。《续齐谐记》中"均事迹具《梁书》"一句后,有墨笔添加"本传"二字,天图《钦定提要》亦有此二字④。据此可知,天图《钦定提要》的抄写时间不会早于乾隆四十七年七月。乾隆五十二年三月清高宗在进呈的"南三阁"《四库全书》中发现李清《诸史同异录》存在严重违碍

------

① 参见夏长朴:《试论国家图书馆藏〈四库全书总目〉稿本残卷的编纂时间——兼论与天津图书馆藏〈总目〉稿本残卷的关系》,《中国四库学》第3辑,中华书局,2019年。杨新勋:《中国国家图书馆藏〈钦定四库全书总目〉稿本解题》,《四库全书总目稿抄本丛刊》第1册,上海科学技术文献出版社,2021年。
② [清]纪昀等:《四库全书总目稿抄本丛刊》第13册,上海科学技术文献出版社,2021年,第158页。
③ [清]纪昀等:《四库全书总目稿抄本丛刊》第13册,上海科学技术文献出版社,2021年,第184、185页。
④ [清]纪昀等:《四库全书总目稿抄本丛刊》第13册,上海科学技术文献出版社,2021年,第256页。

情况：

> 乾隆五十二年三月十九日内阁奉上谕：

> 四库全书处进呈续缮三分书，李清所撰《诸史同异录》书内，称我朝世祖章皇帝与明崇祯四事相同，妄诞不经，阅之殊堪骇异。李清系明季职官，当明社沦亡，不能捐躯殉节，在本朝食毛践土，已阅多年，乃敢妄逞臆说，任意比拟。设其人尚在，必当立正刑诛，用彰宪典。今其身既幸逃显戮，其所著书籍，悖妄之处自应搜查销毁，以杜邪说而正人心。乃从前查办遗书时，该省及办理四库全书之皇子、大臣等未经掣毁，今续三分全书，犹复一例缮录，方经朕摘览而得，甚属非是。因检阅文渊、文源两阁所贮书内已删去此条，查系从前覆校官、编修许烺初阅时签出拟删，是以未经缮入。但此等悖妄之书，一无可采，既据覆校官签出拟删，该总纂、总校等即应详加查阅，奏明销毁。何以仅从删节，仍留其底本？其承办续三分书之侍读恭泰、编修吴裕德虽系提调兼司总校，但率任书手误写，均难辞咎。所有办四库全书之皇子、大臣，及总纂纪昀、孙士毅、陆锡熊，总校陆费墀、恭泰、吴裕德，从前覆校许烺，俱着交部分别严加议处。至议叙举人之监生朱文鼎，系专司校对之人，岂竟无目者，乃并未校出，其咎更重。朱文鼎本因校书特赐举人，着即斥革，以示惩儆。所有四阁陈设之本及续办三分书内，俱着掣出销毁，其《总目提要》亦着一体查删。钦此。[①]

国图稿本中的《默记》提要完整保留了有关李清的内容，但纂修

---

① 中国第一历史档案馆编：《纂修四库全书档案》，上海古籍出版社，1997 年，第 1993 页。

官对此篇提要进行了修订,将"字性之"至"为枢密院编修官"一段删去,改为"有《补侍儿小名录》已著录",其他提要内与李清相关内容全部墨笔删去①。夏长朴曾据此推断国图稿本的抄写时间和修订时间②,是符合实际情况的。笔者发现天图《钦定提要》完整地吸纳了国图稿本的修订成果,由此又可以判断天图《钦定提要》的抄写时间不会早于乾隆五十二年(1787)三月。既然天图《钦定提要》是给"南三阁"书前提要的编纂提供参考底本,那么该书的抄写时间当不晚于"南三阁"办理告竣之期。乾隆五十二年六月十二日上谕档案中说到:"今续办三分全书,已经告竣。"③清高宗于此年三月发现李清违碍事件,并迅速对相关书籍、提要进行了查删。而此时距离"南三阁"告竣尚有三个月,理应于此三月内一并完成删改。那么天图《钦定提要》的抄写时间不晚于乾隆五十二年六月。但考虑到李清事件涉及书目众多,也不排除时间延后的可能,不过删改工作最迟至"南三阁"《四库全书》送贮之前已经完成。乾隆五十五年六月初一日上谕云:"《四库全书》荟萃古今载籍,至为美备,不特内府珍藏,藉资乙览,亦欲以流传广播,沾溉艺林。前因卷页浩繁,中多舛错,特令总纂等复加详细雠校,俾无鲁鱼亥豕之讹。兹已厘订藏工,悉臻完善。所有江浙两省,文宗、文汇、文澜三阁,应贮全书,陆续颁发,藏庋该处。"④由此可以断定,天图《钦定提要》的抄写时间至迟不会晚于乾隆五十五

---

① 参见[清]纪昀等:《四库全书总目稿抄本丛刊》第13册,上海科学技术文献出版社,2021年,第153、154页。
② 夏长朴:《试论国家图书馆藏〈四库全书总目〉稿本残卷的编纂时间——兼论与天津图书馆藏〈总目〉稿本残卷的关系》,《中国四库学》第3辑,中华书局,2019年。
③ 王重民辑:《办理四库全书档案》(下),国立北平图书馆排印本,1934年,第5、6页。
④ 王重民辑:《办理四库全书档案》(下),国立北平图书馆排印本,1934年,第28页。

年(1790)六月。

综上所述,笔者认为天图所藏的这部书前提要稿的成书时间应该在乾隆五十二年三月至五十二年六月之间。至迟不会晚于乾隆五十五年六月。

第二节　天图《钦定提要》小说家类的内容

天图《钦定提要》小说家类,不仅在确定该书的抄写年代上提供了关键的证据,还可以帮助我们进一步认识《总目》小说家类纂修的相关问题。下面就来具体介绍小说家类的内容。此书小说家类分为杂事、异闻、琐记三类,残存提要四十三种。其中杂事类提要有《朝野佥载》《唐国史补》《大唐新语》《次柳氏旧闻》《因话录》《玉泉子》《唐摭言》《鉴诫录》《南唐近事》《北梦琐言》《归田录》《甲申杂记》《湘山野录》《玉壶野史》《铁围山丛谈》《默记》《挥麈前录后录》《投辖录》《鸡肋编》《闻见后录》《北窗炙輠录》《独醒杂志》《四朝闻见录》《归潜录》《辍耕录》《水东日记》《何氏语林》,异闻类有《山海经》《穆天子传》《神异经》《汉武帝内传》《异苑》《续齐谐记》《还冤志》《集异记》《杜阳杂编》《剧谈录》《唐阙史》《稽神录》《陶朱新录》《博物志》,琐记类有《述异记》《清异录》。虽然天图《钦定提要》现存提要数量与刻本《总目》的一百二十三种相比,不足原书的二分之一,但提要的前后顺序并没有因为内容的残缺而被打乱。

因为《四库全书》中每部书的抄校完成和进呈时间不一样,所以我们看到同一阁本的书前提要校上时间都不尽相同。天图《钦定提要》校上时间的范围是从乾隆四十五年(1780)二月到四十八年六月,但小说家类现存的四十三种提要校上时间全部题作"乾隆四十八年三月恭校上"①,说明这部分提要的抄校完成和进呈时间是一致的。这与现存文渊、文溯、文津、文澜阁本小说家类书前提要校上时间的"各不相同"相比,显得格外异常。而这种异常现象的本身似乎也说明了天图《钦定提要》的编撰具有某种特殊性。

此外,天图《钦定提要》小说家类在分类上,第三类为"琐记"。而乾隆六十年(1795)刊刻的浙本、武英殿本《总目》以及现存的诸种稿本《总目》均题为"琐语"。值得注意的是,目前所见文渊、文津阁本以及天图《钦定提要》都写作"琐记"②。笔者发现不仅刻本、稿本《总目》与阁本书前提要的分类名称不同,即便是同一阁内所附《总目》和书前提要也分别题作"琐语"和"琐记",如文渊阁本就是这种情况。由此可见,《总目》和书前提要在此处有着明显的区别,而如此明显的差异,绝不可能是因抄录致误,这在一定程度上证明了《总目》和书前提要的编撰分属两个系统,其文本来源也有所差别。"琐记"和"琐语"虽然仅有一字之差,但在内涵上却有着细微的区别,"琐记"一词侧重于成书方式,而"琐语"则强调内容。无论"记",还是"语",都是古代小说常用的命名方式,表面上看,也都能够概括这类小说的文体特征。但作为熟知小说文体的总纂官纪昀,不可能随意用词,必然经过了仔细的考量。事实上,《四库全书》和《总目》小说家类在编纂之初,并没有明确的细分类别,乾隆三十九年进呈的《四库全书初次进呈存目》中小说家类就没有具体分类。随着编纂的深入,大概在此后不久应该就出现了细分的类别,我们看到乾隆四十六年进呈的第一分文渊阁《四库全书》和《总目》,有了非常成熟的分类

① 参见李国庆辑:《四库全书卷前提要四种》第20册,大象出版社,2016年,第1216—1273页。
② 按:文溯阁《四库全书》,笔者未见原本,而金毓黻等编《文溯阁四库全书提要》为排印本,没有反映出这部分信息。文澜阁《四库全书》因有大量补抄文献,与小说分类的相关信息也未能保存下来,故二者均不在笔者论述之列。

体系,但作为一部大型丛书,部类的划分一定会提前拟定。文渊阁本
书前提要的篇名下均注有部类名称,翻阅小说家类书前提要的校上
时间,可知最早的是乾隆四十一年(1776)六月的《唐阙史》,这或许
能够说明在此年前后小说家类就出现了类目的划分。现存的上图
《总目》稿本中没有保存"小说家类三"的分类信息,但稍后抄写的国
图《总目》稿本中恰好保留了相关信息,题作"琐语"。两部《总目》稿
本之间有着直接的继承关系,只是我们不清楚上图稿本在此处是否
有过修订。《四库全书》的纂修产生了很多副产品,《四库全书简明
目录》(后文简称"简明目录")就是其中之一,此书进呈于乾隆四十
七年七月。是年经过四库馆的允许,馆臣赵怀玉录副并携带出宫,于
乾隆四十九年在浙省刊刻。由于《简明目录》的编纂性质,其在宏观
的分类上也能反映出乾隆四十九年之前《总目》的修订成果,所以对
我们研究分类问题同样具有参考价值。笔者发现《简明目录》小说家
类与阁本书前提要一样题作"琐记",但与国图《总目》稿本的"琐语"
明显不同。杨新勋曾借助《简明目录》来推定国图《总目》稿本的抄
写时间,并认为国图稿本与《简明目录》之间具有高度的一致性①。
但笔者发现,仅就小说家类而言,差异不止上述这一处。杨氏也注意
到了两者之间存在差异,不过他认为均与国图稿本的修订相关,同样
能够证明国图稿本的抄写时间早于《简明目录》的成书时间。可是笔
者的发现显然无法得到相同的解释。此后抄写的天图《钦定提要》仍
然沿袭阁本书前提要的写法,作"琐记"。而浙本、殿本《总目》也同
样继承了稿本《总目》,题为"琐语"。

　　至此,我们可以看到四库小说家的分类也随着《总目》的修订经

---

① 参见杨新勋:《中国国家图书馆藏〈钦定四库全书总目〉稿本解题》,《四库全
　书总目稿抄本丛刊》第 1 册,上海科学技术文献出版社,2021 年,第 55、
　56 页。

历了前后的变化,而书前提要和《总目》之间的关系,既是相互统一的整体,又存在彼此独立的一面。《简明目录》的编撰可能参考了阁本书前提要。国图藏有一部内府抄本《简明目录》,笔者通过与赵怀玉刻本小说家类的比对,发现两者内容高度吻合,笔者认为国图所藏的这部内府抄本《简明目录》,很有可能是馆臣赵怀玉录副并刊刻的底本,此书虽然不能确定是否为乾隆四十七年(1782)七月《简明目录》告竣后的进呈之本,但至少反映了《简明目录》成书时的面貌①。这部内府抄本的小说家类也题作"琐记"。由此可知,纂修官在此处,没有进行过任何修订,并与《总目》形成鲜明的对比。不过刻本《总目》使用"琐语"一词确有其合理之处,"杂事""异闻""琐语"三类大体上是从内容层面来设定的,相比于"琐记"来说,显得更为严谨、协调。

第三节　天图《钦定提要》与现存诸阁本小说家类书前提要的关系

　　上文已经提到过,天图《钦定提要》是给"南三阁"书前提要的编纂提供参考底本。我们知道现存诸阁本书前提要之间,以及阁本书前提要与刻本《总目》,甚至阁本《四库全书》之前所附的《总目》在内容上都有着不小的差异。通过相关文献的比对分析,可以帮助我们

---

① 杨新勋曾认为"乾隆四十七年七月进呈的《简目》今已难觅"(参见《中国国家图书馆藏〈钦定四库全书总目〉稿本解题》,《四库全书总目稿抄本丛刊》第1册,第55页)。虽然国图所藏抄本《简明目录》是否为进呈本尚待进一步的考订,但它的内容与进呈本应该是大体相同的,或许可以弥补"难觅"之憾。另外,笔者也发现了一处国图抄本和赵怀玉刻本《简明目录》之间的差异。国图《总目》原稿的《清波杂志》提要"方回《同江续集》"一句,经纂修官墨笔改"同"为"桐",这一修订是正确的。国图抄本《简明目录》也写作"桐",但赵怀玉刻本《简明目录》却一如国图《总目》稿本原稿写成"同"。

更为深入地了解天图《钦定提要》的成书以及阁本书前提要的编纂过程。

　　由于现存的文澜阁本《四库全书》部分为后来补抄,而补抄的阁本书前提要缺乏参考价值,故不在本书对比分析之内。为了确保结论的客观严谨,笔者选择现存的四种阁本书前提要和天图《钦定提要》所共有的十二篇提要作为对比分析的内容,他们分别是:《大唐新语》《唐摭言》《甲申杂记》《湘山野录》《玉壶野史》《北窗炙輠录》《何氏语林》《神异经》《汉武帝内传》《异苑》《还冤志》《闻见后录》。为了更为清晰地展现对比分析结果,兹列表如下:

文渊、文溯、文津、文澜阁本以及天图《钦定提要》小说家类书前提要异同分析表		
序号	篇名	异同情况
1	《大唐新语》	此篇提要文渊、文澜阁以及天图藏本内容基本相同,文渊阁与文澜阁本篇名作《唐新语》。文津阁本仅一字之差,文溯阁本提要另有来源。
2	《唐摭言》	此篇提要文溯与文津阁本相同。文渊阁本与天图藏本提要内容相同,文澜阁本与文渊、天图藏本提要内容基本相同,仅一字之差。
3	《甲申杂记》	此篇提要文溯和文津阁本内容长短不一。文澜阁与天图藏本基本相同,仅有一字之差。而文渊阁本提要内容与二者仅个别字句差异。此外,在篇名写法上天图藏本与文澜阁本一致。
4	《湘山野录》	此篇提要文溯和文津阁本内容相同。天图藏本和文澜阁本内容相同,文渊阁本与二者相比仅有一句有异。
5	《玉壶野史》	此篇提要文渊阁、文津阁、天图藏本相同,文澜阁与之相比仅少一字。文溯阁本提要另有来源。
6	《北窗炙輠录》	此篇提要文溯和文津阁本内容相同。文渊阁本和文澜阁本内容相同,天图藏本与之相比仅有一字之差。

文渊、文溯、文津、文澜阁本以及天图《钦定提要》小说家类书前提要异同分析表	
7	《何氏语林》	此篇提要文津阁本和文溯阁本内容相同。文渊阁本和天图藏本相同,文澜阁本与之相比仅篇名不同,作《语林》。
8	《神异经》	此篇提要文津与文溯阁本内容相同。天图藏本和文澜阁本相同,文渊阁本与之相比仅少一字。
9	《汉武帝内传》	此篇提要文津阁本和文溯阁本内容相同。天图藏本与文渊阁本提要内容相同,文澜阁本与之相比仅三个文字差异。但文渊阁本将《汉武帝内传》《汉武故事》两篇提要写在一起,而天图与文澜阁本两篇提要均独立书写。
10	《异苑》	此篇提要文津和文溯阁本内容相同。文渊阁本与文澜阁本提要内容基本相同,仅有二字差异,而天图藏本各有一处相同。
11	《还冤志》	此篇提要诸本内容基本相同,仅有个别字互有差异。天图藏本和文渊阁本完全相同,文澜阁本与之相比少一字。
12	《闻见后录》	此篇提要文津和文溯阁本内容相同。文渊阁本和天图藏本提要内容相同,文澜阁本与之相比仅少一字。

由上表可知,在五种书前提要中,文津阁本和文溯阁本提要内容高度吻合,应该有着相近的文本来源。而天图《钦定提要》与文渊阁和文澜阁本书前提要内容基本相同,仅有个别字句的差异,其中还包括不少明显是抄写时漏抄和误抄的例子。由此我们可以初步断定,天图《钦定提要》与文渊阁、文澜阁本书前提要有着密切的关系,虽然在校上的时间方面与稍后的文津、文溯阁本更为接近,但通过比对,我们发现天图所藏的这部书前提要稿与二者相比差异较大,应该没有直接的继承关系。

乾隆四十六年(1781)第一部文渊阁本《四库全书》纂修完成,此后的三年中,文溯阁、文源阁、文津阁本也相继告竣。在此期间,

"南三阁"的续纂工作也正式开始。迫于清高宗的压力,办理比较迅速,但校勘上不如"北四阁"那样严谨。面对皇帝的催促,纂修官只能采取便捷的方法,直接吸收"北四阁",尤其是文渊阁本书前提要的编纂成果,辑录一部抄校完善的提要稿给"南三阁"参考就成为了可能。对此,刘浦江《四库提要源流管窥——以陈思〈小字录〉为例》中说到:"与内廷四阁全书的办理方式所不同的是,南三阁的每种书均是三份同时办理,'每一底本发出,即令书手全写三份,庶缮校尤得迅速'。而且有迹象表明,南三阁全书的书前提要似乎也是批量生产的。"①刘浦江在文中又提到国家图书馆藏有一部《四库全书总目提要》,八册,不分卷。为内府抄本。卷端题"钦定四库全书",版心上题"钦定四库全书",中题"某某提要",下题页码。钤有"赵常徇印""北海赵心青藏"等。今存经、子、集三部提要105篇。笔者也查阅了此书,发现该书的版式行款以及版心和卷端题名与天图《钦定提要》大体一致,而且均无正式书名,所抄录的内容也都为书前提要。不同的是天图《钦定提要》在卷端所题"钦定四库全书"之下还题有四部类别和序号,如"子部十二",次行书名下题有具体部类和分类,如"小说家类　异闻之属"。这一书前提要的抄录格式在现存的文渊、文溯、文津阁本中皆被严格遵守,唯独文澜阁与他阁不同,无此等信息,与国图所藏内府抄本相同。另外一点重要区别是天图《钦定提要》末行均注明校上年月,而国图《四库全书总目提要》全部写为"乾隆十年　月恭校上",年月均空缺,留待填写。刘浦江又将国图所藏《四库全书总目提要》与文渊阁本书前提要进行了对比,结果发现"这些单篇提要一般与乾隆四十五年(1780)、四十六年抄成的文渊阁提要内容相同或相近,而与较早抄成的文渊阁提

---

① 刘浦江:《四库提要源流管窥——以陈思〈小字录〉为例》,《文献》2014年第5期。

要则有较大出入"①。由此作者认为"这是乾隆四十七年(1782)以后,由翰林院按照统一格式抄写的四库书前提要底本,每篇提要至少一式抄录三份,专供办理南三阁全书采用,当每种书抄校完毕后,只需要将这些业已按照统一格式抄好的书前提要填上年月即可"②。刘氏的推测确有其合理之处,但关于"南三阁"书前提要的纂办过程是否如其所言,笔者认为尚需斟酌。而笔者将国图所藏《四库全书总目提要》和天图《钦定提要》的内容做了比对,结果发现两书的提要内容基本相同,而不同之处多为书名的写法。如国图《四库全书总目提要》子部道家类提要写作《周易参同契发挥　附释疑》,天图藏本无"附释疑",同类中国图本写作《庄子翼　附庄子缺误　附录》,天图本无"附庄子缺误　附录",这种情况也发生在提要内容的开头,如集部三别集类二《盱江集》首句云:"臣等谨案,《盱江集》三十七卷,《年谱》一卷,《外集》三卷。"天图藏本无"《年谱》一卷,《外集》三卷"。虽然在提要的题名和首句叙述书籍卷数方面两者有所不同,但之后的提要内容却高度吻合,这说明两者的差异并非来自底本的不同,只是写法的不一样,具体来说是提要写作的规范性问题。

　　国图所藏《四库全书总目提要》,不仅版式内容与天图《钦定提要》相吻合,两书的内容还可以互为补充,笔者曾怀疑国图和天图藏本是否为同一部书稿,但仔细对比后,诸多差异让我逐渐否定了这一推测。但可以肯定的是,两部书的编纂性质和目的相同,都是为了给"南三阁"提供参考底本。而天图《钦定提要》比国图《四库全书总目提要》在体例上更为成熟,其成书时间也应该晚于国图藏本。不过如

---

① 刘浦江:《四库提要源流管窥——以陈思〈小字录〉为例》,《文献》2014 年第5 期。
② 刘浦江:《四库提要源流管窥——以陈思〈小字录〉为例》,《文献》2014 年第5 期。

果真的如刘氏所言,每篇提要抄录一式三份,空缺校上年月,待每种
书抄校完毕后,再填上年月,那么天图所藏的这部书前提要稿为何都
有明确校上年月? 如果文澜阁的书前提要是以文渊阁本作为底本
的,那为何笔者通过小说家类书前提要的比对,发现文澜阁与文渊阁
本书前提要在内容和写法、格式上都有不小的差别? 从文澜阁本现
存的原写本书前提要来看,校上年月并没有后补的痕迹。而且上文
所引乾隆四十九年(1784)五月初六日《军机大臣奏遵查发下〈四库
全书〉提要填写年月缘由片》中明确提及校上年月是根据每部书进呈
年月填写的,并非是抄校完毕时间。关于校上时间还发生过月份在
前而进呈在后的情况,因无关紧要,故而未予修正。如果国图藏本校
上年月的空缺是为了抄校完毕后统一填写,那么为何会出现档案中
提到的月份在前、进呈在后的错误呢? 这些迹象表明,事实也许并不
像推测的那样简单①。

　　从比勘结果中我们也能看到,天图《钦定提要》与文渊阁、文澜阁
本小说家类书前提要的内容高度吻合,虽然三者之间内容的差异并
不明显,而且部分可以确定为抄写致误。但如果仔细分析三者之间
的差异,我们还可以发现天图《钦定提要》与文渊阁本在提要篇名的
写法、提要的分合,尤其是提要内容都有着不小的差异,这种情况明
显不是抄写时候的随意改动,而是纂修官修订的结果。因为以上现
存诸阁本书前提要的比对要考虑到彼此篇目存佚情况,所以比对范
围十分有限,为了明确天图藏本和文渊阁本书前提要的差异,笔者又
将两者共有的提要进行了对比。结果发现,文渊阁本和天图《钦定提

———————

① 如果从刘浦江推测的角度来看,笔者认为国图《四库全书总目提要》是纂修
　官提前给"南三阁"书前提要编纂准备的一个参考底本,因为按规定,校上年
　月按进呈时间填写,所以等每部书抄校完成,全书正式进呈之时,再填上具体
　年月。但如此推测会产生另一个问题,即四库馆为什么要再编一部有具体年
　月的提要稿呢? 况且天图《钦定提要》的校上年月与文澜阁本并不相同。

要》在形式,尤其是内容上均有着较大的差异①。如文渊阁本篇名之下,还标注有分类序号,如"小说家类一杂事之属",文渊阁本均无此一、二、三分类序号。文渊阁本中的《大唐新语》,天图藏本名为《唐新语》。文渊阁本《因话录》篇名后无"提要"二字,天图藏本有。文渊阁本中个别提要写法上"提要"二字在前,而篇名在后,如《集异记》《江淮异人录》《汉武故事》等。天图《钦定提要》则全部为篇名在前,"提要"在后。文渊阁本《挥麈录总目》题名下的《前录》《后录》《三录》《余话》等均分开单行书写,天图藏本则总题为《挥麈前录后录》,提要中的《三录》称为"第三录"。此外,在提要的书写上,文渊阁本书前提要部分采取连续书写的方式,没有另起一页。在这些连续书写的提要中,只有最后一篇提要有校上年月。而天图藏本均为独立抄录,无一例外,如《汉武故事》和《汉武帝内传》、《集异记》和《博异记》、《遂昌杂录》和《乐郊私语》,以及《甲申杂记》《闻见近录》《随手杂录》三篇提要。在提要内容上,诸如《铁围山丛谈》《湘山野录》《投辖录》《集异记》《默记》等提要,天图藏本和文渊阁本有明显不同。笔者还发现天图《钦定提要》相比于文渊阁本部分书前提要有大幅度的删改。如天图《钦定提要》中的《辍耕录》对比文渊阁本则删去了"惟第三卷中杨维桢《正统论》"之后的一大段文字内容。另如天图藏本《穆天子传》同样删去了文渊阁本中从"第二卷第三卷第四卷"至"《列子》《周穆王篇》所载"的大段文字。《辍耕录》书前提要最后删去的一段文字,其原因为杨维桢《正统论》涉及违碍,故而在上图稿本《总目》的修订中已经予以删改,最终也同样体现在殿本、浙本《总目》中。天图《钦定提要》明显是吸收了这一修订成果,而上图

① 笔者通过天图《钦定提要》和文渊阁本小说家类书前提要的比对,发现两书提要内容的差异并无某种规律可循。这与上文提到的刘浦江比对国图藏《四库全书总目提要》和文渊阁本书前提要内容异同的结论并不相符。

稿本《总目》的修订时间为乾隆四十六年（1781）二月至四十七年七月之间①，这也能在一定程度上证明天图《钦定提要》的成书时间不会早于乾隆四十七年七月。让人感到意外的是，作为第一部进呈的文渊阁本《四库全书》，其办理本该最为严谨、认真。但在文渊阁本《辍耕录》书前提要中，"杨维桢《正统论》"一段违碍文字却完整地保留了下来，这不得不让我们为四库纂修官的疏忽感到紧张。事实上，档案资料中所记载的诸阁本《四库全书》的误抄、漏抄、缺页、违碍等现象比比皆是，出现这样的严重问题，作为总校官的陆费墀自然难辞其咎，最终被严厉查办也在情理之中。另一个值得注意的现象是，天图《钦定提要》与文渊阁本书前提要的差异往往体现在内容和写法上，此类差异主要来源于底本的不同。而天图《钦定提要》与文澜阁本书前提要相比，内容、写法等重要方面基本相同，不同之处多为个别字笔画错误以及漏字，属于抄写致误。综合比勘结果，能够看出天图《钦定提要》与文澜阁本书前提要之间存在的某种联系，进一步说明了此书是四库馆为办理"南三阁"《四库全书》书前提要而编纂的一个参考底本。

第四节　结语

通过对天图所藏《钦定四库全书提要》版本、内容的研究以及与现存诸阁本小说家类书前提要等相关资料的对比分析，我们大致可以得出以下几点认识：第一，天图《钦定提要》与国图所藏《四库全书总目提要》均为四库馆给"南三阁"书前提要编纂提供的一个参考底本。从提要内容来看，天图《钦定提要》的编撰要比国图藏本更为成

---

① 参见刘浦江：《四库提要源流管窥——以陈思〈小字录〉为例》，《文献》2014年第 5 期。

熟,后者的抄写时间早于前者。而编纂此书的原因,则是由于"南三阁"以期速成,三份同时办理,书前提要的编纂不得不采取这样一种事半功倍的简便方法。第二,结合阁本书前提要的校上时间和相关资料,笔者认为天图《钦定提要》的成书时间应该在乾隆五十二年(1787)三月至六月之间。至迟不会晚于乾隆五十五年六月。第三,通过对比分析,笔者发现文渊阁、文澜阁以及天图《钦定提要》之间有着密切的关系,而天图《钦定提要》与文澜阁本书前提要的关系更为接近。文津阁、文溯阁本书前提要相比较而言内容差异较大,应该是另有来源。第四,从小说家分类的写法来看,《总目》的编纂可以分为两个系统:阁本书前提要和《总目》提要。此前学界更多关注于四库小说在子史之间的游移,忽略了小说家类的纂修过程以及具体分类。而"琐记"和"琐语"的不同写法,提示我们四库小说家分类同样经历过复杂的修订过程。

实际上,关于阁本书前提要,我们还需要解决一个重要的问题,即诸阁本书前提要内容之间何以产生较大的差别。对此,刘浦江曾在《四库提要源流管窥——以陈思〈小字录〉为例》一文中进行了简要的分析,认为阁本书前提要内容的差别主要源于具体负责办理的时间、人员不同,更为重要的是《总目》在乾隆四十六年进呈之后仍在不断地修订,这就导致了提要来源的不同。笔者认为刘浦江的观点大致与事实相符,不过仔细考究起来,仍有进一步补充、商榷的必要。而《纂修四库全书档案》中的一条资料或许可以为我们探讨这一问题提供线索。除了底本来源的不同,阁本书前提要在编撰时还发生过诸多意外情况,乾隆五十七年五月十三日《军机大臣阿桂等奏遵旨核议纪昀覆勘文津阁书籍各情折》提到:

> 臣阿桂、臣和珅、臣王杰、臣福长安、臣董诰、臣庆桂谨奏,为遵旨议奏事。

　　本年五月初二日左都御史纪昀奏覆勘文津阁书籍完竣等因一折,奉旨:军机大臣议奏。钦此。

　　据称:文津阁全书六千余函,现俱勘完归架,所有勘出从前详校各员遗漏未签之处,逐条造具清册,修补完整。其中缺页、缺卷及成部、成卷应行换写各书,并查出他本抵换书三种,请照从前《性理大全》《史记正义》之例赔写。又提要内有任意删节、改窜及遗失私撰各篇页,并请先交武英殿官为换写,所需工料、银两,于议叙得官供事名下摊追。等语……又据纪昀查出提要内删节、改窜及遗失私撰各篇页,与《总目》不符,必须一律赔换,以臻完善,均应如纪昀所奏,先交武英殿官为换写,其需用工料银若干两,应即查明议叙各供事现任某省,饬令按数摊赔,并行知各该督抚上紧追齐归款,毋任延宕。俟写毕后,仍责成纪昀带领官匠将文渊、文源二阁换写篇页,逐一抽换完竣,再前赴文津阁,抽换整齐,免致歧误。①

　　阁本《四库全书》办理告竣之后,乾隆皇帝又发现了诸多错误,由于办理人员以及严谨程度的不同,造成了书前提要出现删节、改窜、私撰等现象,这些问题都最终呈现在诸阁本提要上,形成了文字内容的差异。这则档案资料不仅告诉我们阁本书前提要差异的部分原因,还交代了阁本书前提要按规定本来的底本应该是《总目》这一重要信息,但在具体办理过程中由于负责人员的认真程度不同,出现了各种各样不遵守规范的情况,进而造成原本统一的提要内容出现了较大的差别。此外,档案中还具体说明了提要换写的步骤:乾隆皇帝发现阁本书内错误之后,命纪昀前往北四阁逐一复核,纪昀将错误汇

────────────

① 中国第一历史档案馆编:《纂修四库全书档案》,上海古籍出版社,1997 年,第 2305—2307 页。

总，交由武英殿官重写，写好之后仍由纪昀负责完成抽换篇页的任务。

　　天津图书馆所藏的这部四库馆抄本《钦定四库全书提要》，对于我们研究《四库全书》阁本书前提要的编纂和四库小说观念的形成有着重要的参考价值。本书只是以书中的小说家类为中心，对与阁本书前提要相关的一些基础问题做了一点初步的尝试。笔者相信如果对全书进行仔细地对比研究，一定能获得更有价值的信息。希望能引起学界的足够重视，进一步推进"四库学"和古代小说研究的发展。

第八章　文澜阁《四库全书》
小说家类书前提要研究

　　文澜阁四库全书抄写完成于乾隆五十二年（1787），是四库全书最后完成的一部。但在太平天国动乱中损毁严重，现存不足原书的四分之一。后经过三次大规模的抄补，才得以恢复原貌。这样的成书过程，造就了文澜阁四库全书的独特价值。但长期以来，文澜阁四库全书都深藏册府，见过原书的只有张崟、崔富章、夏长朴等少数几位学者。近年来，四库全书书前提要备受学界关注，学者们对现存阁本书前提要从不同角度进行了研究，取得了丰硕的研究成果。但现有"论著基本上未涉及文澜阁《四库全书》之'卷前提要'，主要是因为此前相关学者难以见到，而要逐一翻阅堪称浙江图书馆镇馆之宝的文澜阁《四库全书》中的'卷前提要'，几乎是不可能的"①。幸运的是，文澜阁四库全书和《文澜阁四库全书提要汇编》近来得以相继影印出版，这无疑给研究者提供了极大的方便。特别是文澜阁提要的汇编、影印，更是弥补了之前四库全书书前提要研究的缺憾。但笔者认为，对于四库全书书前提要的研究而言，文澜阁四库全书最具价值的还是现存的原写本提要。而文澜阁四库全书小说家类现存的原

---

① 陈东辉：《关于文澜阁〈四库全书〉卷前提要及其他》，《四库学》2018 年第 1 期。

写本书前提要仅有二十七篇,不足原书的四分之一①。篇目及校上时间为:《唐新语》乾隆五十一年(1786)五月、《大唐传载》乾隆五十二年三月、《云溪友议》乾隆五十二年三月、《唐摭言》乾隆五十一年五月、《洛阳缙绅旧闻记》乾隆五十二年三月、《青箱杂记》乾隆五十一年八月、《龙川别志》乾隆五十二年二月、《孔氏谈苑》乾隆五十一年三月、《甲申杂记》乾隆五十二年二月、《湘山野录》乾隆五十一年七月、《玉壶野史》乾隆五十二年三月、《东轩笔录》乾隆五十二年四月、《侯鲭录》乾隆五十一年八月、《闻见前录》乾隆五十一年二月、《闻见后录》乾隆五十一年五月、《北窗炙輠录》乾隆五十一年四月、《步里客谈》乾隆五十一年九月、《癸辛杂识》乾隆五十一年八月、《乐郊私语》乾隆五十一年九月、《语林》乾隆五十年六月、《山海经广注》乾隆五十二年二月、《神异经》乾隆五十一年四月、《汉武故事》乾隆五十一年二月、《汉武帝内传》乾隆五十一年三月、《异苑》乾隆五十一年二月、《还冤志》乾隆五十年十月、《酉阳杂俎》乾隆五十二年四月。虽然现存的提要并不多,但对于我们考察四库全书的纂修过程来说仍然是弥足珍贵的。笔者以小说家类现存的二十七篇原本提要为中心,结合其他资料,对文澜阁四库全书书前提要的内容、特点及其所反映的问题做一番初步的探索。

第一节　文澜阁本与文渊、文溯、
文津阁本书前提要的关系

　　目前现存的文渊、文溯、文津、文澜四部《四库全书》分别抄成于

---

① 文澜阁四库全书原写本除浙江图书馆以外,还散落于国内外其他藏书机构和私人收藏家手中。据笔者所见资料,仅知澳门何东图书馆藏文澜阁本《桯史》卷一至卷三,一册。为刘承幹嘉业堂旧藏。书前应该保存有提要。

乾隆四十六年（1781）、四十七年、四十九年、五十二年。由于抄写时间、纂修官、底本来源不一等多种原因，导致四阁文本存在较大差异，而在阁本书前提要内容方面，也不尽相同。刘浦江先生曾经以《小字录》为例，对现存四阁本书前提要进行了仔细的比较，结果显示"北四阁全书的书前提要往往彼此差异较大，其中的原因是相当复杂的。就《小字录》的情况而言，与各阁分校官选择提要底本的随意性有很大关系……而文溯阁本和文津阁本分校官却都是直接因袭《小字录》底本所附提要稿，略加点窜以敷衍塞责"①。虽然刘浦江先生的结论仅对《小字录》一篇而言，但同样具有一定代表性，对我们认识四库提要的复杂演变过程颇有帮助。笔者将文澜阁本二十七篇原本书前提要与文渊、文溯、文津三阁书前提要做了比勘，为了更为清晰地展示比勘结果，兹列表如下：

文澜、文渊、文溯、文津四阁小说家类书前提要比勘表		
序号	书名	比勘结果
1	《大唐新语》	文澜阁本与文渊阁本同，文津阁本与两本相较仅一字之差；文溯阁本提要另有来源。文澜阁本作《唐新语》。
2	《大唐传载》	四阁本提要基本相同。文津阁本误抄一字。文澜阁本中"闻"字误抄作"问"，文津阁同此误。
3	《云溪友议》	文澜阁本删去部分内容；文溯阁本与文渊阁本同，文津阁本仅文中一句和最后一句与两本不同。
4	《唐摭言》	文澜阁本与文渊阁本同；文溯阁本与文津阁本同。
5	《洛阳缙绅旧闻记》	四阁本提要基本相同。文澜阁本有一字之误。
6	《青箱杂记》	四阁本提要相同。

---

① 刘浦江：《四库提要源流管窥——以陈思〈小字录〉为例》，《文献》2014年第5期。

文澜、文渊、文溯、文津四阁小说家类书前提要比勘表		
7	《龙川略志》	文澜阁本与文津阁本同,文渊阁本与两本有一字之差。文溯阁本提要另有来源。
8	《孔氏谈苑》	四阁本提要相同。文溯阁本、文津阁本作"谈苑"。
9	《甲申杂记》	文澜阁本与文渊阁本同;文溯阁本、文津阁本提要来源各不相同。
10	《湘山野录》	文澜阁本与文渊阁本同;文溯阁本与文津阁本同。
11	《玉壶野史》	文澜阁本与文渊阁本、文津阁本同;文溯阁本提要另有来源。
12	《侯鲭录》	文澜阁本、文溯阁本、文津阁本相同;文渊阁本提要稍有差异。
13	《东轩笔录》	文渊阁本、文溯阁本、文津阁本同。文澜阁本缺末一句,文中有个别字不同。
14	《闻见前录》	四阁本提要相同。
15	《闻见后录》	四阁本提要基本相同。惟文澜阁本、文渊阁本多"博字公济,伯温子也"。
16	《北窗炙輠录》	文澜阁本与文渊阁本同;文溯阁本与文津阁本同。
17	《步里客谈》	四阁本提要基本相同,文溯阁本与他本仅有一字之差。文渊阁本个别字句不同。
18	《癸辛杂识》	文渊阁本、文溯阁本、文津阁本同,文澜阁本提要另有来源。
19	《乐郊私语》	四阁本提要相同。
20	《何氏语林》	文澜阁本与文渊阁本同;文溯阁本与文津阁本同。文渊阁本、文澜阁本作"《何氏语林》"。文溯阁本、文津阁本作"《语林》"。
21	《山海经广注》	文澜阁本与文津阁本仅　句不同。文渊阁本较此二本缺一句。文溯阁本提要另有来源。
22	《神异经》	文澜阁本与文渊阁本基本相同,仅个别字句有所差异。文溯阁本与文津阁本同。

文澜、文渊、文溯、文津四阁小说家类书前提要比勘表		
23	《汉武故事》	四阁本提要相同。
24	《汉武帝内传》	文澜阁本与文渊阁本同;文溯阁本与文津阁本同。
25	《异苑》	文澜阁本与文渊阁本基本相同,仅个别字不同。文溯阁本与文津阁本相同。
26	《还冤志》	文澜阁本与文津阁本同;文渊阁本与文溯阁本同。彼此之间仅个别字句不同。
27	《酉阳杂俎》	文渊阁本、文溯阁本、文津阁本相同,文澜阁本多一句。

　　仅从二十七篇小说家类书前提要的比勘结果来看,我们可以得出几点认识:一、四阁本书前提要内容上存在较大差异,个别书名有不同的情况。笔者认为内容上的差异,不能简单地理解为撤换所造成的。二、文澜阁本与文渊阁本书前提要高度吻合,即便有所不同也只是发生在个别字句层面上。这说明两者之间有着相同或近似的渊源。三、总体上来看,文津阁本与文溯阁本书前提要有不少相同之处。但也有个别差异,其原因有可能是纂修官进一步修订所造成的。四、提要之间的不同之处,大多发生在文字的增减上。大段内容的修订并不多见。这或许可以解释为,各本之间并不存在本质上的差别,其来源近似或者相同,只不过在后来的修订当中,发生了变化。四、按之常理,无论是《四库全书》还是《四库全书总目》(后简称"《总目》")的纂修都应该随着时间的增长而愈加完善,但阁本书前提要并没有因为时间越靠后,而内容变得更加精审。这种现象说明分纂官在选择提要稿时,并不细心。下面我们就分别以《云溪友议》和《山海经广注》为例,来具体分析四阁本书前提要之间存在的差异。兹将文渊阁本《云溪友议》书前提要抄录如下:

　　臣等谨案：《云溪友议》三卷,唐范摅撰。摅始末未详,《唐书·艺文志》注称为咸通时人,而书中《李涉赠盗诗》一条,自称乾符己丑岁客于雪川,观李博士手翰。考乾符元年为甲午六年,为己亥次年,庚子改元。广明中间无己丑,己丑实为咸通十年。疑书中或误咸通为乾符,否则误己亥为己丑。然总之僖宗时人也。摅自号"五云溪人",故以名书,世有二本,商浚《稗海》所刻,分作十二卷。此本分上中下三卷,共六十五条,每条各有三字标题。卷端有摅自序,皆商氏本所无。考陈振孙《书录解题》已称《唐志》三卷,今本十二卷,则南宋已经分析,然终以三卷之本为不失摅之旧也。所录皆中唐以后杂事,其中如《南阳录》一条,记安禄山生于邓州南阳,与姚汝能《禄山事迹》所记生于营州阿轧荦山者不同,殆传闻之误。记李白《蜀道难》为房琯,杜甫厄于严武而作,宋萧士赟《李诗补注》已驳之,他如陈子昂为射洪令段简所杀,在武后时,章仇兼琼判梓州自在天宝以后,时代迥不相及,杀王昌龄者闾丘晓,杀闾丘晓者张镐,与高适亦不相关。乃云章仇大夫兼琼为陈拾遗雪狱,高适侍御为王江宁申冤,殊不可解。陈拾遗句下注曰：陈冕字子昂,亦与史不符。又周德华所唱《杨柳枝词》,世传贺知章作,盖据韦縠《才调集》,《才调集》又据此书。然古词但有《月节折杨柳歌》,其《柳枝》一调实兴自中唐白居易诸人,郭茂倩《乐府诗集》班班可考,知章时安有是题,皆委巷流传,失于考证。至于颂于頔之宽仁,诋李绅之狂悖,毁誉不免过当。而李群玉《黄陵庙诗》一条,侮谑古圣,尤小人无忌之谈,皆不足取。然六十五条之中,诗话居十之七八,大抵为孟棨《本事诗》所未载,逸篇琐事,颇赖以传。又以唐人说唐诗,耳目所接,终较后人为近,故考唐诗者,如计有功《纪事》诸书,往往据之,是固不以一二瑕疵累其全帙矣。(文津阁本作"往往据之以为证")①

此篇提要,与校上时间相近的文渊阁本和文溯阁本内容一致,应该是有共同的底本。稍后的文津阁本只是最后一句与两本稍有不同,而文澜阁本将划线部分内容删去。显示了纂修官对于提要的修改。这样的修订在《山海经广注》中体现得更为明显,兹将四阁提要内容列表对比如下:

文澜阁本	文溯阁本
国朝吴任臣撰,任臣有《十国春秋》已著录,是书因郭璞《山海经注》而补之,故曰《广注》,于名物训诂山川道里,皆有所订正,虽嗜奇爱博,引据稍繁,如堂庭山之黄金,青邱山之鸳鸯,虽贩妇佣奴,皆识其物,而旁征典籍,未免赘疣。卷首冠杂述一篇,亦涉冗蔓(文渊阁本无此一句)。然掎摭宏富,多足为考证之资。所列逸文三十四条,自杨慎《丹铅录》以下十八条,皆明代之书,所见实无别本,其为稗贩误记,无可致疑。至应劭《汉书注》以下十四条,则或古本有异,亦颇足以广(文津阁本作"资")见闻也。旧本载图五卷,分为五类:曰灵祇;曰异域;曰兽族;曰羽禽;曰鳞介云。本宋咸平舒雅旧稿,雅本之张僧繇,其说影响依稀,未之敢据,其图亦以意为之,无论不真出雅与僧繇,即说(文津阁本作"使")果确实,二人亦何由见	臣等谨案,《山海经广注》十八卷。国朝吴任臣撰,任臣有《十国春秋》已著录。是书因郭璞《山海经注》而补之,故曰《广注》。于名物训诂山川道里,皆有所订正。虽嗜奇爱博,引据稍繁,如堂庭山之黄金,青邱山之鸳鸯,虽贩妇佣奴,皆识其物,而旁征典籍,未免赘疣。旧本载图五卷,分为五类:曰灵祇;曰异域;曰兽族;曰羽禽;曰鳞介云。本宋咸平舒雅旧稿,雅本之张僧繇,其说影响依稀,未之敢据,其图亦以意为之,无论不真出雅与僧繇,即果有传绪,二人何由见而图之。故今惟录其注,图则从删。又前列引用书目五百三十余种,多采自类书,虚陈名目,亦不琐录焉。②

①　[清]永瑢、纪昀等编纂:《文渊阁四库全书》第 1035 册,上海古籍出版社,1987 年,第 563 页。
②　金毓黻等编:《文溯阁四库全书提要》,中华书局,2014 年,第 2492—2493 页。

续表

文澜阁本	文溯阁本
而图之,故今惟录其注,图则从删。又前列引用书目五百三十余种,多采自类书,虚陈名目,亦不琐录焉。①	

　　四阁本书前提要都在不同程度上存在差异,文澜、文渊、文津三阁提要的内容比较接近,只是个别字句上偶有不同,而文溯阁较其他阁本少了中间的一段文字。笔者认为这些差异更像是在修订中产生的。

第二节　文澜阁本小说家类书前提要与现存《总目》稿本之间的差异

　　《总目》自乾隆三十八年(1773)编撰开始,直至乾隆六十年才得以付梓,其间经过二十余年的修订过程,在漫长的修订过程中形成了诸多稿本,这些稿本是我们考察《总目》演变过程最为重要的史料。此外,尚存有纂修官所拟提要稿散见于诗文集中,另有一些早期提要稿及其修订稿保存在四库底本之中。虽然这些提要稿与后来《总目》提要差异较大,但作为《总目》提要的原始形态,仍然具有不可替代的参考价值。而从《总目》的编撰来看,现藏于台湾图书馆的《四库全书初次进呈存目》的撰写时间较早,此书是"截至乾隆三十九年七月已进呈部分提要的汇编本"②。上海图书馆藏《总目》残稿的进呈时间是乾隆四十六年二月。天津图书馆藏《总目》残稿的撰写时间"可

---

① 陈东辉主编:《文澜阁四库全书提要汇编》,杭州出版社,2017年,第96页。
② 刘浦江:《〈四库全书初次进呈存目〉再探——兼谈〈四库全书总目〉的早期编纂史》,《中华文史论丛》2014年第3期。

能是乾隆五十一年"①。国家图书馆藏《总目》残稿"系乾隆五十七年
后四库馆的修订稿本"②。在现存《总目》稿本中,天津图书馆所藏
《总目》稿本小说家类已佚。台北故宫博物院藏《四库全书初次进
呈存目》(后简称"《进呈存目》")保存小说家类文献比较完整,现
有影印本和点校本。上海图书馆藏稿本小说家类存:卷一百四十
小说家类一中的《世说新语》《朝野佥载》两篇;卷一百四十一小说
家类二:四十四篇(此类后附重写《侯鲭录》《泊宅编》两篇,未计
算),末附重写《侯鲭录》《泊宅编》两篇。此卷页码相连,保存较为
完整;卷一百四十二小说家类三中的《博物志》(残)、《西京杂记》、
《述异记》、《酉阳杂俎》、《云仙杂记》、《清异录》(残)六篇。国家
图书馆藏稿本《总目》小说家类存卷一百四十一、一百四十二两卷。
由于该稿本此前介绍并不充分,故在此将相关版本情况稍作介绍。
此稿本半叶九行,行二十三字,白口,四周双边,单鱼尾。书高 31.5
厘米,宽18.3 厘米。版框高21.5 厘米,宽15.5 厘米。黄格纸。版
心上题"钦定四库全书总目"。从现存两卷内容来看,其提要顺序
与浙本相同,而篇数、卷数与殿本相同。此稿本修订稿与上图稿
本、修订稿以及浙本、殿本《总目》高度吻合,稿本中修订并不多。
大多为个别字句上的修改,如《投辖录》中"明清有《挥麈录》已著
录"一句,书眉处朱笔删去。《觚不觚录》中"《凤洲纲鉴》"朱笔删
改为"《弇山堂别集》"。唯有《默记》一篇改动颇多,故将此篇稿本

① 刘浦江:《关于天津图书馆藏〈四库全书总目〉残稿的若干问题》,《文史》2014
年第 4 期。关于这部稿本的撰写时间,夏长朴先生根据"丁炜著《问山集》的
销毁"和"《契丹国志》《离骚图》二书提要的修订改纂"判断天津图书馆藏
《总目》稿本的"编纂时间应定在乾隆四十八年二月之前"。并对刘浦江的考
订结果进行了辩驳(夏长朴:《上海图书馆藏〈四库全书总目〉残稿编纂时间
蠡探》,《四库学》2017 年第 1 期)。
② 崔富章:《〈四库全书总目〉版本考辨》,《文史》1992 年第 35 期。

和修订稿抄录如下：

　　《默记》三卷　　两淮马裕家藏本

　　宋王铚撰。字性之，汝阴人。<u>自称汝阴老民。绍兴初以荐诏视秩史官，给札奏御，为枢密院编修官</u>（划线处被墨笔抹掉，并改为"铚有补《侍儿小名录》已著录"）。此编多载汴都朝野遗闻，末一条乃考正陈思王《感甄赋》事。周煇《清波杂志》尝疑其记尹洙扼吭之妄，<u>李清《南唐书合注》亦称所引《江南野史》李后主小周后事，参校本书无此文，则亦不能无误。</u>（划线文字朱笔删去）然铚熟于掌故，所言可据者居多。如宋太祖以周世宗幼子赐潘美为子一事，似不近理，而证以王巩所记，乃并其子孙世系，一一有征，则尹洙事或传者已甚。巩未察而书之，<u>小周后事或则今本《江南野史》非完书，其文在佚篇之内，均未可知。</u>（划线文字被朱笔删去）未必尽构虚词也。惟所记王朴引周世宗夜至五丈河旁，见火轮小儿，知宋将代周一事，涉于语怪颇近小说家言，不可据为实录耳。

　　因为乾隆五十二年（1787）三月《诸史异同》违碍一事，李清所撰之书皆被查毁，《总目》提要中涉及李清之处也尽皆删去。但与现存的文渊、文津、文溯阁本书前提要相比较，会发现分校官的办事态度是良莠不齐的。其中文渊阁最为认真，划线处文字全部删去。而文津阁和文溯阁本只是将李清名字删去，其他文字未加改动。此稿本的修订文字基本为殿本《总目》所采纳，但也存在特殊情况，正如王菡所说："此稿本与今见之武英殿本极其相合，其密切关系不言而喻。但是，仍有些许差异。"①此外，崔富章和王菡两位先生均认为此稿本

----

① 王菡：《国家图书馆所藏〈四库全书总目〉稿本述略》，《文学遗产》2006 年第2 期。

成书在乾隆五十七年(1792)之后,从《默记》提要的修订情况来看,恐怕这一结论仍有疑问。李清所撰《诸史异同》一书,在乾隆五十一年被查禁,其所著之书也全部禁毁。《办理四库全书档案》中载乾隆五十二年谕旨云:"启者本日面奉谕旨,文津阁所贮《尚书古文疏证》内有引用钱谦益、李清之说,从前校订时何以并未删去,着将原书发交彭元瑞、纪昀阅看。此系纪昀原办,不能辞其咎,与彭元瑞无涉。着彭元瑞、纪昀会同删改换篇,令纪昀自行赔写,并将文渊、文源两阁所藏一体改缮。钦此。"①可见此时已经对各阁本引用李清之处进行删改,身为总纂官的纪昀也因此事受到牵连。而国图稿本《默记》中仍然未加修改,揆之以理,纂修官们不可能对影响如此之大的事情置若罔闻。因此如果说国图稿本撰写完成于乾隆五十七年以后的话,似乎不合常理。笔者大胆推测,国图稿本的抄成时间应该至少在乾隆五十二年以前。关于这部稿本的修订时间,崔、王两位先生均未予以明确交代,根据《默记》修订情况,可以初步推断其修订时间大约在乾隆五十二年以后。

《初次进呈存目》的成书时间较早,反映了《总目》早期的纂修状况。从其小说家类的著录情况来看,体现出提要内容简略、撰写体例不严谨、小说观念不统一的特点。对照刻本《总目》,很多小说被著录在史部或子部杂家类,这说明《总目》刻本所体现出的小说观念并不是一开始就存在的,而是经过长期修订逐渐形成的。与文澜阁本书前提要相比,《初次进呈存目》所收提要主要分为两种:一是重新撰写;二是主体保留,加以润色。分别以《神异经》和《闻见后录》为例,列表对比如下:

① 王重民:《办理四库全书档案》,国立北平图书馆 1934 年铅印本。

文澜阁书前提要	初次进呈存目
【臣】等谨案。《神异经》一卷,旧本题汉东方朔撰。所载皆荒外之言,怪诞不经,共四十七条。陈振孙《书录解题》已极斥此书,称东方朔撰,张茂先传之伪。今考《汉书》朔本传,历叙朔所撰述言,凡刘向所录,朔书俱是,世所传他事皆非。其赞又言后世好事者,取奇言怪语,附着之朔云云。则朔书多出附会,在班固时已然,此书既刘向《七略》所不载,则其为依托更无疑义。《晋书》张华本传亦无注《神异经》之文,则并华注亦属假借。振孙所疑诚为有见,然《隋志》载此书已称东方朔撰,张华注,则其伪在隋以前矣。观其词华缛丽格,近齐梁,当由六朝文士影撰而成。与《洞冥》《拾遗》诸记先后并出。其中西北荒金阙、银盘、明月珠事,陆倕《石阙铭》引用之,其中王女投壶事,徐陵《玉台新咏》序引用之,流传既久,固不妨过而存之,以广异闻。又考《广韵》去声四十一漾收猰字,《说文》《玉篇》皆所不载,注称兽似狮子,实本此经,北方有兽焉,其状如狮子,名曰猰之文,则小学家已相援据,不但文人词藻转相采摭已也。《隋志》列之史部地理类,《唐志》又列之子部神仙类,今核所言,多世外恍惚之事,既有异于舆图,亦无关于修炼,其分隶均属未安,今从《文献通考》列小说类中,庶得其实焉。①	《神异经》一卷,旧本题汉东方朔撰。所载皆荒外之言,怪诞不经,共四十七条。《隋志》列之地理,《唐志》列之神仙,并称张华注。《汉书》本传叙朔撰述,末言凡刘向所录朔书具是,世传他事皆非也。其赞又言,后世好事者,取其奇言怪语附着之朔。按班固时即有此说,则是书之赝,当不始于隋。张华注,宋时犹存,今未之见。②

---

① 陈东辉主编:《文澜阁四库全书提要汇编》,杭州出版社,2017 年,第 98 页。
② [清]四库馆臣编纂,赵望秦等校证:《四库全书初次进呈存目校证》,陕西师范大学出版总社,2016 年,第 965 页。

文澜阁本书前提要	初次进呈存目
【臣】等谨案。《闻见后录》三十卷，宋邵博撰。博字公济，伯温子也。是编盖续其父书，故曰《后录》。其中论复孟后诸条，亦有与《前录》重出者。然伯温所记多朝廷大政，可裨史传。是书兼及经义、史论、诗话，又参以神怪、俳谐，较前录颇为琐杂。又伯温书盛推二程，博乃排程氏而宗苏轼。观所记游酢、谢良佐之事，知康节没后，程氏之徒，欲尊其师而抑邵，故博有激以报之。盖怙权者务争利，必先合力以攻异党，异党既尽，病利之不独擅，则同类复相攻；讲学者务争名，亦先合力以攻异党，异党既尽，病名之不独擅，则同类亦相攻，固势之必然，不足怪也。至其汇辑疑孟诸说，至盈三卷，证《碧云騢》真出梅尧臣手；记王子飞事，称佛法之灵，记汤保衡事，推道教之验；论晏殊薄葬之非；诋赵鼎宗洛学之谬，皆有乖邵子之家法。他若以元稹诗作黄巢之类，引据亦颇疏略。惟其辩宣仁之诬，载司马光集外章疏之类，可资考证。议《通鉴》削屈原之非，驳王安石取冯道之谬，辨《伊川易传》非诋垂帘，证绍兴玉玺实非和璧，论皆有见。谈诗亦多可采。宋人说部，完美者稀，节取焉可耳。①	《闻见后录》三十卷，宋邵博撰。盖续其父伯温之书，故曰《后录》。中如论复孟后诸条，亦有与《前录》重出者。然伯温所记多朝廷大政，可裨史传。是书兼及经义、史论、诗话，又参以神怪、俳谐，不过杂家流耳。又伯温书盛推二程，博乃排程氏而宗苏轼。观所记游酢、谢良佐之事，盖康节没后，程氏之徒尊其师而抑邵，故博有激以报之，皆非平心之论也。至其汇辑疑孟诸说，至盈三卷，说外丙壬与《皇极经世》相违，记王子飞事，称佛法之灵；记汤保衡事，推道教之验；论晏殊薄葬之非；诋赵鼎宗洛学之谬，皆有乖邵子之家法。他若以元稹诗作黄巢之类，引据亦颇疏略。惟其辩宣仁之诬，载司马光集外章疏之类，可资考订。议《通鉴》削屈原之非，驳王安石取冯道之谬，辨伊川《易传》非诋垂帘，证绍兴玉玺实非和璧，论皆有见。谈诗亦多可采。宋人说部，完美者稀，节取焉可矣。②

　　《初次进呈存目》与文澜阁书前提要之间毕竟相隔十余年，其间《总目》提要又经历了多次修订，而上图稿本及其修订稿在整个修订

---

① 陈东辉主编：《文澜阁四库全书提要汇编》，杭州出版社，2017年，第71页。
② ［清］四库馆臣编纂，赵望秦等校证：《四库全书初次进呈存目校证》，陕西师范大学出版总社，2016年，第919页。

过程中占有重要的地位。因为原本残缺,现存的上图稿本与文澜阁本书前提要有八篇为共同所有,分别为:《侯鲭录》《闻见前录》《闻见后录》《北窗炙輠录》《步里客谈》《癸辛杂识》《何氏语林》《酉阳杂俎》。经过对比,我们发现《侯鲭录》提要在上图稿本中未经修改,而文澜阁本书前提要与之内容相同,同样未做修订。《闻见前录》在上图稿本中未做修订,两本相比,仅开篇一句文字不同,上图稿本云:"《闻见前录》二十卷,宋邵伯温撰。伯温字子文,邵子之子。"而文澜阁本云:"《闻见前录》二十卷,宋邵伯温撰。伯温有《易学辨惑》已著录。伯温藉邵子之绪。"其余文字并无差异。《闻见后录》在上图稿本中亦无修订,内容也与文澜阁本相同。《北窗炙輠录》在上图稿本中亦无修订,内容与文澜阁本同。《步里客谈》在上图稿本中经过修订,而文澜阁本在采纳上图稿本的修订意见外,又做了细微的调整。《癸辛杂识》在上图稿本中未做修订,文澜阁本与之相比,则删去了提要最后的一大段文字。《何氏语林》在上图稿本中经过修订,文澜阁本同样采纳了修订内容。《酉阳杂俎》在上图稿本中未经修订,与文澜阁本同。通过对比,我们可以得出以下两点认识:一、文澜阁本书前提要在文字上与上图稿本高度吻合,并采纳了上图稿本的修订意见。二、与文津阁本、文溯阁本书前提要相比,文澜阁本与文渊阁本在继承上图稿本和修订稿上高度一致。但也有例外,如文澜阁本《酉阳杂俎》提要与上图稿本完全一样,而文渊阁本提要则删去其中一句。

　　国图所藏《总目》稿本,反映了《总目》后期的纂修情况,仅就小说家类而言,其内容与上图稿本修订稿基本一致,并未做太多修改。将上述文澜阁本八篇提要与之相比,我们发现文澜阁本书前提要与国图稿本的内容基本相同,但值得注意的是,国图稿本为数不多的修订内容,并未被文澜阁本所采纳。如国图稿本《异苑》中的"元"字修订为"玄",文澜阁本仍写作"元"字。

　　此外,《四库全书荟要》(后简称"《荟要》")每部作品前也附有提要,对书阁本前提要同样具有参考价值。第一部《荟要》缮写完成于乾隆四十三年(1778),由于纂修人员、时间的不同,致使收录书籍的内容、版本、书前提要等方面均与阁本有所差异,而这些差异对于我们考察《四库全书》的纂修颇有助益。关于《四库全书荟要》的纂修情况,江庆柏先生先后撰写出版了《四库全书荟要总目提要》和《〈四库全书荟要〉研究》两部著作,进行了相当全面的研究。遗憾的是,江氏并未见到近来出版的《文澜阁四库全书提要汇编》,致使其做比较研究时,对两者之间的关系只能笼统言之①。故笔者将两者小说家类提要稿进行比较分析,以作补充。《荟要》共收录七部小说,分别是《拾遗记》,校上时间乾隆四十一年;《述异记》,校上时间乾隆四十一年;《世说新语》,校上时间乾隆四十二年;《酉阳杂俎》,校上时间乾隆四十三年;《唐摭言》,校上时间乾隆四十一年;《北梦琐言》,校上时间乾隆四十一年;《老学庵笔记》,校上时间乾隆四十一年。其中,《酉阳杂俎》和《唐摭言》为文澜阁本书前提要原稿,与《四库全书荟要》提要相比较,我们会发现,虽然两者基本内容大致相仿,但在逻辑、语言的严谨程度和内容的全面性上,文澜阁本书前提要明显要比《荟要》本更为完善,而《荟要》本提要更像是此前某个阶段的《总目》提要稿。对于《荟要》提要稿的文本来源,江庆柏认为:"《荟要提要》来源于两个方面:主要是纂修官撰写的提要稿(也通称分纂稿),一部分来源于文

---

① 江氏在《〈四库全书荟要〉研究》一书中云:"由于条件限制,目前我们只能将《荟要提要》与文渊阁、文溯阁、文津阁提要作比较,而与现存的文澜阁提要无法作仔细的比较。不过就我们看到的几种文澜阁提要来看,它和《荟要提要》之间也还是既有联系也有差异的。"(江庆柏:《〈四库全书荟要〉研究》,凤凰出版社 2018 年,第 430—431 页)

渊阁《全书》提要。"①因为在现存分纂稿中,暂未发现有《荟要》收录作品的提要稿存世,所以我们选取较早的《进呈存目》为比较对象,以《酉阳杂俎》为例,与文澜阁本和《荟要》本提要进行比较,来看一下《荟要》提要与其他提要稿的关系。为了方便论述,兹列表如下:

进呈存目	荟要书前提要	文澜阁本书前提要
唐段成式撰。首有《自序》,云:"凡三十篇,为二十卷。"今自《忠志》至《肉攫部》,凡二十九篇,其《语资》篇后有云:"客征鼠虱事,余戏摭作《破虱录》。"今无《破虱》,盖脱去一篇,独存其篇首引语耳。又《酉阳杂俎》六篇十卷,合《前集》为三十卷。胡应麟《笔丛》云:"《酉阳杂俎》世有两本,皆二十卷,无所谓续者。"近于《太平广记》中抄出《续记》,不及十卷,而《前集》漏轶者甚多。悉抄入《续记》	臣等谨案:《酉阳杂俎》二十卷,《续集》十卷,唐段成式撰。卷首成式《自序》云:"凡三十篇,为二十卷。"今自《忠志》至《肉攫部》,凡十九篇,与序不符。考《语资》篇后有云:"客征鼠虱事,余戏摭作《破虱录》。"今无《破虱》,盖脱去一篇,独存其篇首引语耳。毛晋刊本有《酉阳续集》六篇十卷,合《前集》为三十卷。胡应麟《笔丛》云:"《酉阳杂俎》世有两本,皆二十卷,无所谓续者。"近于	臣等谨案:《酉阳杂俎》二十卷,《续集》十卷。唐段成式撰。成式字柯古,临淄人。宰相文昌之子,官至太常卿。事迹具《唐书》本传,其书首有《自序》云:"凡三十篇,为二十卷。"今自《忠志》至《肉攫部》,凡二十九篇。尚阙其一。考《语资》篇后有云:"客征鼠虱事,余戏摭作《破虱录》。"今无所谓《破虱录》者,盖脱其一篇,独存其篇首引语,缀前篇之末耳。至其《续集》六篇十卷,合《前集》为三十卷。诸史志及诸家书目并同,而胡应麟《笔

① 江庆柏等整理:《四库全书荟要总目提要》,人民文学出版社,2009 年,第44 页。后江氏又进一步说明:"现存《荟要提要》文献来源不是都能说明清楚,但有一些提要的来源是清楚的。就这部分提要来看,主要来源于以下几个方面:分纂提要、《初目》、《武英殿聚珍版》提要、文澜阁提要。此外有些提要可能还借鉴、吸收了其他文献如《通志堂经解》成德撰'序'、朱彝尊《经义考》有关序跋、收录各书原有序跋等的内容。"另外,江氏在对《荟要》进行比较研究时,没有将《总目》长达二十余年的纂修过程(现存多部《总目》稿本)纳入考察的范围,是导致"不是都能说明清楚"和提要文本关系认识错误的原因之一(江庆柏:《〈四库全书荟要〉研究》,第 324 页)。

续表

进呈存目	荟要书前提要	文澜阁本书前提要
中，为十卷，俟好事者刻之。成式字柯古，段文昌之子，仕至太常卿。史称其博学强记，多奇篇秘籍。是书足以征之。然语多浮诞，如谓马燧既立勋业，常有陶侃之意，语殆诬托。至其《诺皋记》载诸鬼神荒怪之事，益无足论矣。盛弘之《荆州记》："小酉山上石穴中有书千卷，秦人常于此学，因留之。湘东王赋访西山之'逸兴西阳'语。"本此。吴曾《能改斋漫录》以为语本《抱朴子》。"诺皋"，太阴神名也。①	《太平广记》中抄出《续记》，不及十卷，而前集漏轶者甚多。悉抄入《续记》中，为十卷，俟好事者刻之。然则晋所刊本即应麟所裒辑也。成式字柯古，段文昌之子，仕至太常卿。史称其博学强记，多奇篇秘籍。是书足以征之。然语多浮诞，如谓马燧既立勋业，常有陶侃之意，殊为诬妄。至其《诺皋记》载诸鬼神荒怪之事，益无足论矣。盛弘之《荆州记》曰："小酉山上石穴中有书千卷，秦人常于此学，因留之。梁元帝赋有'访西山之逸典'语。"西阳之名盖本于此。其篇名如《天咫》《玉格》《贝编》之类，名皆奇僻，而《诺皋记》尤为难解。吴曾《能改斋漫录》以为诺皋，太阴神名，出葛洪《抱朴子》，然其为成式本意与否，亦无可考矣。乾隆四十三年二月恭校上。②	丛》云："《酉阳杂俎》世有二本，皆二十卷，无所谓续者。"近于《太平广记》中抄出《续记》，不及十卷，而《前集》漏轶者甚多，悉抄入《续记》中，为十卷，俟好事者刻之。又似乎其书已佚，应麟复为抄合者，然不知应麟何以得其篇目，岂以意为之耶。其书多诡怪不经之谈，荒渺无稽之物，而遗文秘籍亦往往错出其中，故论者虽病其浮夸，而不能不相征引。自唐以来，推为小说之翘楚，莫或废也。其曰："《酉阳杂俎》者，盖取梁元帝赋'访西阳之逸典'语。"与二酉藏书之意也。其子目有曰《诺皋记》者，吴曾《能改斋漫录》以为"诺皋"，太阴神名，语本《抱朴子》，未知确否。至其《贝编》《玉格》《天咫》《壶史》诸名，则在可解不可解之间，盖莫得而深考矣。乾隆五十二年四月恭校上。③

① ［清］四库馆臣编纂，赵望秦等校证：《四库全书初次进呈存目校证》，陕西师范大学出版总社，2016年，第1022页。

② 江庆柏等整理：《四库全书荟要总目提要》，人民文学出版社，2009年，第334页。

③ 陈东辉主编：《文澜阁四库全书提要汇编》，杭州出版社，2017年，第134页。

前文已经提到,文澜阁本《酉阳杂俎》书前提要与上图稿本内容完全相同,而与文渊阁本书前提要仅有一句之别。故不再转录原文。从提要对比中我们可以大致了解到,《酉阳杂俎》提要稿可能经历了一个从《进呈存目》到《荟要》提要再到上图稿本直至最后的文澜阁本,层层递进、逐步完善的修订过程。仅就《酉阳杂俎》提要稿而言,其文本来源无疑更加接近《进呈存目》。这里需要研究者特别注意的是,各种文本的四库提要之间的关系是极为复杂的,单从文字的繁简(或部分内容相同)中认定不同文本之间存在直接的前后继承关系是需要非常慎重的。江庆柏认为《荟要》提要"从某种意义上也可以说《荟要提要》起到了分纂稿与《总目》之间的过渡作用"①。事实上,笔者认为这种过渡并不是由《荟要》提要来承担的,准确地说是这种过渡现象在《荟要》提要中得到一定程度的体现,而《荟要》提要的编写是吸收了《总目》纂修的成果,毕竟与四库相关提要之撰写应该是以《总目》提要的纂修为中心,并且向外辐射的。《荟要》提要稿的价值就在于为我们提供了乾隆三十九年(1774)的《进呈存目》至乾隆四十六年的上图《总目》稿本这七年间《总目》的修订情况。

第四节　文澜阁本书前提要与
浙本、殿本《总目》之关系

《总目》从乾隆四十六年开始编纂,直至乾隆六十年刊刻,中间经过了长达二十余年的纂修过程。浙本、殿本《总目》呈现了这项纂修工作的最后面貌,而文澜阁《四库全书》是七阁本中最后完成的一部,在时间上最接近刻本《总目》。将文澜阁本书前提要与浙本、殿本《总目》进行比勘、分析,不仅有助于了解阁本提要与刻本《总目》提

---

① 江庆柏:《〈四库全书荟要〉研究》,凤凰出版社,2018年,第325页。

要之间的关系,还能够帮助我们进一步认识提要文本之来源以及《总目》纂修的实际情况。下面将笔者的比勘结果列表如下:

文澜阁本书前提要与浙本、殿本《总目》比勘表		
序号	书名	比勘结果
1	《大唐新语》	与殿本同,与浙本仅有一字之差。
2	《大唐传载》	与浙本、殿本均不相同,浙本、殿本相异处,同浙本。
3	《云溪友议》	与浙本、殿本均不相同。
4	《唐摭言》	与殿本同。
5	《洛阳缙绅旧闻记》	与浙本、殿本同。
6	《青箱杂记》	与浙本、殿本仅有一字之差。
7	《龙川略志》	与殿本同。
8	《孔氏谈苑》	与浙本、殿本均不同,浙本、殿本相异处,同殿本。
9	《甲申杂记》	与殿本同,浙本、殿本相异处,同殿本。
10	《湘山野录》	与浙本、殿本均不相同,浙本、殿本相异处,同殿本。
11	《玉壶野史》	与浙本、殿本同。
12	《侯鲭录》	与殿本同。
13	《东轩笔录》	与浙本、殿本不同,浙本、殿本相异处,同浙本。
14	《闻见前录》	与浙本、殿本均不相同。
15	《闻见后录》	与浙本、殿本有一字之差。
16	《北窗炙輠录》	与浙本、殿本有一字之差。
17	《步里客谈》	与浙本、殿本有一字之差,浙本、殿本相异处,各有一处相同。
18	《癸辛杂识》	与浙本、殿本均不相同。浙本、殿本相异处,同殿本。
19	《乐郊私语》	同殿本。
20	《何氏语林》	与浙本、殿本同。

	文澜阁本书前提要与浙本、殿本《总目》比勘表	
21	《山海经广注》	与浙本、殿本同。
22	《神异经》	与浙本、殿本有一字之差,浙本、殿本相异处,各同一处。
23	《汉武故事》	与浙本、殿本仅两字之差。
24	《汉武帝内传》	与浙本、殿本同。
25	《异苑》	与浙本、殿本不同,浙本、殿本相异处,同殿本。
26	《还冤志》	与浙本、殿本同。
27	《酉阳杂俎》	与浙本、殿本同。

　　由上表可知,文澜阁书前提要与殿本《总目》的关系更为密切,那些与殿本《总目》相同,与浙本不同的情况,大概因为浙本、殿本都脱胎于国图所藏《总目》稿本,在浙本入藏文澜阁后,国图《总目》稿本继续修订,所以殿本反映了《总目》最后修订的成果,这也就造成了浙本、殿本之间文字上的差异①。虽然文澜阁本书前提要与殿本《总目》相同的作品较多,但还存在与浙本、殿本都不同的情况,这表明阁本书前提要来源的复杂性。这里需要注意的是,表中"与浙本、殿本仅有一字之差"的案例中,不乏因抄写致误的情况。如果将这些情况归入相同之例,文澜阁书前提要与浙本、殿本《总目》内容一致的比率接近百分之五十,说明两者提要文本的来源有某种共同性。若将文渊、文津、文溯阁本书前提要也加以对比的话,他们与浙本、殿本《总目》接近程度大小排序,应该是:文渊阁本、文澜阁本、文津阁本、文溯阁本。

　　在四库提要的比较研究中,以往较少涉及《武英殿聚珍版丛书》

---

① 参见刘浦江:《关于天津图书馆〈四库全书总目〉残稿的若干问题》,《文史》2014年第4期。

提要,事实上,丛书提要明确交代了纂修者和撰写时间,对我们考察四库提要的源流以及四库全书纂修之相关事宜亦不乏参考价值。乾隆三十八年(1773)五月十七日上谕:"所有进到各书,并交总裁等,同《永乐大典》内现有各种详加核勘,分别刊钞。择其中罕见之书,有益世道人心者,寿之梨枣,以广流传,余则选派誊录,汇缮成编,陈之册府。其中有俚浅讹谬者,止存书名,汇为总目,以彰右文之盛。此采择四库全书本指也。"①而清高宗也明确说过:"辑《四库全书》,分为三类:一刊刻,一抄录,一只存书目。其刊刻者,以便于行世,用武英殿聚珍版印刷。"②《武英殿聚珍版丛书》共有134种,其中收录小说三部,分别是《涑水记闻》《唐语林》《归潜志》。三部作品全部出自《总目》小说家类一杂事中,从内容来看,杂事类小说相较于异闻和琐语两类更为雅正,这样的选择无疑符合清高宗谕旨。我们将三部作品书前所附提要与四库阁本前提要相比较,结果显示其文字内容与文渊阁本完全相同。这说明了两者之间具有渊源关系。而三篇提要的撰写时间分别是乾隆四十二年八月、乾隆四十年五月、乾隆四十四年十月。文渊阁四库全书的进呈时间为乾隆四十六年,而乾隆四十年撰写的《唐语林》提要在此后的六年中并未修改,与乾隆三十九年的《进呈存目》相比,这则提要却发生了天翻地覆的变化。由此可以推测,四库提要在乾隆四十年至四十六年间经历了重大的修订。此外,因为今本《总目》提要均不署撰者姓名,所以我们对此知之甚少,但武英殿聚珍本提要均署纂修官姓名,这为我们了解四库提要的编撰者提供了重要的参考文献。

---

① 中国第一历史档案馆编:《纂修四库全书档案》,上海古籍出版社,1997年,第117页。
② 转引自江庆柏:《〈四库全书荟要〉研究》,凤凰出版社,2018年,第361页。

第九章 《四库全书简明目录》
小说家类研究

　　《四库全书简明目录》(后简称"《简明目录》")是《四库全书》纂修的副产品之一,实际上《简明目录》与《四库全书总目》(后文简称"《总目》")关系非常密切,从某种角度来说,《简明目录》也可以看作是《总目》的副产品。以往学界对于该书关注较少,为数不多的研究成果中,多是对提要内容的订补,对于《简明目录》的编纂过程以及与稿本、刻本《总目》的差异则缺乏系统的研究①。《简明目录》缮写进呈于乾隆四十七年(1782),它反映了这一个阶段《总目》的纂修成果,虽然《简明目录》所提供的信息较少,但通过其中的蛛丝马迹我们还是能够窥见当时《总目》纂修的一些特征。实际上,对于《简明目录》与刻本《总目》内容的差异,前人早已经有过介绍。笔者试图在前人研究成果的基础之上,以《简明目录》小说家类为中心,藉此来窥探《简明目录》纂修的过程以及与《总目》提要之间的差异。

---

① 以此书为题的专门研究并不多见,从整体上进行研究的成果有:李思远:《览目录之精　明国学之序——评〈四库全书简明目录〉》(《佳木斯职业学院学报》2018年第11期);康东升:《〈四库全书简明目录〉研究》〔《商业文化》(学术版)2008年第8期〕;林申清:《〈四库全书总目〉与〈四库全书简明目录〉成书先后》(《黑龙江图书馆》1990年第6期);琚小飞:《〈四库全书简明目录〉版本考》(《史学史研究》2022年第3期)等。此外,《四库全书》的研究著作中也会涉及《简明目录》,但并不作为专门的研究。

第一节　《简明目录》编刊始末

乾隆三十八年(1773)《四库全书》的纂修工作正式开始,与此同时,作为《四库全书》最为重要的副产品《四库全书总目》也开始了编纂工作。但乾隆皇帝因顾虑到《总目》卷帙颇多,不便查阅,而下令纂修一部《四库全书简明目录》。《纂修四库全书档案》为我们研究《四库全书》的纂修提供了宝贵的资料,但查阅全书会发现涉及《简明目录》的档案并不多,这或许与《简明目录》编纂的性质有关。该书本来就是删削《总目》而成,可以算作是《总目》的附属产品,其工作量也并不像《总目》那样繁琐,故而较少记录。不过为数不多的相关档案仍然为我们提供了了解其编纂始末的线索。乾隆三十九年七月二十五日《谕内阁着四库全书处总裁等将藏书人姓名附载于各书提要末并另编〈简明书目〉》云:"至现办《四库全书总目提要》多至万余种,卷帙甚繁,将其抄刻成书,翻阅已颇为不易,自应于提要之外,另列《简明书目》一编,只载某书若干卷,注某朝某人撰,则篇目不烦而检查较易。俾学者由书目而寻提要,由提要而得全书,嘉与海内之士,考镜源流,用彰我朝文治之盛。着四库全书处总裁等遵照,悉心妥办,并着通谕之。钦此。"[①]从清高宗的谕旨中我们能够获知《简明目录》的编纂是因为《总目》卷帙甚繁,不便翻阅,有必要编纂一部便于查阅的具有检索性质的目录。乾隆四十七年七月十九日,这部《简明目录》终于编纂完成,于是质郡王永瑢等上奏乾隆皇帝,请刊行此书。乾隆四十七年七月十九日《质郡王永瑢等奏〈四库全书简明目录〉等书告竣呈览请旨陈设刊行折》云:

---

① 中国第一历史档案馆编:《纂修四库全书档案》,上海古籍出版社,1997年,第229页。

臣永瑢等谨奏,为《四库全书简明目录》告成,并改定《总目》编次、《考证》均经完竣,恭折奏明事。

臣等前经钦奉谕旨:以《全书总目提要》卷帙甚繁,翻阅不易,应别刊《简明书目》一编,俾学者由书目而寻提要,由提要而得全书,考镜源流,用昭文治之盛。钦此。钦遵。办理在案。

兹据总纂官臣纪昀、臣陆锡熊等将抄录各书,依四库门类次第标列卷目,并撰人姓名,撮举大要,纂成《简明目录》二十卷。谨缮写稿本,装作二函,恭呈御览,伏候钦定。至《总目提要》业于上年办竣进呈,荷蒙圣训指示,令将列圣钦定诸书及御制、御批各种,均按门类,分冠本朝著录各书之上,毋庸概列部首。现在亦已将体例遵奉改正,另行排次,仍编成二百卷,装作二十函,谨一并覆进。又《四库全书考证》,亦据纂修官王太岳、曹锡宝等汇总排纂,编成一百卷,装作十函,理合一并进呈。统俟发下后,拟将《简明目录》缮写正本,陈设于经部第一架第一层之首,仍遵将历奉修书谕旨恭冠目录之首。所有进书表文及应行开列在事诸臣职名,臣等谨分折另缮进呈,请旨一并写入书前,以昭右文盛轨。其《总目提要》及《考证》全部,臣等均拟缮写正本,于文渊阁中间东西御案上次第陈设。此系全书纲领,未便仍分四色装潢,应请用黄绢面页以符中央土色,俾卷轴森严,益昭美备。其文源、文津、文溯三阁,俟书成后照此办理。

至《总目提要》及《简明目录》二书,均系仰禀圣裁,折衷考订,兼综百氏,苞括群书,洵足嘉惠艺林,应请交武英殿刊刻颁行,垂示万世。

是否应如此办理,伏候训示遵行。为此谨奏。①

① 中国第一历史档案馆编:《纂修四库全书档案》,上海古籍出版社,1997年,第1602、1603页。

当日,质郡王等还起草了另一份奏书,提到:"《全书总目》《简明目录》及《考证》各部,现在进呈者只系稿本,应俟发下后,另行赶缮正本各四分,预备陈设。"①但事情并不像纂修官们想象的那么顺利。永瑢等请旨将《总目提要》和《简明目录》交由武英殿刊刻颁行,实际上,刊刻之事并没有真正地施行,而《总目》在此后又经历了长达十三年的修订,虽然没有文献直接说明《简明目录》为何没有在武英殿刊行,但既然《总目》提要需要继续修订,那么《简明目录》自然也不会单独刊行。乾隆四十八年(1783)二月二十七日《军机大臣奏查〈古玉图谱〉载在子部谱录类并〈简明目录〉缮写情形片》又提到:"再,查《四库全书总目》二百卷,于乾隆四十六年三月进呈,发下改正,另缮清本,并遵旨纂出《简明目录》二十卷,于四十七年六月进呈。蒙皇上钦定发下,缮写四分于四阁陈设。现已缮出第一分,于本年正月送武英殿装潢,其余三分缮写将竣,现在校对。"②关于《简明目录》的编纂者,江藩《国朝汉学师承记》中说到:"《四库全书提要》《简明目录》皆出公手,大而经史子集,以及医卜词曲之类,其评论抉奥阐幽,词理明正,识力在王仲宝、阮孝绪之上,可谓通儒矣。"③可见纪昀在此书的编纂中扮演着重要的角色。乾隆四十七年《简明目录》缮写进呈,而时任馆臣的赵怀玉将此书抄录一过,后获准将此书带出宫外,并付之梨枣。关于此事,赵怀玉在其所著《亦有生斋集》卷七《钦定四库简明书目恭跋》中说到:

---

① 中国第一历史档案馆编:《纂修四库全书档案》,上海古籍出版社,1997年,第1604页。

② 中国第一历史档案馆编:《纂修四库全书档案》,上海古籍出版社,1997年,第1711页。

③ [清]江藩:《国朝汉学师承记》,中华书局,1993年,第92页。

　　乾隆四十七年《四库全书》告成,皇上俯念江浙为人文渊薮,特命发给内帑缮写全书三分,于扬州之文汇,镇江之文宗,杭州之文澜,三阁各将一分安置。四十九年三月复诏愿读中秘书者,许陆续领出,广为传写。所以嘉惠艺林,作兴偁造,典至巨也。恩至渥也。凡在江浙之人,无不涵濡教泽,鼓舞向风,烝烝日上。臣等生长是邦,幸从铅椠,获际斯盛,感抃难名。惟是金题锦贉,浩若烟瀛,溯委穷源,莫知所自。伏思《简明书目》一编,禀大圣人折衷而定,篇帙不繁,而搜罗至备。嬛嬛宛委,展卷瞭如,海内皆以争先得睹为快,而江浙人士尤不可一日不资考镜者也。臣怀玉幸预分校之役,尝就全书处恭录副墨以归,东南士林借抄接踵,时恐不给,臣德舆、臣廷博并以书籍经进,上邀宠赉,爰其悉心雠勘,敬畀剞劂,王充曰:“鸿文在国,圣世之验也。”扬雄曰:“好书而不要诸仲尼者,书肆也。”自是浔裔之间,人怀是帙,咸知广内储之富,宸衷裁鉴之精。愿就秘阁写书者,可以按其次第津逮百家,编柳截蒲,日臻流布。譬诸言甘石者,首明躔次,论桑郦者,先析经枝。广右文而崇稽古,庶少副学者属笔,傒望云尔。①

　　不少研究论著在介绍《简明目录》时,认为此书是当时赵怀玉私自抄录并刊刻的。实际上,从此跋中可知抄录副本以及刊刻流传都是得到允许的。乾隆四十九年(1784)赵怀玉对此书精心校对,在杭州刊行,至此《简明目录》就有了刻本行世,这要比《总目》提早十一年,那么《简明目录》在一定程度上就反映了《总目》在乾隆四十九年(1784)之前的编纂成果。由于《总目》在此后又经历了复杂的修订过程,所以《总目》和《简明目录》的内容之间存在着一定的差异。有

---

① [清]赵怀玉:《亦有生斋集》卷七,清道光元年(1821)刻本。

些在之后被删去的提要,在《简明目录》中却得以保留。

第二节　现存几种《简明目录》稿抄本

《简明目录》稿抄本目前尚有数部流传于世,以往学界对于《简明目录》的关注不多,这些稿抄本也很少有学者进行介绍研究,但现存的这些《简目》的稿抄本可能是不同时期的产物,为我们了解《简明目录》的编纂过程提供了资料。故将今存诸本介绍如下:

(一)台湾图书馆藏清圆明园文源阁藏纪昀精抄卷子本《钦定四库全书简明目录》

该书曾收录于《四库缥缃万卷书——"国家图书馆"馆藏与〈四库全书〉相关善本叙录》一书,今将书中叙录抄录于此:

全书分经、史、子、集四卷,卷各一轴。轴心皆为玉制。匡高22公分,每行四十字。分上下二栏,各题写书名卷次,旁下则一小字记作者姓名朝代,不计册数。首轴首行顶格题"钦定四库全书简明目录",卷末最后一行题"臣纪昀敬书",并附钤"臣""昀"朱文连珠小印。全文为馆阁体楷书,异常工整美观。每卷首尾均接有绫缎。前幅钤有"文渊阁宝",后幅钤有"五福五代堂古稀天子之宝"、"八征耄念之宝"朱文大方印。内文纸张衔接处均钤盖大小各种闲章,不下百方。中如"涵虚朗鉴""学镜千古""德充符""会心不远""聚云""齐物""即事多所新""万有同春""惟精惟一""含英咀华""几退怡情""研露""写心""人情为田""笔华春雨""爱竹学心虚""妙意写清快""掬水月在手""月明满地相思""落华满地皆文章""中心止水静""秀色入窗虚""众华胜处云千尺""半榻琴书""庄敬日强""大块假我以文章"

等等。①

　　此书原为圆明园文源阁中故物,应是当日纪昀抄写后,精心装饰,敬献给清高宗的产物。此书相比于刻本《简明目录》更加简明,只录书名、卷数以及作者。

(二)国家图书馆藏清内府抄本《钦定四库全书简明目录》

　　此书二十卷,二十一册。该书保存完好,半叶八行,行二十一字不等,小字双行同,红格,白口,四周双边,版心上题"钦定四库全书简明目录"。从该书的版式行款以及内容来看,极有可能是乾隆四十七年(1782)以后写定的进呈本。该书书前有谕旨、表文、职官,恰与乾隆四十七年质郡王奏书上所称"将历奉修书谕旨恭冠目录之首。所有进书表文及应行开列在事诸臣职名"②相符合。笔者将此书与乾隆四十九年赵怀玉刻本《简明目录》相比对,发现两书内容高度吻合。杨新勋曾认为"乾隆四十七年七月进呈的《简目》今已难寻觅"③,笔者认为国图所藏的这部抄本《简明目录》可能就是乾隆四十七年七月《简明目录》告竣之后的缮写进呈本,至少反映了《简明目录》告竣之后的面貌。同时此书也是乾隆四十七年赵怀玉录副之底本。

(三)故宫博物院图书馆藏清乾隆年纪昀进呈写本《钦定四库全书简明目录》

　　此书四卷,一盒四轴。从该院提要中可知此书为卷轴装,纵28.5厘米,横650厘米,通栏高22厘米,长354厘米。四周单边,无

① 台湾图书馆特藏组编:《四库缥缃万卷书——"国家图书馆"馆藏与〈四库全书〉相关善本叙录》,台湾图书馆出版社,2012年,第156页。
② 中国第一历史档案馆编:《纂修四库全书档案》,上海古籍出版社,1997年,第1602页。
③ 杨新勋:《中国国家图书馆藏〈钦定四库全书总目〉稿本解题》,《四库全书总目稿抄本丛刊》第1册,上海科学技术文献出版社,2021年,第55页。

鱼尾。红木书盒盛装,盒长 39.5 厘米,宽 32.8 厘米,通高 10 厘米。卷轴以仿宋式盘绦纹织锦包首,镶嵌青玉轴头、淡绿、浅黄双色绫天头,洒金笺引首,浅黄色绫隔水,海水江牙杂宝纹缥带,上端系青白玉别扦。各卷首末均钤"乾隆御览之宝",各卷末下方署"臣纪昀恭书",并钤"纪""昀"朱文联珠小印。该书与台湾所藏之本为同一制式。同样为纪昀抄写进献给乾隆皇帝。

(四)天津图书馆藏清内府抄本《钦定四库全书简明目录》

此书二十卷,一函十册。书高 27.3 厘米,宽 17 厘米。板框高 18.7 厘米,宽 13.5 厘米。半叶九行,行二十一字,白口,四周双边,单黑鱼尾,版心上题"钦定四库全书简明目录",封页题"皇六子质郡王永瑢存稿"。天津图书馆另藏有一部清内府抄本《钦定四库全书简明目录》二十卷,一函十二册。此书与上一部版式行款一致。

(五)天津图书馆藏又一部清内府抄本《钦定四库全书简明目录》

此书二十卷,存一函六册,子部九至十四卷。书高 11.6 厘米,宽 8.7 厘米。板框高 8.6 厘米,宽 6.9 厘米。半叶九行,行十六字,白口,四周单边。各卷卷末题"纂修官侍讲学士臣纪昀恭书",钤有"乾隆御鉴之宝""古稀天子"。考纪昀于乾隆四十一年(1776)升为侍讲学士,而后于乾隆四十四年又提拔为内阁学士,所以这部抄本的抄写时间不应早于乾隆四十一年,不会晚于乾隆四十四年。此时《简明目录》尚未定稿进呈,该书应该是编纂过程中的某部稿本。

(六)台湾傅斯年图书馆藏清福山王氏朱丝栏传抄本《钦定四库全书简明目录》

此书二十卷,十册。半叶九行,行字不等。红格,白口,四周双边,单鱼尾。版心下题"松竹斋"。清邵懿辰校注,书内有清王懿荣手书题记并批注,又录清孙诒让、黄少箕批注并孙诒让跋。钤有"养潜""痰""太史氏""石渠瓦斋""廉生""翠墨园""求阙问斋""海上精舍""正读亭""廉生手斠""东方文化事业总委员会所藏图书印"等。

书前王懿荣题记,叙述了该书的来历,云:

> 光绪甲申(十年,1884)长夏,病中无聊,从瑞安黄中(仲)弢
> 同年借得,属诸城尹伯圜及族子为皋照抄。位西先生所见仅止
> 于此,取其最录成帙,甚便浏览。闻朱修伯宗丞与其长子子澄观
> 察别有增益,批注本在厂市某贾手,续当借取补录。
>
> 眉上称孙注者,瑞安孙比部诒让,字中(仲)容,眉上称黄注
> 者,瑞安黄编修绍箕,字仲弢。仲弢以陆氏丽宋楼藏书摘录眉
> 上,旋自悔之,并来语云"乾嘉老辈往往以明仿宋本,误认为宋椠
> 旧本,又每以宋元牵混,审定不真,近人著录亦多不足据,非亲见
> 原书,不可率信"等语,颇为着实。朱笔所记,则鄙人目治之学能
> 自信者,然亦忽忘太半矣。①

此外,国内其他公立藏书机构也庋藏。如南京博物院藏清内府
抄本《钦定四库全书简明目录》二十卷,重庆图书馆藏清内府抄本
《钦定四库全书简明目录》二十卷,甘肃图书馆藏一部内府抄本,南开
大学图书馆藏一册清内府写本等等。

第三节　《简明目录》与刻本《总目》
小说家类提要内容的差异

《简明目录》刊刻于乾隆四十九年(1784),此后《总目》的修订工
作还在继续,在之后的修订过程中,不仅提要内容发生了改变,而且
很多涉及违碍的书籍也从《总目》中剔除。幸运的是,这些抽换的提

① 参见汤蔓媛:《傅斯年图书馆善本古籍题跋辑录》,"中研院"历史语言研究
　所,2009 年,第 78、79 页。

要恰好保存在《简明目录》中。《简明目录》不录存目提要,其他提要
在内容上也都尽可能简明扼要,仅提供关于书籍内容的基本信息,一
些繁琐的考据则全部省略。即便《简明目录》文字简略,仍然展现了
《总目》在乾隆四十七年(1782)左右纂修的成果。但今存《简明目
录》的稿抄本,大多都深藏于各大图书馆中,想要阅览并非易事,如此
一来我们就很难看出《简明目录》的纂修过程。不过《总目》提要一
直是纂修的重点,而《简明目录》不过是《总目》的删繁就简罢了,并
不像《总目》那样反复修订,所以笔者认为《简明目录》的纂修并非是
独立进行的,而是在《总目》纂修即将结束之时,纂修官在《总目》的
基础之上删改加工而成。事实上,前人早已经注意到《简明目录》与
刻本《总目》、阁本书前提要的差别①。具体到子部"小说家类",虽然
也分有杂事、异闻、琐语三类,但并没有像《总目》那样有清晰的划分,
也无部类之总序和小序。鉴于《简明目录》的情况,我们可以通过与
乾隆六十年刊刻的浙本、殿本《总目》小说家类的对比,揭示二者之间
存在的差异。

**(一)《简明目录》与《总目》小说家类提要书名、卷数、顺序的
差异**

通过对比我们发现,《简明目录》在书名、卷数以及提要顺序上与
刻本《总目》稍有不同。首先,在所收录书的书名上,《简明目录》小
说家类杂事类中"《国史补》三卷",刻本《总目》中均题为"《唐国史
补》三卷"。又,同类之"《明皇杂录》二卷补遗一卷",刻本《总目》均
题为"《明皇杂录》二卷别录一卷"。与文渊阁本书前提要相同。其
次,在卷数上两者也有些许不同,杂事类《清波杂志》十二卷,别志二

---

① 参见杨新勋:《中国国家图书馆藏〈钦定四库全书总目〉稿本解题》,《四库全
　书总目稿抄本丛刊》第1册,上海科学技术文献出版社,2021年,第55、
　56页。

卷,殿本《总目》和《简明目录》均作"《别志》二卷",浙本《总目》题为"三卷"。国家图书馆藏清内府抄本《钦定四库全书总目》与殿本相同,题为"二卷"。所以殿本《总目》、国图抄本《简明目录》以及刻本《简明目录》在杂事类末均题为"八十六部,五百八十卷",台湾所藏文源阁纪昀抄卷子本与此同。而浙本《总目》为"五百八十一卷"。《简明目录》中的《剧谈录》与上述提要稍有不同的是,国图所藏内府抄本和刻本《简明目录》均题作"《剧谈录》三卷",与文源阁藏纪昀抄卷子本同。而浙本、殿本《总目》都题作"二卷",文渊阁《四库全书》所附《简明目录》也为"二卷"。此处何以会出现差异呢? 笔者翻阅乾隆三十九年(1774)左右编定的《四库全书初次进呈存目》小说家类《剧谈录》也题作"三卷",此后进呈的上图、天图所藏《总目》稿本均未存此篇提要,比这两部《总目》稿本更晚进呈的国图藏《总目》稿本则题为"三卷",但国图《总目》稿本中纂修官所作修订中将"三卷"改为"二卷"。这一修订被后来刊刻的浙本、殿本《总目》所采纳。而文渊阁本《简明目录》"定稿较晚,其收录的书名和卷数已与通行本《总目》基本无异"①。

此外,《简明目录》在提要的次序上也与刻本《总目》稍有区别。《简明目录》杂事类《国史补》后为《大唐新语》,其后《次柳氏旧闻》。三篇提要的顺序和浙本《总目》、文源阁纪昀抄卷子本、国图藏内府抄本相同,而殿本《总目》顺序则为《大唐新语》《次柳氏旧闻》《唐国史补》。后《明皇杂录》后为《因话录》,浙本《总目》、文源阁纪昀抄卷子本、国图藏内府抄本相同。殿本则是《因话录》《明皇杂录》。异闻类《太平广记》和《茅亭客话》两篇提要的顺序,《简明目录》、浙本《总目》、国图内府抄本《简明目录》、文源阁纪昀抄卷子本为《太平广记》

---

① 参见杨新勋:《中国国家图书馆藏〈钦定四库全书总目〉稿本解题》,《四库全书总目稿抄本丛刊》第 1 册,上海科学技术文献出版社,2021 年,第 55 页。

《茅亭客话》，而殿本为《茅亭客话》《太平广记》。通过以上差异，我们发现刻本《简明目录》和刻本《总目》相比较，基本上《简明目录》和浙本《总目》相同之处甚多，而殿本《总目》和《简明目录》之间在仅有的几处差异中显现出较多不同的安排。

　　需要特别提及的是，杨新勋曾经根据《简明目录》的内容来推定国家图书馆藏《总目》稿本的抄写时间，进一步缩小了夏长朴此前所考订的时间范围。杨氏在论文中通过将赵怀玉刻本《简明目录》与国图《总目》稿本提要的比较，发现"国图稿本与浙本、殿本《总目》在收书、次序、书名、卷数诸方面的差异，在国图稿本原稿与赵怀玉刻本之间基本不存在"①，"尤其是国图稿本原稿的抄写时间与进呈本《简目》的完成时间比较接近，应在乾隆四十七年七月之前"②。虽然杨氏也发现了两者略有不同，但也能证明国图《总目》稿本的抄写在《简明目录》之前。此论确有其合理之处，不过杨氏似乎忽略了二者之间另外几点不同，而这些差异就很难得出相同的解释。笔者通过二者小说家类提要的对比，发现赵怀玉刻本和国图抄本《简明目录》小说家类的第三类均写作"琐记"，国图《总目》稿本写作"琐语"。虽然"琐记"和"琐语"仅有一字之差，无论"记"，还是"语"，都是古代小说常用的命名方式，表面上看，也都能够概括这类小说的文体特征。但"琐记"一词侧重于成书方式，而"琐语"则强调内容。两者所强调的方向并不相同，作为熟知小说文体的总纂官纪昀，不可能随意用词，必然经过一番考量。所以也不可能是抄写致误。通过仔细梳理，还能够发现，赵刻本《简明目录》与阁本书前提要均写作"琐记"，

① 参见杨新勋:《中国国家图书馆藏〈钦定四库全书总目〉稿本解题》，《四库全书总目稿抄本丛刊》第 1 册，上海科学技术文献出版社，2021 年，第 55 页。
② 参见杨新勋:《中国国家图书馆藏〈钦定四库全书总目〉稿本解题》，《四库全书总目稿抄本丛刊》第 1 册，上海科学技术文献出版社，2021 年，第 55 页。

而稿本、刻本《总目》提要稿都为"琐语"。此外,笔者还发现国图《总目》稿本《清波杂志》提要中"方回《同江续集》"一句,纂修官用墨笔将"同"改为"桐",这一修订是正确的,国图抄本《简明目录》采用了正确的写法,但赵怀玉刻本仍然如国图《总目》稿本的原稿写成错误的"同"。种种迹象表明,关于国图《总目》稿本与《简明目录》的关系似乎并不像杨氏推测的那么简单。

(二)《简明目录》与《总目》小说家类提要内容的差异

《简明目录》的提要内容总体上体现出删繁就简、言简意赅的风格,删去了《总目》中的考证内容,只保留与书籍基本内容相关的文字,有的时候我们会发现《简明目录》在评价一部书的价值和文体倾向时更加直截了当,而有时候为了追求极简风格,有失之泛泛的弊病。通过比对,我们发现《简明目录》中小说提要基本都是删改《总目》提要而成,兹举《道山清话》提要为例,以见一斑。为了能够清晰地展现《简明目录》和殿本《总目》提要内容的差异,故列表对比如下:

殿本《总目》	《简明目录》
《道山清话》一卷　内府藏本 不著撰人名氏。《说郛》摘其数条刻之,题曰宋王暐。案书末有暐跋语,云:"先大父国史在馆阁最久,多识前辈,尝以闻见著《馆秘录》《曝书记》并此书为三。仍岁兵火,散失不存。近方得此书于南丰曾仲存家,因手抄藏示子孙。"后题:"建炎四年庚戌,孙朝奉大夫、主管亳州明道宫、赐紫金鱼袋暐书。"则撰此书者,乃暐之祖,非暐也。周辉《清波杂志》称:"《成都富春坊火诗》乃洛中名德之后,号	《道山清话》一卷 不著撰人名氏。旧本题王暐者,误也。所记皆北宋杂事。终于崇宁五年。于王安石深致诋諆,而于伊川程子及刘挚,亦不甚满。惟苏、黄、晁、张,交际议论特详。其为蜀党中人,则灼然可见耳。①

---

① [清]永瑢等编:《钦定四库全书简明目录》卷十四,乾隆四十七年(1782)赵怀玉刻本。

续表

殿本《总目》	《简明目录》
道山公子者所作。"亦不言其姓氏。书中记元祐五年,其父为贺辽国正旦使,论范纯仁、吕公著事,归奏哲宗。哲宗命寄书纯仁。后纯仁再相,哲宗问曾见李某书否。则撰此书者李姓,非王姓也。然考李焘《通鉴长编》,是年八月庚戌,命吏部郎中苏注、户部郎中刘昱为正旦使,供备库使郭宗颜、西京左藏库副使毕可济副之。后郭宗颜病,改遣西头供奉官阁门陆孝立,无李姓者在其间。而所称:"去年范纯仁出守颍昌,吕公著卒于位事。"考二人本传,实均在元祐四年。则五年字又不误,不审其何故也。或苏字、刘字传写讹为李钦。所记终于崇宁五年,则成书当在徽宗时。书中颇诋王安石之奸,于伊川程子及刘挚亦不甚满。惟记苏、黄、晁、张交际议论特详。其为蜀党中人,固灼然可见矣。其书皆记当代杂事。王士禛《居易录》尝讥其误以两张先为一,今考《欧阳修集·张子野墓志铭》《苏轼集·张子野诗集跋》及《定风波引》,士禛之说信然。又所记陈彭年对真宗墨智、墨允出《春秋少阳》事,称"上令秘阁取此书,既至,彭年令于第几版寻检,果得之"云云,其说颇诬。案《春秋·少阳篇》,隋、唐志已不著录,彭年安得见之?宋秘阁又何自有之。今考皇侃《论语疏》、陆德明《经典释文》、邢昺《论语疏》皆引《春秋少阳》此条,其时尚未有昺《疏》,彭年所举非陆氏书,则皇氏书耳。是则传闻者失实,此书因而误载也。[1]	

---

[1] ［清］纪昀等:《武英殿本四库全书总目》第 38 册,国家图书馆出版社,2019年,第 166 页。

　　《总目》对《道山清话》一书的作者、内容以及历来争议之处均予以详细的介绍和考证，足足七百余字，而《简明目录》只是选取了《总目》中几句话，对该书中几个问题进行了交代，仅九十余字。两相对比，我们就能明显地看到《简明目录》提要的编纂方法事实上并非是颇具匠心的独立拟稿，而是基于《总目》提要的删繁就简。《总目》的纂修耗费了纂修官们大量的精力，又迫于时限，所要考虑的事情颇多，实际上没有精力再去单独编撰一部《简明目录》，于是这种删繁就简的方法就成了纂修官们不二的选择。有的时候纂修官们为了文字的精练简洁，对《总目》提要中的评论总结性文字进行概括，使得原本具体而微的评论变成了泛泛而谈。如《耆旧续闻》中《总目》举例论述了书中评论内容之后，总结道："于诗文宗旨，具有渊源。"①而《简明目录》则改为："其品评文艺，亦具有渊源。"②又如《汉武洞冥记》，《总目》提要通过考证说此书："或六朝人依托为之。"而《简明目录》改为："是犹唐以前之伪书。"对比之后，明显可以发现《总目》提要文字严谨，《简明目录》文字则稍显粗糙泛泛。其各自学术价值不言自明。《简明目录》"删繁就简"的编纂原则并非一无是处，有时候对于《总目》提要观点的概括也十分精要，尤其是对待一部书的文体性质时，则更加直截了当，绝无模棱两可之语。这样的例子在《简明目录》中颇为普遍，如《总目》中《朝野佥载》提要末云："其书皆纪唐代故事，而于谐噱荒怪，纤悉胪载，未免失于纤碎，故洪迈《容斋随笔》讥其记事琐屑摘裂，且多媟语。然耳目所接，可据者多，故司马光作《通

<hr>

① ［清］纪昀等：《武英殿本四库全书总目》第 38 册，国家图书馆出版社，2019年，第 214 页。
② ［清］永瑢等编：《钦定四库全书简明目录》卷十四，乾隆四十七年（1782）赵怀玉刻本。

鉴》亦引用之。兼收博采,固未尝无裨于见闻也。"①而《简明目录》则直接说道:"其书记唐代轶事,多琐屑猥杂,然古来小说之体,大抵如此。"②从两篇提要的对比中,能够看出《总目》提要更多的是叙述该书的内容特点和文体特征,语言较为严谨,往往不会对一部书的性质做直截了当的评判。而《简明目录》则恰恰相反,不仅直接指出该书的文体特点,并直言这种特点即为中国古代小说的文体特点。两种风格,难分轩轾。《总目》的严谨客观,显然是代表了乾嘉学术所具有的学术态度,而《简明目录》则清晰明白,直击小说之要害。这种风格在《简明目录》中还有很多例子,如《国史补》评论该书:"在唐、宋说部中,最为近正。"③《大唐新语》中云:"其义例亦全为小说,非史体也。"《因话录》提要末云:"在唐人说部之中,颇严正有体例。"《松窗杂录》云:"盖小说家言,自古虚实相半也。"④等等,都是《总目》提要中没有直说、间接表达的内容,而《简明目录》在概括之后,做了相当精到的总结。实际上,《简明目录》的概括往往就是《总目》提要背后所隐含的文体观念。

　　以上所举例的内容大都可以与《总目》提要看作是一种继承关系。还有一些提要,则是《总目》提要没有的内容,或者是与《总目》提要表述存在明显不同。如《南唐近事》提要后有纂修官的一段案语,说到:"案:偏霸事迹,例入载记。惟此书虽标南唐之名,而非其国

---

① ［清］纪昀等:《武英殿本四库全书总目》第 38 册,国家图书馆出版社,2019年,第 53—54 页。
② ［清］永瑢等编:《钦定四库全书简明目录》卷十四,乾隆四十七年(1782)赵怀玉刻本。
③ ［清］永瑢等编:《钦定四库全书简明目录》卷十四,乾隆四十七年(1782)赵怀玉刻本。
④ ［清］永瑢等编:《钦定四库全书简明目录》卷十四,乾隆四十七年(1782)赵怀玉刻本。

记,故入之小说家。盖以书之体例为断,不以书名为断,犹《开元天宝遗事》,不可以入史部也。"①《简明目录》把所举《开元天宝遗事》的例子,换成了《明皇杂录》。其实两者在表述纂修官观点时没有太多差异,不知为何改换例子。另如《山居新语》中说到其部分内容有裨于风教。另有部分内容则有助于考证,胜过陶宗仪《辍耕录》,其实提要的结论都是针对具体内容的,而《简明目录》截取过于精简,泛泛说到:"而所记多有关政典,有裨劝诫,则非宗仪所及也。"②这里把对不同内容的评论整合到了一起,让人有时候不明其所以然,有时让人读来未免费解。《简明目录》中的《乐郊私语》说到书中"记赵孟坚事,尤失实"③,这句话在刻本《总目》中没有相关表述。因为《总目》提要的内容在乾隆四十六年(1781)进呈之后至乾隆六十年刊刻时,又进行了十多年的修订,《简明目录》编撰时所采用的《总目》稿本中可能有此句,未可知也。《简明目录》在截取《总目》提要时有时候出现过明显的错误,如《总目》《搜神记》提要云:"至于六卷、七卷,全录两《汉书·五行志》,司马彪虽在宝前,《续汉书》宝应及见,思绝无连篇抄录一字不更之理,殊为可疑。"④《简明目录》则云:"其第六、第七卷,乃全抄《续汉书·五行志》,一字不更,殆亦出于依托。"⑤余嘉锡在《四库提要辨证》中说到:"本书卷六凡七十七条,除首一条小序

①〔清〕永瑢等编:《钦定四库全书简明目录》卷十四,乾隆四十七年(1782)赵怀玉刻本。

②〔清〕永瑢等编:《钦定四库全书简明目录》卷十四,乾隆四十七年(1782)赵怀玉刻本。

③〔清〕永瑢等编:《钦定四库全书简明目录》卷十四,乾隆四十七年(1782)赵怀玉刻本。

④〔清〕纪昀等:《武英殿本四库全书总目》第39册,国家图书馆出版社,2019年,第28—34页。

⑤〔清〕永瑢等编:《钦定四库全书简明目录》,乾隆四十七年(1782)赵怀玉刻本。

外,其记三代、两汉事者,才六十六条。卷末自建安二十五年,魏武王在洛阳起建始殿以下凡十条,皆三国事。卷七首一条记魏事,以后全为两晋时事。不知三国、两晋之事何缘录入《汉书》,《总目》失检。"①此处《简明目录》显然是对上下文意疏于体会而致误的。

第四节 《简明目录》小说家类的研究价值

《简明目录》由于在刊刻时间上早于浙本、殿本《总目》,所以并没有吸收乾隆四十九年(1784)之后《总目》修订的成果。在某种程度上来说是《总目》的副产品,从所收录的提要内容来看,虽然在编纂思想上较为一致,但没有像《总目》那样有着明确的编纂体例。这对于该书来说无疑是一种缺陷,但从另一个角度来看,正是因为《简明目录》没有经历之后的对于违碍文字的严格审查,所以才能保留李清、周亮工、吴其贞等提要。这是《简明目录》的重要文献价值。从小说家类来看,幸运的是没有被抽撤的提要。而认真阅读小说家类提要,我们能够看到,除了内容以外,其与刻本《总目》最大的区别就是突出的文体意识。小说与史家、杂家本来就相互混杂,有时难以分辨,再加上《总目》提要由于受到体例的限制,语言相对严谨,很少对一部书作"盖棺论定"式的评价。所以《总目》提要在评论时,总是保持着一种客观谨慎的学术态度,缺乏一针见血的判断。而《简明目录》却更加直接,常常能一语中的,切中要害。

通过比勘,我们能发现有时候《简明目录》就是将《总目》隐含的意思明确地表达了出来。虽然两种提要风格各有优劣,但如果从四库小说文体研究的角度来看,《简明目录》无疑为我们了解四库小说观念提供了非常珍贵的线索。如《中朝故事》下卷多为神怪之事,

---

① 余嘉锡:《四库提要辨证》,中华书局,2007 年,第 1137 页。

《总目》提要叙述了下卷内容的特点,评论说道:"然其时去唐未远,故家文献所记,亦往往足征……与正史分别参观,去讹存是,固未尝不足以参证也。"①《总目》很显然是一种学术意义上严谨的态度,但《简明目录》就直接对下卷内容评论道:"下卷则杂陈神怪,纯为小说体矣。"②在文体方面作出了明确的判断,纂修官的观念也展露无疑。他如《张氏可书》云"其杂以神怪诙谐,虽不出小说之体,要其大旨,固《东京梦华》之类也"③,《归潜志》云"然其体则小说也"④,《菽园杂记》云"其杂以诙嘲鄙事,盖小说之体"⑤,等等。此外,少数几篇提要的观点还与《总目》有所差别,如《开元天宝遗事》中说:"然小说家言,得诸委巷,不能一一则以必实。"⑥而《总目》说:"盖委巷相传,语多失实,仁裕采摭于遗民之口,不能证以国史,是即其失。"⑦在对待小说态度上,《简明目录》显得较为宽容,《总目》却有些失之严苛。

　　众所周知,《总目》小说家类分为杂事、异闻、琐语三类。事实上,这是《总目》最终的修订成果,并非是纂修之初就已拟定的,而《简明目录》为我们了解小说分类的修订过程提供了宝贵的线索。与《总

① [清]纪昀等:《武英殿本四库全书总目》第38册,国家图书馆出版社,2019年,第87页。
② [清]永瑢等编:《钦定四库全书简明目录》卷十四,乾隆四十七年(1782)赵怀玉刻本。
③ [清]永瑢等编:《钦定四库全书简明目录》卷十四,乾隆四十七年(1782)赵怀玉刻本。
④ [清]永瑢等编:《钦定四库全书简明目录》卷十四,乾隆四十七年(1782)赵怀玉刻本。
⑤ [清]永瑢等编:《钦定四库全书简明目录》卷十四,乾隆四十七年(1782)赵怀玉刻本。
⑥ [清]永瑢等编:《钦定四库全书简明目录》卷十四,乾隆四十七年(1782)赵怀玉刻本。
⑦ [清]纪昀等:《武英殿本四库全书总目》第38册,国家图书馆出版社,2019年,第93页。

目》分类不同的是,"琐语"类在《简明目录》中题作"琐记","琐记"和"琐语"虽然仅有一字之差,但在内涵上却有着细微的差别,"琐记"一词侧重于成书方式,而"琐语"则强调内容,绝非抄写致误。《简明目录》刊刻于乾隆四十九年(1784),由于其编纂性质,一定程度上反映了在此之前《总目》的修订成果。笔者又发现,进呈于乾隆四十六年的文渊阁本和四十九年的文津阁本也同样写作"琐记"。从现存的资料来看,未见乾隆四十九年之前题作"琐语"者。综上所述,此前学界更多关注于四库小说在子史之间的游移,忽略了小说家类的纂修过程以及具体分类。而"琐记"和"琐语"的不同写法,提示我们四库小说家分类同样经历过复杂的修订过程。

综上所述,我们可以借助《简明目录》进一步明确四库小说观念,笔者认为有以下几点:小说文体具有博杂的特点。此其一;小说的主要内容是逸闻琐语、神仙鬼怪,凡有虚幻不实之事,必属小说。此其二;小说本身亦有雅正和猥杂的层次之分,此其三;制度典章,逸闻琐语有时则按比例归类。此其四;辨证考订也是小说的内容之一,此其五。以上五点既是对于《简明目录》小说家类提要的概括,也是四库小说观念的体现。《四库全书》的编纂实际上可以看作对中国古代学术史的梳理和总结,其部类的设置,以及《总目》提要中蕴含的文体观念,都具有相当的代表性。因此,对四库小说家类的分类、内容、观念等问题的探讨,也是我们了解古代小说文体观念的门径。实际上,四库小说家类是对自《汉志》以降近两千年的古代小说发展演变的总结。在近二十年的古代小说研究中,学者们不约而同地开始对以往现代文学框架下的小说史研究进行检讨和反思,都意识到中西小说观念有着近乎本质的区别,"以西例律我国小说"是无法探究中国古代小说的文体特点的。于是学者们纷纷呼吁古代小说的研究要回归本土,小说史的书写要还原小说史发展的本来面目。这种类似于"集体呼声"的出现,表明小说史研究进入到了一个新的阶段。但仔细分析相关学者的观点则不难发现,学者们在反思西方小说观念给中国古代小说研究带来的"危害"时,却似乎忘记了他们自己与之相关的研究始终都是在现代文学体系下进行的,首先还是肯定小说仍然是一种文学文体。而中国古代既没有类似我们今天的文学观念,也没有与今天相同的小说认识。而古代小说家并没有意识到自己在进行文学创作,甚至在很长一段时间内没有小说的创作意识。由于学者们受限于学科划分所带来的僵化的思维模式,所以习惯性地立足于文学,从文学视角出发,去反思古代小说的研究。实际上这是为古代小说研究预设了一个前提,这样的反思自然带有先天的局限性,同样是不彻底的。所以笔者认为,小说史研究仅仅回归本土和历史是不够的,更重要的是回归古代传统的学术体系和子部小说的本质特征。而《简明目录》与《总目》提要为我们研究古代小说文体观念提供了宝贵的参考资料,这是《简明目录》小说家类研究的另一个重要的研究价值。通过《简明目录》小说家类的研究,我们能够对古代小说有更加明确的认识:古代小说是子部的一类文献,其篇幅短小,多是作家随笔而记,不以情节、叙事、人物见长。内容非常博杂,并非以志怪为尚。创作上以纪事述闻为主,往往是纂辑旧闻,非由自造。在古代小说的发展中,小说与史家互为影响,而杂史、小说、杂家三者在内容、成书、功能等方面都有相近之处,故而部分作品常于三类中游移。古代小说是以古典目录小说家类著录的作品为代表的一类文献,因古典目录常以四部分类,又可用"子部小说"来代指。这类文献是古代小说的正宗和主流,是小说之正体,自汉至清,被大多数文人士大夫所遵守。因此,四库总纂官纪昀的小说观念和实践,以及对于《聊斋志异》的评价,都可以看作是维护小说之正体的行为。

　　附记:笔者在进行《简明目录》的研究过程中,无意间在一私人藏书家的公众号(嘉利恒古籍)中见到一部丁丙朱墨批校本《钦定四库全书简明目录》二十卷附录一卷,巾箱本。共二十册。书中有大量丁丙朱墨批校,并有粘签。钤有"八千卷楼"朱文方印、"钱塘丁氏正修堂藏书"朱文方印、"辛卯劫后所得"白文方印等。从仅有的几张图片大概可以判断,此书应为乾隆刻本。该藏书家对于书中的批校附有初步的判断,云:"丁丙先生在批注中标明四部统共三千五百二十七种,计三万六千四百八十四册,并在书中天头上记录了大量的版本方面的内容,且与《增订四库简明目录标注》亦有所不同,例如《易经蒙引》十二卷,明蔡清撰。丁氏批校本与《增订四库简明目录标注》中记录的嘉靖八年建阳书坊初刻本、林希元重刻本、宋兆颙重订本内容是一致的,但是批校本另外注明本书册数共二十六本,则为增订本所无,又如《尚书正义》:批校本题十二本,有殿本、监本、毛本、闽本,武英殿仿宋岳氏本、宋有婺州巾箱本《尚书孔传》十二卷,每半页十行,每行三十字,而《增订目录》中为陈仲鱼有婺刻重言重意巾箱本十二卷①,十行三十字,有永乐二年甲申刻,丁氏批校本中题为永乐二年甲申有江西刊本,而朱修伯批本与增订本相同。像这种情况在丁氏的批校本中还有很多,这里就不一一阐述了,等待有时间与《增订简明目录》和朱修伯的批校本细细核对,或将有益于社会。"因笔者未见原书,故未能对该藏家的考证做仔细的核对。但从其所公布的图片来看,如其所言,丁氏的批校侧重于版本考证。如卷八史部史评类《御批通鉴纲目》一书天头处墨笔注云"季沧苇旧藏《通鉴纲目》,宋淳祐刊本",书前序文末叶有粘签,云:"文澜阁书目,现在书目。经部共七百种(修订为"六百九十四"),计五千四百三十五册。史部共五百七十九种(修订为"五百七十二"),计九千四百八十六册("六"修

---

① 此处所指应为陈仲鱼旧藏宋刻本《婺本点校重言重意互注尚书》十三卷。此书见于2003年中国嘉德秋季拍卖会,后为台北故宫博物院所得(参见韦力《失书记》,广西师范大学出版社,2015年)。

订为"五")。子部共九百四十三种("三"修订为"二"),计九千一百十八册("八"修订为"七")。集部共一千三百五种("三百五"修订为"三百九十二"),计一万两千四百四十五册("五"修订为"三")。四部统共三千五百二十七种,计三万六千四百八十四册。"书前目录首页朱笔批云"文澜阁一函即一匣也""文澜阁,经部二十架,八□一层,每架四阁,计九百六十匣。计,史部三十三架,计一千五百八十四匣。计,子部二十二架,计一千五百八十四匣。计,集部二十八架,计两千十六匣。计,通共二百三架,通共六千一百四十四匣"。丁氏在目录所列各部类下亦有朱笔批注,如经部一易类,云:"第一架至第五架,四匣至一百九十五匣。"经部二书类,注:"第五架至第六架,一百九十六匣至二百六十匣。"经部三诗类,批云:"第六架至第八架,二百六十一匣至三百五十匣。"等等。丁氏又将阁本所缺之书,列于粘签之上。文澜阁四库全书损毁严重,经过几次大型的补抄,才得以完整。而丁氏就是较早主持文澜阁补抄的藏书家,观此书中所做批校,很明显是丁氏为文澜阁补抄而做的基础性工作。对于这一点,该藏书家亦有说明:"光绪六年(1880),浙江巡抚谭钟麟重建文澜阁,次年落成。提出补抄文澜阁书,丁氏兄弟极力搜访残籍,出其家藏图书,又抄'天一阁'、'抱经楼'、'振绮堂'、'寿松堂'等藏家之书,'两丈弃车服之荣,乐琅嬛之业,恶衣恶食',奔复于书肆及断垣残砾之中,历时七年之久,得书籍每捆高二尺一束,共得 800 束,3396 种(石祥著《杭州丁氏八千卷楼书事新考》对此数字有不同的结论,认为此800 束中间只有少量是四库全书,大部分不是,否则四库全书的册数将远远超过三万册),抄补残缺者 891 种。使'文澜阁'之《四库全书》,恢复十得七八。由此丁丙先生获得光绪帝颁旨表彰,褒奖其"购求藏庋,渐复旧观,洵足嘉惠艺林。""丁丙所述的文澜阁册数与馆刊略有出入,盖原文澜阁四库全书册数在颁发之时就较北京所藏的要少,其后丁氏参照了四库全书原本,经抄补已经比原来多了。至光绪十四年,文澜阁《四库全书》基本恢复原貌。关于文澜阁的具体情况可参看张崟先生的《文澜阁四库全书浅说》(《浙江省立图书馆馆刊》第2卷第1期),陈训慈先生的《丁松生先生与浙江文献》(《浙江省立图书馆馆刊》第1卷第七、八期合刊)。""又据王同的文澜阁补书记记载:'尊藏郡庠,其苦心稍慰,宏源亦少尝矣,顾所储仅三分之一,又复旁搜博览,竭数年之心力,择可购之底本购之,所不能购者则豫借录副,一时不及遍借,则于《简明目录》下小楷详注,某省某郡某某家藏刊本某抄本或局刻某丛书,以待商借。'今我所藏之本与王同先生所言正合,例如《白氏长庆集》七十二卷,丁氏批注'二十八本,谨案提要七十一卷,锡山华氏仿宋活字本,又明刊细字毛晋手校宋本,俱藏吴门黄氏,宋有绍兴刊本曾藏文氏、王氏、钱氏、季氏处'。不仅仅是如此,丁氏还在书中列出了该书放置于哪一架,并对阁书中某些书的缺损情况也作了说明,如《开国方略》注明阁书中第十七卷中缺首页,再如《武编》注明阁书中第三十卷中缺第六十页,如此种种还有很多,可见丁先生对治学的严谨和细致的态度。"

该书未见著录,也未见有学者提及。但书中丁氏批校,特别是丁氏在其中所做的大量基础性工作,不仅对我们研究文澜阁补抄史实有着重要的参考价值,还为《简明目录》的版本研究提供了新的材料。该书与清邵懿辰《增订四库简明目录标注》《朱修伯批本四库简明目录》同样,都是《简明目录》重要的标注本。遗憾的是,该书藏在私人手中,不易影印出版,如能付梓,必将嘉惠学林。

第十章　翁方纲稿本《说部杂记》考略

　　上海图书馆藏翁方纲手稿本《说部杂记》，最早为沈津先生所介绍，收录在其所著《书城挹翠录》一书中①。沈先生对该书的版本、内容、题跋等方面都进行了简要的介绍，将此书公诸于世。该书不仅为我们了解翁方纲的四库纂修活动提供了帮助，还为我们研究《四库全书总目》（以下简称"《总目》"），特别是《总目》小说家类的早期编纂史提供了珍贵的资料。遗憾的是这部重要的手稿在沈先生介绍之后，并没有引起学界的关注，也无更为深入之研究，使其价值湮没无闻。本书以此稿本为中心，结合其他相关文献资料，通过对该书的版本、内容以及翁方纲的四库小说家类提要撰写等方面的研究，来阐述其在研究《总目》小说家类纂修过程中的重要价值。

第一节　《说部杂记》的版本、内容

　　上海图书馆藏翁方纲手稿本《说部杂记》不分卷，附《渔洋诗话》

---

① 沈津：《书城挹翠录》，上海社会科学院出版社，1996年，第102—103页。按：此书经过作者修订，2006年由广西师范大学出版社再版，更名为《中国珍稀古籍善本书录》。

《师友诗传录》《诗传续录》提要①。一夹一册,共三十二页,经折装。半叶十一行,行字不等,小字双行,白口,四周双边,单鱼尾,蓝格。版框高 26.2 厘米,宽 14 厘米。版心题"说部杂记",夹板上题"翁覃溪学士手录说部杂记真迹",封页题"说部杂记,已摘其题头入附考之稿本矣,如此本需誊写时,当查取此而抄入之。戊戌五月廿三日记"。书后有宣统己酉嘉平满洲奭良、戊辰冬日宝应刘启瑞、后学陈含光跋。书中有朱墨双色批校。钤有"王岑"朱文方印、"阿含"朱文长方印、"翰斋过目"朱文方印、"叶志诜"朱白文印、"东卿过眼"朱文方印、"小庵珍藏之印"白文长方印等。

　　此书与澳门公共图书馆藏《翁方纲纂四库提要稿》(后简称"《提要稿》")所用纸完全相同,而且两部书均为经折装,内容又都是翁氏撰写四库提要的相关材料。这不禁让人对两书的关系产生怀疑,吴格先生在整理《提要稿》时曾说道:"《提要稿》原本为翁氏手书稿笺,后经粘裱,成为今日所见之经折装。翁撰《提要稿》是否均改为经折装,已有经折装本是否全归澳门所藏,今已不详。现存《提要稿》著录图书一千余种,而翁氏任四库馆纂修官期间校阅图书是否即此千余种,亦尚难定论。由翁氏诗文手稿身后流传情形推测,《提要稿》似亦难免有散失。"②《说部杂记》恰好可以为吴格先生的种种疑惑提供线索,虽然我们无法直接确定此书就是《提要稿》的一部分,但可以肯定的是,两书之间有着密切的关系。

　　《说部杂记》共收录图书二十种,其中宋元明小说札记十七种,分

---

① 虽然沈津先生曾对该书版本、内容进行过介绍,但限于《书城挹翠录》的著录体例,其介绍简略,且遗漏了一些较为重要的信息,这些信息对下文的研究颇有帮助,故本节将对这两方面进行详细的考述。

② [清]翁方纲撰,吴格整理:《翁方纲纂四库提要稿》前言,上海科学技术文献出版社,2005 年,第 3 页。

别是:《铁围山丛谈》《芦浦笔记》《井观琐言》《梁溪漫志》《敝帚轩剩语》《余庵杂录》《宋景文笔记》《珩璜新论》《曲洧旧闻》《寒夜录》《佩韦斋辑闻》《北轩笔记》《岁时广记》《二老堂杂志》《木笔杂抄》《湘素杂记》《肯綮录》。集部提要三种,分别是:《渔洋诗话》《师友诗传录》《诗传续录》。每篇札记的内容大致分为两个部分:一是双行小字,对全书内容的考证和文字校勘。另一部分是单行大字,类似于提要性质的概括性文字。《总目》提要最初由各位分纂官撰写,根据四库馆的规定,分纂官在所撰写提要的末尾必须给出应刊、应抄、应存三种意见。但综观此书十七篇说部札记,显然不符合《总目》提要的撰写体例,每篇札记中的概括性文字也大多粗陈梗概而已,有的则非常简略,如《珩璜新论》云:"孔平仲《珩璜新论》四卷,收两汉事,颇见探讨。"《宋景文笔记》云:"以数本参订,粗少舛误。景文公议论考据精切。"《井观琐言》云:"以上《井观琐言》上中下三卷,颇足资经史考证,其于紫阳纲目尤所究心。郑瑗,明人,而抄本作宋,误也。"张升先生曾将《提要稿》的写作对象分成两个部分:一为"初办之书",一为"分校之书"①。如果按此分类的话,这十七篇说部札记无疑属于"分校之书"。

　　与这十七篇说部札记不同的是,该书后所附《渔洋诗话》《师友诗传录》《诗传续录》三篇,则基本符合《总目》提要的撰写体例,而且给出了明确的处理意见。因三篇提要均不见于翁氏《提要稿》,故将它们转录如下:

　　　　《渔洋诗话》十六卷,国朝新城王士正所为诗话,散见于其所著《池北偶谈》《居易录》《香祖笔记》《分甘余话》诸书,世所称三十六种书者是也。此外,大兴黄叔琳所刻《渔洋诗话》三卷,则

① 张升:《〈翁方纲纂四库提要稿〉的构成与写作》,《文献》2009 年第 1 期。

因是陈琰微其论诗之作，而记忆平生谈诗之作以付之。已具士正自序中，与此书不同。此书前士正自序，亦无其门人弟子笔所为序，则疑是后人取其所著各种书之言诗者，摘抄于一处耳。然此内亦间有各种内所无者，又有各种内论诗之条，而此不抄者。若谓士正合其前后所著，总编为一集，则如中论宋荦一条，下注云："今人据江西荦之抚江西在康熙三十年以前，而吴雨文、洪昉之卒在康熙四十三年，亦于卷中见之。"则非士正自编明矣。士正之言诗，别裁正伪，最有师法。所著之书，因不限于世所称三十六种之部分，而抄于一处，亦颇便后学循览，或以此六卷另存其目，与黄刻之三卷者，自不相悖耳。右所摘内补入吴六章集者三条，又扬州石刻一条。

《师友诗传录》一卷，国朝新城王士正、般阳张笃庆、邹平张实君三人答千山郎廷槐之问，而成帙也。笃庆有《昆仑山房集》，实君有《萧亭诗集》，其诗皆为士正所推评，故其所答之语，与士正之言并著于卷后。人因专取士正语，别刻《渔洋定论》一卷，皆即此书也。每条三答，具见深浅互证之旨，而实君数条，亦有与士正他书之论相同者。应抄存其目。

《诗传续录》一卷。国朝新城王士正答其门人长山刘大勤问诗法而作，一名《古夫于亭问答》，一名《渔洋诗问》，此云"续录"，则后人与郎廷槐所问同抄而名之也。士正论诗在所著各种中多彼此互见，独此问答二种，皆不见于各种，而具有微言，且随问随答，与自著之书不同。应抄并存其目，此三书或抄录亦可。

这三篇提要与后来刊刻的《总目》提要相比，在文字上发生了不小的变化，其间必然经过了纂修官的修订。从内容和行文来看，它们与《四库全书初次进呈存目》中的提要较为接近，保留了提要较早的文本形态。此外，值得注意的是，三篇提要中的"王世祯"因为避讳，

皆写作"王士正"。关于此事,清高宗曾在乾隆三十九年(1774)十二
月初三日下发一道谕旨:

> 乾隆三十九年十二月初三日内阁奉上谕:
> 　　原任刑部尚书王士正之名,原因恭避庙讳而改。但所改
> "正"字与原名字音太不相近,恐流传日久,后世几不能复知为何
> 人。所有王士正之名,着改为王世祯。凡各馆书籍记载,俱一体
> 照改。钦此。①

这道谕旨告诉我们,乾隆三十九年十二月初三日之后"王士正"
皆改回"王士祯",而在这三篇提要中,翁氏仍写作"王士正",这似乎
说明《说部杂记》的写作时间不会晚于乾隆三十九年十二月。关于这
部稿本的写作时间,沈津先生在其著作中并没有给出明确的说明,只
是转引了封面的题识,并称:"戊戌,为乾隆四十三年,翁方纲四十六
岁。"②沈先生没有据此来断定此书的写作时间,可见其对此日期持
以相当谨慎的态度。我们不知道沈先生是否也注意到了有关"王士
正"的问题,但事实证明,这种谨慎的态度是正确的。以理度之,翁氏
作为四库纂修官,不可能对皇帝的谕旨置若罔闻。另外,翁氏乃一代
名儒,从学术角度来看,改回本字避免了书籍在流传中产生的讹误,
当然是其所欢迎的。综合这两点来看,乾隆四十三年应该不会是该
书的写作时间。笔者推测此书中的内容可能写于乾隆三十九年十二
月初三日以前,而封面所题则是此书后来装订时所书的。

----

① 中国历史第一档案馆编:《纂修四库全书档案》,《谕内阁所有王士正之名着
　　改为王士祯各馆书籍一体照改》(军机处上谕档),上海古籍出版社,1996年,
　　第302页。
② 沈津:《书城挹翠录》,上海社会科学院出版社,1996年,第102—103页。

此书名为《说部杂记》，"说部"一词在《总目》小说家类，与"小说""小说家""稗官"同样都是高频率词汇，几乎成为传统小说的代名词。但翁氏所认为的说部之书，在乾隆六十年（1795）先后刊行的殿本、浙本《总目》中并非全部著录于小说家类中。其中《芦浦笔记》《井观琐言》《梁溪漫志》《余庵杂录》《珩璜新论》《曲洧旧闻》《佩韦斋辑闻》《北轩笔记》《肯綮录》九篇被列入杂家类，《岁时广记》移至史部时令类。另外，《宋景文笔记》《二老堂杂志》《木笔杂抄》《湘素杂记》四篇没有收录，而《寒夜录》成为了禁毁之书。

第二节　翁方纲与《总目》小说家类的纂修

关于《总目》早期的编纂史，因为保存下来的相关文献资料不多，我们知之甚少。至于《总目》中的小说家类，资料更为稀少，研究者也很少提及，翁方纲《说部杂记》的出现则为我们了解《总目》小说家类的早期编纂过程提供了新材料。从现存的分纂稿来看，翁方纲撰写的提要最多，达九百八十二篇，其中小说类有提要者共计十三篇①。但根据相关资料，我们有理由相信翁氏实际撰写的小说提要远不止于此，这至少说明翁氏在小说家类提要的编纂过程中付出了很多努力。所以对于翁氏小说提要编纂的研究，无疑能够帮助我们了解《总目》小说家类早期的编纂情况。上面我们已经通过《说部杂记》对翁氏所参与的小说家类提要编纂活动有了初步了解，本节试图结合其他相关材料来做进一步的分析，以期有窥斑知豹的效果。

翁方纲于乾隆三十八年（1773）进入四库馆任纂修官，纂修官的主要任务之一是给分到的每部书撰写提要并给出处理意见。因为纂

---

① ［清］翁方纲等：《四库提要分纂稿》前言，上海书店出版社，2006年，第3页。

修官们都是各有专长,所以在分书上也会稍有不同。但对于小说而言,本来就不受重视,更不可能有专治小说者,笔者推测这类书籍最初大概是让纂修官们附带整理,或者分给一些见识广博的学者,而翁方纲正是因为"留心典籍,见闻颇广"而被刘统勋举荐①,随后进入四库馆的。澳门公共图书馆所藏《提要稿》是了解翁方纲参与《总目》编纂活动的最直接材料,是书保存有小说提要、札记二十一篇,其中有八篇没有提要,内容与《说部杂记》相类似。国家图书馆藏有翁氏稿本《覃溪杂抄》,此书实际上由几份书单组成,是翁氏为《总目》纂修工作而做的准备,它大致包括两个部分:访书拟目和提书书目。在提书书目中标有具体的提书地点,如圆明园、天禄琳琅、摛藻堂等。由此可知,纂修官们除了被动地接受分书,还得自己主动去寻访。在这份书单中,著录有小说十余种,有些后来并未收入《总目》,如《古笑史》《见闻搜玉》《仙媛纪事》等。与此书相类似,南京图书馆所藏《苏斋纂校四库全书事略》同样是一份书单②,但此书所提供的信息较《覃溪杂抄》更为丰富,也更具有研究价值。书中部分为提书书目,同样在天头标明提书地点。还有一些书目,翁氏用朱笔写明需要校对、核查、寻访、应刊等字样。此外,翁氏在书单中多次提及"商讨"之事,如"另点出应商讨者一百一十九种""各省府州县志暨各名山志,应如何办法,须公商""内丛书单,商定应刻者凡二十种""闰三月十六日,同诸公敬阅",等等。可见,四库纂修官们的工作不但各自分头行动,还经常在一起商讨《总目》编纂的相关事宜。翁方纲所撰《翁氏家事略纪》中详细记录了其纂修四库全书时的相关活动,今将原文

① 沈津:《翁方纲与〈四库全书总目提要〉》,《中国图书文史论集》,正中书局,1991年,第122—127页。
② 此书分为两册,不分卷。上册封页题"四库全书纂校事略",下册封页题"苏斋纂校四库全书事略"。无格,书中有朱墨双色批校。另收录翁方纲给程晋芳的信札一通,应为信札底稿。

抄录如下：

> 内府所藏书发出到院，及各省所进民间藏书，又院中旧贮《永乐大典》内日有摘抄成卷，汇编成部之书，合三处书籍分员校勘，每日清晨入院，院设大厨，供给桌饭。午后归寓，以是日所校阅某书，应考某处，在宝善亭与同修程鱼门（晋芳）、姚姬川（鼐）、任幼植（大椿）诸人对案详举所知，各开应考证之书目。是午携至琉璃厂书肆访查之，是时江浙书贾亦皆踊跃，遍征善本，足资考订者，悉聚于五柳居、文粹堂诸坊舍，每日检有应用者，辄载满车以归家中，请陆镇堂司其事。凡有足资考订者，价不甚昂，即留买之。力不能留者，或急写其需查数条，或暂借留数日，或又雇人抄写，以是日有所得校勘之。次考订金石，架收拓本亦日渐增，自朱竹君（筠）、钱辛楣（大昕）、张瘦同（埙）、陈竹厂（以纲）、孔㧑约（广森）后，又继以桂未谷（馥）、黄秋盦（易）、赵晋斋（魏）、陈无轩（焯）、丁小疋（杰）、沈匏尊（心醇）辈时相过从，讨论如此者，前后约将十年。自壬辰癸巳以后，每月与钱萚石、程鱼门、姚姬川、严冬友诸人作诗课。①

由此可见，"对案商讨"是四库纂修官日常工作之一，很多问题需要通过商讨解决，这些商讨的结果最终体现在后来写定的《总目》稿本中。而在此书中收录的小说书目就有几十种，这些小说书目与其他书目并无差别，唯一不同的是翁氏对一些小说书目提出了明确的分类意见。如："《中朝故事》，唐尉迟偓，是说部，记唐时之杂事，应入小说家。"另如："《宣政杂录》，宋江万里，记宣和间杂异怪，应入小

① ［清］翁方纲：《翁氏家事略纪》，《乾嘉名儒年谱》第 8 册，北京图书馆出版社，2006 年，第 72—73 页。

说家。"再如:"《大中遗事》,宋令狐澄,杂记大中间士大夫杂事,应入小说家。"但《宣政杂录》和《大中遗事》没有出现在《总目》中,说明纂修官初审之书并不一定收入《总目》。在这三种书目之后还著录了七种图书,并以小字注明"应入杂家记述",它们分别是:《金銮密记》《西朝宝训》《甲申杂记》《闻见近录》《续闻见近录》《明皇十七事》《稽古定制》。《甲申杂记》《闻见近录》《续闻见近录》著录在《总目》小说家类,而其他四部书均未收入《总目》。特别需要说明的是,在后来写定的《总目》稿本中,杂家类并没有记述一类,这可能是《总目》早期编纂中所拟定的类目。

此外,沈津先生曾对上海图书馆藏稿本《四库全书总目》中的修订笔迹分析道:"中有纂修官数人之删改添补的笔迹,有的书法秀丽、行书流畅;有的笔画瘦挺,潦草不规;有的端楷一笔不苟。而修改较多的为秀丽的行书和潦草不规的二种。笔者曾以所能见到的翁方纲手札、题跋、文稿核对,书法秀丽的行书确为翁氏亲笔无疑。而翁氏所删改的提要与通行本《提要》相核,几乎完全一致,其间并未再经纪昀作重要修改。"①根据沈津先生的提示,笔者核对了上图《总目》稿本小说家类中的修改笔迹,发现有几处修改确实是"书法秀丽的行书",很有可能是翁氏亲笔。上图《总目》稿本的修订时间是乾隆四十六年(1781)二月至四十七年七月之间②,对后来《总目》的修订产生了很大的影响。可见翁氏在《总目》修订过程中所起到的重要作用,同时也证明了其在小说家类的纂修过程中,确实做了大量而持续的工作。

① 沈津:《翁方纲与〈四库全书总目提要〉》,《中国图书文史论集》,正中书局,1991年,第122—127页。
② 参见刘浦江:《四库提要源流管窥——以陈思〈小字录〉为例》,《文献》2014年第5期。

第三节　《说部杂记》的价值

《说部杂记》虽然是翁方纲在参与四库全书编修过程中所写的校阅札记,但它仍然为我们研究《总目》的早期编纂史提供了相当珍贵的资料,同时它还具有多方面的价值,笔者将此书的价值概括为以下四个方面:

(一)对翁氏《提要稿》的补充

现存的翁方纲《提要稿》是目前所能看到的保存最多、内容最为丰富的分纂稿,它对于我们研究《总目》早期编纂过程有着非常重要的参考价值。但由于翁氏去世之后,其家人保存不善,《提要稿》在流传过程中部分散佚,已非完帙。虽然我们还不能确定《说部杂记》就是《提要稿》散佚的一部分,但书中收录的札记和提要无疑是对《提要稿》的一个很好的补充。以往我们认为翁方纲擅长金石、经学,后来我们通过《提要稿》了解到翁氏在《总目》的编纂中承担了大量的工作,而且其所撰写的提要遍及四部。通过《说部杂记》我们可以进一步了解到翁氏在小说家类提要的编纂中也承担了不少工作。总之,翁氏在《总目》的纂修过程中的确付出了巨大的努力,他的贡献理应得到后世的认可。

(二)提供了研究《总目》小说家类早期编纂史的珍贵资料和线索

《总目》小说家类一直都是学界关注的对象,但长期以来,我们的研究视野大都集中于小说家类的作品、观念以及著录形式等方面,而对小说家类的纂修则甚少涉及。当然,文献资料的缺乏是导致这一现状的直接原因。在这种情况下,《说部杂记》显得更为宝贵,他为我们提供了一个窥探小说家类早期编纂史的线索,由此可以引发研究者对于小说家类纂修过程的思考和研究。我们完全可以从这条线索出发,并结合其他文献资料,进而了解小说家类早期编纂过程的大概情况。例如,关于小说家类提要的撰写者一直都是悬而未决的问题,通过《说部杂记》以及相关文献资料,至少可以证明翁氏在《总目》小说家类的纂修中是一个重要的参与者。另外,这些资料还能告诉我们当时四库馆采进了哪些小说,纂修官又是如何校阅这些作品的,他们认为什么样的是小说,为什么这样认为等等,因此,这些问题都可以得到一定程度的解决。

事实上,《说部杂记》以及小说家类的编纂作为《总目》纂修的一部分,它所反映的不仅仅是小说家类的纂修问题,还呈现了《总目》早期纂修的一个侧面,这是《说部杂记》另外一个重要的价值。

(三)对《总目》小说观念形成的管窥

对于《总目》的小说观念,我们通过小说家类总叙和提要已经有了一个清晰的认识。但《总目》中所体现出的小说观念并不是短时间内形成的,也并非一人所为。有学者称《总目》小说家类所体现出的小说观念就是纪昀一个人的观念,这种认识难说客观,我们也必须重新思考这一问题。笔者认为《总目》小说观念同提要的编纂一样,经历了一个漫长的过程①。它是四库纂修官们共同努力的结果,而《说部杂记》正是《总目》小说观念形成初始阶段的一部分。翁氏将《曲洧旧闻》《岁时广记》等十七种作品列入"说部",从这些作品的内容来看,大都记录颇杂,可见当时翁氏的小说观念是较为广泛的。他在《说部杂记》中也曾说道:"说部诸书,如沈存中《笔谈》、洪容斋《随笔》、王伯厚《困学纪闻》,非他稗官家可比。"后来可能是经过与诸位纂修官的商讨,这些书大都被移至子部杂家类,这既说明小说与杂家

---

① 《总目》于乾隆三十八年(1773)开始编纂,四十六年进呈,直到六十年才刊刻。从现存的分纂稿和诸种《总目》稿本可以看到一个清晰的修订过程,笔者认为修订的本身就包含着文体观念。

的紧密关系,也透露出《总目》小说观念的形成经过了一个从宽泛到严谨的过程,而这一过程也暗含了明清小说观念的转变。

(四)古代小说理论史意义

中国古代小说理论起源甚早,但缺乏系统,大都是片言只语,散见于评点、序跋、笔记之中。据笔者所见资料,《说部杂记》应该是中国古代第一部以小说为主并且以小说命名的研究专著,虽然此书内容为札记、提要形式,但同样是对小说的研究,其在中国古代小说理论史中应该有其一席之地。

　　附记: 四库纂修官在拟定提要稿时,往往数易其稿,几经删改,始成定稿,从今存的《翁方纲纂四库提要稿》本中便可清晰看到这一修订过程。《翁方纲纂四库提要稿》不仅保存了最后的提要定稿,同时还有翁方纲所删去的初稿,虽然这些提要初稿在内容、体例、表述等方面不如定稿优秀,但初稿和纂修官所作的修订,却为我们了解纂修官拟定提要的过程及其思想观念提供了宝贵的资料,所以这些纂修官删去提要稿同样值得重视。《翁方纲纂四库提要稿》已经点校出版,长期以来,一直是"四库学"研究的基础文献,受到研究者的重视。但令人遗憾的是,目前所出版的《翁方纲纂四库提要稿》和《四库提要分纂稿》两部点校本,均未将原稿本中翁氏删去的提要稿收录,让读者难以看到翁氏撰写提要稿的修订过程。笔者将点校本与《翁方纲纂四库提要稿》影印本小说提要相比较,发现有三篇提要稿不见于点校本,兹将三篇提要抄录如下:

　　谨案:《嘉祐杂志》一册,抄本,无撰人姓名。其自记奉使于契丹事,所称己亥是宋仁宗嘉祐四年,即辽道宗之清宁五年也。余取随所见阅杂记之,事据《稗海》《唐宋丛书》,嘉佑杂志即《江邻几杂志》也。江休复字邻几,开封陈留人,举进士,充集贤校

理,谪监蔡州税,复官历刑部郎中,修起居,有文集二十卷,《宋
史·艺文志》小说家有江休复《嘉祐杂志》三卷,而刻本皆不分
卷。此抄本列,又并刻本之前后次第,而失之其首行之人名,遂
不知为谁之书矣。欧阳修作《休复墓志》云:休复以嘉祐五年四
月卒于京师,而是书载己亥秋冬之事,即休复未殁之前一年也。
其奉使事,则本传与墓志皆不载,刻本又题云"临川江休复",大
误也。此抄本讹阙颇多,应请求善本校正而抄存之。

谨案:《识遗》十卷,宋古罗罗璧子苍著,后有明隆庆三年姑
苏吴岫跋,谓其"考据确而精,论断审而正"。盖此书杂论经史古
事,亦时自出议论辨证。其第二卷辨子夏、子思二子事。岁月始
末甚详。第四卷内辨孔子生年一条,亦有考据。然其中如辨"改
朔不改月"一条,究非定论。而在说部中则为稍有实际者,应抄
录存之。此抄本内讹脱极多,前后序跋皆不著璧为宋何时人,
《宋史》亦无之。卷内论及宋末之事,盖系宋人而入元者,其书当
成于宋亡之后。岫跋语谓"宋元著述家多引之",亦未深考耳。

谨案:《卮林》十卷,明莆田周婴著。婴字方叔,官上犹知县。
此书著于崇祯十六年,说部中之专于辨证者。每条别标其目,著
所引原撰书之姓以系之。如驳王僧虔之纪次仲,论杜诗之西川
杜鹃等处亦未免执滞。然其中实多所刊正,于考古有裨。应抄
录之。

第十一章 稀见姚鼐所拟
四库小说提要稿研究

　　《四库全书总目》的编写开始于乾隆三十八年(1773)，至乾隆六十年才付之梨枣，其间经历了长达二十余年的修订过程。关于《总目》为何迟迟不能付梓的原因，乾隆六十年十一月十六日《原户部尚书曹文埴奏刻〈四库全书总目〉竣工刷印装潢呈览折》中说道："窃臣于乾隆五十一年奏请刊刻《四库全书总目》，仰蒙俞允，并缮写式样，呈览在案。续因纪昀等奉旨查办四阁之书，其中提要有须更改之处，是以停工未刻。"①《总目》原本计划在乾隆五十一年进行刊刻，但乾隆皇帝在阅览进呈之书时，陆续发现了李清、周亮工以及其他著作中出现的违碍文字，于是立即要求总纂官、分纂官等纂修、校阅官员对文渊、文源、文津、文溯四阁图书进行仔细的查阅，此次违碍事件涉及官员众多，由于四库全书卷帙浩繁，且四阁之书均需重新校阅，前后经历了长达八年左右的时间。很多纂修官，如纪昀、陆锡熊等都经历了记过的处分，甚至有的倾家荡产，有的病死于校书任上。《总目》是《四库全书》的一部分，自然也要进行修改，故而刊刻之事只好等到这次大面积校阅工作完成之后才能进行。《总目》的编纂首先由分纂官拟提要稿，然后有专人将这些提要稿汇总，再由总纂官进行修改，然

---

① 中国第一历史档案馆编：《纂修四库全书档案》，上海古籍出版社，1997年，第2374页。

后进呈给乾隆皇帝审阅,根据皇帝的意见,再进行修改。姚鼐就是分纂官之一,姚氏所拟提要稿被后人编辑刊刻,名曰《惜抱轩书录》,收录提要稿八十七篇,今人的研究大都基于此书。而国家图书馆收藏的清抄本《惜抱轩四库馆校录书题》则收录提要稿九十一篇,多出四篇为小说提要稿,分别是:《却扫编》《桯史》《辍耕录》《西溪丛语》。此书虽然收录于 2007 年影印出版的《国家图书馆藏稀见书目书志丛刊》中,但并未引起研究者的注意,直到 2019 年刘勇、高树伟先后发表《姚鼐〈惜抱轩四库馆校录书题〉的文献价值》《国家图书馆藏〈惜抱轩四库馆校录书题〉抄本考略》两篇文章,才对该书的版本情况,及其与《惜抱轩书录》的异同以及新见四篇小说提要稿的内容进行了详细的介绍。但让人略感遗憾的是,两文对新发现的四篇小说提要稿,除了抄录原文以外,只是与刻本《总目》进行简单地比对,并未予以更深层次的研究。而新发现的提要稿对我们研究小说家类的纂修提供了重要资料,藉此可以窥探提要修订的过程及其原因。本书利用新见四篇提要稿,与现存的《总目》稿本、阁本书前提要、《荟要》书前提要以及浙本、殿本《总目》进行比较分析,试图揭示《总目》小说家类的编纂过程。

第一节　《却扫编》提要稿

《却扫编》

谨案,《却扫编》三卷,宋徐度撰。度字敦立,谷熟人。父处仁,靖康时太宰。《宋史》有传。度其幼子也。南渡后官至吏部侍郎,此编盖绍兴间作。所记皆国家典章、前贤故事,言颇详核,说部中有裨史学者也。朱子尝言处仁知北京日,晨会僚属,治事讫,复会坐,言平生履历、州郡利害、政事得失及前言往行,终日危坐。处仁如此,度可谓能继家学矣。当处仁罢太宰时,居南都,金师围城,南郡人疑处仁为奸细,杀其长子庚。此编记处仁宣和中为大名府尹,不欲受宦官之荐,寓意于谢表,并载其辞,以为度长兄惇义所撰。惇义殆即庚也。表语必非伪造,处仁亦如立节概者,但才不任为靖康宰相耳。《宋史》赞中遽实之曰:"徐处仁之奸细。"以民间妄语被之恶名,何轻于诋人乎?①

从提要稿中可以明确知道,姚鼐认为此书应属小说家类,不过在现存的文渊、文溯、文津、文澜四阁、刻本《总目》、《四库全书简明目录》中都将其归入子部杂家类。而在成书于乾隆三十九年(1774)的《四库全书初次进呈存目》中则将此书列于史部别史类杂史类,看来关于此书的分类问题让纂修官们颇费周折。《进呈存目》反映了《总目》早期的纂修过程,其与分纂官所拟提要初稿在时间上较为接近,《进呈存目》将此书收录在史部杂史类,而且文字方面显然经过了较大的改动。兹将原文移录于下:

> 《却扫编》三卷。宋徐度撰。度字敦立,谷熟人。父处仁,靖康时宰相,书中称"先公"者,皆处仁也。度南渡后,官至吏部侍郎。此编所纪,皆国家典章、前贤故事,言颇详核,说部中之有裨史学者。陆游《渭南集》有是书跋,曰"此书之作,敦立犹少年,故大抵无绍兴以后事"。盖其书成于高宗初年也。王明清《挥麈后录》载,明清访度于雪川,度与考定创置右府,与揆路议政,分合因革,笔于是书。又载其论《哲宗实录》及论秦桧刊削建炎航海以后日历、起居、时政记诸书二事,则度之究心史学,可以概见。至度谓《新唐书》载事倍于《旧书》,皆取小说,因欲史官博

---

① [清]姚鼐:《惜抱轩四库馆校录书题》,《国家图书馆藏稀见书目书志丛刊》第21册,国家图书馆出版社,2017年,第478、479页。

采异闻,则未免失之泛滥。此书上卷载叶梦得所记俚语一条,中卷载王鼎嘲谑一条,下卷载翟巽诙谐一条,为例不纯,自秽其书,是亦嗜博之证矣。然大致纂述旧闻,足资掌故,与《挥麈》诸录、《石林燕语》可以鼎立,而文简于王,事核于叶,则似为胜之云。①

《进呈存目》中的提要只保留了姚鼐稿中一小部分内容,其余内容则着重于作者"究心史学",所以此书被分到杂史类。《进呈存目》中提要稿被文渊阁《四库全书》书前提要完全继承。文渊阁书前提要云:

【臣】等谨案:《却扫编》三卷,宋徐度撰,度字敦立,谷熟人。父处仁,靖康时宰相。书中称"先公"者,皆处仁也。度南渡后,官至吏部侍郎,此编所纪皆国家典章、前贤故事,言颇详核,说部中之有裨史学者。陆游《渭南集》有是书,跋曰:"此书之作,敦立犹少年,故大抵无绍兴以后事。"盖其书成于高宗初年也。王明清《挥麈后录》载明清访度于霅川,度与考定创置右府,与揆路议政,分合因革,笔于是书。又载其论《哲宗实录》及论秦桧刊削建炎航海以后日历、起居注、时政记诸书二事,则度之究心史学可以概见。至谓《新唐书》所载事倍于《旧书》,皆取小说,因欲史官博采异闻,则未免失之泛滥。此书上卷载叶梦得所记俚语一条,中卷载王鼎嘲谑一条,下卷载《翟巽诙谐》一条,为例不纯,自秽其书,是亦嗜博之一证矣。然大致纂述旧闻,足资掌故,与《挥麈》诸录,《石林燕语》可以鼎立,而文简于王,事核于叶,则

① [清]四库馆臣编纂,赵望秦等校证:《四库全书初次进呈存目校证》,陕西师范大学出版总社,2016年,第418页。

似较二家为胜焉。乾隆四十三年三月恭校上。①

　　乾隆四十七年（1782）三月、四十九年四月完成的文溯阁、文津阁本提要都未做修改。四库总目编撰过程中，会有不同纂修官对同一部书撰写提要稿，同时总纂官也会对写好的提要稿进行再次加工修订，所以我们常常看到分纂稿与《进呈存目》、《总目》稿本以及刻本《总目》不同的现象。辽宁省图书馆藏有文溯阁抄本《四库全书总目》残本，八册十六卷。此总目残本，页码相连，保存完好。众所周知，四库全书所抄七部均附有《总目》《简目》《考证》等，此书应该就是文溯阁四库全书所附带的《总目》。其中恰好保留了杂家类提要稿，让我们可以通过《却扫编》来窥探阁本书前提要与阁本总目提要之间的异同。兹将辽图所藏《却扫编》提要抄录于下：

　　　却扫编三卷　　河南巡抚采进本
　　宋徐度撰，度字敦立，姑熟人，南渡后官至礼部侍郎。书中履称先公，盖其父处仁。处仁靖康中当知政事，故家遗俗具有传闻，故此编所纪皆国家典章，前贤逸事，深有裨于史学。陆游《渭南集》有是书，跋曰：此书之作，敦立犹少年，故大抵无绍兴以后事。盖其书成于高宗初年也。王明清《挥麈后录》载明清访度于霅川，度与考定创置右府，与揆路议政，分合因革，笔于是书，又载其论《哲宗实录》，及论秦桧刊削建炎航海以后日历、起居注、时政记诸书二事，则度之究心史学，可以概见。至谓《新唐书》载事倍于《旧书》，皆取小说，因欲史官博采异闻，则未免失之泛溢，此书上卷载叶梦德所记俚语一条，中卷载王鼎嘲谑一条，下卷载

① ［清］纪昀等：《景印文渊阁四库全书》第863册，台湾商务印书馆，1986年，第710页。

翟巽诙谐一条,为例不纯,自秽其书,是亦嗜博之一证矣。然大致纂述旧闻,足资掌故,与《挥麈》诸录、《石林燕语》可以鼎立,而文简于王,事核于叶,则似较二家为胜矣焉。①

此篇提要与诸阁本书前提要内容基本相同,将文溯阁书前提要与所附总目提要进行对比,会发现两篇提要稿只是前两段文字略有不同,其余则完全一样。不同的部分,也仅仅是文词语句的润色,并无较大改动,应为纂修官修订的结果。而同为文溯阁四库全书,理应保持文本的一致,而两者之间又为何出现这样的差异呢? 江庆柏认为:"文溯阁抄本《总目》和文溯阁书前提要没有必然的联系,两者之间甚多差异。《文溯阁提要》不是依据文溯阁抄本《总目》抄写的,而是另有所据。"②也就是说《四库全书》和《总目》的编纂事实上是分为两个系统,纂修人员也有不同,他们在纂修过程中既独立又统一,所以就发生了我们看到的这种现象。但事实似乎并非如此简单,仔细翻阅这八册残存《总目》,会发现在杂家类六中依然保存有周亮工《书影》提要,而清高宗在乾隆五十二年(1787)发现进呈的南三阁《四库全书》抄本中李清《诸史同异录》有违碍文字,乾隆五十二年三月十九日内阁上谕曰:"四库全书处进呈续缮三分书,李清所撰《诸史同异录》书内,称我朝世祖章皇帝与明崇祯四事相同,妄诞不经,阅之殊甚骇异。李清系明季职官,当明社沦亡,不能捐躯殉节,在本朝食毛践土,已阅多年,乃敢妄逞臆说,任意比拟。设其人尚在,必当立正刑诛,用彰宪典。今其身既幸逃显戮,其所著书籍悖妄之处,自应搜

① [清]纪昀等:《四库全书总目稿抄本丛刊》第 17 册,上海科学技术文献出版社,2021 年,第 261、262、263 页。提要中"则未免失之泛溢","溢"字疑为抄写时形近而误,应为"滥"。

② [清]纪昀等:《四库全书总目稿抄本丛刊》第 1 册,上海科学技术文献出版社,2021 年,第 7 页。

查销毁,以杜邪说而正人心……所有四阁陈设之本及续办三分书内,具着挈出销毁,其《总目提要》亦着一体查删。"①而后不久,《四库全书》及《总目》中相关文字也被抽出销毁,其中乾隆五十二年(1787)三月二十七日文溯阁藏本即被销毁。此事之后,对于违碍文字的查办愈加严格,所涉及的范围也不断扩大。其中,周亮工的著述也遭到禁毁,并派纪昀和陆锡熊分别到文津、文溯阁办理相关事宜。乾隆五十三年二月初十日纪昀已将周亮工等人所著违禁书籍抽出。文溯阁的查办事宜大概也在这一时间段。除了将违碍书籍抽出,《总目》提要中相关文字也应该同时被删改替换。文溯阁《四库全书》及其《总目》抄写完成于乾隆四十七年左右,故而《总目》中仍著录《书影》提要,而后经历李清一案,必然会被撤出修改。笔者认为,辽图所藏文溯阁的这八册《总目》抄本,应该就是当时抽出被替换之本,替换的时间大概在乾隆五十二年之后,而替换之本应该没有了《书影》提要,其重新抄写之本的提要来源似乎也发生了变化,这可能就是为什么文溯阁书前提要与所附《总目》提要内容差异的原因。幸好文溯阁《四库全书》被完整地保存了下来,可以验证笔者的推测。乾隆六十年刊刻的浙本、殿本《总目》与辽图所藏《总目》提要稿内容完全相同,仅"姑熟"写作"谷熟"。可见两者应该有着共同的来源。此外,天津图书馆所藏纪晓岚删定总目稿本也保存有该篇提要稿,而且纪氏没有进行修订。天图提要与辽图内容完全相同,说明他们有着同样的来源。

从不同提要稿的对比中,我们可以看到《总目》纂修过程中发生的文体观念的变化。姚鼐在最初所拟提要分纂稿时,认为该书应归入小说家类,但在之后提要汇编本《进呈存目》中,又再次将其移到史

① 中国第一历史档案馆编:《纂修四库全书档案》,上海古籍出版社,1997年,第1992页。

部杂史类,最后在成书于乾隆四十六年(1781)的文渊阁《四库全书》书前提要中再次转移到杂家类,这一分类成为了定论,之后的《总目》纂修中再没有被调动。由于完成于乾隆四十三年的《四库全书荟要》未收录该书,所以我们只能大致推测《却扫编》一书的归类确定于乾隆四十六年左右。从乾隆三十八年到四十六年,《却扫编》经历了从小说家类到杂史类再到杂家类三次分类变动,游移于子、史之间。在姚氏所拟提要稿、《进呈存目》和后来的文渊阁书前提要中都曾云:"说部中有裨史学者也。"①这是从目录学角度给其进行的文体定位,可见在乾隆四十二年之前的提要纂修中,尽管纂修官们对于该书的分类曾经产生过不同的意见,但都肯定了该书存在的小说因素。也从侧面证明了该书具有小说、杂史、杂家的特征,这种颇为复杂的特征在中国古代小说身上具有相当的典型性,不仅困扰着四库纂修官,也困扰着历来的著录家。《总目》小说家类总序就直接说明了小说这种文体特点,具体来说是体现了中国古代小说文体"杂"的特点。而总纂官最终选择将其放入杂家类,恐怕更多的是从内容方面的考虑,荒诞不经的是小说,而典章制度是杂家,但小说和杂家内容都比较复杂,是否荒诞不经这本来就是一个很难判断的问题,如何具体划分呢? 实际上,四库纂修官们采取按比例划分的方法,也就是看以哪方面内容为主。很显然,《却扫编》中那种看上去相对正统的内容占比更高一些,所以被移到杂家类。这也就是在文渊阁本之后的《总目》纂修中为何将那一句文体定位的话删去的原因所在。不过,纵观《总目》小说家类和杂家类提要,我们依然会看到反例,也更加真实地体现了小说文体复杂的一面,这似乎就是中国古代小说文体的本来面目。

---

① [清]四库馆臣编纂,赵望秦等校证:《四库全书初次进呈存目校证》,陕西师范大学出版总社,2016年,第418页。

第二节　《桯史》提要稿

《桯史》

谨案,《桯史》十五卷,宋岳珂撰。珂,武穆王飞之孙,敷文阁侍制霖之子。历事宁宗、理宗,终户部尚书、淮东总领制置史。其名《桯史》,或曰《考工记》"车盖之杠谓之桯",珂仕宦久在外郡,谓所见闻于道途者也;或曰《方言》"榻前几曰桯",谓所据榻而纪者也。其于朝政得失、人才出处以及俳优诙谐之辞无不载。考其时当成于宁、理二宗之间,故所记皆嘉定以前事也。南宋多小说家,珂所作《金佗稡编》(案:"稡"原写作"粹",讹)既能辨其祖之诬,以存信史,及是书所纪,亦皆有裨于论世之学,愈于笔记丛琐,无关文献者已。①

《桯史》提要在《进呈存目》中同样被归入别史类杂史类,而在内容方面也做了一定程度的删削。提要云:

《桯史》十五卷,宋岳珂撰。珂,武穆王飞之孙,敷文阁侍制霖之子。历官至户部尚书、淮东总领制置使。是书命名颇僻,案《考工记》,车盖之杠谓之"桯",岂以久典外郡,成书于道途间耶?其于朝政得失、人才出处以及俳优诙谐之辞无不载,考其时,当成于宁、理二宗之间,故所记皆嘉定以前事也。②

---

① [清]姚鼐:《惜抱轩四库馆校录书题》,《国家图书馆藏稀见书目书志丛刊》第21册,国家图书馆出版社,2017年,第479页。
② [清]四库馆臣编纂,赵望秦等校证:《四库全书初次进呈存目校证》,陕西师范大学出版总社,2016年,第423、424页。

除了在文字上进行了更为简洁的处理,最后一句说明该书性质的话也被直接删去,其原因很可能是与此书分类有关。很显然,姚鼐认为此书应属子部小说家类,而总纂官则认为归入史部杂史类较为合理,所以删去了相关内容。《桯史》提要稿在之后又进行了较大程度的修改,完成于乾隆四十三年(1778)的文渊阁本提要显然经过了重写,内容和体例则更为规范。原文如下:

【臣】等谨案:《桯史》十五卷,宋岳珂撰。珂,字肃之,号倦翁,又号亦斋汤阴人。武穆王飞之孙,敷文阁待制霖之子。官至户部侍郎、淮东总领制置使。是书载南北宋杂事,凡一百四十条,各有标目。其间虽多俳优诙谑之词,然惟金华士人看命司诸条,不出小说习气,为自秽其书耳,余则大旨主于寓褒刺,明是非,借物论以明时事,非他书所载徒资嘲戏者比。所记遗事,惟张邦昌、刘豫三册文可以不存,至于石城堡寨一条、汴京故城一条,皆有关于攻守形势。施宜生一条、赵希光节概一条、叶少蕴内制一条、干道受书礼一条、范石湖一言悟主一条、紫宸廊食一条、燕山先见一条、大散论赏书一条、秦桧死报一条、郑少融迁除一条、任元受启一条、陈了翁始末一条、开禧北征一条、二将失律一条、爱莫助之图一条、黄潜善一条,皆比正史为详备。所录诗文亦多足以旁资考证,在宋人说部之中亦邵博、王明清之亚也,惟其以《桯史》为名不甚可解,《考工记》曰:"轮人为盖达,常为围三寸,桯围倍之。"注曰:"桯,车杠也。"《说文解字》曰:"桯,床前几也。"皆与著书之义不合,至《广韵》训为"碓桯",《集韵》训"与楹同"、义更相远。疑以传疑,阙所不知可矣。毛晋刻本末有《附录》一卷,前为《岳飞传》及飞遗文,并珂诗文各一首,已与此书无关。又附明刘瑞孝《娥井铭》《王公词记》各一篇,尤足验非此书所旧有。今并删之,庶不溷简牍焉。乾隆四十三年六月恭校上。①

　　与《却扫编》相似,文渊、文溯、文津三阁本《桯史》书前提要内容相同,而文澜阁本书前提要则另有来源。文澜阁本《桯史》原写本散佚,幸运的是,澳门公共图书馆(河东图书馆)藏有此原写本的前三卷,其中包括书前提要,云:

　　　　臣等谨案,《桯史》十五卷。宋岳珂撰。珂有《九经三传沿革例》,已著录。是编载南北宋杂事,凡一百四十余条,其间虽多俳优诙谲之词。然大旨主于寓褒刺,明是非,非他书所载,徒资嘲戏者比。所记遗事,惟张邦昌、刘豫二册文可以不存。又康与之题徽宗画一条,为张端义《贵耳集》所驳,敖陶孙讥韩侂胄诗一条与叶绍翁《四朝闻见录》互异,亦偶然失实。至于石城堡塞、汴京故城诸条,皆有关于攻取形势。他如汤岐公罢相,施宜生、赵希先节概,叶少蕴内制,秦桧死报,郑少融迁除,陈了翁始末,开禧北征,二将失律,庆元公议黄潜善诸条,皆比正史为详备。所录诗文,亦多足以旁资考证,在宋人说部之中,亦王明清亚也。惟其以《桯史》为名,不甚可解。《考工记》曰:轮人为车盖,达常为围三寸,桯围倍之。注曰:桯,盖杠也。《说文解字》曰:桯,床前几也。皆与著书之义不合。至《广韵训》为碓桯,《集韵》训与楹同义,更相远。疑以传疑,阙所不知可矣。乾隆五十一年五月恭校上。②

————————

① 〔清〕纪昀等:《景印文渊阁四库全书》第 1039 册,台湾商务印书馆,1986 年,第 498 页。
② 澳门公共图书馆藏清抄本《桯史》一册,存一至三卷。半叶八行,行二十一字,四周双边,白口,单鱼尾,红丝栏。框高 20 厘米,宽 13 厘米。版心上题"钦定四库全书",书前有提要稿。正文卷端题"钦定四库全书,桯史卷一,宋岳珂撰",首卷首页钤有"古稀天子之宝"白文大方印、"吴兴刘氏嘉（转下页）

从文澜阁本《桯史》书前提要的内容来看,相比于其他三阁本书前提要,其内容明显更为简略。文渊阁本提要校上时间为乾隆四十三年(1778),内容上已较为丰富,而文澜阁本提要校上时间为乾隆五十一年。负责文澜阁本《四库全书》纂办的官员似乎没有理由放弃这样一个更为成熟的提要稿,而文澜阁本《桯史》书前提要更像是乾隆四十三年之前某个阶段所拟提要稿。文渊、文溯、文津三阁本《桯史》书前提要在纂办时应该是得到了总纂官的认可,没有做进一步的改动。与乾隆六十年先后刊刻的浙本、殿本《总目》相比,《桯史》提要内容出现了一些变动,而浙本、殿本《总目》内容基本相同,故将浙本《总目》提要抄录如下:

> 宋岳珂撰。珂有《九经三传沿革例》,已著录。是编载南北宋杂事,凡一百四十余条,其间虽多俳优诙谑之词,然惟金华士人著命司诸条不出小说习气,为自秽其书耳。余则大旨主于寓褒刺,明是非,借物论以明时事,非他书所载,徒资嘲戏者比。所记遗事,惟张邦昌、刘豫二册文可以不存。又康与之题徽宗画一条,为张端义《贵耳集》所驳,敕陶孙讥韩侂胄诗一条与叶绍翁《四朝闻见录》互异,亦偶然失实。至于石城堡塞、汴京故城诸条,皆有关于攻取形势。他如汤岐公罢相,施宜生,赵希先节概,叶少蕴内制,乾道受书礼,范石湖一言悟主,紫宸廊食,燕山先见,大散论赏书,秦桧死报,郑少融迁除,任元受启,陈了翁始末,开禧北征,二将失律,爱莫助之图,庆元公议,黄潜善诸条,皆比

正史为详备。所录诗文，亦多足以旁资考证，在宋人说部之中，亦王明清之亚也。惟其以《桯史》为名，不甚可解。考《说郛》载柳珵常侍言旨，其第一条记明皇迁西内事，末云此事本在朱崖太尉所续《桯史》第十六条内。则李德裕先有此名（案：此书《唐志》不著录，疑即德裕《次柳氏旧闻》之别名也），珂盖袭而用之。然《考工记》曰：轮人为盖，达常为围三寸，桯围倍之。注曰：桯，车杠也。《说文解字》曰：桯，床前几也。皆与著书之义不合。至《广韵训》为碓桯，《集韵》训与楹同，义更相远。疑以传疑，阙所不知可矣。毛晋刻本末有附录一卷，前为《岳飞传》及飞遗文并珂诗文各一首，已与此书无关。又附明刘瑞孝娥井铭、王公祠记各一篇，尤足验非此书所旧有。今并删之，庶不溷简牍焉。①

以之与文渊、文溯、文津三阁本书前提要对比，可以发现在内容上大致有三处差异。而总体上刻本《总目》提要比文渊阁书前提要更详细一些，但也并非绝对，提要开始文渊阁本就叙述了作者的生平事迹，而刻本《总目》只短短一句话，其原因大概是在其他提要中已经介绍其生平，故此处予以省略。而其他两处差异均为刻本有而文渊阁本无的两段话，两段话的内容都是具体的考证性文字，使得提要的考证更为详实。刻本《总目》提要与文澜阁本书前提要相比，内容上更为详实，似是在文渊、文溯、文津阁本书前提要的基础上进行的修订。不过我们也能发现，此三阁本书前提要与刻本《总目》不同的三处文字，有两处与文澜阁本相同。不知道在提要修订过程中，文澜阁本书前提要的文本来源是否也被纂修官拿来做提要修订的参考。

《桯史》的分类也存在更改，《进呈存目》将其著录在杂史类，而其后无论是阁本书前提要还是刻本提要都将其列入小说家类，在内

---

① ［清］永瑢等：《四库全书总目》，中华书局，1965年，第1200、1201页。

容上纂修官也进行了修订完善。

第三节　《西溪丛语》提要稿

　　谨案,《西溪丛语》,宋姚宽撰。宽字令威,嵊县人。父舜明,绍圣四年进士。南渡,历官户部侍郎、徽猷阁待制。宽以父任补官,仕至权尚书户部员外郎,枢密院编修官。孝宗时人也。《丛语》凡三卷,所言多词章故实、考据辩证之事,间有及于经义者。书颇博辩可取,马氏《通考》所载宽书曰《姚氏残语》,名与此异。以今考之,即是此书。宽以西溪为号,其集曰《西溪集》。故后人称此为《西溪丛语》也。①

《西溪丛语》在《进呈存目》中被著录在子部考证类,今将提要转录于下:

　　宋姚宽撰。宽字令威,嵊县人。父舜明,绍圣四年进士。南渡,历官户部侍郎,徽猷阁待制。宽以父任补官,仕至权尚书户部员外郎、枢密院编修官。其书多考证典籍之异同。如辨《文选·神女赋》"玉"字为"王"字之误,辨刘攽论萧何不为功曹之误,辨黄庭坚论徐浩(文渊阁书前提要、刻本提要此处均有"诗"字)环能字(文渊阁书前提要、刻本提要此处均有"押奴来切"四字)之误,辨欧阳修论张继半夜钟之误,辨王安石《诗经新义》"彤管"为"萧笙"之误,皆极精审。至考《感甄赋》之始末,不辨其非,谓陶潜诗中"田子春"即《汉书·刘泽传》之田生,谓杜甫

---

① [清]姚鼐:《惜抱轩四库馆校录书题》,《国家图书馆藏稀见书目书志丛刊》第21册,国家图书馆出版社,2017年,第480页。

诗中之"黄衫少年"为《霍小玉传》之"黄衫客",又谓甫"俊逸鲍
参军"句为讥李白,皆失之穿凿(文渊阁本书前提要、刻本提要均
有"附会"二字)。注刘禹锡诗"翁仲"字不知其不作于洛阳,注
李白诗"唾井"字不知其出于《玉台新咏》王宋诗。引秦嘉《赠妇
诗》误以第一首为徐淑作,引《诗品》误改"宝钗"字,皆为疏舛。
然大致瑜多而瑕少,考证家之有根柢者也。叶适《水心集》有
《西溪集跋》,其称此书以《易》"肥遁"为"飞遁",以《孟子》"不
若是恝"为"不若是忿"二条。又谓金海陵王南侵时,宽推论太
乙、荧惑行次,决其必败,未几果有瓜洲之事。又谓其著书二百
卷,古今同异,无不该括。又谓其《古乐府》流丽哀思,颇杂近体
诗。长短皆绝去尖巧,乃全造古律,加于作者一等。盖亦一代博
洽工文之士矣。①

　　很明显,姚鼐所拟提要稿并没有被采用,而为其他分纂官撰写,
无论在内容和体例上都较姚氏提要更为规范详实。《进呈存目》这篇
提要稿被完成于乾隆四十二年(1777)十月的文渊阁本书前提要所采
纳,内容基本相同,仅个别文字稍有差异,被著录在子部杂家二考证
之属。浙本、殿本《总目》均与之相同。卷数上《进呈存目》、文渊阁
本书前提要、浙本、殿本提要均为三卷。而写定于乾隆四十八年左右
的天津图书馆藏纪晓岚删定总目稿本残存杂家类二《西溪丛语》提
要,内容与上述诸本完全相同,这就证明了自乾隆四十二年二月以至
乾隆六十年《总目》刊刻,该提要没有再被重新修订。但完成于乾隆
四十七年和四十九年的文溯阁、文津阁书前提要与四者相比内容上
则颇为不同,而文溯阁和文津阁提要完全相同,今择文溯阁提要抄录

①　[清]四库馆臣编纂,赵望秦等校证:《四库全书初次进呈存目校证》,陕西师
范大学出版总社,2016年,第878页。

如下：

> 臣等谨案,《西溪丛语》二卷,宋姚宽撰。宽字令威,嵊县人。
> 父舜明,绍圣四年进士。南渡,历官户部侍郎,徽猷阁待制。宽
> 以父任补官,仕至权尚书户部员外郎、枢密院编修官。其书多考
> 证典籍之异同。如辨《文选·神女赋》"玉"字为"王"字之误,辨
> 刘攽论萧何不为功曹之误,辨黄庭坚论徐浩诗环能字之误,辨欧
> 阳修论张继半夜钟之误,辨王安石《诗经新义》"彤管"为"箫笙"
> 之误,皆极精审。至考《感甄赋》之始末,不辨其非,谓杜甫诗中
> 之"黄衫少年"为霍小玉传之"黄衫客","俊逸鲍参军"句为讥李
> 白,皆失之穿凿。注刘禹锡诗"翁仲"字不知其不作于洛阳,注李
> 白诗"唾井"字不知其出于《玉台新咏》王宋诗。引秦嘉《赠妇
> 诗》误以第一首为徐淑作,引《诗品》误改"宝钗"字,皆为疏舛。
> 然大致瑜多而瑕少,考证家之有根柢者也。乾隆四十七年五月
> 恭校上。①

从文溯阁提要内容来看,首先是少了"考证家之有根柢者也"之
后的一大段文字,而此前文字与《进呈存目》完全相同。看来文溯和
文津阁书前提要是截取了《进呈存目》的部分文字,但令人疑惑不解
的是,《进呈存目》著录此书为三卷,而文溯和文津两阁本书前提要则
为两卷。因为缺乏其他文献资料的辅助,笔者仍未找到答案,留此以
待方家解惑。

总体来看,姚鼐所拟《西溪丛语》提要稿未能被《总目》所采纳,
而是另外撰写。此后编纂过程中乾隆四十年(1775)左右汇编的《进
呈存目》被后来各类提要编写所使用,除了文溯阁和文津阁书前提要

---

① 金毓黻等编:《文溯阁四库全书提要》,中华书局,2014年,第2147—2148页。

做了截取利用外,未做过多修订。

第四节 《辍耕录》提要稿

谨按,《辍耕录》三十卷,陶宗仪撰。宗仪字九成,黄岩人。元末教授松江,张士诚据吴,署为军谘,不就。洪武初,举人才不赴,晚岁出为教官,卒。是书纪元一代制度及末年战争之事,可参稽史氏,最为可贵。至于考订书画文艺,又详悉可喜。**间附鄙俚戏谑之语,要不言其大体之善也**。(此句《进呈存目》作"惜多附俚俗戏谑之语,自秽其书,遂不为后人所重耳")首有至正丙午孙作序,谓其居吴松江时有田一廛,作劳之余,时书所见,故名《辍耕录》。丙午者,至正二十七年,为明太祖吴元年,是年已平张士诚,尽得浙江地,北取中原,而宗仪犹系心宗国,感慨时事,其称明太祖师曰"集庆军",或曰"江南游军",观其词足觇其志矣(此句为《进呈存目》所无)。①

笔者曾运用当时所见《总目》稿本、刻本以及阁本书前提要对《辍耕录》提要的纂修源流进行分析,但当时未能得见此姚鼐所拟分纂稿,无法对其早期编写进行客观地分析。今有幸得见此分纂稿,终于可以弥补笔者当初的遗憾。笔者在此前文章中比对了上图稿本和修订稿,发现两者文字上的差异,又与《进呈存目》进行了比对,发现这篇提要经过了重新撰写。此后乾隆六十年(1795)刊刻的浙本、殿本《总目》也做了同样的处理,而且它们的提要内容与上图稿本修订稿基本一致。在阁本提要方面,文溯阁本提要采纳了上图稿本的修

---

① [清]姚鼐:《惜抱轩四库馆校录书题》,《国家图书馆藏稀见书目书志丛刊》第21册,国家图书馆出版社,2017年,第480、481页。

订内容。让人意外的是校对最为严格的文渊阁本和稍后的文津阁本《辍耕录》书前提要并未参考上图稿本的修改，而是直接照抄了上图稿本的原稿。文渊阁、文津阁、文溯阁本《辍耕录》提要分别抄写于乾隆四十六年（1781）正月、四十九年四月和四十七年九月，上图稿本进呈于乾隆四十六年二月，修订时间在乾隆四十六年二月至四十七年七月之间。如果说文渊阁本提要是因为抄写时间较早，未能看到上图稿本的修订意见的话，那么文津阁本提要则没有这重顾虑，况且抄录于乾隆四十七年的文溯阁本已经参考了上图稿本的修订。原因很有可能是他们所据底本不同。文渊阁和文津阁本提要都是根据未经修订的上图稿本抄录的，而文溯阁本提要则参考了上图稿本修订稿。

而姚鼐分纂稿的发现可以帮助我们进一步理清《辍耕录》提要的纂修源流，通过比对我们发现，姚氏所拟提要稿被《进呈存目》所采纳，只是进行了少量修改。之后的提要编纂过程中，纂修官又进行了重新编写。

分纂稿是《总目》纂修过程中分纂官所拟提要稿，代表了《总目》纂修的早期成果，也为我们了解《总目》提要的纂修史提供了极为重要的参考资料。《总目》提要并未标注撰写者姓名，这就为我们考查提要作者增加了不小的难度，由于现存的分纂稿数量很少，大部分的总目提要我们并不知道其最初拟稿人是谁，而姚氏提要稿的发现对于我们探究提要稿作者、了解《总目》提要的修订过程颇有助益。尤其是《辍耕录》提要的发现，帮助笔者完善了对此篇提要纂修源流的研究，而像《辍耕录》这样既有最初的分纂稿，又保存有《总目》稿本、刻本以及诸阁本书前提要的例子，并不多见，相对完整的资料留存，就形成了一个较为完整的证据链条，能够让我们更为客观全面地分析《总目》提要纂修的始末，以《辍耕录》为例来管窥提要源流，其典型意义毋庸置疑，从这个角度来说，姚氏提要稿的发现无疑具有重要的学术价值。《总目》提要集中体现了清代官方的学术思想，而乾隆

六十年(1795)刊刻的《总目》为我们呈现的是最终的定稿,事实上,
自乾隆三十八年开始,《总目》提要的纂修经历了二十余年的漫长的
修订,在修订的过程中,文体观念也发生了不小的变化。《却扫编》提
要前后三易部类,不断地游移于子、史之间,则说明在文体观念上经
历了一个从混乱到统一的过程,而探究变化背后的原因,不但可以了
解《总目》文体观念的变化,还能够藉此窥探清代学术思想的演变。
姚鼐在四库馆中任分纂官,负责校阅书籍,撰写提要。姚氏所阅图书
甚多,今存分纂稿数量仅次于翁方纲,不过姚氏在四库馆任职时间较
短,且所拟提要稿大部分被修订或重写。而新发现的四篇姚氏所拟
提要稿,再次向我们证明了这一点。其中原因,大概与当时学术思想
由宋到汉的变化有关,而姚鼐本人主张理学,与大多数四库馆臣的汉
学思想格格不入,又不肯改变。姚氏所撰提要无疑会体现其个人的
学术思想,如此一来,其所撰写的提要稿就难逃被替换的命运。明清
小说的研究中,《总目》是学者们关注的重点,但如果我们仔细查阅相
关研究成果,会发现学界的研究基本都是围绕着刻本《总目》进行的,
很少去探讨四库小说观念的形成过程,也就是四库小说观念的演变。
众所周知,《总目》的编纂历时二十余年,经历了反复的修订,其中小
说观念也发生了不小的变化。而追寻《总目》纂修背后所发生的观念
变化,不仅能够让我们更为深入地了解四库小说观念,也能够通过小
说观念的修订过程管窥清代学术思想。姚氏稿的发现就为探究四库
小说观念的演变提供了宝贵的资料,其中《却扫编》提要就具有一定
的典型意义,纂修官们在此篇提要的分类上费尽心思,前后经历了由
小说到杂史再到杂家三次大的调整。其中,关于该书是否为小说,就
成为了重要的议题之一,而分类的调整也就说明了观念的变化。如
果我们只是关注刻本《总目》,是无法了解提要背后所经历的复杂修
订过程的。此前出版的《进呈存目》为我们提供了《却扫编》分类修
订的一个重要环节,但分纂稿的缺失让我们无法了解提要的撰写者

及其文体观念,而姚氏稿的发现则为这一问题的探讨补足了最后一个重要环节,也就能让我们完整地看到提要观念变化的始末。这是姚氏稿发现的另外一个重要价值。总之,提要分纂稿之于"四库学"研究具有重要的文献价值和研究价值,值得研究者进一步的挖掘和研究。

结 语

　　小说在中国古代学术体系中一直地位不高,但虽为小道,也不乏可观者。所以小说始终在传统目录中有着属于自己的一席之地,在古代文人心中,小说也是一种独立的文体。即便是荟萃精华的《四库全书荟要》,甚至是清高宗的私人藏书室天禄琳琅也都存在一定数量的小说。小说虽然不曾依附于其他文体,但因其在后世的发展中逐渐形成了内容博杂的特点,而导致小说与史、杂两家有诸多联系。对这一问题,唐代以后的小说家认识愈加清晰。而《四库全书》的编纂一方面是总结古代学术的发展源流,另一方面就是要为小说"正体",确立标准和规范。四库小说的纂修同样是在这样思想的指导下进行的。本书就是想通过现存的四库文献,揭示四库小说的纂修和小说观念的生成过程,这既是本书的主要任务,也是研究的价值和意义所在。由于现存相关史料文献存在零散且不完整的特点,我们只能尝试从这些断简残篇中寻找问题的答案,根据研究对象的自身特点,本书决定采取问题的研究方式,从文献所带来的一个个具体问题入手,而每一个问题都代表了四库小说纂修的一个侧面,而将不同侧面组合就能够为我们揭开历史的真相提供参考。下面试从三个方面来稍加总结:

一、四库小说的纂修

　　《四库全书》的纂修之初便开始了大规模的书籍采进活动,为此清高宗采取了软硬兼施的办法,随着采进书数量的增加,纂修工作也随之逐渐深入。关于四库小说的采进,我们可以从《四库采进书目》以及纂修官手稿所载采访书单中了解具体情况,通过对小说采进书的分析,我们能够明显地看到,虽然采进是网罗天下遗书的基础工作,但也有着明确的小说观念。从目前所见采进书目中,我们似乎看不到章回、话本、传奇等小说,这些小说都是我们今天小说史中的主流,但在四库纂修官的眼中他们并非小说文体。《采进书目》和相关文献在这一方面达到高度一致。出现此类情况,除官方有明确观念以外,也说明各地方的藏书家有着类似的小说观念,虽然不排除有地方进献而被官方否定,未予列入采进书目的情况,但至少说明这种地方进献白话小说的情况并不普遍。从某种程度上来说,官与私在小说观念上达成了一致,这种默契体现了一种标准或普遍小说观念的存在。此外,从具体作品来看,也与我们今天小说观念有着很大的差别。今之小说史中常常将花妖狐鬼的志怪故事作为文言小说的主体,但在四库所采进的小说作品中,纯粹的志怪小说所占比例很小,而这种"搜奇记异"的风格,恰恰是后来《四库全书总目》坚决反对的"荒诞不经"。《总目》小说家类分为杂事、轶闻、琐语,在其收录作品中真正的志怪之书寥寥无几,即便存在也多著录在存目之中。浦江清在论及唐传奇时曾说:"我们与其说他们是小说的正宗,毋宁说是别派,与其说是小说的本干,毋宁说是独秀的旁枝吧。"[1]在四库纂修官的眼中,志怪之书并非小说之正体,同样属于古代小说的旁枝。虽然四库总纂官纪昀也曾在《阅微草堂笔记》中记录过诸多花妖狐鬼的志怪故事,但纪氏在写这些故事的时候并不是逞才炫技、凸显才子之笔,其文笔和思想均归于雅正。所以古人眼中的小说要在内容和思想上都符合标准。

---

① 浦江清:《浦江清文存》,江苏人民出版社,2016年,第182页。

　　随着四库采进的顺利进行,四库馆在选录书籍方面再无后顾之
忧,清高宗开始下令查禁违碍之书。小说被禁多是因为内容涉及清
王朝自身发展历史,而查毁的方式也与其他书籍无异,主要分为全
毁、抽毁两种。以往在研究四库禁毁的时候,多从现存的禁毁书目入
手,对于禁毁工作如何开展,了解并不十分清楚,而现存的一些禁书
书单为我们解决这一问题提供了宝贵的线索。通过分析,我们知道
具体禁毁工作由军机处和四库馆分派下去,各省在采进之时就已经
开始了查禁的工作,地方将违碍之书的名单汇总上报,经过审核之后
又由中央将具体违禁书目下发给各省,省又下发给府、县等基层单
位。这些书目也会刊刻发放给社会上各行各业的人,类似于今天的
宣传手册。值得注意的是,这样四处散发的宣传册,自然在一定程度
上帮助了基层开展禁毁工作,但另一方面也让保存有禁毁之书的个
人有所警觉,并采取各种方式妥善保管。所以纂修四库之时,禁毁虽
然较为严厉,但查找违碍之书既不可能一网打尽,也没有办法让一部
书彻底消失在人间。

　　关于四库小说的编校,其基本工作流程和方法与其他部类并无
不同,对此张升、黄爱平等学者已经进行了梳理。陈恒舒在其博士论
文《四库全书清人别集纂修研究》中将四库纂修官具体的校阅工作分
为四个方面:1.编辑。如删省序跋传记、刊除冗滥、分合卷帙等。2.
校勘底本。指订正底本中的文字讹误、篇章错乱等。3.校订誊抄本。
检查誊抄本中的誊写错误,同时也会订正一些非誊写错误。4.审查。
对书中的违碍字句进行删改①。以上这些具体编校工作,我们通过
翁方纲校阅札记手稿、《四库全书考证》以及相关文献已经有了清楚
的了解。事实上,除了以上常规工作外,四库全书纂修工作基本结束
之后,还要不断地进行复查,如有发现违碍文字则立刻整改,有的书

---

① 陈恒舒:《四库全书清人别集纂修研究》,北京大学 2013 年博士论文。

籍甚至要进行抽换。以上四项校阅工作,校勘底本、校订誊录抄本以及审查工作,我们都在具体章节中有所涉及,而对于第一项编辑工作,涉及不多,故在此稍作梳理。在《四库全书》的编校过程中,对于序跋的删改是主要工作之一。关于四库纂修官删改序跋的原因,漆永祥曾总结道:"值得注意的是,《四库全书》中对待古籍目录序跋的处理,也不是悉数删去,而是有所变通。如对于目录,个人别集相对不保留目录;但大型总集等,因为翻检不便,就保留目录。对于序跋的处理:一是原序一般都予以保留;二是对一些难得见到的序跋全部保留,比如《大典》本中辑得之序跋传状等。因此,对《四库》本之删省目录序跋,亦当客观分析,不能以整理一部别集的体例与标准来要求。"①漆永祥先生的总结大致客观、公允,笔者试从四库小说的角度来略作补充。

　　将笔者所辑录的四库小说底本(进呈本)与文渊阁本对比,会发现小说序跋增删情况更为复杂。大致可以得出几点认识:首先,漆永祥先生对于纂修官删改序跋的规律总结道:"一是原序一般都予以保留;二是对一些难得见到的序跋全部保留。"②虽然总体上小说序跋的删改情况与漆永祥所论吻合,但也不乏特殊情况。从笔者的比对结果来看,部分作者原序在文渊阁本中也被删去,如《笔丛正集》《岩下放言》《卮林》等。揆之以理,作者自序对于了解该书的成书有着不可替代的价值,而四库纂修官将自序删去的做法,显然有违常理,通过这些自序的内容来看,似乎也不存在违碍情况。纂修官此举,殊

① 漆永祥:《从〈全宋诗〉的编纂看〈四库全书〉的文献价值》,北京大学中国古文献研究中心等编《海峡两岸古典文献学学术研讨会论文集》,上海古籍出版社,2002年,第405页。
② 漆永祥:《从〈全宋诗〉的编纂看〈四库全书〉的文献价值》,北京大学中国古文献研究中心等编《海峡两岸古典文献学学术研讨会论文集》,上海古籍出版社,2002年,第405页。

为难解。另一个值得注意的现象是,底本没有的序跋却在文渊阁本
中出现。如《武林旧事》底本有泗水潜夫序、无名氏跋。而文渊阁本
中又多出忻德用和父跋、祝氏跋、绣谷亭主跋、己亥中秋焯跋等四则
跋文。《金华子杂编》底本没有序跋,文渊阁本中增入作者刘崇远自
序。由此看来,四库馆在采进图书时,一部书有多个版本,而纂修官
在校阅时可能会综合不同版本,将底本没有的重要序跋增入到最后
的誊抄本中。但这也并非通例,如《南部新书》现存有底本和进呈本,
底本中有多则序跋,但在文渊阁本中却无一收录。

四库小说序跋增删情况比对表

书名	底本	文渊阁本
《笔丛正集》	黄吉士序、孙居相序、陈文烛序、胡应麟引	无
《武林旧事》	泗水潜夫序、无名氏跋	泗水潜夫序、无名氏跋、忻德用和父跋、祝氏跋、绣谷亭主跋、己亥中秋焯跋
《杨公笔录》	无	无
《唐摭言》	柯山郑昉跋	柯山郑昉跋、朱彝尊跋、王世禛跋
《晁氏客语》	无	无
《松漠纪闻》	第二男遵跋	第二男遵跋
《岩下放言》	自序、延祐丙辰跋、朱存理跋	无
《西溪丛语》	姚宽自序、嘉靖戊申春俞汝成序	无
《苏氏演义》	无	无
《卮林》	周婴《卮语》	无
《猗觉寮杂记》	洪迈序、桐乡朱翌新序、孕茶老人序	洪迈序、桐乡朱翌新序

书名	底本	文渊阁本
《清波别志》	杨寅跋、张岩跋、楚颐正跋、徐似道跋	无
《密斋笔记》	谢采序、王宗旦序、马奕枞跋、成公策跋	谢采序、王宗旦序、马奕枞跋、成公策跋
《朝野类要》	赵升序	赵升序
《负暄野录》	茅瑞跋、樊士宽跋、王东跋、俞洪识	王东跋
《金华子杂编》	无	刘崇远序
《南部新书》	钱明逸序,延祐丙辰真子识,洪武五年清隐老人识	无
《愧郯录》	岳珂自序、岳珂跋	岳珂自序、岳珂跋
《常谈》	无	无
《齐东野语》	周密自序、戴表元序、胡文璧跋、盛杲跋	周密自序
《唐新语》	冯梦祯序、俞安期序、刘肃自序	刘肃自序

二、四库小说观念的生成

学界在研究四库小说时常常借助乾隆六十年(1795)先后刊刻的浙本、殿本《总目》,他们呈现了《总目》完整的面貌,特别是武英殿刻本,更是代表了《总目》最终的纂修成果。但《总目》自乾隆三十八年开始至六十年付梓,其间经历了长达二十余年的修订过程,小说观念和分类既非纂修开始之时所确立的,也非成于一人一时,而是经历了纂修官们长期的讨论以及总纂官的修订,才成为了我们今天所看到的样子。想要理清四库小说观念的生成过程,现存的《总目》稿本以

及相关纂修资料就成为了解答此问题的重要线索。令人感到遗憾的
是,现存的几部《总目》稿本小说家类并不完整,我们只能从这些断简
残篇中寻找有价值的信息。

　　综合相关文献,我们大致可以将四库小说观念的生成过程做如
下梳理:从采进书目开始,四库馆就已经有了一个大致的小说观念,
虽然此时具体分类以及小说观念并不严谨,但什么是小说、哪些是小
说正宗,这些基本问题在四库馆纂修官和地方负责采进人员的心中
都比较明确,所以我们没有看到采进书目中出现大量白话小说的情
况。四库馆在整理地方采进之书后,将需要校阅的书籍发放给分纂
官,分纂官负责初拟提要以及校阅工作。对此,我们可以借助现存翁
方纲参与四库纂修的相关史料来稍作分析。在翁方纲校书札记《说
部杂记》一书中,我们看到其中被列入小说者,如《芦浦笔记》《井观
琐言》《梁溪漫志》《余庵杂录》《珩璜新论》《曲洧旧闻》《佩韦斋辑
闻》《北轩笔记》《肯綮录》九篇被列入杂家类,《岁时广记》移至史部
时令类。另外,《宋景文笔记》《二老堂杂志》《木笔杂抄》《湘素杂
记》四篇没有收录,而在另外一部《苏斋纂校四库全书事略》中,翁方
纲明确提出《宣政杂录》和《大中遗事》均应列入小说家,但两书并没
有被《总目》收录。从翁方纲纂校四库文献的过程能看出,此时四库
小说观念仍然没有明确和统一,分纂官往往是根据自己对于小说的
理解来进行校阅工作,并撰写提要稿。随着纂修工作的深入开展,大
概在乾隆三十九年(1774)左右,四库馆将分纂官所拟提要收集汇总,
编成一部早期《总目》,这就是我们熟悉的《四库全书初次进呈存
目》。在《进呈存目》中出现了小说家类,但并无更为细致的分类、明
确的小说观念以及小序。而在收录作品上,《进呈存目》与后来的刻
本《总目》也有着很大差别,如史部杂史类《四朝闻见录》《程史》《挥
麈前录》《默记》、史部地理类《中吴纪闻》、史部故事类《闻见前录》、
子部杂家类《北窗炙輠录》《墨客挥犀》《独醒杂志》《耆旧续闻》《闻

见后录》《鸡肋编》《清波杂志》《癸辛杂识》等,其后都被移入小说家类。小说家类所收篇目的变动,实际上代表了四库小说观念的变化,准确地说是呈现出一种从粗疏向严谨进化的倾向。这部早期《总目》稿本进呈之后,应该又经历了修改,但目前并无相关文献的发现。在此之后形成的《总目》稿本,我们目前唯一能看到的就是上海图书馆藏本,这部《总目》稿本,不但有了更为统一的小说观念,还出现了分类和小序,是迄今为止所能见到的第一部体例较为成熟的《总目》稿本。显然上图《总目》稿本继承了此前纂修的成果,我们将其与之后的天图、国图《总目》稿本以及刻本《总目》相比较,能够看到上图稿本对后面小说家类的纂修产生了深远的影响,此后《总目》小说家类的修订都是在上图稿本及其修订稿的基础之上进行的,而且没有太多改动。所以上图稿本及其修订稿在四库小说观念生成史中有非常重要的地位,起到了承上启下的作用。也可以认为四库小说观念正式形成于乾隆四十六年(1781)左右。此后的天图、国图《总目》稿本直接继承了上图稿本的修订意见,总纂官或许是对小说家类的纂修成果较为满意,仅做了少量修订,最终呈现于乾隆六十年的刻本《总目》之中。通过对小说家类纂修过程的分析,我们可以整理出一条四库小说观念生成的路线图:采进书目→分纂稿→《进呈存目》→上图稿本→上图稿本修订稿→天津图书馆稿本→天津图书馆稿本修订稿→国家图书馆稿本→(浙本)国家图书馆稿本修订稿→殿本。

　　以上我们从宏观角度梳理了四库小说观念的生成史,而在分纂官所拟提要稿和《总目》稿本总纂官所做修订中,我们也能感受到观念的变化。在修订过程中,总纂官一直试图将小说观念进行统一,但由于古代小说自身内容“博杂”的特点,不免陷入矛盾之中,小说很难与杂史、杂家划清界限。在小说家类的修订过程中,有些作品的部类经历了多次的调整,这实际上反映了纂修官的矛盾。而小说提要内容,从最初对于文本性质的模糊判断,到最后思想统一、意见明确,也反映了四库小说观念处在一个不断完善的过程。虽然观念和标准的确立并不容易,但四库纂修官还是想用具体的作品来帮助观念和标准的确立,只要看看《总目》著录之书(不含存目)就大概可以了解纂修官心目中小说的正宗。

三、古代小说统序的建立

《四库全书》的编纂是对古代学术的系统性总结,而部类的划分同样是对古代文体(文类)的梳理,小说家类的纂修自然也不能例外,同时具有目录学和学术史双重意义,既是对古代小说文献的整理编目,也是古代小说发展过程的勾勒,具有非常重要的小说史的意义。而《总目》对于古代小说严肃、全面的总结,无论是在古代目录学史,还是学术史上都是绝无仅有的①。这是《总目》对古代小说发展做出的突出贡献。事实上,《总目》对古代小说文献和发展源流的梳理,也是在尝试建立一种统序。正如"诗统""文统""词统"一样,小说亦可称之为"说统"。

关于《四库全书》纂修的目的,在《总目》凡例中有清晰的描述,云:"是书卷帙浩博,为亘古所无,然每进一编,必经亲览,宏纲巨目,悉禀天裁。定千载之是非,决百家之疑似,权衡独运,衮钺斯昭。睿鉴高深,迥非诸臣管蠡之所及。随时训示,旷若发蒙,八载以来,不能一一殚记。谨录历次恭奉圣谕为一卷,载诸简端,俾共知我皇上稽古右文,功媲删述,悬诸日月,昭示方来,与历代官修之本泛称御定者迥

---

① 中国古代小说理论资料具有零散、感性的特点,小说的著录也缺乏系统性的梳理和小说史层面的思考。与之相比,《总目》独有的总结性质是前代书目无法比拟的,其文献整理的全面、系统也是私家目录难以企及的,而纂修的"学术性"和"严肃性"更是那些片段、感性的小说批评文字所不具备的。要之,对于古代小说发展演变的梳理以及统序建立来说,由《总目》完成这项工作具有相当的合理性。

不相同。"①《四库全书》固然有彰显清高宗稽古右文的目的，但对于传统学术而言，这是一次全面的梳理和总结，而《总目》辨章学术、考镜源流的功绩尤不可以泯灭。"闲尝论之，乾嘉诸儒于四库总目不敢置一词，间有不满，微文讥刺而已。道、咸以来，信之者奉为三尺法，毁之者又颇过当。愚则以为提要诚不能无误，然就其大体而言，可谓自刘向《别录》以来，才有此书也。"②余氏所论颇为公允。从《总目》小说家类中所确立的分类、观念来看，四库纂修官综合历代著录，并进行了适当的调整。这一方面，在《总目》凡例中也有明确的交代，是我们了解四库纂修原则的重要资料，故不必繁琐，迻录数则于下：

　　一、自《隋志》以下，门目大同小异，互有出入，亦各具得失，今择善而从。如诏令、奏议《文献通考》入集部，今以其事关国政，诏令从《唐志》例入史部，奏议从《汉志》例亦入史部，《东都事略》之属不可入正史，而亦不可入杂史者，从《宋史》例立别史一门。《香谱》《笋谱》之属，旧志无所附丽，强入农家，今从尤袤《遂初堂书目》例立谱录一门。名家、墨家、纵横家历代著录各不过一二种，难以成帙，今从黄虞稷《千顷堂书目》例并入杂家为一门。又别集之有诗无文者，《文献通考》别立诗集一门，然则有文无诗者，何不别立文集一门？多事区分，徒滋繁碎，今仍从诸史之例，并为别集一门。又兼诂群经者，《唐志》题曰"经解"，则不见其为群经。朱彝尊《经义考》题曰"群经"，又不见其为经解，徐乾学通志堂所刻，改名曰《总经解》，何焯又讥其杜撰。今取《隋志》之文名之曰《五经总义》。凡斯之类，皆务求典据，非事更张。

----

① ［清］纪昀等：《钦定四库全书总目》，中华书局，1997 年，第 31 页。
② 余嘉锡：《四库提要辨证》，中华书局，2007 年，第 48 页。

一、焦竑《国史经籍志》多分子目,颇以饾饤为嫌。今酌乎其中,惟经部之小学类,史部之地理、传记、政书三类,子部之术数、艺术、谱录、杂家四类,集部之词曲类,流派至为繁夥,端绪易至茫如。谨约分小学为三子目,地理为九子目,传记为五子目,政书为六子目,术数为七子目,艺术、谱录各为四子目,杂家为五子目,词曲为四子目,使条理秩然。又经部之礼类,史部之诏令奏议类、目录类,子部之天文算法类、小说家类,亦各约分子目,以便检寻,其余琐节概为删并。

一、古来诸家著录,往往循名失实,配隶乖宜。不但《崇文总目》以《树萱录》入之种植,为郑樵所讥。今并考校原书,详为厘定。如《笔阵图》之属,旧入小学类,今惟以论六书者入小学,其论八法者不过笔札之工,则改隶艺术。《羯鼓录》之属,旧入乐类,今惟以论律吕者入乐。其论管弦工尺者,不过世俗之音,亦改隶艺术。《左传类对赋》之属,旧入春秋类,今以其但取俪词,无关经义,改隶类书。《孝经集灵》旧入孝经类,《穆天子传》旧入起居注类,《山海经》《十洲记》旧入地理类,《汉武帝内传》《飞燕外传》旧入传记类,今以其或涉荒诞或涉鄙猥,均改隶小说。他如扬雄《太元经》,旧入儒家类,今改隶术数。俞琰《易外别传》,旧入易类,今改隶道家。又如《倪石陵书》名似子书,而实文集,陈埴《木钟集》名似文集,而实语录。凡斯之流,不可殚述,并一一考核,务使不失其真。

一、《七略》所著古书,即多依托,班固《汉书·艺文志》注可覆按也。迁流洎于明季,讹妄弥增,鱼目混珠,猝难究诘。今一一详核,并斥而存目,兼辨证其非,其有本属伪书,流传已久,或掇拾残剩,真赝相参,历代词人已引为故实,未可概为捐弃,则姑录存而辨别之。大抵灼为原帙者,则题曰某代某人撰,灼为赝造者,则题曰旧本,题某代某人撰,其踳误传讹,如吕本中春秋传,旧本称吕祖谦之类,其例亦同。至于其书虽历代著录而实一无可取,如《燕丹子》、陶潜《圣贤群辅录》之类,经圣鉴洞烛其妄者,则亦斥而存目,不使滥登。

一、九流自《七略》以来即已著录,然方技家递相增益,篇帙日繁,往往伪妄荒唐,不可究诘。抑或卑琐,微末不足编摩。今但就四库所储,择其稍古而近理者,各存数种,以见彼法之梗概,其所未备,不复搜求。盖圣朝编录遗文,以阐圣学明王道者为主,不以百氏杂学为重也。①

　　《凡例》是《总目》纂修的总体原则,小说家类自然也必须遵循此例。古代小说经过了千余年的发展,在文体、内容方面都出现了诸多变化,小说常常与杂史、杂家牵混不清,游移于其中。《总目》纂修的主要工作就是要正本清源、拨乱反正,实际上是要确立小说统序。小说在数千年的发展过程,存在诸多含混不清的现象,尤其是纂修官在面对明代"混乱"的小说观念时,这一任务尤为重要。所谓"统序",正是"从中唐以来开始强化的倾向,道有道统,文有文统,诗有诗统,至明代,思想上归为程朱理学,并见诸科举考试,自不待言,文坛上七子的'文必秦汉'、'诗必盛唐'说,归有光诸人的推崇唐宋八大家说等等,无不是争统序、见体系的做法"②。小说虽然无法像传统诗、词、文等雅文学那样,具有源流清晰、体系完整的特点,但作为一种有着千年发展历史的文体,小说也曾经试图像诗、词那样确立自己的统序。由于诗、词理论的发达,其统序观念更多的是在相关理论著作中得以体现,而小说作为稗官小道,始终被传统文人轻视,更不要提小

---

① ［清］纪昀等:《钦定四库全书总目》,中华书局,1997年,第31—33页。
② 张宏生:《统序观与明清词学的递嬗——从〈古今词统〉到〈词综〉》,《文学遗产》2010年第1期。

说理论的建设。不过自宋代以来,尤其是明清时期,小说家也在有意无意之间建构属于小说的理论体系。笔者认为小说的统序建构主要在三个方面,分别是:古典目录小说家类,小说序跋,小说选本。作家常常在序跋中强调小说与史家、杂家的关系,以及对于小说发展演变的讨论,本身就具有建构小说统序的意义。而明清时期出现的众多选本,也在一定程度上起到了建构体系的作用。但不得不承认,因为小说理论方面的杂乱无章、粗疏空泛,以及小说地位的低下,小说统序并不清晰,甚至不能称之为"统序"。在上述小说统序建构的方式中,传统目录小说家类是最稳固,也最具有体系的一种。小说自《汉志》以降,在长期的发展过程中,虽然本体牢固,但也出现了标准和概念不统一的现象,明代的小说著录尤其如此。纂修官正是看到了这种现象,试图通过《总目》达到治乱与正体的目的。事实表明,《总目》不仅很好地总结了小说的发展变化,还起到了端本正源的效果。如果小说确有统序,那么《总目》对于小说统序的建立来说无疑是居功至伟的。对于作家、作品的择汰,这种选择的背后无疑包含了一种对于"体"的认识。正如清人利用选本试图为词建立统序一样,"后人在树立典范人物时,都会按照各自的视角与需求加以挑选、排列和阐释,从而建成一个个自足的系统,是谓之'统序'。虽然统序是经过剪裁与加工后的'传统',却同样具有强大的影响力……让读者通过入选词人的作品数量和风格倾向等,潜移默化地接受所建统序的真实性与权威性"①。《总目》虽然是文献目录,但在建立统序的思想上与词并无二致,两者的目的也都是想借助统序来为后人开示门径、指点迷津。而与清词不同的是,小说更多的是通过目录建立一种属于小说的秩序、典范、权威。此外,清词的选本更具有主观性,人为因素较为突出,而通过目录所建立的小说统序则是对于传统的恢复和

---

① 沙先一:《选本批评与清代词坛的统序建构》,《文学评论》2017年第5期。

总结。

　　清末民国,受西方文学观念的影响,一批学者开始借用西方小说观念来建构中国古代小说的体系,于学术研究而言,自有其不可取代的价值,但其带来的弊端也在后来的古代小说研究中不断显现。而回顾这段"以西律中"的历史,颇有讽刺意味的是,西方小说观念的深远影响,颇有赖于文学巨匠鲁迅,以及《中国小说史略》这样的经典。对于诗统、文统、词统的建立来说,名家、名作无不起到了重要的作用,而对于古代小说而言,这恰恰是古代小说统序建立过程中所缺乏的因素。而古代与近代小说统序建构的强烈对比,实际上是小说地位的不同所带来的后果。

　　传统中国小说并非文学文体,如果从今天文学学科的角度来进行相关研究,或许难以揭示其本质特征,甚至与史实南辕北辙。在这种研究背景下,寻找适合中国古代小说的研究视角、方法以及思维理路就显得尤为重要。结合中国古代小说自身特点,笔者认为打破学科的界限、突破传统的文学研究思维,从史学和文献学出发,梳理古代小说的发展演变过程,对于古代小说研究而言,是一次颇有意义的尝试。

附录一　四库小说底本知见书录

凡　例

一、本《书录》以四库小说底本和进呈本作为主要收录范围。关于底本和进呈本的辨识,主要通过书衣所钤军机处朱文长方木记、首叶所钤"翰林院印"满汉文官印或"翰林院典簿庭关防"朱文长方印、"备选书籍"朱文长方印等印记为基本依据,同时结合书中四库纂修官所进行的朱墨笔校改、粘签、夹签等进行判断。

二、《四库全书总目》前后经历了二十余年的修订过程,小说分类多游移于小说和杂家之间,反映了四库小说分类上前后的变化,故凡曾著录于现存《总目》稿本、《四库采进书目》《浙江采集遗书总录》等目录小说家类的进呈本和底本均予以收录。

三、各书著录内容包括书名、卷数、作者、索书号、馆藏单位、板框高宽、行款、版式、刻工、牌记、序跋、卷端书名、题署、递藏源流、藏家信息、藏书家题跋、钤印、著录等,以上如未能获得相关信息,则付之阙如。

四、是编所著录的各书版本均以经眼为主,若未能经眼则首先选择高清影像资料,次之胶卷,再次影印资料。若无以上资源,而前人对某一版本有所介绍的作品,亦酌情征引。影印之本不做单独著录,附于所据底本之后,以便他人查阅。

　　五、《四库全书总目》最初由分纂官负责校勘以及撰写提要稿，今人称为"分纂稿"，四库分纂稿不仅反映了《总目》早期的编纂史，还体现了分纂官的文体观念，对于我们理解四库小说的分类有所助益。故《书录》亦将现存分纂稿转录于此，以明分类之演变。

　　六、凡著录内容原文有缺处或无法辨识，皆以□代替。

　　七、收藏单位多次出现，则使用简称，如国家图书馆、上海图书馆、华东师范大学图书馆，简称为"国图""上图""华东师大"。

　　八、所引序跋中有异体字或俗体字，皆据原本抄录，以存原貌。

《春寒闲记》一卷,不著撰者姓名。

上海图书馆藏清初抄本,一卷,一册。索书号:759432。

半叶九行,行十八字,无格。书高 27.2 厘米,宽 17.9 厘米。正文卷端题"春寒闲记",下有小字"醋中客"。

首页钤"翰林院印"满汉文官印。

书后有跋云:"一春酷寒,风又颠甚,每饮酒数杯以敌之,薄醉小狂,间命砚写三两条,或意有所触,亦缀一肤语,错杂不伦,聊以表吾闻而已,入夏以来,更欲别有经营,遂识而庋之,颇结此居。约三十一纸。岁辛酉三月二十五日灯下记,德水。"次有清历鹗跋:"雍正甲辰九月一日在京师游慈仁寺,集上买得此帙。琐缀前人说部中语,亦有可观。寓舍无书,正如空谷跫音,辄为欣喜。跋云德水,未知何人,得毋德州卢氏子乎。钱塘城东历鹗太鸿记。"知此书系从历鹗藏本抄出。关于此书作者,杜泽逊《四库存目标注》云:"史称世淮读书剧饮,佯狂肆志。此书德水跋称'一春酷寒,风又颠甚,每饮酒数杯以敌之,薄醉小狂,间命砚写三两条。'正与史合。卷前大题下署'醋中客',亦正相应,知历氏推测可信。"①周潇《卢世及明清德州卢氏文学成就论略》中亦有此推测②。作者或即为德州卢世德。《四库全书存目丛书》即据此本影印。

查吴尉祖校订《四库采进书目》著录《两淮盐政李质颖呈送书目》中载有此书,不著撰人。应即此本。

《杨公笔录》一卷,宋杨彦龄撰。

国家图书馆藏明抄本,一册。善本书号:11105。

---

① 杜泽逊:《四库存目标注》,上海古籍出版社,2007 年,第 1978、1979 页。
② 参见周潇:《卢世及明清德州卢氏文学成就论略》,《东方论坛》2017 年第 4 期。

半叶九行,行二十字,蓝格,白口,四周单边,单鱼尾。首卷卷端题"杨公笔录,朝奉郎致仕杨彦龄撰"。

书衣钤有"乾隆三十八年十一月浙江巡抚三宝送到范懋柱家藏杨公笔记一部计书一本",书前有目录,首页钤"翰林院印"满汉文大方印、"曾在赵元方家"朱文长方、"仲吉之章"白文方印、"金清子雅玩"朱文椭圆印等。此书为四库进呈本。

《翁方纲纂四库提要稿》中著录此书,可知分纂稿为翁氏所纂,提要云:"谨案:《杨公笔录》一卷,宋朝奉郎致仕杨彦龄著。说部只有考订者,颇留意于《说文》之学。抄本,凡二十四页,中多脱误。玩其语,则熙宁中尝随侍在成都,元丰中为山阴尉、滏阳令,又尝宰上元,移武进。又云,元祐三年夏待试兴国。岳珂《九经三传沿革例》云,《馆阁书目》二卷,元丰中杨彦龄撰。盖即其人也。应抄录之。"①由分纂稿可知,翁氏认为此书应该著录于小说家类,后又移入杂家类。

《唐摭言》十五卷,五代王定保撰。

台湾图书馆藏清初抄本十五卷,两册。索书号:310.21 08275。

半叶九行,行二十字,小字双行同。书高27厘米,宽17.8厘米。

书内有近人邓邦述手校并题跋云:"庚申岁暮,由沅叔同年丐介得此书,为法时帆祭酒故籍,且有竹垞一印、尺凫二印,殆康熙时抄本也。沅叔书来云抄手甚佳,为生平所仅见,实则沅叔醉心宋元,若论抄之工拙,则余架中可与抗衡者尚多,惟此书较雅雨堂刻本为胜,《学津讨原》本不知如何,余无此书,他日当一对勘,始见优劣。频年贫困,得此亦聊足馈岁,不敢望双鉴楼酒脯之祭也。越岁辛酉人日写记。群碧翁。""越日再遇沅叔于厂肆,知此书十一卷任华三书,他刻

① [清]翁方纲撰,吴格整理:《翁方纲纂四库提要稿》,上海书店出版社,2006年,第533页。

皆错简,此独不然,其为善本无疑。试灯日,正闇又记。”“余归吴中,
乃交楚生莫丈,乐数晨夕。楚翁藏书甚精,案头见抄本极富,一日见
《唐摭言》,有春草闲房印,知为金俊明孝章藏书,蓝格宣纸,确是明
抄,因借归校之,颇多是正,从此可称善本。江楼兀坐,安得良友日日
饷以异书,使余销磨此垂老光阴耶? 甲子夏至,正闇校毕记。”此三则
跋文收录于《群碧楼善本书录》,而文字稍异。

钤有“群碧楼”朱文长方印两枚、“精抄校本”朱文长方印、“希古
右文”朱文方印、“蝉华”朱文方印、“吴焯之印”白文方印、“尺凫”朱
文方印、“竹垞”朱文椭圆印、“翰林院印”满汉文大方印、“诗龛书画
印”朱文长方印、“不薄今人爱古人”白文长方印等。知此书曾经朱
彝尊、法式善、吴焯、邓邦述递藏。

《笔丛正集》三十二卷,明胡应麟撰。

国家图书馆藏明万历三十四年(1606)吴勉学刻本,十四册。善
本书号:A01491。

半叶十行,行二十字,细黑口,左右双边,单鱼尾。版心上题“笔
丛”或“笔丛卷某”。中题部类名称。书前有万历三十四年黄吉士
序,次万历丙午冬孙居相序,次陈文烛《余集序》,次《正续笔丛目
录》,《目录》首页题:“正续笔丛目录,安定胡应麟著,新城邓渼,殷城
黄吉士,沁水孙居相同校,新安吴勉学阅刻。”次万历乙丑孟秋胡应麟
《经籍会通引》。正文首卷卷端题:“经籍会通一笔丛甲部,安定胡应
麟著。”

黄吉士序文首页钤有“翰林院印”满汉文官印、“延古堂李氏珍
藏”长方双龙纹印。《四库提要著录丛书》即据此本影印。山西大学
图书馆亦藏是刻,书高27厘米,宽17厘米。板框19.7厘米,宽14.1
厘米。钤“奇龄手印”“西河”“陆氏叁间草堂藏书”“慈溪冯氏醉经阁

图籍""五桥珍藏""萧山陆芝荣藏书"等①。知此书曾经毛奇龄、冯云濠、陆芝荣递藏。

李之郇（1821—1850）字伯雨，安徽宣城人。建有藏书楼"佞汉斋""江城如画楼""瞿硎石室"等，藏书印有"宣城礼氏瞿硎石室图书记""宛陵李之郇藏书印""佞汉斋藏宋元椠经籍记""李伯雨校定""江城如画楼""行行万里""伯雨手校""延古堂李氏珍藏"等。其藏书多珍善之本，晚年所藏散后归丁丙八千卷楼庋藏甚多，傅增湘、罗振常亦有其旧藏。

《冀越集记》一卷，元熊太古撰。

国家图书馆藏清抄本《冀越集》一卷。善本书号：A01484。

半叶十行，行十八字，无格。版心上题"冀越集"，书前有至正乙未前史官至江西行省郎中豫章熊太古序。

书衣钤有"乾隆三十八年　月两淮盐政李质颖送到熊太古冀越集一部计书一本"木记。序文首页钤有"翰林院印"满汉文朱文官印。书后有《余生得二十幸》。按：此书即《冀越集记》，为国图藏清乾隆四十七年（1782）吴翼凤抄本之前集。《四库全书存目丛书》据此本影印。

《黄丕烈藏书题跋集》中收录《冀越集记》前后二卷旧抄本跋文，云："余初得一旧刻本《冀越集》，不分卷数，因上'有不寐道人'印，知为金孝章所藏书，其书必非无用者。后阅钱辛楣先生《补元史艺文志》，于杂家类载有熊太古《冀越集记》二卷，疑此非全书，后果收得吴枚庵手抄本，又有《后集》，并多序文一通。检枚庵跋，知无后卷者乃伍氏刻本也。缘校刻本异同于前卷上，钞本殊胜刻本，想抄所自出

---

① 张梅秀、何满红、刘秀荣编著：《山西大学藏珍贵古籍图录》，三晋出版社，2012 年，第 73 页。

定为元刻矣。甲子十一月冬至前夕,新寒,昨暮得微雪,雾色映窗。尧圃。"①此书另收录古欢堂抄本《冀越集》前后二卷附《相宅管说》跋文,云:"右《冀越集》二卷,元熊太古撰。太古,丰城人,天慵先生朋来之子,篇末所引《瑟谱》及《家集》皆朋来所著也。余旧藏明伍氏刻本无后卷。乾隆壬寅六月,借蒋氏赋琴楼所藏吴匏庵本录全。是年九月,又得武林鲍氏知不足斋本校雠误脱,遂并录而识之如此。太古表字莫考,所书二十事,可作小传读,不啻太史公自序云。明年二月晦日雨窗吴翌凤书。旧抄本校,著于上方,复翁。戊辰四月二十有二日,至上津桥骨董铺观西庄王氏所散之书,中有旧抄本熊太古《冀越集记》二册,携归校阅,纪其同异于上方。旧钞每叶十八行,每行二十字,本文较标题空一格,有抬头处须出格也。每卷首《题冀越集记》,次行、三行多撰校人名,载其式如右。余案此抄所自出,遇世皇等出格,似元刻,然开卷'元朝军制','元'不称'国',又何耶? 抑抄者后改耶? 再虞城金矩野校,不知何朝人,俟考之。复翁黄丕烈识。"②

《灼薪剧谈》二卷,明朱承爵撰。

国家图书馆藏明抄本《灼薪剧谈》两卷,一册。善本书号:11099。半叶十一行,行二十字,白口,四周单边,蓝格。

书前序云:"正德癸酉腊大雪浃旬,裂肤严寒,承爵与二三文士,坐集瑞斋,拥炉夜话,宾主互答,奇险溢发,不觉忘寐,既而鸡既鸣矣。各抱被就枕,次晨剔冻墨追忆得若干则,辄录成书,因名为《灼薪剧谈》云。朱子儋记。"正文卷端题"灼薪剧谈卷上",钤"翰林院印"满

---

① 黄丕烈撰,余鸣鸿、占旭东点校:《黄丕烈藏书题跋集》,上海古籍出版社,2013年,第896页。

② 黄丕烈撰,余鸣鸿、占旭东点校:《黄丕烈藏书题跋集》,上海古籍出版社,2013年,第815页。

汉文大官印、"无悔斋藏"朱文长方印等。知此书曾经赵元方收藏。
《浙江采集遗书总录简目》中著录有"《灼薪剧谈》二卷,写本"①。未
知是否为此本。

《野记》(又名《枝山野记》)四卷,祝允明撰。

清华大学图书馆藏明蓝格抄本,作《枝山野记》,四卷。一函 2
册,索书号:己 260 善/6025。

半叶十行,行二十六字至二十八字不等。无序跋。

首叶钤"翰林院印"满汉文大官印。卷内又钤"子晋""汲古主
人""史树骏印""庸庵""凝晖堂"等印记。书经修补装为二册,原书
衣佚去。其翰林院印刻工粗糙,印色暗淡,边长 10.9 厘米,较真印边
长 10.35 为大,显系伪印。对于该印,刘蔷《"翰林院印"与四库进呈
本真伪之判定》已有考辨②。

《龙川别志》八卷,宋苏辙撰

甘肃图书馆藏明蓝格抄本,一册。索书号:365。

曾雪梅《甘肃省图书馆藏四库采进本考述》对该书进行介绍,云:
"卷前有目录,卷端首行题'苏黄门龙川别志第一',卷末题'龙川别
志第八',明蓝格抄本,半叶十行,行二十一字,白口,单蓝鱼尾,四周
单边。封面钤盖朱文木记'乾隆三十八年十一月浙江巡抚三宝送到
范懋柱家藏龙川别志一部计书一本',木记长 9.8 厘米,宽 6.25 厘
米。书首页上方钤'翰林院印'满汉朱文方印,印长宽均为 10.35 厘
米,外廓 0.95 至 1 厘米之间。收藏印有'浚仪'朱文圆印、'赵弍不

---

① 吴慰祖校订:《四库采进书目》,商务印书馆,1960 年,第 265 页。

② 参见刘蔷:《"翰林院印"与四库进呈本真伪之判定》,《图书馆工作与研究》
　 2006 年第 1 期。

穷'白文方印。"①曾氏又对此书的进呈情况进行了考述,可参看。此书著录于《甘肃省图书馆古籍善本书目》。

《笔史》二卷,杨思本撰。

国家图书馆藏清抄本,二卷,一册。善本书号:A01466。

半叶七行,行十八字,无格,版心上题"笔史内编(外编)"。正文卷端题:"笔史内编,盱郡杨思本因之纂。"书前有万历乙卯孟春临川丘兆麟《笔史题辞》、甲寅朱夏弟思贞《笔史纪事》。后有目录及《笔史凡例》,分为内外两编。《笔史凡例》七条,第七条云:"是编出于游戏之余,不无挂漏之失。"

首叶钤有"翰林院印"满汉文官印、"国立北平图书馆收藏"朱文方印。

书末有四库纂修官郑际唐所撰提要稿:"谨案《笔史》二卷,明杨思本撰。思本字因之,建昌新城人。志笔之始末,分内外篇,内篇有原始、定名、属籍、结撰、效用、膴秩、宠遇、引退、告成,外篇有征事、述赞等目。纂修郑。"此提要稿又在原文基础上经过他人修订,修订稿:"谨案《笔史》二卷,明杨思本撰。思本字因之,建昌新城人。志笔之始末,分内外篇,内篇之类凡九,曰原始、定名、属籍、结撰、效用、膴秩、宠遇、引退、告成,外篇之类凡二,曰征事、述赞。体例近于纤巧,亦多挂漏。前有万历乙卯丘兆麟题辞及思本所撰凡例七条。纂修郑。"此提要稿之左侧钤有"存目"印记,而右侧又题"已办"字样。可见四库提要稿之纂修过程以及体例。此提要稿著录于《四库提要分纂稿》之中,然此书转录直接用修订稿,而未录原稿,使读者不知还有郑氏原稿,颇为鲁莽。此提要稿撰写实间较早,与同样较早的四库提要汇编之作《四库全书初次进呈存目》相比,则文字大不相同,云:

---

① 曾雪梅:《甘肃省图书馆藏四库采进本考述》,《图书馆杂志》2020 年第 9 期。

"明杨忍本撰。忍本字因之,江西建昌人。其书内编一卷,分原始、定名、属籍、结撰、效用、膺秩、宠遇、引退、考成,外篇一卷,分征事上、下及述赞三门。大旨由韩愈《毛颖传》而推衍之,杂引典故,抄撮为书,不以著作论也。"后《四库全书总目》即照录此提要,未加修改。杜氏《四库存目标注》又有详说,云:"《总目》显然之误有三:原书有万历丘兆麟题辞,则著者显是明人,而《总目》误题清,一也;著者杨思本,《总目》误题杨忍本,二也;内篇有'告成'一类,《总目》误作'考成'三也。"《总目》之误,盖因袭《四库全书初次进呈存目》之故。然《进呈存目》尚题"明杨忍本",时代不误,而《总目》改为"国朝",另有其因? 亦未可遽定。《四库全书存目丛书》即据此本影印。此外,《藏园群书经眼录》云:"《笔史》二卷,明杨思本辑。明刊本,题'盱郡杨思本因之纂'分内外编,内编述笔之源流,外编则征事也。前有万历乙卯临川邱兆麟跋,又思贞纪事,又凡例七条,钤两淮盐政李质颖送书木记及翰林院印(邃雅斋取阅,丙子九月七日)。"①杜氏《四库存目标注》云"傅增湘所见今不知去向",此本今藏于日本关西大学图书馆。一册。钤有"乾隆三十八年七月两淮盐政李质颖送到杨思本笔史一部计书一本""翰林院印"满汉文官印。

《黄谷谳谈》四卷,明李裒撰。

台湾图书馆藏清乾隆三十八年(1773)两淮盐政李质颖进呈旧抄本,四卷。两册。索书号:308 07403。

半叶九行,行十九字,小字单行同,无格。页高 28.1 厘米,宽 18.2 厘米。正文卷端题"黄谷谳谈卷一,顺阳李裒子田甫著"。

封页有军机处木记"乾隆三十八年七月两淮盐政李质颖送到李裒黄谷谳谈一部共计一本",正文首叶钤有"翰林院印"满汉文官印。

---

① 傅增湘:《藏园群书经眼录》,中华书局,2009 年,第 546 页。

书前有邓邦述跋云:"明人说部虽繁,然多记当代掌故,此编独殚洽百家,其读书记问之功深矣,惟略近芜琐耳。世无刊本,此乃四库征书时,两江盐政李质颖采进本,书面有木记,首叶有翰林院印,皆可证也。院久不存,留此可备后来考订。群碧居士,甲子二月。""此书久佚,有人来乞抄而传刻者,因粗校一过,付之抄胥,尚不能谓毫无疑义也。书中诋朱子处屡见,知四子注为儒者所不许者久矣。其尊孔子,谓性与天道之旨实契黄老之真,訾儒门沾沾于浅易而于深者终身蒙焉,此论实获我心,非一孔之见,漫诋宋儒者所可比也。丙寅五月廿一日,群碧校毕记。"钤有"群碧楼"朱文方印、"毗陵董康鉴藏善本"白文方印。邓邦述跋文后收入《寒瘦山房鬻存善本书目》①。此书书名今著录多作"琐谈",实为"謏谈"之误。

《戏瑕》三卷,明钱希言撰。

台北故宫博物院藏明万历癸丑(1613)新野马氏刻本三卷,三册。索书号:7199。

半叶八行,行十六字,白口,单黑鱼尾,四周双边,版心上题"戏瑕"。书前有钱氏自序。正文卷端题"戏瑕第一,甄胄钱希言撰、新野马之骏校"。

封页钤有"乾隆三十八年十一月浙江巡抚三宝送到鲍士恭家藏戏瑕一部计书三本"长方木记,首叶钤"翰林院印"满汉文大官印。此为四库进呈本。《原国立北平图书馆甲库善本丛书》据此本影印。安徽图书馆亦藏有此刻本,然无序言。《续修四库全书》《四库全书存目丛书》均据安徽图书馆藏万历刻本影印。上图亦藏是刻。《"国立中央图书馆"典藏国立北平图书馆善本书目》有著录。

---

① 邓邦述:《群碧楼善本书录　寒瘦山房鬻存善本书目》,上海古籍出版社,2014年,第535页。

《古杭杂记》四卷，元李有撰。

台湾图书馆藏传抄元刊本《新刊古杭杂记诗集》四卷，一册。索书号：310. 21 08578。

半叶八行，行二十字，无格。页高 23. 5 厘米，宽 14. 2 厘米。书前有目录，卷端题"新刊古杭杂记诗集总目，一依庐陵正本"，末云："宋朝遗事一新绣梓求到续集，陆续出售与好事君子共之。"

目录首页钤有"翰林院印"满汉文朱文大方印、"壹是堂读书记"朱文方印等。"壹是堂"应为清苏州藏书家金可垛藏书室，知此书曾经金氏旧藏。首卷卷端题"新刊古杭杂记诗集一卷"。

《才鬼记》十六卷，明梅鼎祚撰。

上海图书馆藏明万历三十三年（1605）蟫隐居刻《三才灵记》本《才鬼记》十六卷，五册。索书号：线善 859294—98。

半叶九行，行十八字，小字双行同，白口，单鱼尾，左右双边。写刻。书前有万历甲辰十月梅鼎祚自序，末题"宛陵刘大德镌"。刘大德为明末刻工，《古本戏曲丛刊》三集第 3 册收录明万历金陵陈氏继志斋刊本《重校十无端巧合红蕖记》，此书第一幅插图署名"新安何龙画，宛陵刘大德镌"。该书上函题"四库发还本明刻才鬼记"。《才鬼记》另有一卷本流传于世，经李剑国考辨，实为伪书①。此书序后有目录。

首页题"三才灵记第一种，蟫隐居镌"，末云：

予戏辑《三才灵记》，是记其一尔，一为才神，一为才幻，而才

---

① 李剑国：《唐五代志怪传奇叙录》（增订本），中华书局，2017 年，第 1683—1685 页。

幻复有仙幻、梦幻、妖幻、精幻之目。妖幻则似鬼而非,然又非精液。彼为梦而确知谁何,若谞良夫、韦琳、王由之属,即系才鬼,他具梦幻其间,或由好事,或互讹传,若剪灯、耳谈之属,无是乌有,聊亦兼收,正犹苏长公要人说鬼,岂必核实,且此特以文词而已。迩时载记奇分出,谯陋厌观,固所简斥矣。乩语甚多,不暇悉录,尚俟后编。乙巳春社日刻成因志。

首卷题"才鬼记卷一,汝南梅鼎祚禹金辑"。钤"余姚谢氏永耀楼藏书"朱文方印,知此书为谢光甫旧藏。又钤"翰林院印"满汉文印,为四库进呈本。《四库全书存目丛书》即据此本影印。台北故宫博物院亦藏有此刻本,两函十册。板框高 19.4 厘米,宽 12.2 厘米。白棉纸,有抄补。为北平图书馆旧藏,《原国立北平图书馆甲库善本丛书》据此本影印。

《志怪录》五卷,祝允明撰。

国家图书馆藏明万历四十年(1612)祝世廉刻本《祝子志怪录》,五卷,一册。善本书号:A01537。

半叶九行,行二十字,白口,四周双边。正文卷端题"祝子志怪录卷一,吴祝允明希哲撰,豫章祝耀祖述之校",书前有万历壬子仲春既望钱允治《枝山志怪序》,次己酉冬十月既望祝允明《志怪录自序》,次《目录》,目录末叶题"曾孙男世廉谨辑",版心上题"祝子志怪录"。

关于此书,陈国军《祝允明〈祝子志怪录〉真伪考辨》一文中认为并非祝允明所作,云:"《祝子志怪录》五卷,并不是祝允明单独撰写的一部志怪小说集,它是其曾孙祝世廉伙同钱允治等,将祝允明正德年间创作的《语怪四编》中的部分佚文汇集起来,再撮拾祝允明弟子侯甸嘉靖年间《西樵野纪》中的 35 篇故事,以及如祝允明的《九朝野记》、王鏊的《姑苏志》、陆粲的《庚巳编》、周静轩的《湖海奇闻》等其他作品,攒辑而成的一部伪书。"①

《月河所闻集》一卷,宋莫君陈撰。

上海图书馆藏明抄本,一册。索书号:线善 757908。

半叶九行,行二十字,蓝格,四周单边,白口,单鱼尾。板框高
20.2 厘米,宽 14.3 厘米。正文卷端题"月河所闻集,吴兴莫君陈"。

正文首页钤"翰林院印"满汉文官印、"彊邨"朱文方印、"榆生珍
藏"朱文方印。此书曾为朱祖谋、龙榆生递藏。书衣钤"乾隆三十八
年十一月浙江巡抚三宝送到范懋柱家藏月河所闻集一部计一本"木
记。陈先行《中国古籍稿抄校本图录》著录此书,并云此书曾经范氏
天一阁收藏②。

李慈铭《越缦堂读书记》咸丰辛酉(1861)九月十一日记云:"阅
宋人《月河所闻集》。君陈吴兴人,书仅十余页,皆记北宋时杂事,兼
及细琐物类。抄本讹缺甚多,几不可读,为之闷闷。"③

《玉堂荟记》一卷,明杨士聪撰。

国家图书馆藏清抄本,一卷,一册。索书号:10139。

半叶十行,行二十二字,黑格,粗黑口,四周双边,单鱼尾。书前
有崇祯十六年(1643)自序。

序文首页钤"翰林院印"满汉文官印、"北平黄氏万卷楼图书"朱
文长方印、"柯逢时印"白文方印等。正文卷端题"玉堂荟记卷一,荷
水杨士聪朝彻撰"。《四库全书存目丛书》据此本影印,《续修四库全

---

① 林伦伦:《饶学研究》第 2 卷,暨南大学出版社,2015 年,第 211 页。
② 陈先行:《中国古籍稿抄校本图录》(抄本卷),上海书店出版社,2014 年,第
　 303 页。
③ [清]李慈铭著,由云龙辑,本社重编:《越缦堂读书记》,上海书店出版社,
　 2001 年,第 661 页。

书》据《嘉业堂丛书》四卷本影印。

《异林》十六卷,明朱睦㮮撰。

山东省图书馆藏明帅廷镆桐城刻本。二册。

此书笔者未见,唐桂艳《山东省图书馆藏〈四库全书〉进呈本考略》对该书情况做了详细介绍,兹将提要转录于此:

> 十行二十字,白口,左右双边。卷一首页版心下有写工刻工姓名:"南昌黄袍写,邹邦畿刻。"通篇朱笔圈点、朱墨笔批校。书衣戳记佚去。首页有"翰林院印"。又有"芑治"、"心翼"二印。查《四库采进书目》,《异林》有两个进呈本,一是十卷本,作者为明代支允坚,两淮盐政李呈送。《四库全书总目》入《存目》子部杂家类,注明"河南巡抚采进",与《四库采进书目》著录不同,不知是哪个有误。另一部是十六卷本,作者为朱睦㮮,河南省呈送。《四库全书总目》入《存目》子部小说家类,注明"河南巡抚采进本",作者也是朱睦㮮,盖即此本。只是《四库采进书目》和《四库全书总目》著录的作者都为朱睦㮮,与原书不同。今见原书,可证《四库采进书目》和《四库全书总目》有误。书中批校不知为何人,有"萬曆"改"萬歷"的,盖为避高宗弘曆讳,由此臆测校改者可能为四库馆臣。书中还夹有红色签条一纸,纸中间有大字墨记"朱琦",两旁墨笔书:"此明朱谋㙔《异林》十六卷,似应入类书类,与《总目》百廿八卷七页杂家存目五所收明支允坚《异林》十卷,非一书,已签彼。"朱琦为道光十五年进士,曾任翰林院编修。此书后归杨氏海源阁,1946年,随海源阁2200余部书一起入藏山东省图书馆。

此书又收录于《山东省图书馆馆藏珍品图录》,注明此书板框高

19.9 厘米,宽 14.4 厘米①。武新立《明清稀见史籍叙录》亦著录此刻本。《四库全书存目丛书》据北京大学刻本影印。

《晁氏客语》一卷,宋晁说之撰。

国家图书馆藏明弘治十四年(1501)华珵刻《百川学海》本,一册。善本书号:17692。

半叶十二行,行二十字,白口,左右双边。正文卷端题"晁氏客语"。

是书内护页有纂修官所拟四库提要稿,云:"臣等谨案,《晁氏客语》一卷,宋晁说之撰。说之有《儒言》,已著录。是书乃其札记杂论,兼及朝野见闻,盖亦语录之流。条下间有夹注,如云'右五段张某',又云'第(修订为"右")四段刘快活',又有'李及寿朋述志'诸名氏,盖用苏鹗《杜阳杂编》之例,每条必记其所语之人,所谓'客语'也。其中议论多有关于立身行己之大端,所载熙、丰间名流遗事,大都得自目击,与史传亦可互相参证。其说或参杂儒禅,则自晁迥以来家学相传,其习尚如是,所与游之(黄庭坚前添"苏轼"二字)黄庭坚等友朋所讲,其议论亦如是。此蜀党之学,所以迥异于洛党,亦毋庸执一格相绳。惟解经好为异说,如以《孟子》所称巨擘为即蚓之大者。以既入其苙之苙为香白芷,云豚之所甘。皆有意穿凿,与王氏《新经义》何异?未免为通人之一蔽尔。"钤有"继视印"白文方。

末卷末叶有王国维跋,云:"此明弘治十四年无锡华氏重刊《百川学海》本,前录提要,并有翰林院典籍厅关防一印,知即四库本之底本也。唯中间补刊之叶颇多误字,馆臣以私意臆改,殊不满人意,暇当以原本校勘也。宣统庚戌小除夕国维记。""次日以朱笔将补刊之叶校点一过,原书未始无误,馆臣所改亦有是处,恨未得宝文堂本一校

---

① 赵炳武主编:《山东省图书馆馆藏珍品图录》,齐鲁书社,2009 年,第 57 页。

之。""庚宣统辛亥以晁氏三先生集本校过。"另《传书堂藏书志》卷三著录《晁氏客语》一卷，明刊本。并云："卷后有'庆元己未校官黄汝嘉刊、嘉靖甲寅裔孙瑮东吴重刊'二行。版心鱼尾上有'晁氏宝文堂'五子。天一阁藏书。"①

《松漠纪闻》一卷续一卷，宋洪皓撰。

国家图书馆藏清抄本，一册。善本书号：09260。

半叶九行，行二十字，无格。正文卷端题"松漠纪闻，宋洪皓辑"。

首页钤"翰林院印"满汉文官印，是书内护页题"钦定四库　松漠纪闻卷上　宋洪皓撰"，为四库纂修官修订格式之语。书后有乾道九年（1173）六月第二男跋。此书内有四库纂修官大量涂抹修订，为四库底本。

《武林旧事》十卷，宋周密撰。

国家图书馆藏清抄本，十卷，两册。善本书号：05703。

半叶九行，行二十字，无格。书前有周密自序，次卷目。

序文首页钤"翰林院印"满汉文官印、"吴兴刘氏嘉业堂藏书记"朱文长方印、"汪子用藏"白文方印。正文卷端题"武林旧事卷第一，泗水潜夫辑"，钤"沈韵竹藏书记"朱文方印。末卷末叶有"戊戌中秋绣谷"跋。又是书尾页有跋云："此原接前第六卷，诸色技艺人之下自传抄既失，而《秘笈》刊本误别为一卷，与前隔断，微汲古旧本，几不复见原书矣，大抵明季人刊书俱犯妄作之弊，而《秘笈》与《说郛》《稗海》，则尤谬戾之甚者。己亥二月望前一日鉴阁书。"

国家图书馆另藏有《武林旧事逸》四卷，明抄本，鲍廷博校。半叶十行，行二十二字，白口，四周单边。钤有"茂苑香生蒋凤藻秦汉十印

①　王国维：《传书堂书目》，中华书局，2014年，第595页。

斋秘箧图书"朱文方印、"翁斌孙印"白文方印。书后有澹翁跋语："《武林旧事》斋中所有止六卷,赵玄度本多四卷,今缮写增入者是也,左书为市人刊削,以□省工牟利,往往如此,余借赵本增入者数十种,不独此书也。万历壬子春日澹翁识。"

此书四库提要分纂稿为翁方纲所纂,收录于《翁方纲纂四库提要稿》,提要云:"谨案:《武林旧事》十卷,纪宋末南渡事。分门编载。观其自序,意在乾道、淳熙间三朝授受,两宫奉亲之实际,而今刻丛书者,但取其记故都宫殿、教坊乐部诸门,失其意矣。考他本有作六卷者,有不足六卷者。此抄本十卷皆具,惟第六卷末有跋,云'四水潜夫辑'。第十卷之后又一卷,亦有标识,且有'录补'之语。盖此本乃后人缀辑而成者,非原书之旧也。四水,他本误作'泗水',今据卷尾跋语,即周密所撰无疑。元周密字公瑾,号草窗,四水潜夫,其别号也。抄本脱误甚多,应订定抄存之。"①

《澄怀录》二卷,元周密撰。

国家图书馆藏清抄本二卷,一册。善本书号:12264。

半叶十三行,行二十二至二十三字不等,无格。

书衣封页题签"澄怀录二卷",并钤有"乾隆三十八年十一月浙江巡抚三宝送到吴玉墀家藏澄怀录一部计书一本"长方木记。书内护页有石翁题记云:"此书于同治元年大儿丙炎得诸京师小市,书面有浙江巡抚三宝送到朱印,当是官书,何以流落市肆,殊不可解,或云自彝人焚淀园,国家宝器、图书散佚在外者不可纪极,此卷或亦其中之一宗与? 殆不可知矣。姑笺之以见世事之变迁。次年中秋后三日七二老叟石翁手书。"钤有"石翁开八十后文字"朱文方印、"仪征清

---

① [清]翁方纲撰,吴格整理:《翁方纲纂四库提要稿》,上海书店出版社,2006年,第352页。

晖堂张氏图书"朱文方印,知此书曾为仪征张安保庋藏,"丙炎"乃其长子张丙炎,亦善藏书。书前有周密自序,序文页钤有"翰林院印"满汉文官印、"吴兰林西斋书籍刻章"朱文方印。吴玉墀字兰林,乃吴焯次子。首卷卷端题"澄怀录卷上,齐人周密公瑾父辑",钤有"绣谷"朱文椭圆印、"张丙炎读过"朱文方印、"吴焯之印"白文方印、"尺凫"朱文方印等。书后有李光廷跋云:"右《澄怀录》二卷,宋周密撰,密字公谨,号草窗,先世济南人,其曾祖随高宗南渡,因家吴兴弁山,自号弁阳老人,又号四水潜夫。因罾溪名四水也。后又寓杭之癸辛街,而心不忘齐,故尝自署历山,又自号华不注山人,淳祐中尝为义乌令,宋亡不仕,卒于家。按草窗工词,而著作等身,以《武林旧事》《齐东野语》二书为冠,余则闲情琐事,或时及书画玩器,各书皆有所记录,而是书却少流传,此篇卷首有乾隆三十八年十一月浙江巡抚三宝送到吴玉墀家藏字,仍是抄本,则不多见矣。篇中偶检及前人绪论集以成篇,而开卷之下,觉清词隽语,扑人眉目,亦热中者之一服清凉散也。戊寅春三月番禺李光廷恢垣识。"

此书曾为浙江南浔蒋氏密韵楼所藏,著录于王国维《传书堂藏书志》卷三杂家类,云此书为"瓶花斋藏本"[1]。《四库全书存目丛书》《续修四库全书》均据国图所藏明嘉靖二十六年(1547)百川高氏抄本影印。

此书《四库全书初次进呈存目校证》著录于小说家类,后移入杂家类存目八。

《西溪丛语》二卷,宋姚宽撰。

国家图书馆藏明嘉靖二十七年(1548)俞宪鸺鸣馆刻本,二卷,两册。善本书号:08220。

---

① 王国维:《传书堂藏书志》,中华书局,2014 年,第 614 页。

半叶十行,行二十一字,白口,四周单边。版心上题"丛语",下题
"鸰鸣馆刻"。正文首卷卷端题"西溪丛语卷上,宋剡川姚宽撰",书
前有姚宽《西溪丛语》自序,次有嘉靖戊申春俞汝成序。

姚氏序文首页钤有"翰林院"满汉文官印、"黄星海太史图书记"
朱文方印。书内另钤"诗龛书画印"朱文方印、"周暹"白文方印、"北
平黄氏万卷楼藏书"朱文方印等。此书曾为周叔弢所藏。

《苏氏演义》二卷,唐苏鹗撰。

国家图书馆藏清乾隆翰林院四库馆臣永乐大典抄本,一册,二
卷。善本书号:CBM0485。

半叶八行,行二十一字,白口,四周双边,单鱼尾。正文卷端题
"钦定四库全书,苏氏演义卷上,唐苏鹗撰",版心题"苏氏演义"。

钤有"国立北平图书馆收藏",此书内有大量四库纂修官涂抹删
改之处,主要修改内容为抄写格式和文字讹误,为四库底本。

《岩下放言》三卷,宋叶梦得撰。

国家图书馆藏明抄本,三卷,一册。善本书号:17693。

半叶十行,行十四至十七字不等,白口,左右双边。正文卷端题
"岩下放言卷上,叶石林"。

正文首页钤有"翰林院印"满汉文官印,书衣钤有"乾隆三十八
年十一月浙江巡抚三宝送到范懋柱家藏岩下放言一部计书一本",另
钤有"罗继祖读书记"白文方印、"犀盦藏本"白文方印。末卷尾页有
跋云:"右《岩下放言》石林家旧本,板不知刊于何所,岁久腐烂,将有
不可辨者,半材俞氏有抄本,今归徐君壁书房,故从而错录制。延祐
丙辰三月二十四日识。""《岩下放言》三卷,计三十九翻,乃延祐间人
抄本,有岁月题识,今弘治五年新正十日,从朱垚民借归,命儿子逯临
写此本,写毕特为校读一过,有误处已正之矣。垚民盖又转假于祝君

希哲者也。予家先有《避暑录》,尚闻有《诗话燕》等书,俟云栖居人朱存理性文记。"

此书曾为王国维所寓目,并撰有跋文,收录于《王国维遗书》,跋云:"石林翁《岩下放言》三卷,明抄本,封面有长方朱记,云'乾隆时三十八年十一月浙江巡抚三宝送到范懋柱家藏岩下放言一部计一本'三十一字,书名部数本数用朱笔填写,卷首有翰林院印,盖天一阁呈本四库馆所发还者也。后有元人跋云右《岩下放言》,石林家旧本,板不知刊于何时,岁久腐烂,将有不可辨者半,村俞氏有抄本,今归徐君璧山房,故从而借录之,延祐丙辰三月二十三日识,又有朱野航跋云:《岩下放言》三卷,计三十九翻,乃延祐间人抄本,有岁月题志,今弘治五年新正十日从朱垚民借归,命儿子逮临写,写毕特为校读一过,有误处已正之矣。垚民盖又转假于祝君希哲者也。予家先有《避暑录》,尚闻有《诗话》《燕语》等书俟访,云栖居老人朱存理性父记。此本书与跋出一人手笔,误字累累,又无校读之迹,盖又明人传性父本,案吴县叶调笙校刊石林诸书,至为精审,初校《放言》,近长沙叶氏有重刊本,调笙所著《吹网录》,载其所见尚有汉阳叶润臣家旧抄本,及文衡山袁陶斋二本,盖晚年续见在,《放言》既刊之后,校语并载录中,今以此本校之,虽误字棘目,而佳处辄出诸本之上,如序文寥寥数行,而如'放心于利欲之类',此本作'放心放于利之类','自有中第次',此本作'自有次第','念挂冠以来',作'余挂冠以来',于义均长,他尚不可枚举,信乎旧本之可资也。"[1]

《卮林》十卷补遗一卷,明周婴撰。

国家图书馆藏清抄本,四册。善本书号:A01497。

半叶九行,行十九字,无格。书前有癸未周婴自序。次卷目。正

① 王国维:《王国维遗书》,上海书店,1983 年,第 9 页。

文卷端题"厄林卷之一,莆田周婴方叔纂",此书纂修官改为"明周婴撰"。

　　钤有"刘喜海"白文方印、"温陵黄氏藏书"朱文方印等。知此书曾经清代金石学家刘喜海和清初史学家黄虞稷旧藏。

　　此书提要分纂稿为翁方纲所纂,著录于《翁方纲纂四库提要稿》,中云:"此书作于崇祯十六年,亦说部之类。"可知翁氏认为此书应著录于小说家类,后又改入子部杂家类。翁氏提要云:"《厄林》十卷,明莆田周婴著。婴字方叔,官上犹知县。此书著于崇祯十六年,说部中之专于辨证者。每条别标其目,著所引原撰书人之姓以系之。如驳王僧虔之纪次仲,论杜诗之西川杜鹃,此等处亦未免执滞。然其中实亦多所刊正,于考古有裨。应抄录之。"①

《猗觉寮杂记》二卷,宋朱翌撰。

　　国家图书馆藏清抄本,一册,两卷。善本书号:06122。

　　半叶十行,行二十字,无格。首卷卷端题"猗觉寮杂记卷上,桐乡朱翌新仲集",钤"周星誉刊误鉴真之记"白文方印。书前有庆元三年(1197)四月九日洪迈序。

　　序文首页钤有"翰林院印"满汉文官印,次有壬子八月秋分孕荼老人《与洪丞相求序书》。卷端题"猗觉寮杂记,桐乡朱翌新仲撰",钤"翁斌孙印"白文方印。书衣题"旧抄猗觉寮杂记一册全",书衣钤有"乾隆三十八年四月两淮盐政李质颖送到马裕家藏朱翌猗觉寮杂记一部计书一本",此书书眉处粘有颇多签条,内容多为纂修官校改抄本中文字之讹误,为四库底本。

　　叶启勋《拾经楼紬书录》收录其所藏清初抄本跋文,云:

---

① [清]翁方纲撰,吴格整理:《翁方纲纂四库提要稿》,上海书店出版社,2006年,第517页。

　　此《猗觉寮杂记》二卷，国初旧抄本，每半页九行，每行十八字。首护纸有辛酉六月五日锡庚手跋，下钤"少河"朱文方印，此朱竹君先生之子也。序首有"云龙万宝之轩"朱文长方印，则道州何蝯叟印记也。卷上首有"书润屋"朱文小圆印、"阮林手钞"白文方印、"今貌古心"朱文方印、"名余曰文元字余曰善长"白文方印、"林氏善长堂读画藏书印"朱文大方印，卷下首有"善长"朱文、"林文元印"白文两方印、"人或谓之狂生"朱文长方印、"阮林子"白文方印，皆海宁林善长先生印记也。后有"知不足斋鲍以文藏书"朱文大方印，则钱唐鲍处士廷博也。又有"岁在癸丑之秋，阮林借金先生江声藏本手录"朱字二行，考江声，为金志章观察，别字仁和，龚翔麟蘅圃友也。蘅圃，康熙辛酉副贡，历官御史，则此为康熙癸丑抄本矣。又有"辛卯二月借阅于以文先生处，凡注疑化处三十许，外有不可解者尚多也。柳洲琇识，十九日灯下"朱字二行，则西冷布衣魏琇，著有《柳洲遗稿》者。世父观古堂旧藏明谢在杭小草斋抄本，行款与此本同，考明谢在杭万历中抄书秘阁，后尽归大梁周栎园司农亮工，其长公在浚与晋江黄俞邰同编《征刻唐宋秘本书目》，载有此书。

　　检李富孙《鹤征前录》"黄俞邰馆江宁龚方伯署中，与令子侍御蘅圃交最契"云。又检《杭郡诗辑》，金志章有《江声草堂集》，注云："江声居吴山之麓，高才博学，为龚蘅圃所重，延课其子。龚氏故多藏书，能尽读之。"是当时谢抄此书为周氏所得，诸家所见同是谢本，此本即从之传抄。唯此本卷下"五星二十八宿降于世为人"条，自"萧何为昂星"句下脱半条，又脱《搜神记》"周鞼者家贫"一条，又"曹相以齐狱市属后相"条"市如用"句上全脱。盖当时抄写粗略，以上叶之上半叶，与下叶之下半叶混合，误翻夹叶，遂致"萧何为昂星"句下径接"斗秤欺谩变易之类"云云。历经诸公收藏校误，曾未校补，可见当时固无他本可以取证也。

　　鲍刊后有跋云"此本末卷题云'康熙丙申六月借小山从汲古得本付抄,不知何人笔,予购自文瑞楼金氏'"云,是此本虽经鲍藏而非鲍刊所自出,故鲍刊此叶不脱也。朱少河跋以为即鲍本所自出,盖以有鲍印故,而不知鲍刊此书时仅据此本参校。故与此本颇多异同,而此本脱页,则以传有刊本未追校补,理或然欤。今谢抄则世父于光绪癸巳得之县人袁氏卧雪楼,此则去春余得之道州何氏东洲草堂。物聚所好,他人求其一而不可得,余得列之一插架焉,良足深幸矣。

　　戊辰冬大寒前一日,玉碢后人启勋记。①

叶氏另藏有明谢氏小草斋抄本,跋云:

　　宋朱翌《猗觉寮杂记》二卷,凡四百三十五则,洪文敏迈为之序,明晋安谢在杭肇浙小草斋黑格抄本。每半页九行,每行十八字,中缝下方格栏外"小草斋抄本"五字。此书宋以后无刊本,当是从宋本出者,可贵也。书首有"在浚之印"白文方印、"周雪客家藏书"朱文长方印。检晋江黄俞邰虞稷、大梁周雪客在浚同编《征刻唐宋秘本书目》载有此书,是其为当时秘帙,黄、周本欲征以付刊者。书目前有例云"大梁周子梨庄,栎园司农长公。司农世以书为业,嘉隆以来雕板行世,周氏实始其事。游宦所至,访求不遗余力。闽谢在杭先生万历中抄书秘阁,后尽归司农,两遭患难,数世所积化为乌有,独此缮写秘本二百余种,梨庄极力珍护,岿然独存,大抵皆今世所不数见者"云云。是此书谢氏从秘

---

① [清]叶德辉等撰,湖南图书馆编:《湖湘文库　湖南近现代藏书家题跋选》第2册,岳麓书社,2011年,第72页。

阁抄出,后为大梁周氏所藏,其时值鼎革之际,干戈扰攘,天下骚然,苟非周氏什袭珍藏,恐不免沦于五厄矣。又序首及书首均有"胡氏茨村藏本"朱文长方印,考仪征阮文达《两浙輶轩录》载:"茨村,名介祉,字循斋,山阴人,宛平籍,少保兆龙子。由荫生历官河南按察使,著《随园诗集》云。"其人亦好书之人者,几经辗转,先世父从县人袁漱六太守芳瑛家得之,藏庋有年矣。

今春,余得道州何氏藏国初抄本,经鲍以文廷博、魏之琇柳州校误,即知不足斋刊本所自出。唯鲍刊割其下卷六十八条,移入上卷,以均篇页,殊失作者之旨,书中并多舛讹。鲍氏刊书往往所据之本为善本,而仍意窜改,蹈明人刻书之恶习,诚足怪也。先世父因命勋以此本为主,而以国初抄本校注付梓,以订鲍本之失,遂举此本赐勋。未几而湘乱作,先世父被难,余兄弟寄寓沪上,家为贼踞。无何乱定归家,清检藏书,有破碎不堪者,有以之拭秽者,余家之厄抑亦图书之厄。而此书幸未散亡,盖两经兵厄矣,岂非在处有神物护持耶?暇日当校而刊之,时事蜩螗,正未知何日能偿此愿也。

丁卯孟冬腊八日,南阳觳道后人更生跋尾。[1]

《桯史》十五卷,宋岳珂撰。

澳门何东图书馆藏四库全书抄本,一册。存一至三卷。索书号:LA7—4。

半叶八行,行二十一字,四周双边,白口,单鱼尾,朱丝栏。板框高宽:20×13厘米。版心上题"钦定四库全书",中题"桯史",下题页数。书前有《桯史》提要。正文卷端题"钦定四库全书,桯史卷一,宋

---

[1] ［清］叶德辉等撰,湖南图书馆编:《湖湘文库·湖南近现代藏书家题跋选》第2册,岳麓书社,2011年,第69、70页。

岳珂撰"。

钤有"古稀天子之宝""乾隆御览之宝""吴兴刘氏嘉业藏书记""刘承幹字贞一号翰怡""吴兴刘氏嘉业堂藏书印""嘉宾藏书"。周子美嘉业堂钞校本目录所记载:"桯史存三卷,宋岳珂著,四库本,一册。"由此知刘氏当年所收之桯史册数与本馆相符。原书为线装,后装帧为精装。

《清波别志》二卷,宋周煇撰。

国家图书馆藏清初抄本,二卷一册。善本书号:11090。

半叶八行,行二十字,无格。正文卷端题"清波别志卷之一",书后有山阴杨寅跋、次庆元丁巳季冬既望张严跋、庆元戊午上辛楚颐正跋、庆元戊午立秋前一日徐似道跋。

首卷首页钤有"翰林院"满汉文官印、"常熟翁同龢藏本"朱文长方印、"北京图书馆藏"朱文方印、"曾在赵元方家"朱文长方印。书内护页有翁同龢题记:"《清波别志》二卷,鲍以文藏书,与所刊丛书三卷者不同,无自序及章斯才、张訢、陈晦三跋,且次第迥异。鲍跋所谓缺十九事之本也。意沈果堂抄自曹倦圃者,即此本,而丛书则出自蔡梦散人也。庚子四月松禅记。"书衣钤"乾隆三十八年十一月浙江巡抚三宝送到吴玉墀家藏清波别志一部计书一本",尾页钤"翁"朱文圆印,卷二末叶钤"知不足斋鲍以文藏书"朱文方印。《四库提要著录丛书》据此本影印。

《玉壶清话》十卷,宋释文莹撰。

国家图书馆藏明抄本,十卷,两册。善本书号:13406。

半叶九行,行二十字,绿格,白口,四周单边,单白鱼尾。书前有元丰戊午岁(1078)八月十日自序,首卷卷端题"玉壶清话第一"。书衣题"玉壶清话上　明抄校本"。

　　首册尾页有范钦东明山人跋云:"此五卷得于苏之书侩家,为妄人删节,中有涂抹,乃令书吏补,为此帙卷。二十六年秋中,东明山人识。""此五卷多与知不足斋本一本作某同校,鲍刻本佳处尚有数则。"下卷尾页有清宝孝劼跋:"辛丑仲春,重来京师,过琉璃厂修文堂坊,友举此本见视,兹云此真明抄本,自去岁收得,未敢示人,子能得之否? 问其值则白金六,予因买之归,以知不足斋本对勘,此本脱落舛错,时复不免,然往往与知不足斋本所云吴本作某,合此本《玉壶清话》卷第十,终出于吴抄,盖可知也。""传海内者止五卷,岫访于松江士人家得十卷。""嘉靖四十五年秋七月,余从吴门方山吴君岫借录后五卷,于是为完书矣。东明识。"自序首页钤有"翰林院印"满汉文官印、"北京图书馆藏"朱文方印、"东官莫氏五十万卷楼劫后珠还之一"朱文长方印、"梦曦主人藏佳书之印"朱文长方印等。知曾为莫伯骥所藏,收录于《五十万卷楼藏书目录初编》。《四库提要著录丛书》据此本影印。

　　考《四库全书总目》云:"《文献通考》载文莹《玉壶清话》十卷,诸书所引亦多作《玉壶清话》。此本独作《野史》,疑后人所改题。"[1]据《总目》所云,四库底本应名"野史",而此进呈本则作"清话",疑此本非四库底本。

《密斋笔记》五卷续记一卷,宋谢采伯撰。

　　国家图书馆藏清乾隆翰林院四库馆臣辑永乐大典抄本,一册。善本书号:05382。

　　半叶八行,行二十字,红格,四周双边,白口,单鱼尾。版心题"密斋笔记"。书前有作者自序,次王宗旦序,书后有马奕楸跋,次成公策跋。正文首卷卷端题"钦定四库全书,密斋笔记卷一,宋谢采伯撰",

---

① [清]纪昀等:《四库全书总目》,中华书局,1965 年,第 1193 页。

书衣题"密斋笔记五卷续记一卷,宋谢采伯撰,四库馆永乐大典录出本"。

自序首页铃有"翰林院印"满汉文官印、"刘喜海"白文方印、"燕庭藏书"朱文长方印等。此书内有颇多四库纂修官批校,诸如抄写格式、文字语句错误等均有校改。

《赵氏连城》十八卷,明赵世显撰。

国家图书馆藏明抄本《赵氏连城》十八卷,三册。善本书号:12787。

半叶九行,行十八字,无格。正文卷端题"客窗随笔卷之一,闽中赵世显仁甫著",书前有赵世显《赵氏连成小引》,《客窗随笔》《芝圃丛谈》《松亭晤语》前分别有孙昌裔子长序、万历丁未(1607)立秋日友弟陈留谢肇淛序、万历丁未冬月之吉年眷弟林材序。

书中有刘明阳和王静宜题跋,刘氏跋文对于此书研究颇有助益,故移录如下:

> 《赵氏连城》十八卷,明赵世显撰,明抄本,四库底本。《客窗随笔》六卷、《芝圃丛谈》六卷、《松亭晤语》六卷。按《四库存目》杂家所收只此十八卷,而按《千顷堂书目》尚有《一得斋琐言》一卷、《听子》二卷,惟《千顷堂》无《赵氏连城》之目。此书虽有引言,但又未详其子目,究竟有无遗佚,抑连城仅止于此,颇难考证,付之阙疑而已。据《存目》称书或引古事而稍附以己说,或自作数语近乎语录,又或但引古事一条,无所论断,似乎类书,盖全无著作之体者。凡意所不合之事,无论巨细,辄云恨不缚之生饲豺虎,何其褊躁也云云,似不为无见。然书中尚有晋僧为秃,与每读《三国志》,恨不食曹肉,世人犹常称曹公而不名,岂以韩庐呼犬邪云者,其褊躁之情更跃然纸上,惟著者之性情褊躁,殊

亦自知。故书有予素狭衷不善涵容,及有每读史一善行,欣然有当于心,偶见一恶人必愤慨唾吐之,冀见其败亡乃止。此亦可以验人之良心矣等语,故如《存目》云云,实出于良心之主张,其直亮慨爽,究不失为光明磊落,要与心地渊涩,态度矫妄者弗可同日而语,况名言至理,时尚见于字里行间,固与纯为褊躁者亦复不同,又乌能以此而少之。是《存目》所见亦未免隘矣。乙卯大雪日刘明阳读记于静远堂。

　　按:刘氏所云亦有所当,然论书中嫉恶如仇之情似未及痒处。赵氏身处晚明黑暗末世,其辞官归乡更是无奈之举,故其所言当有所指,而不能明言也。

　　钤有"翰林院印"满汉文官印、"家在江南第一乡"朱文长方印、"小山堂书画印"朱文方印、"刘明阳"白文方印、"研理楼刘氏藏"白文方印、"研理楼"朱文龙纹方印、"刘明阳王静宜夫妇读书印"白文方印等。"研理楼"为民国时期天津藏书家刘明阳藏书处。《四库全书存目丛书》据此本影印。

《前定录》二卷,明蔡善继编。

　　台湾图书馆藏明空有斋刻本二卷四册。索书号:310.2208551。
　　半叶九行,行十八字,白口,左右双边,单黑鱼尾。板框高 19.4厘米,宽 14 厘米。版心上镌"空有斋",版心下镌"梁齐邦""李秀"等刻工姓名。卷上题"前定录上卷,吴兴蔡善继伯达父校",前蔡善继序。序后有上卷(七十八事)、下卷(九十三事)目录。
　　书中钤有"翰林院印"满汉文大官印、"嘉业堂"朱文长方印、"刘承幹字贞一号翰怡"白文方印、"艺圃藏书"白文长方印、"莫科莫祁莫棠之印"朱文方印、"国立中央图书馆考藏"朱文方印。知此书曾经刘承幹、莫科兄弟收藏。莫科、莫祁、莫棠为晚清藏书家莫友芝之侄,其弟莫祥芝之子。台湾新兴书局《笔记小说大观》即据此本影印。

《寅斋闻见》一卷,一名《闻见录》,明姚宣撰。

中山图书馆藏明抄本一卷,一册。作《闻见录》。索书号:80/2.40.13。

半叶十一行,行二十二字,蓝格,白口,四周单边。正文卷端题"闻见录,金陵寅斋姚宣懋昭集",国家图书馆藏有明末毛氏汲古阁抄本,作"寅斋闻见"。

钤有"翰林院印"满汉文官印。此书著录于《中国古籍善本书目》《广东省立中山图书馆古籍善本书目》。《中国古籍珍本丛刊·广东省中山图书馆卷》(第30册)即据此本影印。

《迤埫璪言》二卷,明苏祐撰。

上海图书馆藏清抄本《迤埫璪言》两卷,二册。索书号:线善779023—24。

半叶十行,行二十字。正文卷端题"迤埫璪言卷之上,穀山原山人苏祐"。

封页钤"乾隆三十八年十二月浙江巡抚三宝送到鲍士衡家藏迤埫璪言一部计书一本"朱文长方印,首页钤"翰林院印"满汉文官印、"叶德辉"白文方印、"郋园"朱文方印。书中有墨笔圈点,朱笔批校。《四库全书存目丛书》据上图所藏嘉靖本影印。

《宋贤事汇》二卷,明李廷机撰。

上海图书馆藏天启五年(1625)蔡善继、夏修生刻本。四册。索书号:771627—30。

半叶九行,行十八字,白口,左右双边,单黑鱼尾。板框高12.9厘米,宽19.6厘米。白棉纸,金镶玉装。破损缺字。前有李廷机序,序末"吴诸生薛明孟书"。乙丑夏修生、蔡善继题词,题词版心下镌"梁济邦刻""济邦""李秀刻"。后有目录。

钤有"翰林院印"朱文满汉官印、"御赐书画"白文龙纹方印、"李炳之印"白文方印、"暐菴"朱文方印、"沈铭昌印"白文方印、"存春书屋"朱文长方印、"陈韬图书"朱文方印。《续修四库全书》《四库全书存目丛书》均据南京图书馆藏明刻本影印。另,丁丙《八千卷楼书目》中著录明刻本。《善本书室藏书志》卷十九子部十上,有跋云:"前有廷机自序。凡采史书说部所载宋人行事,分四十三类,以为鉴观。此书为明督察院右佥都御史巡抚应天徐式校正,直隶苏州府长洲县知县袁熙臣同校。有'青浦陈氏藏书'、'陈以谦印'两图书。"①

《汝南遗事》二卷,李本固撰。

南京图书馆藏清初抄本,二卷一册。索书号:GJ/KB1965。

半叶九行,行十八字,无格。前有万历三十七年(1609)正月自序。卷首题"汝南遗事卷之一,郡人李本固叔甫撰"。

书中有丁丙跋语,云:"汝南遗事二卷,旧抄本,玲珑山馆藏书。郡人李本固叔茂甫撰,本固字茂叔,汝宁人。万历甲戌进士,官大理寺卿,前有己酉自序,云与费应祥、李景哲初属同修《河南志》,其削草未经收录者,复辑为是书。此书为两淮马裕家藏本,曾经进呈发还者,上钤有翰林院印。"②见《善本书室藏书志》。钤"翰林院印"满汉文大官印、"钱塘丁氏正修堂藏书"朱文方印、"丁氏八千卷楼藏书记"白文方印、"四库坿存"朱文长方印等。《四库全书存目丛书》据此本影印。

---

① [清]丁丙:《善本书室藏书志》,浙江古籍出版社,2016年,第826页。
② [清]丁丙:《善本书室藏书志》,浙江古籍出版社,2016年,第896页。

《耳新》十卷，郑仲夔撰。

国家图书馆藏清抄本十卷一册，善本书号：A01505。

半叶八行，行十八字，无格。版心上题"耳新"。书前有目录，正文卷端题"新洲邾郑仲夔龙如撰，武林洪吉臣载之阅"。各卷阅者不同。

首页钤"翰林院印"满汉文大官印，书衣钤"乾隆三十八年七月两淮盐政李质颖送到郑仲夔耳新一部计书一本"长方木记，即进呈四库原本。《四库全书存目丛书》据以影印。

《管窥小识》四卷，朱维京撰。

台北故宫博物院藏明祁氏澹生堂抄本《管窥小识》四卷，一册。索书号：7492。

半叶十行，行二十字，白口，单鱼尾，四周单边。蓝格。版心上题"管窥小识"下镌有"澹生堂抄本"。正文卷端题"管窥小识卷之一"。

书衣钤有"乾隆三十八年十一月浙江巡抚三宝送到管窥小识一部计书一本"木记，钤"翰林院印"满汉文官印、"国立北平图书馆收藏"朱文方印等。《原国立北平图书馆甲库善本丛书》据此抄本影印。《澹生堂藏书目》子部类书类著录此书，二卷。《国立北平图书馆水灾筹赈图书展览会目录》著录此本。

《留青日札》三十九卷，田艺蘅撰。一名《香宇外集》。

明万历三十七年（1609）徐懋升重刻本。

半叶十行，行二十字，白口，左右双边，单鱼尾。版心上题"留青日札"。

书前有黄汝亨《重刻留情日札序》云"岁久字渝，其板复为蜀好事者携去，令人欲索田先生而不得玄举，子艺家倩风雅，不愧妇翁，而再为留青而留之，谓子艺不亡可也。'又诸家赞，末题："万历乙酉仲夏日夏五孙望田大益德谦甫录，外孙徐胤翮孟凌甫辑，胤翀仲凌甫、胤翘幼凌甫校。"乙酉为万历三十七年。次万历元年刘绍恤序，次隆庆六年序，次留青小像一幅，次隆庆季春《自赞》，次《叙目》，次《品岩子小传》等，次卷目。首卷卷端题"留青日札卷之一"，次行"钱塘田艺衡子艺撰，倩徐懋升玄举校"。一九八五年上海古籍出版社据此本影印，收入《瓜蒂庵藏明清掌故丛刊》。《四库全书存目丛书》据浙江图书馆藏是刻影印。北图、北大、南图等亦有是刻。

此书为四库进呈本，黄汝亨序首页钤"翰林院印"满汉文大官印，书衣钤有乾隆三十八年（1773）浙江巡抚进书木记。原缺卷三十四至三十九一册，卷前目录此数卷亦被割去，均经谢氏倩人抄补，并经谢氏手校。杜泽逊《四库存目标注》云："《百陵学山》有《春雨逸响》一卷，即此书卷七《玉笑零音》，但颇有异同，谢氏作校记十余条。又是书删节本《留留青》卷六记陶磁诸条，为是书所无。均摘附于末。"此书有一九六四年谢氏手跋。此跋后收入《瓜蒂庵读明代史乘题识》；姜纬堂复编《瓜蒂庵小品》，文字有改动；《江浙访书记》《谢国桢全集》。跋中交代该书购藏经过："闻有某君藏书，庋有是编，为四库底本，钤有翰林院印，并有乾隆三十八年浙江巡抚进呈书签，惜缺卷三十四至三十九凡六卷一册，盖广东顺德李文田旧藏。文田字石农，为岭南晚清学者，怵于时事，研治西北史地之学，尤喜搜辑宋明以来野史稗乘，自抗日战争以来，书存北平，惜多散佚。承书友作缘，为我求之有年。今春多雨，灯前点滴，细听檐花，辄无足迹。一日傍晚，新雨初霁，斜阳在树，落英缤纷，坐窥窗外，见书友骑车持蓝布书袱挟是书至矣。乃摒当故物，竭其所有而易得之。并请萧十一丈用工楷书是书缺卷，补其不足，复借各本，略校正之，其为是书所无者，附录于后，庶足成为完书。"①

《留青日札》出版后有万历时徐懋升删节本,名曰《留留青》。

《癸未夏抄》四卷,钱塘静福辑。

国家图书馆藏旧抄本《癸未夏抄》四卷。索书号:04019。

半叶十行,行二十字,小字双行,无格。正文卷端题"癸未夏抄,钱塘静福辑"。

书中"玄""弘"均不避讳。钤"翰林院印"满汉文朱文官印。《两淮进呈书目》中著录此书。《四库全书存目丛书》据此本影印。

《说类》六十二卷,叶向高辑,林茂槐增订。

美国国会图书馆藏明末刻本《说类》,四函二十册。索书号:00000483。

板框高 22.5 厘米,宽 14.3 厘米。半叶十行,行二十一字,白口,左右双边,单黑鱼尾。书前自序有残缺。

每册背面钤"安徽巡抚采购备选书籍",第一册首页钤"翰林院印"满汉文大方印。此本行款与中科院藏本同。北大亦藏有明末刻本。王重民《中国善本书提要》子部杂家类著录此书。

《子苑》一百卷,佚名著。

国家图书馆藏明抄本《子苑》一百卷,二十册。善本书号:15179。

半叶十行,行二十三字,小字双行同,蓝格,白口,四周单边。版心上题"子苑"。正文卷端题"子苑卷之一,君臣"。

钤"国立中央图书馆收藏"朱文方印、"诗龛书画印"朱文方印、

---

① 谢国桢著,谢小彬、杨璐主编:《谢国桢全集》第 7 册,北京出版社,2013 年,第 489 页。

"翰林院印"满汉文官印、"香港图书管理处"朱文方印、"籍圃主人"白文方印、"麦溪张氏"朱文方印、"是中有深趣"白文方印、"拥书万卷亦足以豪"朱文方印、"唐栖朱氏结一庐图书记"朱文方印、"蛾术斋藏"白文长方印等。《四库全书存目丛书》即据此本影印。

此书共分为人伦门、性行门、学业门、政事门、人事门五个门类，门下又分数量不等的小类，每篇篇末均注明出处。全书大都辑录诸子之书而成，故其名曰《子苑》。

《广见闻录》四卷，徐岳撰。

国家图书馆藏清乾隆十七年（1752）大德堂刊本，四卷，八册。善本书号：11360。

半叶八行，行二十字，白口，左右双边，单黑鱼尾。版心上题"见闻录"，正文首卷卷端题"见闻录卷一，嘉善徐岳季方氏著"，内封页题"嘉善徐季芳先生著，说部精华广见闻录，大德堂梓行"。

书前有傅增湘题记，收入《藏园群书题记》，云：

此书为嘉善徐岳季方著，清乾隆十七年大德堂刊本。所记奇闻异事，多涉于鬼神幽怪之类，皆就平生目耳所及，而间引故书古记以参证之，亦《述异记》《睽车志》之属也。季方于群书颇能博涉，文字雅饬，论事亦有断制。楚黄张希良作序，称其淹博，尚非过誉。惟其人事迹不可得详，以卷中所述考之，大抵以诸生参幕职，故得遍游南北，而于湖湘间闾镇诸人往还尤习。书凡四卷，记事通一百二十三则，其时当在顺、康之间。案《四库存目》亦载此书，云是大学士英廉采进者，书只一卷。同时采入者有杨式传之《果报闻见录》、徐庆之《信征录》、陈尚古之《簪云楼杂说》，皆英廉所进。以是证之，知所采者《说铃》本也。及检《说铃》核对，此书一卷，只一百七则，又以知《说铃》所收乃节本，而

此本则原刻,故分卷既殊,文字复有多寡之别也。此帙钤有北平
黄氏万卷楼印记,又有翰林院大官印,是此书亦经黄叔琳进入四
库馆,惟馆臣不取黄氏之完本,而转采《说铃》之节本,则殊不可
解耳。癸未二月,藏园记。①

次有楚黄同学弟张希良序,次《见闻录目次》。张氏序文首页钤
有"翰林院印"满汉文官印。

《孤树裒谈》五卷,明李默撰。

南开大学图书馆藏明万历二十年(1592)游朴刻本,一木匣五册。
索书号:善857.16/288。

半叶十一行,行二十一字,小字双行同,白口,左右双边,单鱼尾。
原书高29.5厘米,宽18.5厘米。版框高19.5厘米,宽14厘米。书
中有周星诒跋、1915年吴重熹跋、1962年张重威跋。书前有游朴序,
序文首页钤"翰林院印"满汉文官印。次《孤树裒谈引用书目》。首
卷首页题"孤树裒谈卷之一 洪武纪",版心上题"洪武"。

钤有"研理楼刘氏倭劫余藏"白文长方印、"静远楼读书记"白文
方印、"双静阁"朱文方印、"静宜王宝明"朱文方印、"宝静簃王静宜
所得秘籍"朱文方印、"有书自富贵无病即神仙"白文方印、"吴重熹
印"白文方印、"研理楼刘氏藏"白文长方印、"刘明阳所得善本"朱文
椭圆印、"刘明阳王静宜夫妇读书之印"白文方印、"海丰吴氏"朱文
方印、"张重威印"白文方印、"静远所得"朱文方印、"仲懌"朱文方
印、"晚读书斋"朱文方印等。版心下镌有刻工姓名:"闽人余正邦
刊""朱国汝""丘江""员""张大经""梁应尧""江应乾""余君聘"
"余君爵""熊绍元""黄志功""李""张尹志""茂能""张桂""李芬"

---

① 傅增湘:《藏园群书题记》,上海古籍出版社,1989年,第461、462页。

"刘云凤""彭绍""刘相""刘云承""蒋""张贵""文明""山""朝"等。该书入选第二批《国家珍贵古籍名录》(编号:04789),并著录于《南开大学图书馆藏国家珍贵古籍图录》《中国古籍善本书目》。

此书经张重威、吴重熹、刘明阳递藏。刘明阳(1892—1959),字静远。天津人。民国初年肄业于北洋法政专门学校,曾为律师。夫人王静宜亦喜藏书。"研理楼""双静阁"为其藏书楼名。抗战后,因生活窘迫,变卖书籍。今国家图书馆、北京师范大学图书馆、南开大学图书馆等均有其旧藏。吴重熹(1838—1918)为清末藏书家,字仲懌,别署石莲老人。山东海丰人。举人。历任江安粮道升福建按察使、江西巡抚、河南巡抚等职。其父吴式芬藏书甚富。藏书处名"石莲轩"。去世后藏书渐散。张重威(1901—1975),名垕昌,以字行世。江苏仪征人。曾任中南银行北平支行经历,中华人民共和国成立后任天津恒源纱厂常务董事。晚年醉心于古籍收藏,收藏古籍四十万余册。

《南北史续世说》十卷,明李垕撰。

台北故宫博物院藏万历安茂卿刻三十七年(1609)俞安期翏翏阁重刊本。索书号:8272。

半叶十行,行二十字,白口,四周双边,单鱼尾。版心镌"续世说",序文首页版心下镌"翏翏阁藏本"。书前有万历己酉(1609)秋七月俞安期序。次目录。首卷卷端题"南北史续世说卷第一,陇西李垕撰",书内有朱、蓝笔圈点批校。

《原国立北平图书馆甲库善本丛书》即据此本影印。此刻本存世较多,国图、北大、北师大等均藏有是刻。《四库全书存目丛书》亦据此刻本影印。书内钤有"光熙之印"白文方印、"裕如秘笈"朱文方印、"翰林院印"满汉文大官印、"国立北平图书馆收藏"朱文方印等。"光熙之印""裕如秘笈"为晚清藏书家那木都鲁·光熙旧藏,其生平事迹难以详考，今其旧藏中尚钤有"光熙考藏""那木都鲁光熙考藏金石书画""裕如秘籍""光熙印信""裕如父"等印。

上海图书馆有明抄本。另有日本天保三年（1832）刻本。台湾图书馆藏清初抄本。无序言。钤有"柳荫书屋藏书"白文方印。

关于该书的内容和成书，书前俞氏序交代颇详，云：

> 刘宋临川王撰《世说新语》尽于两晋，唐宗室李垕续之，始于刘宋，终于隋。其目一循临川之旧，益其博洽，以下者十通为十卷，片语微词，标新旅异，澹而旨，简而丰蔚，诚足雁行临川矣。梁溪安茂卿世藏宋之刻本。取傅坚梨刻既竟，见其字且多讹，条落亦涸，尚俟手校印发，逡巡年岁，溘先朝露，余过存诸孤，见之架上，已为蠹蚀者几半，痛良友之早逝，惜是书之久湮，虽载其蠹余，行求全本，冀足成之，既越三年，倾得之焦弱侯太史，始补其阙，订其讹，截其条落，遂成完书，亦艺林快睹矣。按是书《唐志》既不经见，而赵宋《经籍考》，及马氏《通考》，所列《续世说》为孔平仲所撰，自宋以至五代，非垕若也。何元朗撰《语林》，既非本此，而文太史叙之，亦不见及。王弇州兄弟酷嗜《世说》，合《语林》而诠补之，弇州之叙至谓六朝诸君子持论风旨，宁无一二可称，似憾世无续者，而功元朗，夫唐宋之志备厥世典，文、何、王三公博极群籍，咸不知有是书，是书岂凿空而赝造之耶？余往见茂卿未博坚梨之本，刻既精工，纸墨古闇，中有讳字，其为宋本无疑。今兹翻本，尚有宋刻典刑可鉴，条落揉涸，是必唐宋以来转转傅写，当连而断，当断在连，舛错谬误，一至于此。由是观之，断非近时凿空赝造者矣。临川为宋室近叶，垕亦唐之本支，其续之本怀，盖有所兴托乎。万历己酉秋七月震维俞安期谨识。

《朝野类要》五卷,赵升集录。

北京大学图书馆藏清初抄本《朝野类要》五卷,一函一册。索书号:LSB/5286。

半叶十行,行二十字,白口。书前有端平丙申重九文昌赵升向辰序。次《目录》。首卷正文卷端题"朝野类要卷第一,文昌赵升集录"。

序文首页钤有"翰林院印"满汉文大官印,知此书应为四库底本。

该书《目录》卷一班朝,凡十二事;典礼,凡二十事;故事,凡三十三事。卷二称谓,凡三十九事;举业,凡四十八事;医卜,凡六事。卷三入仕,凡十二事;差除,凡十二事;升转,凡十一事;爵禄,凡九事;职任,凡十事。卷四法令,凡七事;文书,凡三十四事;政事,凡四事;杂制,凡十一事;帅幕,凡十七事。卷第五降免,凡十五事;退闲,凡四事;忧难,凡九事;余纪,凡十六事。

书中钤有"曹定宇手定本"朱文方印、"定宇"朱文方印、"木樨轩藏书"朱文方印、"北京大学藏"朱文方印、"红豆书屋"朱文长方印、"堪喜斋书画印"朱文方印、"臣许乃普"朱文方印、"李盛铎印"白文方印、"木斋审定善本"朱文方印、"廖嘉馆印"朱文方印、"明墀之印"白文方印、"李玉陛印"朱文方印、"惠栋之印"、"滇生所藏"朱文方印等。书中有四库纂修官涂抹删改,主要为纠正抄写文字错误、格式调整、避讳错误等。《四库全书底本丛书》即据此本影印。

此书曾经清代藏书家许乃普、惠周惕、惠栋祖孙、李盛铎递藏。李氏所藏著录于《北京大学图书馆藏李氏书目》。"红豆书屋"为惠周惕室名。"堪喜斋书画印""滇生所藏"为清代藏书家许乃普藏书印。许乃普(1787—1866),字季鸿,号滇生,别署观弈道人,浙江钱塘人。嘉庆庚辰科榜眼,官至吏部尚书。清代藏书家、书法家。"堪喜斋"为其藏书处。

《负暄野录》二卷，宋陈槱纂。

北京大学图书馆藏明抄本《负暄野录》上、下二卷。索书号：
LSB/605。

半叶十行，行二十字，白口，四周双边，单鱼尾，黑格。书后有至
正七年（1347）青龙丁亥月樊士宽识。正文卷端题"负暄野录卷上，
陈槱纂"。

首卷首叶钤有"翰林院印"满汉文大官印、"北京大学藏"朱文方
印、"古潭州袁卧雪庐收藏"白文方印、"麋嘉馆印"朱文方印。知此
书曾经袁芳瑛卧雪庐、李盛铎木斋收藏。书中有纂修官删改，如卷上
书眉处提示"此下不必写""此段删"，卷下卷端书眉处提示"另页
写"。《四库全书底本丛书》即据此本影印。

《金华子杂编》二卷，南唐刘崇远撰。

中国科学院图书馆藏清乾隆翰林院四库馆臣辑永乐大典抄本
《金华子杂编》二卷。

半页八行，行二十一子，四周双边，白口，单鱼尾。版心题"金华
子杂编"。正文卷端题"钦定四库全书，金华子杂编卷上，南唐刘崇远
撰"。

钤有"中国科学院图书馆藏"朱文方印、"东方文化事业总委员
会所藏图书印"朱文方印、"东方文化事业总委员会所藏图书印"白
文方印。书中有纂修官大量修改，主要为改正底本抄写文字错误、颠
倒讹误。从抄本文字错误来看，多为文字形近、颠倒、遗漏之误，以理
度之，四库馆抄手抄录似不应该出现如此多简单错误，其中错误为
《永乐大典》原本所有亦未可知。《四库全书底本丛书》即据此本
影印。

20 世纪 20 年代初，日本政府迫于国际压力，将"庚子赔款"一部

分退还给中国,并将该部分退款用于中国文化事业。1925 年 10 月,在北京成立"东方文化事业总委员会"。《续修四库全书总目提要》为该委员会重要工作之一,由中日双方学者参加,又成立人文科学研究所和东方文化事业图书筹备处,为《续修四库全书总目提要》的编纂购置、保存书籍。

《南部新书》十卷,宋钱易撰。

台湾图书馆藏旧抄本《南部新书》十卷,两册。索书号:310. 21 08292。

板框高 27. 1 厘米,宽 18. 3 厘米。半叶十行,行十八字,无格。书前有嘉祐元年(1056)钱明逸序,书后有延祐丙辰真子识、洪武五年(1372)清隐老人识。

钤有"国立中央图书馆收藏"朱文长方印、"翰生藏旧抄本"朱文方印、"乾隆御览之宝"朱文圆印等。"翰生藏旧抄本"为清代山东潍县藏书家高鸿裁藏书印,关于其生平事迹,王绍曾、孙嘉沙《山东藏书家史略》可参考①。

《南部新书》十卷补遗一卷,宋钱易撰。

国家图书馆藏明蓝格抄本《南部新书》十卷补遗一卷。索书号:08215。

半叶九行,行十九字,蓝格,白口,四周单边,单鱼尾。正文卷端题"南部新书,篯后人希白撰"。

书前有嘉祐元年十一月十三日翰林侍读学士钱易自序,书后有洪武五年(1372)五月廿八日甲戌清隐老人跋,对该书版本内容多有涉及,颇具参考价值。跋云:"《南部新书》钱希白撰,子明逸序云凡

---

① 王绍曾、孙嘉沙:《山东藏书家史略》,齐鲁书社,2017 年,第 273—276 页。

三万五千言,事实若干,列卷十。今元本止一万五千言,事实二百五十有七,亦列卷十,所以子真子唐君说云,以蜀本对皆不同,此所有者蜀本不载,彼所载者,此亦不收。惜乎欠一对耳。余家所有曾公《类说》所收事实八十,校之今板所无者凡二十,余事实五十,有一作补遗,录于右,《类说》省文,又所言甚节,以俟旧本订正云。清隐老人志。时洪武五年五月廿八日甲戌写于泗北村居且吃茶处云。"王重民《中国善本书提要》载录此跋文,梁太济《南部新书溯源笺证》亦录此跋文,并对该书版本源流进行详细研究。"清隐老人"为元末明初藏书家孙道明(1296—1376),字明叔,号清隐,松江华亭人。其藏书万卷,每遇秘笈,则手自抄录。其藏书处曰"映雪斋"。国家图书馆另藏有一部清抄本,半叶十行,行二十一字,无格。该抄本卷末亦有清隐老人跋,然与明抄本不同。跋云:"延祐丙辰菊节前六日,以蜀本对,皆不同,此所有者,蜀本不载,彼所载者,此亦不收,兼无序可考。初欲校过,遂尔中辍,子真子。洪武五年岁次壬子仲夏九日乙卯在华亭集贤泗北村居且吃茶处写毕,清隐老人识。时年七十又六。"该抄本后有《补遗》,末有酉阳山人跋,云:"右《南部新书》十卷,所载多唐及五代事,盖非全书也。传写愈久讹舛愈甚,无能得善本一是正之。此书本郡城袁陶斋家物,后归秦景阳家,余从之借抄,卷尾有元季孙道明题字,散帙不常,可为浩叹。"另有省庵宸跋,云:"甲辰年访书于李中麓先生家,见有此本,彼以其皮相而忽之,予即命童子影抄携归,后假旧本校正一过,依此录出,可称善本矣。陬月人日汲古后人省庵宸志。"钤有"汲古主人"朱文方印、"古虞毛氏秦叔图书记"朱文方印。

该书封页有袁克文题记云"《南部新书》十卷,明抄,天一阁进呈本,寒云",原书衣钤有"乾隆三十八年十一月浙江巡抚三宝送到范懋柱家藏南部新书一部计书一本"军机处木记,知此书为四库进呈本。序文首页钤"翰林院印"满汉文官印。书中钤有"寒云藏书"朱文方印、"北京图书馆藏"朱文方印、"曾在周叔弢处"朱文长方印、"五经无双"朱文方印。《四库全书底本丛书》即据此本影印。

由印鉴可知,此书曾经袁克文、周叔弢收藏,此书著录于《自庄严堪善本书目》"《南部新书》十卷补遗一卷,宋钱易撰,明抄本,一册",另著录一部"《南部新书》十卷,宋钱易撰,明刻本,钱曾、胡珽校,何焯、周锡瓒、顾广圻校并跋,二册"①。

《南部新书》十卷,宋钱易撰。

上海图书馆藏清初抄本《南部新书》,此书分甲至癸十卷,两册。索书号:756329—30。

半叶十行,行二十字,无格。书高 28.2 厘米,宽 17.7 厘米。正文卷端题"南部新书甲,筬后人希白"。

此书封叶有李希圣题记云:"旧抄《南部新书》,四库馆底本,有翰林院印及当时提要稿并校字签。光绪甲辰秋得于厂肆文琳堂。希圣记。"知此书曾为清代湖南藏书家李希圣旧藏,此跋《雁影斋题跋》未收录。封叶背面有四库纂修官汪如藻所拟四库提要稿云:

> 谨案:《南部新书》十卷,宋钱易撰,所载皆唐故事,略及五代,可备外史,晁公武《读书志》,马端临《经籍考》并列卷五,明焦弱侯《经籍志》列卷十,此书向未刊刻,外间流传均非完书,兼有从曾慥《类说》中摘出者,半从省文,尤失原书面目,是编自甲至癸,事实共八百余条,其为足本无疑。易字希白,吴越王倧之子,真宗朝官至翰林学士,书成于祥符中,则知开封县时也。纂修官学正汪如藻撰。

提要左侧钤有"刊刻"朱文长方印,四库全书纂修所采进之书分

---

① 冀淑英编:《自庄严堪善本书目》,天津古籍出版社,1985 年,第 51 页。

为可刊、可抄、存目三种,此书因列入刊刻范围,故钤此方印章。钤印下方有墨笔写"已有"二字。四库提要并非始终由一位纂修官所拟,其后还要经过复杂的修订,故纂修官所撰写的一篇提要或未予采纳,抑或经过总纂官的修订后使用。"已有"二字可能提示该篇提要已另外撰写或汪如藻所拟提要已经被采纳。四库提要分纂稿对于我们了解《总目》早期纂修历史有着极为重要的参考价值,但分纂稿存世稀少,今所见留存下来的分纂稿多为翁方纲、姚鼐、邵晋涵等所拟。其他纂修官所拟提要稿则非常少见,且多发现于四库底本,而这种未经修订的四库提要初稿更为珍贵。汪如藻为乾隆四十年(1775)乙未科进士,后授翰林院编修,《四库全书》馆开馆后任《总目》协勘官。此外,汪氏进呈书籍颇多,共计 271 种,因献书较多,乾隆三十九年五月还被乾隆皇帝赏赐内府初印本《佩文韵府》一部,以示嘉奖。《四库全书总目》著录汪如藻家藏本 151 种,经部 6 部,史部 28 种,子部 13 种,集部 98 种。

此书首卷首页钤有"翰林院印"满汉文大官印。书中纂修官校改甚多,均写于粘签之上,粘于书中。多为抄本中讹误的修订,书写体例多为"某行某字改作某",如"前二行六字王改五,十三字缁改编,三行六字闇改阁,七行十字君改召"。此外,纂修官也在粘签上对内容进行修订,如"前五行'林泉之'三字下'景由'二字删去,增入'处构一亭会文发于其间名之曰'共十三字","十行'于是'二字改'遂放'","后七行四字改'洌'(此疑'烈'字),九行'鹿'改'麤','鷟'改'燕',十行首字改'燕'",钤有"上海图书馆藏"朱文方印,知此书为四库底本。《四库全书底本丛书》即据此本影印。

汪如藻所拟四库提要,未见有学者提及。这篇提要的发现不仅可以丰富分纂稿文献,还对我们研究《总目》早期纂修史提供了线索。除了翁方纲等少数四库纂修官所拟提要稿比较集中地保留了下来,其他纂修官所拟提要存世稀少,多见于所校勘图书之中。此类文献在书目中并没有明确的说明，所以不易查找，因此历来为研究者所重视。

　　从汪氏所拟提要来看，与乾隆六十年（1795）所刻本《总目》相比，内容和写作规范都不太严谨，体现了早期提要稿的特点。《四库全书初次进呈存目》是乾隆四十年左右四库提要的一个汇编本，反映了该阶段《总目》修订的情况。与汪氏所拟提要稿相比，我们能够明显发现该篇提要在之后经过了修订。为了方便比对，故将《进呈存目》中的《南部新书》提要移录于下：

　　　　宋钱易撰。旧本卷首题笺后人，盖以《姓谱》载钱氏出篯铿也。易字希白，吴越王钱俶之子，真宗朝官至翰林学士。是书乃其大中祥符间知开封县所作，皆记唐时故事，兼及五代，多录轶闻琐事，而朝章国典，因革损益之故，亦杂载其中。故虽小说家言，而实有裨于史学。晁公武《读书志》作五卷，焦竑《国史经籍志》作十卷。今考其标题，自甲至癸，以十干为纪，则作十卷是也。世所行本，多非完书，兼有从曾慥《类说》中摘录成帙，半经删削者。此本共八百余条，首尾完具，犹为全本。①

　　从两篇提要内容的对比来看，《进呈存目》采纳了汪氏所拟提要的主要内容，但在表达的严谨、内容的完整度上显然更加突出，可见汪氏所拟提要曾经总纂官修订。众所周知，《总目》自乾隆三十八年（1773）纂修开始，直至乾隆六十年（1795）付梓，期间经过多次的修订，现存上图、国图、天图等《总目》稿本就反映了不同阶段纂修的史实。令人感到遗憾的是，今存的大部分《总目》稿本都未能保存《南

───────────────

① ［清］四库馆臣编撰，赵望秦等校证：《四库全书初次进呈存目校证》，陕西师范大学出版总社，2016 年，第 1032 页。

部新书》提要稿,所以我们无法了解《南部新书》提要在《进呈存目》
之后的修订过程。不过,通过乾隆六十年(1795)先后刊刻的浙本、殿
本《总目》,我们还是能够了解到,此篇提要在《进呈存目》之后,仍然
经过了纂修官的修订。浙本、殿本《总目》中的《南部新书》提要内容
完全相同,兹将原文抄录如下:

> 宋钱易撰。旧本卷首题钱后人,盖以《姓谱》载钱氏出钱铿
> 也。易字希白,吴越王钱倧之子,真宗朝官至翰林学士。是书乃
> 其大中祥符间知开封县所作,皆记唐时故事,兼及五代,多录轶
> 闻琐事,而朝章国典,因革损益之故,亦杂载其中。故虽小说家
> 言,而不似他书之侈谈迂怪,于考证尚属有神。晁公武《读书志》
> 作五卷,焦竑《国史经籍志》作十卷。今考其标题,自甲至癸,以
> 十干为纪,则作十卷为是。公武所记,殆别一合并之本也。世所
> 行本,传写者以意去取,多寡不一。别有一本,从曾慥《类说》中
> 摘录成帙,半经删削,缺漏尤甚。此本共八百余条,首尾完具,以
> 诸本兼校,皆不及其全备,当为足本矣。①

事实上,《进呈存目》和刻本《总目》提要在内容上基本一致,只
是在具体细节的表述方面有所差别,《进呈存目》文字精练简洁,而刻
本《总目》则更为详细准确。

《总目》的修订过程非常复杂,因纂修官、所据底本、抽换等原因
导致今所见之稿本、刻本以及阁本书前提要之间有时候内容上有着
较大的差别。今所存文津、文渊、文溯阁本《南部新书》书前提要,校
上时间分别为乾隆四十二年(1777)五月、四十七年(1782)三月、四

---

① [清]纪昀等:《武英殿本四库全书总目》第 38 册,国家图书馆出版社,2019
　年,第 107、108 页。

十九年(1784)三月。虽然他们的校上时间并不一致,但三种阁本提要在内容上高度吻合,可见他们所用底本具有一致性。将《南部新书》阁本书前提要与汪氏所拟提要稿、《进呈存目》、刻本《总目》比勘,能够发现阁本书前提要与其他提要稿在内容上基本一致,只是在细节上有所区别。看来阁本书前提要没有直接照录他本,而是经过了纂修官的修订。因文渊、文津、文溯阁本书前提要内容一致,故将文渊阁本书前提要抄录如下:

　　臣等谨案:《南部新书》十卷,宋钱易撰。旧本卷首题籛后人,盖以《姓谱》载钱氏出籛铿也。易字希白,吴越王倧之子。真宗朝官至翰林学士。是书乃其大中祥符间知开封县时所作,皆记唐时故实,间及五代,多录轶闻琐事,而朝章国典,因革损益之故,亦杂载其中。故虽小说家言,而实有裨于史学。晁公武《读书志》作五卷,焦竑《国史经籍志》作十卷。今考其标题,自甲至癸,以十干为纪,则作十卷者是也。世所行本,多非完书。兼有从曾慥《类说》中摘录而成,半经删削者。此本共八百余条,首尾完具,犹为全帙云。乾隆四十二年五月恭校上①

　　从提要稿源流来看,阁本书前提要所继承的显然是《进呈存目》提要稿,两篇提要应该可能是出自同一底本,或者有相近的来源。与刻本相比,内容差异相对较多,但如前所述,他们的主体内容基本一致,只是表述的不同。至此,我们可以总结到,《南部新书》提要稿最初为汪如藻所拟,此后经过了总纂官的修订,乾隆十四年(1749)左右形成的《进呈存目》,反映了这阶段的修订成果。此后,《南部新书》

① ［清］纪昀等:《景印文渊阁四库全书》第1036册,台湾商务印书馆,1986年,第280页。

提要均以《进呈存目》提要内容为基础,进行了少量的修订。浙本、殿本《总目》提要反映了最后的修订情况。《进呈存目》、刻本《总目》、三种阁本书前提要内容基本一致,三者之间只是表述方面的差别。可知三者提要有着相似的文本来源。其中《进呈存目》和诸阁本书前提要内容更为一致,关系更为紧密。

　　众所周知,诸阁本均附带有一部《总目》,但这部《总目》提要内容与阁本书前提要并不完全一致,《南部新书》提要就体现了这种差异。国家图书馆藏有一部残本文溯阁抄本《总目》,其中保存了《南部新书》提要,通过与诸本提要的对比,发现该篇国图所藏文溯阁抄本《总目》提要内容与刻本《总目》完全相同。与文溯阁本书前提要显然有着不同的文本取向。

《愧郯录》十五卷,宋岳珂撰。

　　北京大学图书馆藏明岳元声等刻本《愧郯录》十五卷,一函两册。索书号:LSB/964。

　　半叶十行,行二十字,白口,四周双边,单鱼尾。版心上题"愧郯录"。正文卷端题"愧郯录卷第一、十一则,相台岳珂撰,十六世孙岳元声和声骏声订",书前有嘉定岳珂自序,书后有是岁后三月望岳珂跋。

　　书中有大量四库纂修官校改,均以粘签形式粘于书中,多为格式调整,如"凡遇尊号抬头及空格者,俱改接连写,惟本系缺字空格者,乃须照空,务审文理缮写","凡题目俱低二格写",纂修官又在粘签上具体提示了卷端的书写格式。对于《愧郯录》刻本中的"墨等",纂修官在粘签中说明"凡黑地处,俱依字数空格",纂修官在粘签中所写的修订意见,为我们了解四库全书的编校体例提供了重要的线索。此外,纂修官对该书内容也有所修订,如书前岳珂自序末"既望谨序",粘签中所作修订为"'既望'下添'相台岳珂'四字",可知此书为四库底本。《四库全书底本丛书》即据此本影印。

《常谈》一卷,宋吴箕撰。

北京大学图书馆藏清乾隆翰林院四库馆臣辑永乐大典抄本《常谈》一卷,一册。索书号:LSB/3288。

半叶八行,行二十一字,白口,四周双边,单鱼尾。版心上题"钦定四库全书",中题"常谈"。正文卷端题"钦定四库全书,常谈、宋吴箕撰"。书中有四库纂修官校改,如避讳字"宏"改为"弘"。

钤有"木樨轩藏书"朱文方印、"明墀之印"白文方印、"李氏玉陔"朱文方印、"李盛铎读书记"白文方印、"李滂之印"白文方印、"少微"朱文方印、"北京大学藏"朱文方印。《四库全书底本丛书》即据此本影印。

"明墀之印""李氏玉陔"为清代藏书家李明墀藏书印,乃李盛铎之父,"李滂之印""少微"为李盛铎第十子李滂藏书印,李滂,字少微。李氏继承其父李盛铎藏书,并沿用书楼名"木樨轩"。由此可知,此书经李氏祖孙三代所珍藏。

《齐东野语》二十卷,周密撰。

北京大学图书馆藏明正德十年(1515)胡文璧刻本《齐东野语》二十卷。索书号:LSB/111。

半叶十一行,行二十字,黑口,四周双边,双鱼尾。书前有周密自序,次至元辛卯(1291)孟春剡源戴表元序,次目录。书后有正德十年孟夏月吉旦赐进士出身中宪大夫直隶凤阳府知府耒阳胡文璧跋,次盛杲跋。正文卷端题"齐东野语卷之一,齐人周密公谨父"。

书衣钤有"乾隆三十八年□月编修朱筠送到家藏齐东野语一部计书十□本"军机处木记。背面有墨笔题记"齐东野语　纂修厉守谦签出字面纸斥者数条　八月廿六日"。此书末页有周星诒题记:"此本脱误虽多,而足以订照旷阁本妄删臆改者不少,旧刻所以足贵也。周星诒。"此书周密自序首页钤有"翰林院印"满汉文官印,钤有"北京大学藏"朱文方印、"弘教"朱文长方印。

《绀珠集》十三卷,宋朱胜飞撰。

西安博物院藏明天顺七年(1463)刻本。

半叶十二行,行二十四字,黑口,四周双边。此书笔者未见,《西安市志》云:"《绀珠集》十三卷,宋朱胜飞撰,明天顺七年(1463)刻本。5册。页12行,行24字。黑口,四周双边。卷首钤盖有'翰林院典籍厅关防',此书摘录古籍凡137种,体例与曾慥《类说》相近,而去取有所不同。"①

关于"翰林院典籍厅关防",邓之诚《骨董琐记》中云:"今习见书有《翰林院典籍厅关防》,及《四库书馆收掌图记》,记某人所进书名撰人,及格式或有删改,皆庚子之乱散出。即所谓《四库副本》,《大清会典事例》卷一千一百九十九。乾隆四十一年,议准《四库全书》告竣,其《副本》著于翰林院内,照依目次编排,票签分出,如大臣官员及翰林等,欲观秘书者听之。如书内遇有疑误,应须参校者,亦令其将某卷某篇书单告之。领阁事派校理官询阁,会同经管司员,请书检对,敬谨检阅归架,以尊典册。五十三年,又谕:《四库全书》各书底本,原俱存购翰林院,以备查核。嗣后词馆诸臣及士子等,有愿读中秘书者,俱可赴翰林院白之所司,将底本检出抄阅。是副本即底本,当时官员士子俱可抄阅,不限于翰林官也。"②此外,学者刘蔷也有提及:"王重民先生《中国善本书提要》集部别集类著录《简斋集》十六

① 西安市地方志编纂委员会:《西安市志》,《陕西地方志丛书》,西安出版社,1996年,第531页。
② 邓之诚著,邓珂增订点校:《骨董琐记》,中国书店,1991年,第9页。

卷,为校印《武英殿聚珍版丛书》时底本,卷九至十二为印本校样,其
余用《四库全书》稿纸抄写,此书现藏美国国会图书馆。提要云:第二
册面叶有樊增祥题记云:'是书为袁漱六芳英家藏本,卷首有翰林院
典籍关防,盖四库馆中物也。云门识。'盖武英殿校印时另缮稿本。
故钤'翰林院典簿厅关防',与《四库》底本所钤印不同。(《四库》底
本钤翰林院大方印,此印为长方,仅有一半大。)按,书上所钤长方印
应即是"翰林院典簿厅关防",印文中的'簹'字,为'簿'之异体,《日
下旧闻考》也记载翰林院中有'典簿、待沼二厅',王先生误记为'籍'
字,此误一;王先生以为送交武英殿。另行缮写之书,钤'翰林院典簿
厅关防'印,以示与钤'翰林院印'的四库底本相区别,而中科院文献
情报中心收藏的《师友诗传录》并非《武英殿聚珍版丛书》中一种,显
然二印关系并非如王先生所言,此误二,自《永乐大典》中抄辑出来、
被汇刊为《武英殿聚珍版丛书》的诸本,连同早期送到翰林院的四库
采进本被钤以'典簿厅关防',至刘统勋奏请改钤'翰林院印'以便发
还原书,这以后送到翰林院的四库采进本才被统一钤上'翰林院印'
大关防,这条记载也可为佐证。"①

《唐世说新语》十三卷,唐刘肃撰。

国家图书馆藏明万历刻本《唐世说新语》十三卷,四册。索书
号:CBM0479。

半叶十行,行二十字,白口,四周双边,单鱼尾。书前有冯梦祯
序,次万历己酉(1609)孟冬俞安期序,次刘肃自序。次《目录》。正
文卷端题"唐世说新语卷之一"。

此书书衣背面有题识云:"癸巳五月,汪如藻从两淮马氏所进抄
本及《稗海》本细校讫。"书内有大量汪如藻签校。如将《唐世说新

---

① 刘蔷:《清华园里读旧书》,岳麓书社,2010 年,第 137、138 页。

语》中"世说"两字删去,此外大多为对原刻本文字内容的校订。王重民《中国善本书提要》子部杂家类著录此书,云:"癸巳为乾隆三十八年,如藻四十年始成进士,是其进书在成进士以前,未审是时已否入四库馆? 抑仅随进呈书籍入京,闲与馆臣相商榷。是书《四库》据内府藏本著录,《提要》'今合诸本参校,定为书三十篇,《总论》一篇',则似据如藻校本誊写,而《提要》亦出如藻手也。"①王氏所论基本符合事实,乾隆三十八年(1773)四库馆征书时,汪氏献书271种,故乾隆三十九年五月得到清高宗嘉奖。而此时汪如藻已在四库馆任职,参与《四库全书》的纂修。笔者认为汪氏在乾隆四十年中进士之前就已经参与四库纂修工作。观此书内签校内容,如对原文讹误、抄写格式的修订,书中对文字不完整的条目提示"此条照别本抄全"符合纂修官校订底本之特征,而此书应该就是汪如藻校订《唐世说新语》时使用的工作本,此书提要也应该出自汪氏之手。

　　书中钤有"玉函山房藏书""东海居士""国立北平图书馆收藏"等。知此书曾经马国翰、徐世昌收藏。国家图书馆另藏有叶德辉旧藏万历刻本,内有叶氏题跋。

---

① 王重民:《中国善本书提要》,上海古籍出版社,1983年,第389页。

附录二　笔记小说文体观念考索

——以晚明笔记小说为中心

所谓的"文体观念",简而言之,便是特定时期和文化环境下人们对于一种文体的认识和看法。就笔记小说而言,它需要回答两个基本问题:什么是笔记小说? 笔记小说有着怎样的特点? 与其他文体不同的是,小说自古以来便缺少一个相对统一的概念,笔记小说也自然无法摆脱这样的现实。

自 20 世纪初,笔记小说概念出现以来,学者们就在如何定义"笔记小说"这一问题上费尽周折,尽管观点层出不穷,但均因缺乏清晰的界定,而难以为学界所普遍接受。笔者认为,要想解决这一问题,首先必须立足文献;其次要避免西方小说观念的遮蔽,回归本土;最后应该回到历史语境当中,对历史抱有理解和同情。要之,笔记小说概念这一学界的"沉疴",其病源不在于概念的本身,而是研究的方法。晚明是中国小说理论的繁荣期,文体和理论意识的增强成为此时期小说发展的特点。与此同时,笔记小说的创作也非常活跃,涌现出一大批的名作。晚明笔记小说既拥有丰富的材料,又具备相当的典型意义,为人们探索笔记小说的观念提供了一个绝佳的视角。古人对于小说文体的认识常常零散而片段,怎样在这些看似模糊、散乱的碎片式的认识中得出一个比较客观的结论,是研究的难点。为了更好地解决这一问题,笔者选择从晚明笔记小说的序跋、著录、出版三个方面来进行分析。这三个方面,是紧密相连的。它们分别代表了三个群体:创作者、接受者、传播者。同时是一部作品所要经历的三个不可或缺的阶段。通过这三个方面的论述,可以建构起一个认识的网络,不至于遗漏重要的信息。或许可对笔记小说观念的探索有所助益。

一、创作者视域下的笔记小说观念

中国古代小说理论在明代达到了一个发展的高潮,尤其是在晚明,随着小说创作和出版的繁荣,小说理论也有了长足的进步。虽然没有像戏曲那样,出现了专门的理论著作,但其存在形式丰富多样,散见于文集、评点、序跋、凡例等处。这些资料数量庞大,为人们研究古代小说理论的发展变化提供了可供参考的资料。其中,序跋是一种重要理论形式。正所谓"读书贵得门径,序跋即门径也"①。序跋中除了交代创作缘起、目的、方式等基本问题外,还包括大量的理论资料。近年来,出现了不少小说序跋的研究论著,可见研究者对其重视程度。但研究者的目光大多集中于白话小说序跋,而笔记小说的序跋并未引起广泛的关注。事实上,笔记小说,特别是处于小说理论繁荣期的晚明笔记小说序跋,颇具研究价值。这不仅是小说理论发展的结果,还与晚明笔记小说序跋的创作者有着密切的关系。相对于白话小说创作者而言,笔记小说的创作者出身通常较高。据笔者统计,晚明笔记小说的作者以进士、举人为主,这样的出身在某种程度上决定了序跋的质量,这些序跋的内容事实上也证明了这一结论。

晚明笔记小说序跋在很大程度上反映了创作者对于文体的认知,它们具有较高的理论性,是探索笔记小说观念最直接的方式。笔者将创作者的小说观念概括为文体认知、小说史意识、文体特点、功能论四个方面,试图较为完整地展现创作者视域下晚明笔记小说的存在形式。

---

① [清]曾文玉编:《四库后出书序跋》,苏州图书馆藏稿本。

（一）文体认知

晚明笔记小说的作者往往通过序跋来叙述创作理念,一些作者则有明确的文体认知,将自己的作品自觉地归类,这说明作家对创作文体有着清醒的意识。陈洪谟《治世余闻·序》中云:"上篇事关庙朝,下篇则臣下事也。皆即一时所闻,或因一言一行之微,漫书之,初非有所择也……亦将自附于稗官氏之末云。"①陈汝锜《甘露园短书·序》说道:"陈伯容氏出所著书于巾笥而编别之,其文之有首尾稍纡徐曲折者为长书,其边幅稍狭,词不加纯,若语录、说家之类者为短书。"②郑仲夔《耳新·序》也说:"而顾以身非史职,退然自逊于稗官之列。"③等等。这些作家都很自觉地将自己的作品归入小说家类。事实上,这种归类在某种程度上说明晚明笔记小说的创作者具有明确的文体意识,而这种归类较多地出现在晚明,正是笔记小说创作成熟的一种表现。"随笔而记"虽然是笔记小说的文体特点,但作为一种文体它仍然具有较为稳定的特性,作家对于什么是笔记小说、怎样创作笔记小说,有着"常"与"变"的思考。

有些作者则在序跋中间接表达了自己的创作观念,如朱国桢《涌幢小品·序》云:"其曰小品,犹然《杂俎》遗意。要知古人范围终不可脱,非敢舍洪而希段也。"④沈德符《万历野获编》序亦云:"如欧阳《归田录》例,并录置败簏中,所得仅往日百之一耳。其闻见偶新者,亦附及焉。"⑤作家说明自己作品的渊源,在古代文学创作中很常见,它既是对先贤著作的肯定,同时也表达了一种创作观念。无论是沈德符,还是朱国桢,他们对《归田录》《酉阳杂俎》的模仿,背后无疑都

---

① ［明］陈洪谟:《治世余闻·序》,中华书局,1985 年,第 67 页。
② ［明］陈汝锜:《甘露园短书·序》,明万历间刻清康熙补印本。
③ ［明］郑仲夔:《耳新·序》,明万历四十五年(1617)《玉塵新谭》本。
④ ［明］朱国桢:《涌幢小品·序》,中华书局,1959 年。
⑤ ［清］沈德符:《万历野获编·序》,中华书局,1959 年。

隐含着对文体的认识。再举一例，看看不同人对于同一部作品的看法，这或许更具说服力。田艺蘅《留青日札》在当时很有名气，流传颇广。刘绍恤在《留青日札·序》中曾说："子艺之言具在，事系稗家《世说》，纤细蝟举，犹云抵掌之资尔。"①明末文人张怡在《玉光剑气集》卷十九《艺苑》一条中也说："田艺蘅所著《留青日札》，亦稗说之良。"②钱谦益《列朝诗集小传》亦言："此书在小说家。"③通过不同时期不同人的观点，会发现晚明文人对于小说文体认识具有某种共通性。

　　由于晚明笔记小说数量的大幅度增加，笔记小说越来越受到人们的重视，不少文人开始对这种文体创作进行思考。郑晓《今言》第三百条云："近记时事小说书数十种，大抵可信者多。惟《双溪杂记》《塞斋琐谈》二种好短人，似其好恶亦欠端。"④郑晓是嘉靖时期的名臣，尚处于晚明的开端，似乎还没有感受到笔记小说创作高潮的来临。随着时间的推移，身处在万历时期的谢陛，对于笔记小说的发展有着更为深入的感知。谢氏在为方弘静《千一录》所作序言中说道：

　　　　窃以为集莫盛于近世矣，而说家兴焉，亦集之流也。先生此录亦说家也，然非诸家之说也，其心不同，故其文不同也。古今说家种种不一，余因说而知其心。盖有聘博之心者，所列多猥琐，而《乾䐑》《随巢》之说侈矣；有炫奇之心者，所列多荒唐，而棘猴、轮虱之说侈矣；有吊诡之心者，所列多冥怪，而《宣室》《暌车》之说侈矣；有缀淫之心者，所列多冶艳，而《金楼》《锦带》之

---

① ［明］田艺蘅：《留青日札·序》，浙江古籍出版社，2012年。
② ［清］张怡：《玉光剑气集》，中华书局，2006年，第719页。
③ ［清］钱谦益：《列朝诗集小传》（下），古典文学出版社，1957年，第504页。
④ ［明］郑晓：《今言》，中华书局，1984年，第172页。

说侈矣；有喜谑之心者,所列多诙谐,而轩渠绝倒之说侈矣；有工
讦之心者,所列多诽訕,而吹求洗索之说侈矣。以为匪是则无以
脍炙人,而流波市也。①

　　谢氏对于"集莫盛于近世"的判断没有问题,但他将小说家的兴
盛溯源于集部,是值得商榷的。而谢氏跋文最为精彩的论断,则是他
对作家创作心理和作品呈现出的审美风格之间关系的论断,具体而
言,则是"其心不同也,故其文不同也"。随后作者将晚明小说创作目
的分为六种,进行了简要分析,非常形象地展现了晚明小说创作的实
际。谢氏能有这样精彩的论断,与其说是个人"灵光一现",毋宁说是
小说在晚明蓬勃发展的结果。在中国小说理论史中很少有人将当时
的小说创作进行如此精彩的总结,但遗憾的是,这样的材料并没有得
到研究者充分的关注。

　　（二）文体史意识

　　在晚明笔记小说序跋中有不少对小说源流及其发展史的叙述,
序作者从更高的层次来认识笔记小说文体的源流以及与其他文体的
关系,这种颇具"史学"意味的思考,是晚明小说理论的一大特色,也
足以证明小说理论的进步。但这种文体史的思考并不完全相同,而
是各有特色。有些序跋偏向于总体概括,如沈德符《万历野获编·
序》曰："夫小说家盛于唐而滥于宋,溯其初,则萧梁殷芸,始有小说行
世。芸字灌蔬,盖有取于退耕之义,谅非朝市人所能参也。"②序跋以
外,也偶见于作品中,如谢肇淛《五杂组》卷之十三事部一条中说道：
"《夷坚》《齐谐》,小说之祖也,虽庄生之寓言,不尽诬也。《虞初》九
百,仅存其名,桓谭《新论》,世无全书。至于《鸿烈》《论衡》,其言具

---

① ［明］方弘静:《千一录·序》,明万历二十六年(1598)刻本。
② ［清］沈德符:《万历野获编·序》,中华书局,1959 年。

在,则两汉之笔大略可睹已。晋之《世说》、唐之《酉阳》,卓然为诸家之冠,其叙事文采足见一代典刑,非徒备遗忘而已也。自宋以后,日新月盛,至于近代不胜充栋矣。其间文章之高下,既与世变,而笔力之淳杂,又以人分。"①这两则材料都对笔记小说的发展进行了简要的概括,而谢氏所论更加注重于小说的发展、变化,他以"世变""人分"作为论述的总结,则是对小说史非常准确的把握。

　　据笔者所见,在这类序跋中,理论价值较为突出者,共有两个,分别是钱希言《狯园》自序和陈继儒《闻燕斋笔谈·序》,因篇幅所限,且两序流传较广,故不再转录原文。两则序言,虽然一为自序,一为他序,但他们都认为唐代是笔记小说发展最为繁盛的阶段,正所谓"稗至唐而郁乎盛矣"。钱氏认为唐代是笔记小说发展的分界线,而前后两个时期作品的不同,源于创作者的差异,而后钱氏又对唐、宋两个时期笔记小说的创作特点和审美风格做出了精彩的论断,其曰:"唐人善用虚,宋人善用实。唐人情深趣盛,为能沿泛波澜,宋人执理局方,惟事穿凿议论。唐人以文为稗,妙在不典不经,宋人以稗为文,病在亦趋亦步。"②可以说,钱氏对笔记小说史的认识是相当准确的,他的论述没有停留在简单的时代划分上,而是深入地探究了笔记小说发展演变的根本原因,总结出笔记小说创作与时代风气的关系,这样精彩的论述即便放之中国古代文学理论中也毫不逊色。而陈氏序言,则首先对笔记小说"杂"的特点进行了源流的揭示,他认为小说之"杂"源于其囊括九家,这一论断从文体角度来说确实有其合理性,遗憾的是陈氏并没有做详细阐述。其次,陈氏对唐、宋、明,尤其是唐、宋两朝的小说创作及其特点进行了精要的概括。在论述宋代笔记小说时,作者引用宋朝名相王安石的观点,则更加有力地证明了小说的

---

① 〔明〕谢肇淛:《五杂组》卷十三,明吴航宝树堂刻本。
② 〔明〕钱希言:《狯园·序》,文物出版社,2014 年。

存在价值。

　　小说文体的发展经历了一个融汇和新变的过程,在吸收其他文体创作特点的同时,又在孕育着新的文体。明代以前的笔记小说作家就曾有过这种文体发展的认识,但那时的认识不过是一些简单而模糊的判断,其理论意味较为淡薄。随着小说文体自身的发展和晚明笔记小说创作的繁荣,小说家们对于小说文体的发展有了更为清晰的认识,一些作家敏锐地发现,小说的发展与诸子、杂家、史家有着密切的关系。如陶望龄认为"说固子之别名"①,李维桢云:"后代小说极盛,其中无所不有,则小说与杂相似。"②而周孔教和茅元仪在《稗史汇编·序》《暇老斋随笔·序》中都认为小说与史家渊源甚深。事实上,无论从笔记小说文体的发展,还是其内容来看,这两个观点都具有很强的合理性,为研究笔记小说的发展史提供了宝贵的资料。从刘勰《文心雕龙》,到刘知己《史通》,再到郑樵《通志》,直至《四库全书总目》,都曾对小说与史家之间的关系有过简单的讨论,强调了著录中的困惑。虽然这种观点不是晚明作家的发明,但晚明小说家对这一问题的认识显然更加深入。

　　在探讨笔记小说与其他文体关系的序跋中,还有少量序跋只对一种小说类型进行文体源流的论述,这类序跋的撰写与小说家的创作有着直接的关系。其中,具有代表性的是支允坚《异林》和朱国桢的《涌幢小品》,两位小说家分别对志怪和杂录两类笔记小说的发展源流进行了简要的概括和梳理,其中文体史的意识显而易见。虽然明代史学并不发达,但却没能束缚小说家的史学思维,不得不说,晚明小说家具有这样的思维意识是颇为难能可贵的。

---

① [明]陈绛:《金罍子·序》,明万历间刻本。
② [明]谢肇淛:《五杂组》卷十三,明吴航宝树堂刻本。

（三）文体特点

晚明笔记小说序跋中,小说家往往会有对创作方式的交代和文体特点的思考,虽然这类内容在序跋中大都一语带过,但将这些只言片语组合到一起,还是能够看出小说家们所持的文体观念的。笔记小说的创作方式是比较自由的,小说家一般没有很严肃的创作目的,他们往往是"随闻而随笔之"①,或是"意合兴到,随笔简端"②。亦或是许自昌在《樗斋漫录·序》中所说的那样:"道人读书不作次第,漫从架上抽一函,值经经读,值史史读,上子与集与说,夫复如是读,亦未必竟,亦未必不竟。"③同时,小说家也不必担心受到别人的指责,李维桢在《耳谈·序》中说道:"行父之谈出于稗官,其指非在褒贬。厌常喜新者读之欣然,脍炙适口,而无所虞罪。故事不必尽核,理不必尽合,而文亦不必尽讳。"④可见笔记小说创作者的心理束缚是较小的。总之,笔记小说因为自身文体性质决定了创作上具有较大的自由度,这也是为什么笔记小说数量巨大的重要原因。

笔记小说除了创作的随意性,还具有文体上杂而小的特点。晚明笔记小说作家对此也有诸多论述,较为集中地体现在序跋当中。如陈全之《蓬窗日录·序》、李乐《见闻杂记·序》、周晖《金陵琐事·序》等等,虽然这些序跋属于不同的作品和作家,但他们对于创作的认识还是较为一致的:作品内容广博,涵盖古今,不分类别。这种观念的不谋而合,正说明笔记小说具有共同的文体特点。当然,对于笔记小说的这一特点,也存在批评的声音。明末史学家谈迁,在其所撰《枣林杂俎》一书序言中说道:"说部充栋,错事见采。事易芜,采易

---

① ［明］郑仲夔:《耳新·序》,明万历四十五年(1617)《玉塵新谭》本。
② ［明］李如一:《戒庵老人漫笔·序》,中华书局,1982 年。
③ ［明］许自昌:《樗斋漫录·序》,明万历间刻本。
④ ［明］王同轨:《耳谈类增·序》,明万历刻本。

凿,舍其旧而新是图。又任目者凭于所好恶,任耳者失于浮浪也,窃深自诫。"①但仔细翻阅此书会发现,谈氏自著也未能避免其深以为戒的内容。相反,《枣林杂俎》的内容却很好地体现了笔记小说杂而小的文体特点。

此外,晚明小说家对笔记小说叙议结合的特点也有所关注,如明末文人余怀在为王弘撰《山志》所作序言中,说道:"说部惟宋人为最佳,如宋景文《笔记》、洪容斋《随笔》、叶石林《避暑录话》、陈临川《扪虱新语》之类,皆以叙事兼议论。"②余氏所论虽专指宋代笔记小说而言,但这种叙议结合的特点,在唐以后的笔记小说中确实颇为常见,而这些内容往往与读书随笔、文献考订有关。笔者认为,"叙议结合"可以看作是笔记小说发展中内容不断推陈出新的结果。

(四) 小说功能

小说虽然为小道,但它毕竟有可观之处。随着小说自身的发展和出版业的不断成熟,小说吸引了更多读者关注,以及对其价值的肯定。晚明笔记小说在当时便获得了众多文人士子的喜爱,而喜爱的本身就是对小说价值的肯定。如范钦《烟霞小说·序》中说道:"余不佞,颇好读书。宦游所至,辄购群籍,而尤喜稗官小说。窃怪夫弃此而祇信正史者,譬如富子惟务玉食而未尝山毅海错,可乎? 同年周子籥曩为余言,魏恭简公于书无所不读,虽小说亦多涉猎。愚谓公理学师也,犹兼好之,况吾辈乎?"③范氏征引前贤故事来支持自己的观点,其对小说的钟爱可见一斑。

除了表达对小说的喜爱和对其价值的肯定之外,晚明笔记小说序跋中还有很多关于其价值、功能的总结,这些总结对后世笔记小说

---

① [明]谈迁:《枣林杂俎·序》,上海图书馆藏清抄本。
② [明]王弘撰:《山志·序》,国家图书馆藏清初刻本。
③ [明]范钦:《烟霞小说·序》,明嘉靖陆氏刻本。

的著录和研究都产生了不同程度的影响。其中,马大壮在《天都载》自序中将笔记小说的功能归纳为阐忠贞、昭劝诫、资考证、广闻见四个方面,颇为精练准确。明人对笔记小说功能的总结颇多,虽然论述的详略不同,但基本上没有超出马氏所总结的四点。

综上所述,通过对晚明笔记体小说序跋的考察分析,可以见出时人对笔记小说问题概念、特点及功能的认识。然纵观存世文献,可以发现,创作者视域下的笔记小说观念并不仅限于序跋,在其他文体中也有一定体现。如孙矿《居业次编》卷三中收录了孙氏与余君房往来的两封书信,而书信的内容就是讨论小说创作的相关问题,其中就涉及了两人对小说的认识。如孙氏《与余君房论小说家书》云:"矿昔尝欲取我朝诸小说集为一部,内分四类:关政治者曰国谋,琐事曰稗录,杂说曰燕语,论文者曰艺谈。"①而《君房答论小说家书》则云:"小说家当以事类为次,不当以篇名之偶同为次也。"②孙氏信中交代其欲编辑一部小说丛书,并分为四类收录,从他的分类来看,小说的范围是颇为广泛的,而这恰恰体现了晚明笔记小说"杂"的特点。余氏在信中则表达了自己的看法,他认为小说应该按事类编排,具有类书的特点,这是受晚明笔记小说类编风气的影响。总之,无论是丛编,还是类编,都是晚明笔记小说创作中比较突出的现象,其中就包含着明人的小说观念。

二、接受者视域下的笔记小说观念

明代是中国目录学发展的繁荣期,无论在文献数量、种类,还是在著录的方法、方式上,都有了发展创新。但具体到官修、史志、私家三种目录的发展并不均衡,明代的官修和史志目录相当薄弱,严谨、

① [明]孙矿:《居业次编》卷三,明万历十八年(1590)刻本。
② [明]孙矿:《居业次编》卷三,明万历十八年(1590)刻本。

系统的书目更是乏善可陈。与之相反,由于明代私人藏书的盛行,私家目录的编撰异常繁荣。据研究者统计,五代至清末藏书家有 1175 人,明代就占 427 人,约占总量的 36%,他们中的部分藏书家编有藏书目录。据统计,数量约有四五十种,现存的有 20 种以上①。

　　从时间上来看,明代目录学的发展呈现出一种渐趋完善的过程,大致可以分为晚明以前和晚明两个时期。晚明以前的目录较少,发展缓慢,而晚明时期的目录数量剧增,分类也愈加细致,在著录的理念上有不少创新之处。在明代目录学发展的大背景下,小说的著录也发生了很大的改变。明代官修目录,以《文渊阁书目》和《内阁书目》为代表,大多不列小说家一类,而小说作品则散见于史部和子部杂家类中。史志目录方面,以焦竑的《国史经籍志》为代表,其中子部列有小说家一类,是了解明代官方小说观念可靠的线索。与官修和史志目录形成鲜明对比的是明代私家目录,尤其是晚明这一阶段,由于小说文体的发展、传播方式的改进,出现了一批像《晁氏宝文堂书目》《百川书志》《澹生堂藏书目》这样用心于小说著录的书目。它们无论是在著录的数量,还是细目的分类上,都是前后时代无法比拟的,这也成为晚明私家目录的一大特色。但私家目录具有一定的主观性,各家著录的标准时有不同,有的目录则稍显混乱,这些又是它们的不足之处。要之,总观明代目录对于小说的著录,可知小说在明代经常被著录在史家、杂家、小说家三类中,一些作品则游走于三类之间,但也不乏位置稳定者。此前学者对明代书目中的小说观念也有过研究,并认为"明代书目著录'小说'表现出的'小说'观念并不统一,相当混杂"②。此论确实抓住了明代小说著录的特点,但作者

① 参见来新夏:《古典目录学》(修订本),中华书局,2013 年,第 214 页。
② 王冉冉:《明代小说著录与古代"小说"观念》,《南阳师范学院学报》2008 年第 5 期。

只看到了"变"的一面,却忽略了"变"中之"常"。笔者认为,明代小说著录的"常"才是考索明人小说观念的关键所在。

　　作为一个接受者,藏书家通过编撰书目的方式表达着对于不同作品的认识,在这种分门别类中,无疑包涵了著录者的一种文体观念。当著录者大量涌现的时候,在某个时期形成了一个接受群体,这一群体中又会发生各种影响和新变,而这些变化也同样从侧面反映了文体观念的发展。笔者就是从这一思路出发,试图在明代书目中勾勒出著录者的小说观念及其发展、变化。通过对明代官修、史志、私家目录的分析,可以将它们在小说著录上的特点概括为以下三个方面:

　　(一)游移于子、史之间

　　小说在明代书目中大多被著录在小说家、子杂、史部三类中,也就是通常所说的说家、杂家、史家。实际上,只有子、史两部,因为小说家和子杂都属于子部。由于小说自身的文体特点,有些作品并不容易区分其部类,同一部作品在不同的书目中往往会有著录的分歧,经常游移于子、史之间。这种现象,一方面体现了中国古代小说著录的特点,另一方面也说明了小说与史家之间有着紧密的关系。明代的小说著录不但没能摆脱传统著录的影响,而且还有所发明。前面在探讨笔记小说序跋时,曾引用李维桢为《五杂组》所作的序来说明其文体史意识,李氏在序中曰:"后代小说极盛,其中无所不有,则小说与杂相似。"①结合明代小说的著录情况,可以证明李氏此论确实是较有见地的,而小说在明代确实与杂家有着更为紧密的关系。明代的笔记小说继承了前代笔记小说"杂"的特点,其内容又显得更为广博,近似于杂家类的著作,这给著录家带来了麻烦,于是就出现了部分作品被著录在杂家的现象。总之,无论是小说家与史家,还是与

――――――――――

① [明]谢肇淛:《五杂组》卷十三,明吴航宝树堂刻本。

杂家著录的互动,都是小说发展和小说创作实际的表现。

(二)精细的小说分类

随着晚明小说的繁荣,作品数量急剧增加,不同类型小说之间的
文体特点愈加明显,这使得著录家不得不将"小说家"进一步地分类,
而晚明著录家对于小说的分类非常细致,这一点超过任何一个时代。
其中,最为典型的是祁氏《澹生堂藏书目》和张燮的《群玉楼藏书
目》,祁氏将小说分为八类,除去非小说作品,只有七类。而这七类归
纳起来则相当于我们所总结的杂事、杂录、志怪、谐谑、小品五种文体
类型,外加说汇和说丛两类。而张氏《群玉楼藏书目》今已难觅踪影,
幸运的是,明徐应秋《玉芝堂谈荟》书前有张燮所作序言,为了解这部
书目提供了宝贵的线索,兹将序文抄录如下:

> 子部中有说家,有类家。类家繁富,行者亦罕。说家自数百
> 卷而下至一卷二卷,皆足流传,故行世独多。燮《群玉楼藏书目》
> 于说家分为四种,不欲其垒出无别也。一为录事,如古临川《世
> 说》、范《云溪友议》及近世《何氏语林》之属是也。一为丛谈,如
> 古苏子瞻《志林》、罗大经《鹤林玉露》,今陈仲醇《读书镜》《长者
> 言》之属是也。一为考证,如古王勉夫《丛书》、王伯厚《纪肇》,
> 近世杨用修《丹铅》、焦弱侯《笔乘》之属是也。一为合纂,盖纪
> 略谈宗,物原义肆,杂奏阿堵上,如古沈梦溪《笔谈》、叶石林《燕
> 语》,近世何燕泉《余冬》、王弇州《委宛》之属是也。

范凤书《中国私家藏书史》中云:"明代福建龙溪人,字绍和,万
历举人。博学多通,家有《群玉楼藏书目》,著有《群玉楼集》《东西洋
考》。"①晚明这种细致的分类表明著录家对于小说文体的认识更为

---

① 范凤书:《中国私家藏书史》,大象出版社,2001 年,第 700 页。

清晰,同时可以看作是目录家对于明以前笔记小说发展的一种总结,小说著录的分类不但具有目录学意义,还有着重要的文体学意义,在中国小说发展史上是极为重要的。而分类的精细与书籍的传播有着直接的关系,这是为何其出现在晚明这个时代的原因。

(三)"严格"的著录标准

所谓著录标准的"严格",并不是针对今天的小说概念而言的,而是明代目录中的小说家类。因为在传统目录中,小说家类的出现代表了著录家对于小说文体认识的成熟。事实上,在传统小说家的著录中,《汉书·艺文志》是一个主要的标准,那些符合"丛残小语,道听途说"的作品都被纳入小说家中。从明代书目来看,无论是《国史经籍志》,还是众多私家书目,小说家一类所著录的基本上都是笔记小说,而传奇和白话小说都不在著录范围①。虽然私家目录具有很大的主观性,但在这一点上,并没有太大差别。这种现象表明,著录者有着比较一致的小说观念。

以上是对明代小说著录特点的总结。其实,这些著录特点,在一定程度上代表了这一类接受者的小说观念,将其与创作者相比,会发现创作者笔下和著录者眼中的笔记小说在文体特点方面有很多相似的地方,这种相似决非少数作品的巧合,而是具有相当程度的典型性和普遍性。共识的出现既是文体特征的体现,同时也是一种观念的流露。

在晚明书目中,笔记小说依然是小说家类著录的主体,对此各家

---

① 从今天的小说观念来看,明代官私书目不乏有对通俗小说的著录,如《文渊阁书目》《晁氏宝文堂书目》《百川书志》等。但值得注意的是,这些书目在著录《水浒传》《三国志通俗演义》《烟粉灵怪》等作品时,并非将此类通俗小说明确地著录在小说类目之下,而是归入"诗词集""史部""子杂"类中。这说明当时的藏书者和目录学者不认为这类作品是"小说",至少在严肃的目录学层面上,无法与传统小说观念对应。

争议较少。而随着小说自身的发展和出版业的兴盛,白话小说异军突起,拥有大量读者,逐渐扩大了其影响。在这样的前提下,著录家面对这些"新生事物"却产生了分歧。大多数著录家出于对"体"的维护,避免文体的混杂,仍将白话小说放置于"小说"之外。这种著录方式,在中国古代小说著录中占据主要地位,它是对传统和源流的遵守。

三、传播者视域下的笔记小说观念

晚明出版业的兴盛为小说的传播提供了良好基础,更为重要的是,创作者、书坊主、消费者三者形成了良性循环。作为一种重要的传播途径,小说得以付之梨枣,在某种程度上给作品带来了新的生命。本书的研究对象,晚明笔记小说也同样如此。以何种方式出版、出版作品的筛选以及出版的动机,这些问题的本身就包含着一种观念和对笔记小说的认识。所以对传播者的全面考察,有助于对晚明笔记小说观念进行探索,进而与前两节的论述相承接,从中总结出相对客观的笔记小说观念。

明代刻书机构可分为官刻、坊刻、家刻三类,笔者利用杜信孚《明代版刻综录》以及个人的统计数据,对官刻、坊刻、家刻三类刻书机构所刊刻的笔记小说进行了粗略的计算,其结果按顺序排列应该是家刻、坊刻、官刻。笔记小说由于自身的文体特征,其传播并不像白话小说那样,与商业出版有着密切的联系。究其原因,笔者认为有以下三点:首先,笔记小说以文言撰写,限制读者群;其次,内容并不是以故事情节见长,难以满足底层读者的娱乐心理;再次,笔记小说的创作目的为喻劝惩、广见闻、资考证,相对严肃,不符合消费文化的需要。而从地域上来看,晚明笔记小说的刊刻地域大都集中在南直隶、浙江这两个地方,这与整个晚明出版业的情况基本相同,其刊刻作品较多的城市,如苏州、杭州、南京也都是晚明出版业的中心。明胡应麟曾在《少室山房笔丛》中说道："余所见当今刻本,苏、常为上,金陵次之,杭又次之。近湖刻、歙刻骤精,遂与苏、常争价,蜀本行世甚寡,闽本最下,诸方与宋世同。"①这些地区不仅拥有天然的刻书便利条件,经济、文化的发达也促进了出版业的兴盛,并吸引了大批优秀的刻书工匠,提高了刻书的质量。从笔者所见作品来看,这三个地区所刻的笔记小说,整体上的刊刻质量要高于其他地区。此外,浙江、南直隶也都是晚明笔记小说创作最为丰富的地区,这也为晚明笔记小说的出版提供了作品来源。

　　无论是官刻还是家刻、坊刻,作为传播者,它们都在有意无意中帮助了晚明笔记小说的流传。而传播者对于其所刊刻书籍的性质,以及为什么要刊刻,也有着自己的认识,其中也不乏一些共同的观点,这种趋同倾向事实上代表了这个群体对于笔记小说的理解,也为一种观念的形成提供了可能。

　　晚明官刻笔记小说甚少,而其刊刻时间又不能确定,难以做准确的统计。但由此可见,官府对笔记小说这种既非经典也不具备较高学术价值的书籍并不感兴趣。与此相反,家刻成为了晚明笔记小说传播的主力,它们的刊刻目的主要是保存文献,以广流传。家刻本基本都刊刻序言,交代刊刻缘起以及对作者和作品的介绍。这些序言中交代了所刻书的文体性质,有些论述则颇具文体意味,这部分内容在前面已有详细的论述,通过对出版者序跋的分析,可以肯定它们心目中的小说与传统目录中小说家类是基本一致的。坊刻比较注重作品的商业价值和作品本身的娱乐功能,所以它在刊刻数量上并没有家刻丰富。

　　晚明异军突起的丛书、类书刊刻也为笔记小说的广泛传播带来了新的机遇。总体而言,明人对于小说的认识呈现出一个逐渐科学

---

① [明]胡应麟:《少室山房笔丛》,上海书店出版社,2001年,第44页。

严谨的趋势,而丛书、类书的出现使这种认识走向成熟①。明代小说类似丛书、类书的汇编作品,据统计约有二百余部,大部分都出现在晚明②,笔者根据《中国古籍总目》统计结果为 20 部,从它们的命名便能看出出版者对于所刻之书的类别和收录作品的性质有着较为清晰的认识,一些选本直接以"说"或"稗"等含有小说意味的名词来命名,如《顾氏文房小说》《烟霞小说》《稗海》《稗乘》等。他们在序言中也有着明确的交代。从这些作品所收录的笔记小说,同样能看出在传播者眼中哪些是小说。其实,这种对作品的择选,本身就暗含了一种对小说的认识。虽然从出版的形式和出版的内容来探索小说观念并不像序跋那样直接,材料也显得单薄而零乱,且不具备强大的说服力,但这些与传播者密切相关的信息无疑能够为小说观念的研究提供线索。

以上三节,笔者从创作、接受、传播三个维度对晚明的笔记小说观念进行了考索,试图通过文献,回归到历史语境当中,去总结出一个相对客观的结论。自古以来,对于"小说"这一文体的认识就莫衷一是,而试图对某一时期的小说观念进行总结,也具有一定难度。因为所能找到的大多为一些片段、零碎的材料,并且每一则材料看似都不具有客观的说服力。怎样在历史记忆的碎片中,拼接出一个近于完整而真实的观念图形,是考索笔记小说观念的关键所在。但笔者相信历史的真相往往存在于那些细枝末节、不为人所注意的地方,所以本书选择以"拼凑信息碎片"的方式来解决这一问题或许是有效、可行的。晚明笔记小说的创作者(作者)、接受者(著录家)、传播者

---

① 顾元庆辑刻的《顾氏文房小说》《四十家小说》《广四十家小说》就是一个典型的例子,三者依次刻成,三部选本所收小说则逐渐统一,《广四十家小说》的收录标准明显要比前两部更为严谨。
② 参见任明华:《明代的小说选本论略》,《明清小说研究》2006 年第 4 期。

（出版者）三个相互关联的群体，基本上涵盖了所有可能发掘的信息源。

从著录来看，最初的小说家类就是将那些不成系统、非经非史、不中义理的作品一股脑地都放进去，小说家类更像是一个"杂货铺"。在后世的小说发展中，学者们围绕《汉志》对小说家的描述，渐渐地有了一个小说观念，但那只是相对的，因为小说本身也在不断发展，吸取养料，变得枝繁叶茂。总之，对于中国小说而言，想要总结出一个科学式的概念，是不太实际的。作为笔记小说，当然也不能幸免。但这不意味着笔记小说无法认知，其范围可以无限扩大。作为一种小说文体，笔记小说仍然具有鲜明的个性，这些个性无疑能帮助人们认识笔记小说的真实面貌。自清末民初笔记小说的概念诞生以来，不少学者都尝试给笔记小说下定义，而实际的效果并不理想①。笔记小说一如小说一样，都不适合用一个精确的概念来衡量，但如果从文献的角度来审视笔记小说这样一种文体，或许可以带来研究上的启发。综上，笔者认为笔记小说的篇幅一般比较短小，按条记录，行文以平实简朴为主。创作比较轻松随意，大多数作者并没有严肃的创作目的，具有随笔而记的特点。在内容上相对博杂，可以记事述闻，

---

① 近年来，对于笔记小说概念的研究虽然整体趋于平淡，但仍不乏精彩的论述。其中黄霖先生为《民国笔记小说萃编》写的序言《小说、笔记与笔记小说》一文，是最值得注意的研究成果。黄先生梳理了小说、笔记以及两者并称的历史，并厘清了三者之间的关系，进而总结道："同样'笔记小说'四字，自古至今出现了三种理解：一种是古代个别学者将'笔记'与'小说'并称而合在一起；另一种是如梁启超们将'小说'作为'笔记'中可称'小说'的一类称之为'札记体小说'或略称为'札记小说'；再者就是王文濡将'笔记'与'小说'混为一类的'笔记小说'。"（黄霖：《小说、笔记与笔记小说——〈民国笔记小说萃编〉序》，《名作欣赏》2022年9月上旬刊）"笔记小说"概念相对复杂，需要从以上三个层面去理解，才不至于把不同的概念相互混淆。黄先生的这篇序言对于正确理解和使用"笔记小说"概念，具有重要的参考价值。

亦可博物考证,时有"博物性"和"知识性"特征,有时候还具有一定
"学术"品味,这与白话通俗小说有着本质的区别。这里要特别说明
的是,笔记小说只是具有一定的"学术品味",与学术笔记在内容、成
书、功能等方面均有明显区别,学术笔记的内容一般偏重经史,而作
者创作态度较为严肃,且有着著书立说、为往圣继绝学之目的。而笔
记小说则内容博杂,作者的创作心态较为轻松,也并不想以此立名,
流传后世。笔记小说相对于传统经史而言,明显是非正统、难以征实
的。即刘向在《说苑・叙录》中所谓的"浅薄不中义理"。另外,很多
笔记小说的内容并不具备原创性,而是纂辑成书,这种编创方式自明
以来尤为兴盛。纂辑有两方面含义:一是内容抄撮于他书,常常见到
正文卷端题"某某纂辑";一是丛编和类编的大量出现。需要特别强
调的是,笔记小说中含有叙事成分,但绝不能以"叙事"作为衡量的标
准,这正是中西小说之间本质的区别。笔记小说具有资考证、广见
闻、益教化、供谈助的功能。笔记小说与章回、话本、传奇并立为中国
古代小说的四种文体。此外,关于笔记小说的范围,笔者认为虽然
"笔记小说"之名出现较晚,但这种小说文体古已有之,它的范围正是
以古典目录小说家类为代表的作品,如《四库全书总目》小说家类①。
笔记小说的类型大致可分为:杂事、杂录、志怪、谐谑、小品。另外从
编纂方式来看,还包括采用丛编、类编方式的说丛和说汇两个类型。

---

① 笔记小说研究经过八十年代的繁荣局面后,进入新世纪以来,逐渐萧条。笔
记小说渐渐淡出了研究者的视野。其原因不外是概念的难以厘清,研究者们
越发地感受到自己所持的观念与传统中国小说之间有着一条难以逾越的鸿
沟。甚至像陈文新这样最早研究笔记小说的学者,也放弃了这一概念,以
"子部小说"取而代之。首先,正如陈文新所言,"子部小说"是一个文类,准
确地说是文献分类,并不是一个文体概念,无法与传奇、话本、章回三种小说
文体相提并论。其次,以"子部小说"来概括传统意义上的中国古代小说并
不全面,因为古典目录并非全部使用四部分类法。笔者认为,笔记小说研究
的问题并不是出在概念上,而是在于研究方法的使用。

因为"小品类笔记小说"是一个新的概念,故在此略作说明。笔者认为"小品类笔记小说"并不是一种新的文体,而是笔记小说中的一个文体类型,是具有与晚明小品文创作风格相似的笔记小说。他们有着同样的发展背景,都是在王学与禅学交汇杂糅、复杂黑暗的社会现实中发展起来的,都具有悠闲自然、舒缓纡徐的笔调,"不拘格套,独抒性灵"的创作个性,隽永的韵味,作家个人的真性情,清雅脱俗的审美风格。形式上都是文辞简约,篇幅短小。语言上则摆脱了传统笔记小说一贯的平实质朴,变得自然隽永,富有张力。从整体上来说,作家往往追求散文似的精致洒脱的格调。从晚明小品文发展的源流来看,笔记小说在各个发展阶段都扮演着重要的角色。对晚明小品文发展有着深远影响的就是《世说新语》,而作为真正意义上的小品文之一,《世说新语》也是笔记小说史中一部重要的作品。但小品文和小品类笔记小说又有着本质的差别。首先他们的范围就大不相同,小品的范围很大,也较为模糊,正如吴承学在《晚明小品研究》中所云:"事实上,在晚明人的小品文集中,许多文体,如序、跋、记、尺牍乃至骈文,辞赋、小说等几乎所有的文体都可以成为'小品'。"①而小品类笔记小说首先是小说,而且必须是笔记小说,不能是序、跋等其他体裁。另外,它是以记述个人的生活琐事、心态情感为主,同时具有鲜明的小说特点。总之,小品类笔记小说是具有与小品创作风格相似的一类笔记小说。代表作有张大复《梅花草堂笔谈》。

---

① 吴承学:《晚明小品研究》,江苏古籍出版社,1998 年,第 5、6 页。

附录三　关于中国古代小说的若干基本问题

中西方小说渊源不同,对于小说的认识也迥然有别。从史实的角度来看,中国古代的小说,既非一种文学文体,也不以叙事见长。中国古代的小说不是一种创作,而是记录见闻和讲说道理。20 世纪以来的中国古代小说研究,接受西方的文学观念,对古代小说体系进行了重构。这种小说体系的重建,基本是以"西律"为标尺来衡量古代小说,文言与白话小说的地位也随之发生了逆转。直到今天,在古代小说通史的叙述中,白话小说仍然占据大部分篇幅,而文言小说大多以志怪、传奇为主,笔记体颇受冷落。事实上,中国古代小说自有一套体系,虽然在后世的发展过程中,"尊体"与"破体"并存,但始终存在于古代学术体系之下。小说观念的古今之变和中西之别,恰恰反映了近代以来中国文学史研究中存在的一个特殊现象,正如浦江清所指出的那样:"文学上的名词的意义随着时代的推移和文学的演化或发展而改变。现代中国文学正在欧化的过程中,新旧共同的名词,老的意义渐渐被人遗忘,而新的定义将成为定论。所谓新的定义实际上是从西洋文学里采取得来的,一般人习惯于这种观念,于是对于原有的文学反而有隔膜不明的地方,回头一看,好像古人都是头脑糊涂观念不清似的,而不自觉察自己在一个过渡的时代里……中国文学史的研究在这过渡的时代里,不免依违于中西、新旧几个不同的标准,而个人有个人的见解和看法。"①令人感到遗憾的是,时至今日,这种类似"不今不古、亦今亦古、古今结合"②标准不一、概念混用的现象,在小说史研究中依然存在,并在两难与矛盾中不断前行③。赵益曾一针见血地指出问题的所在,中国古代小说"在具体研究过程中(特别是在古代文言小说方面)仍不免常常混淆古代'小说'与'现代叙事文学小说'这两个概念以及它们的内涵外延界限。这或许是前述语义困境所造成的,但逻辑上有欠明晰仍是古代小说研究中的一个相当大的不足"④。纵观百余年的小说研究,利用西方观念来观照中国古代小说的历史,已经取得相当辉煌的成绩。而抛开这种观念与思维的束缚,对传统小说家类作品的研究,还有诸多问题需要解决。而本文所探讨的"小说"正是传统意义上的小说,也就是古代小说之正统,是古代文人士大夫的一种普遍认识。而非近代以来借用西方文学观念去追认的小说。与赵益所提到小说概念混用的现象类似的是,在古代小说研究中学者们还常常忽略"小说史"和"历史中的小说"是两个完全不同的概念,需要进行区别对待。如不加以区分,必将导致研究陷入一种"不今不古""不中不西"的状态之中。

　　在中国古代小说研究当中,学界形成了诸多共识,这些共识似乎

---

① 浦江清:《浦江清文存》,江苏人民出版社,2016年,第177页。
② 李剑国:《文言小说的理论研究与基础研究——关于文言小说研究的几点看法》,《文学遗产》1998年第2期。
③ 对此,赵益曾指出:"如果一个词语旧形式所涵盖的内容(本义)已经死亡的话,'旧瓶装新酒'所产生的麻烦或许并不严重、但不幸的是大多数词语的本义移植义同样活生生的存在,'小说'就是一个著名的例子。这些尴尬、矛盾与冲突都是我们进行反思并表达这种反思的障碍。"(赵益:《六朝南方神仙道教与文学》,江苏人民出版社,2019年,第8页)赵益对中国古代小说观念的厘定,虽然存在明显缺陷,即对史实和文献的忽略,但其可贵之处在于能够用化繁为简的方式来应对这一复杂问题,并坚持标准的统一和逻辑的清晰。
④ 赵益:《六朝南方神仙道教与文学》,江苏人民出版社,2019年,第221页。

成为了研究中的"金科玉律"。虽然古代小说研究采取"以西律中"的方式并非毫无道理,但如果从小说史的撰写来看,作为一种历史的叙述,其撰写目的之一便是还原古代小说发展的本来面目,那么就必须对史实有最基本的尊重,而不是带有任何先入为主观念的认识。因此,明确中国古代小说的基本特点和事实,进而指出以往研究中的疏失,就成为客观、准确了解中国古代小说史的基础,同时也有利于我们更好地还原古代小说发展演变的过程,对于古代小说的研究而言则不乏指导意义。关于中国古代小说的属性、特征、源流、创作等基本问题,前辈学者早已有过诸多相关论述,但常因时代所限、材料缺乏,或是观念的束缚,存在诸多问题,实有进一步商榷和补充的必要。

1. 古代小说非文学文体

中国古代没有与今天相似的文学观念,"虽然'文学'一词早在《论语》中就出现了,但后世的'文学'一词,内涵多歧,甚至是指掌校典籍、侍从文章的官职,与今天所谓以抒情、形象、虚构、想象等为要素的'文学'截然不同。古代的'文'和'文章'与今天的'文学'似乎比较接近,但它主要包括诗与文,小说、戏曲之类后起文类一般不被收入'文集''文选'之中,所以从外延上说,与今天的'文学'也不相同"①。从小说史的角度来说,我们自然不能完全用现代文学体系下的小说观念来衡量古代小说,因为这样必然与史实相背离。

中国古代有自己的一套学术体系,而这套学术体系我们通常是从古代的目录来了解的。四部分类法自唐以后成为了通用的著录方式,"小说家类"属于子部,纵观子部所著录的文献,我们大体就可以知晓,子部著录的书籍基本都是以言行、议论、论辩为主要内容的,与我们今天所熟知的文学文体有着明显的区别。四部分类经、史、子、

---

① 周兴陆:《中国文论通史》,上海人民出版社,2021 年,第 4 页。

集,如果将四部著录的书籍内容与今天文学文体观念相对应,集部书籍最接近于文学作品。而古代小说恰恰没有出现在集部,小说既然著录在子部,就已经说明其文本的性质。而古代小说家也没有文学观念,更没有意识到自己所从事的是文学创作,因此古代小说家心中自然没有文学创作中所必需的人物描写、叙事技巧、情节结构等要素。中国古代小说并不是文学文体,从古典目录的角度来说,小说更接近于一类文献。这是中国古代小说最为基本的特征。对此,前辈学者已有诸多论述,如鲁迅说:"在中国,小说是向来不算文学的……小说家的侵入文坛,仅是开始'文学革命'运动,即一九一七年以来的事。自然,一方面是由于社会的要求的,一方面则是受了西洋文学的影响。"①胡怀琛说:"现代通行的小说,实在是从外国移植过来的一种新的东西,在中国原来是没有的。只不过因为他略和中国的所谓小说大概相像,所以就借用'小说'二字的名称罢了。现在讲文学的人,大概是拿国外的所谓小说做标准,拿来研究或整理中国的所谓小说。"②瞿世英说:"中国素不以文学待小说,我们为恢复小说在文学上应有的地位起见,不得不研究他。"③因此,俞平伯对西方文学观念下的小说研究提出批评,说:"我们所谓小说与中国固有之观念,非特范围之广狭不同,并有性质上之根本差别,虽同用此一名,按其实际,殆为大异之二物;所以我们评量中国的旧有小说,与其用我们的准则,不如用他们自己的准则,尤为妥切。这固然似乎过于宽大,但非如此,我以为亦不足以了解中国小说之实况。"④

　　理解了中国古代小说最根本的属性,我们对古代小说的诸多困惑

---

① 鲁迅:《且介亭杂文》,人民文学出版社,1981年,第20页。
② 胡怀琛:《中国小说概论》,世界书局,1944年,第1页。
③ 瞿世英:《小说的研究》,《小说月报》1922年第13卷第7号。
④ 俞平伯:《谈中国小说》,《燕大月刊》1927年第1卷第3期。

也就迎刃而解。如古典目录小说家类著录的作品内容,作为历史学家的干宝撰写《搜神记》、司马光撰写《资治通鉴》对于小说文献的利用。特别是《四库全书总目》为何不收录章回、话本、传奇小说,甚至连我们今天公认的古代文言小说最高成就《聊斋志异》也不予著录。实际上,《总目》总纂官纪昀说得很清楚,《聊斋志异》是"才子之笔,非著书者之笔"①,虽然其文采出众,但中国古代小说不是文学创作,不需要曲折的情节、细腻的人物描写,小说家的创作是一种带有说理性质的"记事述闻",与那些白话小说根本不是一类著作。小说虽为九流之末,但亦有可观,同样要符合古人著书的体例。而《聊斋志异》则是"一书而兼二体",不符合古代小说之"体",纪昀所强调的是"尊体"。《聊斋志异》没有遵守小说创作的规范,自然也就排斥于小说家类之外。

2. 古代小说是记事与说理的结合

中国古代小说从本质上来说是一种记事和说理的结合,"记事"的目的其实是为了讲说道理。随着小说的发展,尤其是唐宋以后,单纯以"记事述闻"为主要内容的作品大量出现,这仿佛给学者们造成了一种小说自古以来都是以"记事述闻"为主的假象。而"说理"与"记事"成分在小说中的此消彼长,正是反映了中国古代小说发展演变的过程。辛德勇在《生死秦始皇》一书中从北大所藏西汉竹简《赵正书》的性质出发,对早期中国古代小说的观念和性质进行了深入的探讨,其认为《赵正书》"让我们第一次看到了汉代以前古'小说'的真实面目,为我们认识中国'小说'的早期渊源,提供了一项前所未有的实际例证"②。虽然此结论未必可据,但其思路与视角对我们研究

---

① 〔清〕纪昀著,关波、尹海江、曾少皇、张伟丽辑校:《阅微草堂笔记会校会注会评》(下),江苏凤凰出版社,2012 年,第 948 页。

② 辛德勇:《生死秦始皇》,中华书局,2019 年,第 138 页。按,此部分论述 2019 年初曾发表在澎湃新闻,题名《辛德勇读〈赵正书〉汉以前的"小说家":说事儿不纪事》,后收入《生死秦始皇》一书。

古代小说观念及其发展演变颇具启发意义。

　　关于汉代小说观念的研究,学界已有的成果相当丰富,但均因《汉书·艺文志》所载小说的散佚殆尽,而缺乏具体例证,导致研究只能是停留在"自说自话"的论述上,在学界难以形成共识。实际上,探讨汉代小说观念最为可靠的资料大致有两条,即班固《汉书·艺文志》和桓谭《新论》。因二人均生活于东汉时期,故其言论可互相发明。桓谭《新论》中说小说家是"近取譬论","就是择取那些比较贴近于人情事理从而便于人们理解的事例,来做比喻,以阐释想要说明的道理"①。实际上,桓谭此语直接说出了早期小说"说理"的性质。辛氏又通过对曹魏时人如淳在注释《汉书·艺文志》"小说家者流,盖出于稗官"时所附解说"今世亦谓偶语为稗"②一语的考证,认为"稗官"之"稗",其含义应为"寓言"。"如果我们把桓谭《新论》所说的'近取譬论'看作是当时的'小说'恒所必备的一项基本特征的话,再结合'寓言'称'稗'的实际情况,那么就很容易想到'稗官'之'稗'指的本来也应该是以所谓'譬论'为主要特色的'寓言',这也就是如淳所说的'偶语',我想这就应该是汉代'小说'自身的面目"③。"寓言"的目的自然是"说理",这既是汉代小说的性质,也是古代小说始终著录于子部的原因。但相比于其他诸子九家,小说的形式具有"丛残小语"特点,而在内容上又属于"街谈巷语,道听途说"。总之,篇幅短小、不成系统、浅薄难征的特点让他很难与其他九家平等而立,但小说的这些特点也并非一无是处。相较而言,小说在说理的时候,具有通俗易懂、要而不繁以及实用性强的天然优势,很容易为

---

① 辛德勇:《生死秦始皇》,中华书局,2019年,第123页。
② [汉]班固著,[唐]颜师古注:《汉书·艺文志》,中华书局,1974年,第1745页。
③ 辛德勇:《生死秦始皇》,中华书局,2019年,第130页。

其他文体所利用,具有广泛的适用性,这就造成小说在后世的发展过程中常常与史家、杂家相牵混的情况。辛氏认为汉代小说本质上是"说理不纪事",而后世学人对于小说的理解都存在一定偏差,直至今天仍有不少学者坚信古代小说主要是记录奇闻异事。对此,章太炎曾说:"小说家虽然卑近,但是《七略》所录,《鬻子》《宋子》《青史子》《周纪》《周考》都在小说家。《隋书·经籍志》所录,《辨林》《古今艺术》《鲁史欹器图》《器准图》都在小说家。大概平等的教训、简要的方志、常行的仪注、荟萃的札记、奇巧的工艺,都该在小说家的著录。现在把这几种除了,小说家里面,只剩了许多闲谈奇事。试想这种小说,配得上九流的资格么? 这是第二种荒唐了!"①余嘉锡说道:"自如淳误解稗官为细碎之言,而《汉志》著录之书又已尽亡,后人目不睹古小说之体例,于是凡一切细碎之书,虽杂史笔记,皆目之曰稗官野史,或曰稗官小说,曰稗官家。不知小说自成流别,不可与他家杂厕。"②造成这种认识偏差的原因,实际上来源于中国古代小说文献和观念出现过严重的断层,于是认识上的"以今度古"现象就难以避免。如同今人在研究汉代小说观念时缺乏例证一样,古人也同样要面对这样的难题。《汉书·艺文志》所著录的小说,早在南北朝时期就已经散佚。自隋以后,对于古代小说的源流、观念、功能、性质等基本问题的认知就难免存在误区,从《隋书·经籍志》开始,一直延续到后代的序跋、评点、凡例等小说理论资料,这些"片面"的认知也在一定程度上误导了古往今来的小说研究者。"其实《隋书·经籍志》的说法,是在根本没有条件看到《汉书·艺文志》之'小说家'书籍的情况下,依据编著者对当时所见相关书籍而做出的一种揣摩,是很盲目的。实际上如前所述,《隋书·经籍志》的'小说家'书籍与《汉书·

① 章太炎:《章太炎学术史论集》,云南人民出版社,2008 年,第 238 页。
② 余嘉锡:《余嘉锡文史论集》,岳麓书社,1997 年,第 258 页。

艺文志》的'小说家'著述,可能完全不是同一回事儿"①。可以说中国古代小说观念以隋代为分界,出现了一个认知的变化。隋以后的小说观念,实际是在班固、桓谭对小说家"片言只语"解释的基础上并结合传世作品的一种重建。辛氏对中国古代早期小说"说理不纪事"性质的总结可谓颇有见地。需要特别指出的是,所谓的"说理不纪事"并不是完全没有记事,而是通过纪事达到说理的目的。记事而不拘泥于事,成为了古代小说重要特征之一。实际上,小说是一种说理与记事的结合体。不过纵观中国古代小说史,虽然观念上出现过严重的断层,但古代小说的"说理"特征并没有随着"纪事"的扩张而消亡。事实上,古代小说的"说理"特征不但没有消失,还被创造性地继承下来。从小说作品中大量出现的"某某曰",到更加浑融的叙议结合,再到以纪昀《阅微草堂笔记》为代表的作品,不仅通过一个个花妖狐鬼的奇异故事对人性善恶、社会现象予以揭露,还在故事中向读者传达了深度的人文关怀和思考。说理不仅在小说中得以延续,而且还以更高级别的方式呈现出来。只不过随着小说的发展,小说家族变得非常庞大,衍生出丰富的文体类型。而且在宋代以后的小说创作中,"纪事述闻"比重的增大,让小说本来的"说理"特征变得不那么突出,这也真实地反映了古代小说的发展变化。

3. 古代小说与史家的关系是相互影响

明清白话通俗小说序跋中,小说家经常将自己的创作追本溯源,声称为史家之笔法、著史之余脉。这种略带"虚伪"色彩的叙述,却广泛地被研究者当作优秀的理论资料,并以此得出结论,认为史家以及史传文学对中国古代小说影响深远,小说在某种程度上来说是"正史之余",石昌渝先生曾认为:"小说的本性是虚构,本与史传不搭界,但

---

① 辛德勇:《生死秦始皇》,中华书局,2019 年,第 130 页。

史家传统实在太强大了，小说不得不谦恭地说自己是'正史之余'。"①史家对于小说强大的影响力，史传文学对于小说单向度的影响，基本成为了学界的共识。"将'小说'归属于史部，这是刘知几以降形成的一个新的共识。从此以后，所有关注'小说'的学者，都必须面对'子部说'或'史部说'两种共识，并做出自己的判断"②。但从历史的角度来看，小说与史家的关系，也许并不像我们想象得那样简单，它既不是史家对小说的单向影响，亦非正史之余，古代小说常常游移于子史之间，实在是与史学和小说观念的发展变化以及古代小说的内容特点有直接的关系。笔者认为，后世小说家之所以极力肯定史家对小说创作的影响，原因大致有二：一是来源于中国小说观念出现过的断层，在缺乏早期小说文献的情况下，隋以后的学者对小说发展演变的认识只能是基于已有文献的"以今度古"。而唐宋以后"杂事类"小说的增多和以叙事见长的白话小说的迅猛发展，让学者们误以为是受史传影响，甚至认为"史传孕育了小说文体，小说自成一体后，在它的漫长的成长途程中仍然师从史传，从史传中吸取丰富的营养"③。二是对于小说与史家关系追溯的原因，实际上与古代小说卑下的地位密切相关，其目的也是为了提高小说的地位和价值，同时为小说创作和传播寻找一个正当的理由。从某种程度上来说，史家只不过是小说创作的"挡箭牌"而已。因此，研究小说与史家的关系，我们不应该被古代小说序跋中的片言只语所迷惑，而应该从历史的角度来看待这一问题。

---

① 石昌渝：《中国小说发展史》，山西教育出版社，2019 年，第 11 页。

② 陈文新：《"小说"与子、史——论"子部小说"共识的形成及其理论蕴涵》，《文艺研究》2012 年第 6 期。

③ 石昌渝：《中国小说源流论》（修订版），生活·读书·新知三联书店，2015 年，第 69 页。

　　我们在探讨中国古代小说与历史的关系时,往往片面地强调史传对于小说所产生的深远影响,"虚构是小说艺术的本质特征。但中国古代小说在史传的母体中孕育,并在历史的发展中深受史传的影响,因而史传的实录精神成为中国古代小说艺术完成自我塑造面临的巨大难题,中国古代小说在历史的发展中逐渐获得了对自身属性的清晰认识,并在与史传的冲突与对话中,形成了正确的虚实观"①。从表面上看,说史传文学对小说的影响并无不可,但古代小说有着自己独立的发展过程,不像史学和文学那样长时间地依附于其他部类,古代小说记事说理的特征,并非是在史传的影响下形成的。更为重要的是,古代小说家并未将小说当成一种文学创作。胡宝国对此曾有过非常精彩的论述,他说道:"以真实性来要求小说,从我们今天的角度来看,固然反映出根深蒂固的史学观念对文学创作的影响;但从另一个方面看,如果历史地考查这个问题,却还不能把这种影响简单地理解为史学对文学的影响,因为按照当时人的认识,小说与诗、赋不同,它并不在文学的范畴之内。恰好相反,视传闻、小说为真实历史的观念倒是对正统史学构成了一定的冲击。"②赵益则是从神仙道教与小说关系的研究中获得启发,进一步认为:"很多古今研究者均持有这样一种观念,即:小说起于逸史。但实际上,情形正好相反,逸史反脱胎于小说。由于小说追寻奇异的主观态度与历史学家记述、补充历史的态度较为相似,再加上早期史传作者既受当时社会文化的影响,又颇具'小道可观'的宽泛史观,因此多采逸史入史,如唐初之《晋书》。但随着史学观念的不断严谨化,奇闻轶事越来越难以载入正统史书,因此人物轶事之记录遂渐渐转入'志人'或'笔记'之

① 熊明:《中国古代小说、小说史与新小说史书写》,《中国海洋大学学报》(社会科学版)2019 年第 1 期。
② 胡宝国:《汉唐间史学的发展》,商务印书馆,2003 年,第 55 页。

属。由于其在事实上运用了小说的手法,因此具备了一定的文学性
而成为独立的文体。"①从古代学术体系来看,小说在先秦就已自成一
家,具有独立的地位。虽处于九流之末,但也属于十家之一。而那时史
家还要依附于经学,还没有完全独立,史家的独立要等到魏晋南北朝。
史家的书写笔法确实在一定程度上影响了小说的创作,魏晋时期干宝
等史学家将史家笔法带入到小说创作之中,这时期小说的发展也影响
了后来《隋书·经籍志》的著录。到了唐宋时期,杂事小说发展迅猛,
以至于司马光在编纂《资治通鉴》时,对于小说也采取比较开放的态
度。这些史实都说明了史家与小说之间是互相影响的,并不是史家对
小说的单一影响,这既不符合事物发展的逻辑,也不是历史的事实。

4. 叙事不是衡量古代小说的唯一标准

在"以西律中"的小说史研究当中,"叙事"成为了研究者判断是
否为小说的核心标准,小说史几乎成为了一部叙事文学的演变史。
而以"叙事"作为辨别小说的标准,不仅影响到了小说史的研究,还波
及到小说文献的董理。纵观百余年的古代小说研究历程,以"叙事"
为主的白话通俗小说占据了小说研究的中心地位。曾经被排斥于官
方目录之外的通俗小说,摇身一变成为了古代小说之"正宗"。而原
本属于古代学术体系中的小说,却一落千丈,被研究者忽略,甚至排
除在小说文体之外。

传统文言小说,尤其是古典目录小说家类著录的作品,具有明显
的记事、说理性质,故其内容博杂、篇幅短小,无法像通俗小说那样展
开人物描写、情节叙事,这是由传统小说的文本性质所决定的。而将
"叙事"作为判断小说的准则,这种标准的本身就存在极大的缺陷,因
为无论是中国古代的史书,还是佛、道典籍,内容都存在大量叙事成
分,但古今学界自然不会将他们认作为小说。所以用这样一种西来

---

① 赵益:《六朝南方神仙道教与文学》,江苏人民出版社,2019年,第236页。

的"叙事"观念来衡量中国古代的小说,其结果必然是南辕北辙。谭帆先生认为:"反省古代小说研究中的西来观念,尽量还原被'遮蔽'的中国古代小说,回归中国传统的小说语境是古代小说研究的当务之急。落到小说文体研究领域,则要拓宽小说文体的研究范围,不再以'虚构的叙事散文'作为衡量小说文体的唯一准则,有其要加强'笔记体'小说的文体研究。在研究方法和价值尺度上,不能一味'西化',而要以贴近'古人'、贴近'历史'、贴近'文体'自身为原则,努力寻求本土化的理论方法和西学的本土化路径。"①让人欣慰的是,学界对于"以西律中"的叙事准则已经有了反思,并付诸研究实践。不过在目前的小说通史中,传统的子部小说仍然存在严重的"失位"现象。这显然与此类小说的文本内容有直接关系,大部分作品的史料性都比文学性更为优越,因为古代小说家根本没有把小说当成一种文学创作。

关于古代小说的叙事问题,不得不提及唐传奇,因其叙事委曲、文辞华艳的特点,常常被看作是有意为小说的开始。陈文新曾将唐传奇的审美特征总结为:"一是有意虚构(与人物形象、故事情节相配合的虚构);二是传、记的辞章化;三是面向'无关大体'的浪漫人生。"②陈氏所论颇具代表性,是大部分小说研究者对于唐传奇的看法。唐传奇在审美和文学两个方面,确较唐前小说更为突出,但也未必是其有意为之,"文学与审美"在某种程度上来说不过是其外在表象。事实上,传奇小说仍然是传统小说的延续,具有"记事述闻"的性质,我们不能以篇幅的长短想当然地把传奇小说与西方文学观念中的小说画上等号。仇鹿鸣曾通过将唐代萧遇墓志与《太平广记》所引《通幽记》中与萧遇生平相关的传奇小说相比勘,结果发现墓志与小

---

① 谭帆:《论中国古代小说文体研究的四种关系》,《学术月刊》2013年第11期。
② 陈文新:《文言小说审美发展史》,武汉大学出版社,2007年,第23页。

说在内容上有诸多重合。墓志作为记述逝者生平的文章,虽不乏绘事的成分,但大要质实,至少不能像文学创作那样去肆意虚构。这与我们今天所理解的传奇小说显然有着天壤之别。仇鹿鸣说道:"值得指出的是,既往文学史脉络中对唐代小说的研究,往往受'文学进化'观念的影响,尝试勾勒出从六朝志怪到唐传奇的演变线索,强调传奇之于志怪,篇幅更长,情节愈加丰富曲折,文辞更为华美,这一说法本自鲁迅,背后不免以现代西方虚构性的小说观念相比附。一方面,如王运熙等学者已意识到古小说与六朝史部杂传之间的承袭关系,但同时依旧抱着发现'文学自觉'的期许,强调唐传奇在虚构性与艺术性的优长,并以之作为评骘古体小说高下的标的,甚至这一观念还影响了文献董理时的选择。这一研究理路尽管在文学史的范畴内足以自洽,但用后世'文学''小说''虚构'等观念格义古人作品时,不免忽略了古小说中'纪实'的一面。"①长期以来,小说史研究基本都将传奇小说视为中国古代小说的开始,是符合现代文学观念的小说创作之开始。但学者们都忽略了传奇小说同样具有"记事述闻"的性质,而小说家也在记录着自己所认为的"真实"事件,我们所谓的文学性特征——人物描写、情节曲折,也不过是创作者略带文采的记录,与今之文学创作毫不相干。

5. "纂辑"是古代小说主要的成书方式

中国古代小说的创作始终是以编纂、辑录为主要方式,无论是小说诞生之初,稗官对于"街谈巷语""道听途说"的采辑,还是后世小说发展中形成的庞大作品数量,古代小说都具有明显的纂辑性质。而纂辑又可分为两种:一为对自己过往记录的编辑、整理;二是对他人著作的摘抄、辑录。与文学创作相比,古代小说内容来源广泛,既

① 仇鹿鸣:《墓有重开之日——从萧遇墓志看唐代士人的权厝与迁葬》,《中华文史论丛》2019年第4期。

有作者的耳闻目见、友朋邮筒相寄,也有闲来读书,会心处的随笔而记。日积月累,所记颇多,于是整理成编,付之枣梨。所以有相当一部分古代小说内容的原创性并不高,还有大量小说内容是直接抄自他书,辗转稗贩而来。也有的作者颇有著作权意识,在每条末尾标注文献来源。关于古代小说纂辑的成书方式,在小说序跋中都有明确交代,对此笔者已有专文论述,故此不赘①。事实上,古代小说的成书方式还与小说家的创作心态有关。在古代文人心中,小说作品无论如何优秀,也只是稗官小道、九流之末,难登大雅之堂。文人士子既不想借小说扬名后世,也不会将其作为自己的代表著作。小说很多时候扮演着"娱乐""消遣"功能,常常是闲来无事时消磨时光的一种方式。所以,很多小说名著的背后,是作者的无奈和苦痛。因此古代小说的成书方式是真正的"述而不作",与西方文学观念中的小说精心的虚构、叙事有着本质的区别。古代小说家心中没有文学的意识,更不认为自己是在进行文学的创作。认清古代小说的成书方式,也就理解了蒲松龄《聊斋志异》缘何在纪昀眼中非小说之正体,不被收录进《四库全书总目》。

　　值得注意的是,今之小说研究者往往认为志怪谈异为古代小说最为重要的类型,这种认识仍然是受到西方小说观念的影响。作为志怪小说研究的先驱,李剑国虽然意识到中西小说观念的差异,但仍然没有挣脱时代的束缚,坚持采用文学体系下的小说观念来分析古代小说的发展,并认为:"从艺术价值和小说发展的角度看,最值得重视的乃是志怪小说。它虽一般也是'丛残小语',作为小说尚在雏形阶段,但它比志人杂事有更多的小说因素,最突出的是它有丰富的想象和幻想,比较鲜明的形象和比较完整的情节。"②志怪小说研究的

---

① 参见张玄:《晚明笔记小说成书研究》,《中华文化论坛》2019 年第 2 期。
② 李剑国:《唐前志怪小说史》,天津教育出版社,2005 年,第 10 页。

兴起,其实是研究者看中这类小说所具有的奇幻文学色彩以及优越的故事性,而一些基本史实却被遮蔽。古代小说家没有与今天类似的文学观念,虽然奇闻异事乃是古代小说常有之内容,但却并非小说家有意的虚构。志怪谈异绝非古代小说之正体,也并不是古代小说的主要内容。上文所引章太炎、余嘉锡关于小说性质的论述,更是一针见血地指出问题所在。小说虽为九流之末,但与其他九家一样,都有实际的功用,绝非一些花妖狐鬼的荒诞故事。这种目录学思维其实影响了后世小说的著录,仔细考查古代目录小说家类著录作品的情况,怪异的奇闻也并不是主要的著录对象。这在《四库全书总目》小说家类中体现尤为明显,《总目》将古代小说分为杂事、异闻、琐语三类,其中著录的作品、排列的顺序以及提要的内容,均包含有鲜明的价值判断。从四库小说分类来看,杂事类显然是纂修官眼中小说之正统,而异闻类之"异闻"与我们熟悉的志怪也是完全不同的两个概念,《总目》异闻类,"异闻"所指其实是与正史相对的那些遗闻轶事。荒诞不经的志怪故事恰恰是纂修官在提要中多次批判的对象。从《总目》所总结的小说功能来看,也与志怪毫不相干,准确地说是相反的方向。总之,志怪小说既不是古典目录小说家类著录的主要作品,也不是古人心目中小说之正宗。今天古代小说研究对他的重视,更多是受西方小说观念的影响。长期以来,白话小说在大多数小说通史的书写中占据主要地位,明清时期尤为明显,这在某种程度上体现了撰写者的价值判断,同时也在客观上造成了中国古代小说以白话小说为正宗的"假象",这种"假象"在小说研究中渐渐成为了一种固化的认知和思维,即使不断有学者进行反思,但对于小说史的认识似乎并未发生根本性的变化①。事实上,无论是从作家、作品数量,

① 小说研究者思维的固化,更准确地说是受到学科的限制,作为现代文学体系下的文学研究,自然无法逃脱学科方法、思维、视角的束缚。

还是在绝大部分古代文人的认知世界里,白话小说从来都不是小说之正宗,甚至都不能称之为小说,即便是在明清时期依然如此。而传统目录中的小说,始终占据着正宗的地位,在两千多年的小说发展史中从未改变。

6.“杂”是古代小说的突出特点

由于中国古代小说内容来源广泛,故具有“广见闻”“资考证”的功能。小说家常常在序言中提及其所记之事并非目见于一时一地、耳闻于一人、抄自于一书,意合兴到,随笔而记,“事不必尽核,理不必尽合,而文亦不必尽讳”①。凡此种种都造成了古代小说内容的博杂。这种“杂”的特点,在中国古代小说发展之初就已经有所体现。《汉书·艺文志》中所谓“街谈巷语、道听途说”,说明了小说来源导致其内容无法避免地具有“杂乱无章”的特点。据张舜徽《汉书艺文志通释》考证,《汉志》小说家著录的《周考》《务成子》《百家》等书均属于杂记丛谈类作品,如《周考》一书,张氏按语云:“此云《周考》,犹言丛考也。周乃周遍、周普无所不包之意……小说家之《周考》,盖杂记丛残小语、短浅琐事以成一编,故为书至七十六篇之多。”②在后世的发展过程中,古代小说“博杂”的特点呈现愈加鲜明的趋势,不但在内容上继续扩大自己收录的范围,而且形成了志怪、杂事、谐谑、杂俎等多样的小说类型,有时候不同小说类型之间还互相融合。到了明清时期,古代小说博杂的特点似乎成为了学者们的共识,尤其是明代学者,对此多有论及。如李维桢云:“后代小说极盛,其中无所不有,则小说无误。”③陈继儒说:“六经之支流余裔,散而为九家。自稗官

---

① [明]王同轨:《耳谈类增·序》,明万历刻本。
② 张舜徽:《汉书艺文志通释》,华中师范大学出版社,2004 年,第 340 页。
③ [明]谢肇淛:《五杂组》,上海书店出版社,2009 年,第 1 页。

出,而九家之散者始合,盖其说靡所不载故也。"①谈迁认为:"说部充栋,错事见采。事易芜,采易凿,舍其旧而新是图。又任目者凭于所好恶,任耳者失于浮浪也,窃深自诚。"②陈国军注意到明代小说普遍存在的混杂现象,并认为:"小说创作中文体驳杂,体类相混,在万历时期是一种正常得不能再正常的状态……小说可以身兼经史子集数体,固然可以视之为小说优胜之处,但小说区别于其他文类的文体特质必然受到致命的损害。"③实际上,"杂"作为中国古代小说的原始特征,伴随小说发展之始终。从现代文学文体观念来看,古代小说的这种特征自然无益于小说的发展。但回归史实,我们会看到古代小说并没有因为"驳杂"阻碍其发展,恰恰相反,中国古代小说的功能和价值很大程度上正是来源于其自身的包容性。正如《四库全书总目》小说家类序中所云:"然则博采旁搜,是亦古制。固不必以冗杂废矣。"④清代学者在纂修《四库全书》时,对小说家的类型、内容、功能等方面进行了系统的梳理,于古代小说发展以及理论建设而言功不可没,但由于古代小说自身的特殊性,其著录分类之标准不无前后矛盾之处,这让四库纂修官也感到无奈,说:"记录杂事之书,小说与杂史,最易相淆。诸家著录,亦往往牵混。"⑤

7. 结语

以上六个方面,是从史实的角度对中国古代小说特征进行的总结。当然,古代小说在后世的发展过程中,出现内容博杂、体例不纯的现象,小说观念也不尽相同。赵益认为:"古代的'小说'观念经历

---

① [明]张大复:《闻雁斋随笔·陈继儒序》,明万历三十三年(1605)刻本。
② [明]谈迁:《枣林杂俎·序》,上海图书馆藏清抄本。
③ 陈国军:《明代志怪传奇小说研究》,天津古籍出版社,2006年,第415页。
④ [清]纪昀等:《四库全书总目》,中华书局,1997年,第1834页。
⑤ [清]纪昀等:《四库全书总目》,中华书局,1997年,第1870页。

了几个阶段,从《庄子·外物》、桓谭《新论》到《汉书·艺文志》、唐刘知几再到明胡应麟,它的内涵外延有一定的扩大(主要是刘知几加入了'偏记''郡书''家书''地理书''都邑簿';胡应麟加入了'志怪'与'传奇'),但基本内核没有太大的变化,最后由《四库全书总目》作了总结性归纳,又趋向保守……古代小说学者对'小说'在传统观念遮蔽下的实际发展还是有所察觉的,所以很早开始了正本清源的理论工作,一个总体趋势是既努力把'小说'与正统史传区别开来,同时又强调它'见闻叙事'的文体独立性,将'小说'与传奇、戏文严格区分。"①这一观点大致准确,但《总目》的"保守",其实正是古代学者所进行的正本清源工作,同时也是对小说之"体"的捍卫。基本特征的确立有助于我们客观认识古代小说的发展,更好地指导我们进行古代小说的研究和整理工作。需要特别说明的是,从史实角度来认识中国古代小说,对于以往小说研究疏漏的批评,并不是完全否定我们用现代文学观念研究古代小说所取得的成果,而是对古代小说研究不足之处的补充,对认识错误的纠正。中国小说史研究需要两条腿走路,正所谓"花开两朵,各表一枝",更需要两种研究方式和思路:其一就是已经取得丰硕成果的白话通俗小说研究,借鉴西来的小说观念和文学研究的思维理路。而另外一条路径,则是从历史与文献出发,把小说放到历史语境和古代学术体系之中来进行考察,实现真正的"本土化",即"一方面是指研究对象的'本土化',即还原古代小说之'实际存在';同时也指研究方法、价值标准之'本土化',在借鉴外来观念和方法的同时,努力寻求蕴含本土化之内涵和符合本土'小说'之特征的研究视角、方法和评价标准"②。小说史研究的两条路径缺一不可,"合则双美,分则两伤"。

① 赵益:《六朝南方神仙道教与文学》,江苏人民出版社,2019年,第221页。
② 谭帆:《论中国古代小说文体研究的四种关系》,《学术月刊》2013年第11期。

主要参考文献

一、史料文献

［汉］班固:《汉书》,中华书局点校本 1962 年版。

［后晋］刘昫等:《旧唐书》,中华书局点校本 1975 年版。

［清］纪昀等修纂:《武英殿本四库全书总目》,国家图书馆出版社 2019 年版。

［清］纪昀等:《影印文渊阁四库全书》,台湾商务印书馆 1982—1986 年影印本。

［清］纪昀等:《四库全书总目稿抄本丛刊》,上海科学技术文献出版社 2021 年版。

［清］四库馆臣编纂,赵望秦等校证:《四库全书初次进呈存目校证》,陕西师范大学出版总社 2016 年版。

［清］王太岳等纂辑:《文渊阁本钦定四库全书考证》,台湾商务印书馆 1986 年版。

［唐］魏徵:《隋书》,中华书局点校本 2018 年版。

［清］翁方纲撰,吴格整理:《翁方纲纂四库提要稿》,上海科学技术文献出版社 2005 年版。

［清］翁方纲撰,吴格、乐怡标点整理:《四库提要分纂稿》,上海书店出版社 2006 年版。

［清］翁方纲撰,沈津辑:《翁方纲题跋手札集录》,广西师范大学出版

社 2002 年版。

［清］姚觐元编，孙殿起辑：《清代禁毁书目（补遗）、清代禁书知见录》，上海商务印书馆 1957 年版。

［清］永瑢等：《四库全书总目》，中华书局 1965 年版。

［清］永瑢等编：《文渊阁原抄本四库全书简明目录》，台湾商务印书馆 1983 年版。

［清］永瑢等：《纪晓岚删定四库全书总目稿本》，国家图书馆出版社 2011 年版。

［清］于敏中：《于文襄手札》，国立北平图书馆 1933 年影印本。

［清］于敏中等编：《摛藻堂四库全书荟要》，台湾世界书局 1990 年版。

［宋］欧阳修、宋祁：《新唐书》，中华书局点校本 1975 年版。

台北故宫博物院编印：《国立故宫博物院善本旧籍总目》，台湾博物院 1983 年版。

台湾图书馆特藏组编辑：《四库缥缃万卷书——"国家图书馆"馆藏与〈四库全书〉相关善本叙录》，台湾图书馆出版中心 2012 年版。

台湾图书馆特藏组编：《"国立中央"图书馆馆藏善本书目》（增订二版），台湾图书馆 1984 年版。

台湾图书馆特藏组编：《台湾公藏普通本线装书目书名索引》，台湾图书馆 1982 年版。

台湾图书馆特藏组编：《台湾公藏善本书目书名索引》，台湾图书馆 1982 年版。

《四库禁毁书丛刊》编纂委员会：《四库禁毁书丛刊》，北京出版社 1997 年版。

《四库禁毁书丛刊》编纂委员会：《四库禁毁书丛刊补编》，北京出版社 2005 年版。

《四库全书》出版工作委员会：《文津阁四库全书》，商务印书馆影印本 2011 年版。

《四库全书》出版工作委员会:《文津阁四库全书提要汇编》,商务印书馆 2006 年版。

《四库全书存目丛书》编纂委员会编:《四库全书存目丛书》,齐鲁书社 1997 年版。

《四库提要著录丛书》编纂委员会编纂:《四库提要著录丛书》,北京出版社 2011 年版。

《四库未收书辑刊》编纂委员会编:《四库未收书辑刊》,北京出版社 2000 年版。

北京大学图书馆编:《北京大学图书馆藏古籍善本书目》,北京大学出版社 1999 年版。

北京图书馆编:《北京图书馆古籍善本书目》,书目文献出版社 1987 年版。

北京图书馆古籍出版编辑组:《北京图书馆古籍珍本丛刊》,书目文献出版社 1998 年版。

北京图书馆古籍影印室:《明清以来公藏书目汇刊》,北京图书馆出版社 2008 年版。

本社古籍影印室:《清代文字狱史料汇编》,北京图书馆出版社 2007 年版。

陈东辉主编:《文澜阁四库全书提要汇编》,杭州出版社 2017 年版。

杜泽逊:《四库存目标注》,上海古籍出版社 2007 年版。

范邦瑾编:《美国国会图书馆藏中文善本书续录》,上海古籍出版社 2011 年版。

傅增湘:《藏园群书经眼录》,中华书局 2009 年版。

傅增湘:《藏园群书题记》,上海古籍出版社 1989 年版。

故宫博物院:《四库全书补正》子部,台湾商务印书馆 1999 年版。

顾廷龙编:《章氏四当斋藏书目》,北京图书馆出版社 2007 年版。

顾廷龙主编：《中国古籍善本书目征求意见稿》，上海图书馆油印本
　　（2003年齐鲁书社影印出版，改名《稿本中国古籍善本书目书名索
　　引》）。

郭立暄编：《中国古籍原刻翻刻与初印后印研究》，中西书局2015
　　年版。

国家图书馆：《国家图书馆藏古籍题跋丛刊》，北京图书馆出版社
　　2002年版。

国家图书馆古籍馆编：《西谛藏书善本图录》（附西谛书目），中华书
　　局2009年版。

贾贵荣辑：《日本藏汉籍善本书志书目集成》，北京图书馆出版社
　　2003年版。

贾晋华主编：《香港所藏古籍书目》，上海古籍出版社2003年版。

江庆柏等整理：《四库全书荟要总目提要》，人民文学出版社2009
　　年版。

金毓黻等编：《文溯阁四库全书提要》，中华书局2014年版。

静嘉堂文库编：《静嘉堂文库汉籍分类目录》，大立出版社1980年版。

李国庆辑：《四库全书卷前提要四种》，大象出版社2016年版。

李万健、邓咏秋编：《清代私家藏书目录题跋丛刊》，国家图书馆出版
　　社2010年版。

罗琳主编：《四库全书底本丛书》，文物出版社2019年版。

上海古籍出版社编：《续修四库全书》，上海古籍出版社2002年版。

上海图书馆编：《中国丛书综录》，上海古籍出版社2007年版。

上海图书馆公司编：《贩书实录——上海图书公司古书收购标价目
　　录》，上海书店出版社2014年版。

邵懿辰撰，邵章续录：《增订四库简明目录标注》，中华书局1959
　　年版。

沈津：《中国珍稀古籍善本书录》，广西师范大学出版社2006年版。

沈津主编:《美国哈佛大学燕京图书馆中文善本书志》,广西师范大学出版社 2011 年版。

施廷镛编:《中国丛书综录续编》,北京图书馆出版社 2003 年版。

石昌渝:《中国古代小说总目》,山西教育出版社 2004 年版。

司马朝军:《续修四库全书杂家类提要》,商务印书馆 2013 年版。

四库全书出版工作委员会:《文津阁四库全书提要汇编》,商务印书馆 2006 年版。

孙殿起录:《贩书偶记》(附续编),上海古籍出版社 2001 年版。

孙楷第:《戏曲小说书录解题》,人民文学出版社 1990 年版。

孙楷第:《中国通俗小说书目(外二种)》,中华书局 2012 年版。

台湾图书馆编:《"国家"图书馆善本书志初稿》,台湾图书馆 1996—2000 年版。

台湾图书馆编:《"中央"图书馆善本序跋集录》,台湾图书馆 1992—1994 年版。

汤蔓媛纂辑:《傅斯年图书馆善本古籍题跋辑录》,"中央"研究院历史语言研究所 2008 年版。

天津图书馆:《天津图书馆古籍善本书目》,国家图书馆出版社 2008 年版。

王利器:《元明清三代禁毁小说戏曲史料》(增订本),上海古籍出版社 1981 年版。

王清源、牟仁隆、韩锡铎:《小说书坊录》,北京图书馆出版社 2002 年版。

王欣夫:《蛾术轩箧存善本书录》,上海古籍出版社 2002 年版。

王重民辑录:《美国国会图书馆藏中国善本书录》,广西师范大学出版社 2014 年版。

王重民:《中国善本书提要》,上海古籍出版社 1983 年版。

王重民:《中国善本书提要补编》,书目文献出版社 1991 年版。

吴慰祖校订:《四库采进书目》,商务印书馆 1960 年版。

严绍璗:《日藏汉籍善本书录》,中华书局 2007 年版。

姚觐元编,孙殿起辑:《清代禁毁书目》(补遗)、《清代禁书知见录》,
　　商务印书馆 1957 年版。

袁行霈、侯忠义:《中国文言小说书目》,北京大学出版社 1981 年版。

浙江图书馆古籍部:《浙江图书馆古籍善本书目》,浙江教育出版社
　　2002 年版。

中国第一历史档案馆编:《纂修四库全书档案》,上海古籍出版社
　　1997 年版。

中国古籍善本书目编辑委员会:《中国古籍善本书目》,上海古籍出版
　　社 1989—1998 年版。

中国古籍总目编纂委员会编:《中国古籍总目》,中华书局、上海古籍
　　出版社 2009 年版。

中国国家图书馆编:《原国立北平图书馆甲库善本丛书》,国家图书馆
　　出版社 2013 年版。

中国科学院图书馆编:《中国科学院图书馆藏中文古籍善本书目》,科
　　学出版社 1994 年版。

中国社会科学院文学研究所图书馆:《中国社会科学院文学研究所藏
　　古籍善本书目》,中国社会科学院文学研究所图书馆 1993 年版。

中国书店:《海王村古籍书目题跋丛刊》,中国书店 2008 年版。

中国书店编:《中国书店三十年所收善本书目》,中国书店 1982 年版。

中国书店编:《中国书店三十年所收善本书目补编》,中国书店 1982
　　年版。

中华书局编:《四库全书总目资料三种》,中华书局 2016 年版。

"中研院"历史语言研究所:《"中央"研究院历史语言研究所善本书
　　目》,"中研院"历史语言研究所 1968 年版。

煮雨山房:《故宫藏书目录汇编》,线装书局 2004 年版。

二、研究专著

陈大康:《明代小说史》,上海文艺出版社 2000 年版。

陈洪主编:《民国中国小说史著集成》,南开大学出版社 2014 年版。

陈洪:《中国小说理论史》,天津教育出版社 2005 年版。

陈平原、夏晓红编:《清末民初小说理论资料》,北京大学出版社 2021 年版。

陈文新:《中国笔记小说史》,台湾志一出版社 1995 年版。

陈垣:《陈垣四库学论著》,商务印书馆 2012 年版。

陈国军:《明代志怪传奇小说研究》,天津古籍出版社 2006 年版。

崔富章:《版本目录论丛》,中华书局 2014 年版。

崔富章:《四库提要补正》,杭州大学出版社 1990 年版。

盖博坚:《皇帝的四库——乾隆朝晚期的学者与国家》,中国人民大学出版社 2019 年版。

甘肃图书馆编:《四库全书研究文集》,敦煌文艺出版社 2005 年版。

郭伯恭:《四库全书纂修考》,北平研究院史学研究会 1937 年版。

何宗美、张晓芝:《〈四库全书总目〉的官学约束与学术缺失》,人民文学出版社 2017 年版。

侯忠义:《中国文言小说史稿》,北京大学出版社 1990 年版。

胡玉缙撰,王欣夫辑:《四库全书总目提要补正》,中华书局 1964 年版。

胡宝国:《汉唐间史学的发展》,商务印书馆 2003 年版。

黄爱平:《四库全书纂修研究》,中国人民大学出版社 1989 年版。

黄霖编著:《历代小说话》,凤凰出版社 2018 年版。

江庆柏:《〈四库全书荟要〉研究》,凤凰出版社 2018 年版。

琚小飞:《溯源汇津——四库文献研究》,上海科学技术文献出版社 2023 年版。

李剑国:《唐前志怪小说史》,南开大学出版社 1993 年版。

李常庆:《〈四库全书〉出版研究》,中州古籍出版社 2008 年版。

李成晴:《集部文献丛考》,中华书局 2020 年版。

刘浦江:《正统与华夷:中国传统政治文化研究》,中华书局 2017 年版。

刘勇强:《中国古代小说史叙论》,北京大学出版社 2007 年版。

柳燕:《四库全书总目集部研究》,湖北人民出版社 2013 年版。

鲁迅:《中国小说史略》,上海古籍出版社 1998 年版。

罗宁:《汉唐小说观念论稿》,巴蜀书社 2009 年版。

宁侠:《四库禁书研究》,商务印书馆 2018 年版。

浦江清著,张鸣编选:《浦江清文选》,北京大学出版社 2010 年版。

潘建国:《古代小说文献丛考》,中华书局 2006 年版。

潘建国:《中国古代小说书目研究》,上海古籍出版社 2005 年版。

潘建国:《物质技术视域中的文学景观:近代出版与小说研究》,北京大学出版社 2016 年版。

石昌渝:《中国小说源流论》(修订版),生活·读书·新知三联书店 2015 年版。

司马朝军:《〈四库全书总目〉编纂考》,武汉大学出版社 2005 年版。

司马朝军:《〈四库全书总目〉研究》,社会科学文献出版社 2004 年版。

谭帆等:《中国古代小说文体文法术语考释》,上海古籍出版社 2013 年版。

谭帆:《中国小说史研究之检讨》,上海古籍出版社 2000 年版。

吴承学:《中国古代文体学研究》,人民文学出版社 2011 年版。

吴哲夫:《〈四库全书〉纂修之研究》,台北故宫博物院 1990 年版。

吴哲夫:《四库全书荟要纂修考》,台北故宫博物院 1976 年版。

吴志达:《中国文言小说史》,齐鲁书社 1994 年版。

夏长朴:《四库全书总目发微》,中华书局 2020 年版。

夏长朴:《四库全书总目阐幽》,秀威资讯 2023 年版。

余嘉锡:《四库提要辨证》,中华书局 1980 年版。

占骁勇:《清代志怪传奇小说集研究》,华中科技大学出版社 2003 年版。

张传锋:《〈四库全书总目〉学术思想研究》,学林出版社 2007 年版。

张升:《〈永乐大典〉流传与辑佚新考》,社会科学文献出版社 2019 年版。

张升:《四库全书馆研究》,北京师范大学出版社 2012 年版。

张舜徽:《四库提要叙讲疏》,云南人民出版社 2005 年版。

张晓芝:《〈四库全书总目〉明人别集提要研究》,吉林人民出版社 2018 年版。

赵益:《普化凡庶:近世中国社会一般宗教生活与通俗文学》,上海古籍出版社 2021 年版。

赵益:《中国古代文献:历史、社会与文化》,南京大学出版社 2022 年版。

三、研究论文

陈东辉:《文澜阁本〈四库全书〉卷前提要相关问题综述》,《中国四库学》2018 年第 2 期。

陈东辉:《关于文澜阁〈四库全书〉卷前提要及其他》,《四库学》2018 年第 1 期。

陈恒舒:《四库全书清人别集纂修研究》,北京大学 2013 年博士论文。

陈良中:《〈书〉类"总目提要"与文渊阁本书前提要比勘》,《四库学》2018 年第 2 期。

崔富章:《〈四库全书总目〉版本考辨》,《文史》1992 年第 35 期。

高树伟:《国家图书馆藏〈惜抱轩四库馆校录书题〉抄本考略》,《中国四库学》2019 年第 1 期。

韩超:《浙本〈四库全书总目〉底本及其成书过程的再讨论——南京图书馆藏〈总目〉残稿初探》,《图书馆杂志》2020 年第 12 期。

黄燕生:《校理〈四库全书总目〉残稿的再发现》,《中华文史论丛》1991 年第 48 期。

姜雨婷:《傅斯年图书馆藏〈四库馆进呈书籍底簿〉研究》,南京师范大学 2012 年硕士论文。

琚小飞:《〈四库全书〉早期编纂史事新探——基于〈四库全书馆校档残本〉的研究》,《文献》2022 年第 3 期。

琚小飞:《〈四库全书简明目录〉版本考》,《史学史研究》2022 年第 3 期。

琚小飞:《〈四库全书〉早期编纂史事新探——基于〈四库全书馆校档残本〉的研究》,《文献》2022 年第 3 期。

琚小飞:《文溯阁〈四库全书〉的撤改与补函——以相关档案为中心的考查》,《文献》2020 年第 2 期。

李国庆、王钒:《〈四库全书〉卷前提要四种及其收书异同录——兼及金毓黼所论〈四库全书〉卷前提要问题》,《中国四库学》2018 年第 1 期。

李振聚:《论翁方纲〈纂校四库全书事略〉的文献价值》,《历史文献研究》2020 年第 2 期。

刘浦江:《四库全书初次进呈存目再探——兼谈〈四库全书总目〉的早期编纂史》,《中华文史论丛》2014 年第 115 期。

刘浦江:《四库提要源流管窥——以陈思〈小字录〉为例》,《文献》2014 年第 5 期。

刘浦江:《天津图书馆藏〈四库全书总目〉残稿研究》,《文史》2014 年第 4 期。

刘晓军:《中国小说文体的古今之变与中西之别》,《中国文学研究》

2019 年第 4 期。

刘勇:《姚鼐〈惜抱轩四库馆校录书题〉的文献价值》,《安徽史学》
2019 年第 1 期。

刘勇强:《一种小说观及小说史观的形成与影响——20 世纪"以西例
律我国小说"现象分析》,《文学遗产》2003 年第 3 期。

苗润博:《台北"国家图书馆"藏〈四库全书总目〉残稿考略》,《文献》
2016 年第 1 期。

漆永祥:《从〈全宋诗〉的编纂看〈四库全书〉的文献价值》,北京大学
中国古文献研究中心等编《海峡两岸古典文献学学术研讨会论文
集》,上海古籍出版社 2002 年版。

任明华:《明代的小说选本论略》,《明清小说研究》2006 年第 4 期。

任芯颖:《纂修〈四库全书〉期间小说禁毁现象研究》,四川师范大学
2015 年硕士论文。

任芯颖:《小说禁毁的"涟漪效应"及其在流通史上的意义》,《明清小
说研究》2021 年第 1 期。

沈津:《翁方纲与〈四库全书总目提要〉》,《中国图书文史论集》,正中
书局 1991 年版。

沈津:《校理〈四库全书总目提要〉残稿的一点新发现》,《中华文史论
丛》1982 年第 1 期。

陶敏、刘再华:《"笔记小说"与笔记研究》,《文学遗产》2003 年第
2 期。

王菡:《国家图书馆所藏〈四库全书总目〉稿本述略》,《文学遗产》
2006 年第 2 期。

王娟:《〈四库全书总目〉与文渊阁〈四库全书〉书前提要比勘研究》,
山东大学 2011 年硕士论文。

吴承学、何诗海:《论〈四库全书总目〉的文体学思想》,《北京大学学
报》2007 年第 4 期。

吴文庆:《〈四库全书总目〉明小说家类提要研究》,西南大学 2020 年博士论文。

项璇、高树伟:《〈四库提要〉早期纂修史事新证》,《中国史研究》2020年第 3 期。

许超杰:《〈四库全书〉提要文本系统例说》,《文献》2020 年第 6 期。

杨润东:《〈四库全书总目〉"说部"研究》,山东大学 2021 年硕士论文。

杨新勋:《四库提要易类辨证三则——兼谈诸提要间的关系》,《图书馆研究》2020 年第 11 期。

杨新勋:《中国国家图书馆藏〈钦定四库全书总目〉稿本解题》,《四库全书总目稿抄本丛刊》第 1 册,上海科学技术文献出版社 2021年版。

张春国:《文渊阁〈四库全书〉未全据〈四库全书考证〉校改原因考辨——兼谈〈四库全书荟要〉与〈四库全书考证〉之关系》,《中国典籍与文化》2020 年第 4 期。

张国风:《文渊阁四库本〈太平广记〉底本考索》,《社会科学战线》1995 年第 3 期。

张升:《〈翁方纲纂四库提要稿〉的构成与写作》,《文献》2009 年第1 期。

后　记

2013年我开始跟随恩师谭帆先生学习小说、戏曲,算起来已经十年有余。我记得自己在读博时候交给老师的第一篇论文是《〈四大痴〉传奇考论》,先生说"文献尚可,理论不足"。在此之后,理论思考的缺乏始终是我研究的短板。不过从博士期间的明代笔记小说研究开始,我也不断在思考中国古代小说的性质、特征以及研究方法。幸运的是,这十年我算是一直跟随老师学习,常有机会聆听老师的教诲,让我受益良多。这部小书是我近些年来有关中国古代小说的学习心得,也是我向老师交的一份作业。

此书是我2019年申报国家社科基金青年项目的结项成果,最初名为"研究",但考虑到全书的研究方法多为考证,故而改名《〈四库全书〉小说家类纂修考》。关于本书研究的缘起,实际上是因在博士学习阶段读到北大刘浦江教授的《四库提要源流管窥——以陈思〈小字录〉为例》一文。我的博士论文题目为《晚明笔记体小说研究》,在阅读了大量明代笔记体小说之后,我逐渐发现以传统文学研究思路来考查笔记体小说似乎并不能很好地解决问题,最明显的就是,小说研究常用的叙事、结构、人物塑造等理论,都难以运用于笔记体小说研究上,因为笔记体小说的作者根本没有文学创作的概念,而其篇幅短小、语言平实、叙事简略等特点,也没有多少文学性可言。可以毫不夸张地说,笔记体小说最大的价值不是文学,而是其史料的丰富性。因此,历来史学家都将笔记体小说作为优秀的资料库。这让我不得不将目光转向史学研究,想看一看史学研究者是如何利用笔记体小说,又是如何评价的。因为小说在古代学术体系中地位不高,所以史学界谈及小说的并不多。不过当我读到胡宝国《汉唐间史学的发展》、逯耀东《魏晋史学的思想与基础》、仇鹿鸣《墓有重开之日——从萧遇墓志看唐代士人的权厝与迁葬》等论著时,这些史学研究者由于没有文学研究思维的束缚,在讨论中国古代小说史时的那一份客观和冷静,让我印象格外深刻。于是我开始对史学研究产生了兴趣,在那期间,我在《中华文史论丛》上读到刘浦江教授关于四库提要源流的那篇文章,在研究思路上给了我很大的启发,我想既然《小字录》可窥探四库提要源流,那小说家类作品也一样适用。于是我开始阅读四库学相关论著,尤其是刘浦江教授的相关论文,模仿其论文的结构、论述的思路、研究的方法,并选择将上海图书馆所藏《四库全书总目》残稿作为研究对象,从残存的小说提要来看四库提要的纂修和源流,最终写成《上海图书馆藏〈四库全书总目〉残稿小说家类考》一文,后几经修改,发表在《文献》杂志,这篇照葫芦画瓢的小文最终能发表,给了我很大的信心,于是我继续搜集四库小说纂修的相关史料,并尝试做一些简单的文献和史实的考证,最重要的是,我在这个过程中隐约间找到一丝学术研究的乐趣,这让我在入职扬州大学之后,有信心以"四库全书小说家类纂修研究"申报国家社科基金青年项目。当然,敢以此题来申报国家项目,除了前期的一些积累外,更重要的是看到文学和史学研究界对于四库小说纂修的探讨都有很大的不足,而单纯的文学研究不足以解决此问题,必须结合史学和文献学进行研究。后来此题得以顺利立项,似乎证实了我此前的想法。但我也清楚地意识到,作为文学出身的我,写点读书心得还可以凑合,但要完成一部学术著作,以我那点"三脚猫"的功夫,岂不是要丢人现眼?看来终究免不了一次外行人说外行话、写外行书的经历。

"笔记小说"(或"笔记体小说")这一概念产生于晚清民国,但当时并不是作为一种文体概念出现的，而是为了方便文献的归纳所使用的文类概念。他的出现与晚清申报馆、广益书局、进步书局等采用新式印刷技术的出版商对传统子部小说类文献的整理、出版有着密切的关系，当时中国古代小说处在一个转型阶段，为了更为准确地概括这些在古代广泛存在的笔记类型的小说，结合其内容特点，将古已有之的"笔记"和"小说"两个概念合二为一，似乎符合小说史发展的实际以及当时出版的需要。"笔记小说"概念出现之后，便迅速传播开来，进而被学界广泛接受，直到今天还普遍地出现在学术研究和图书编目之中。虽然这一概念备受争议，但却具有很强的实用性和合理性。"笔记小说"的范围与古典目录小说家类所著录的作品大致相当，也就是古代文人心目中的小说，或者可以更为直接地说，"笔记小说"就是传统小说的代名词。《四库全书总目》小说家类收录的作品就属于这类小说，但因晚明社会的巨变、西方文学思想的引入，小说观念发生了根本性的改变，有着两千多年发展历史的古代小说，从主流地位一落千丈，逐渐被小说史所抛弃。反倒是那些在古代不入流的传奇、章回一跃而起，成为了小说之"正宗"、小说史叙述的主流。随着小说研究的深入，问题也逐渐显现：一是传统笔记小说的失位；二是研究方法与研究对象的不完全匹配。尽管有学者发出反思的声音，但仍然无法改变研究格局。谭老师是较早提出小说史研究应该"回归传统""回归本土"的口号并将其付之于实践的学者。但我从明代笔记小说的研究中逐渐意识到，仅仅是回归本土和传统对于小说史研究而言是不够的，因为这样的小说史最终还是离不开"文学"。但传统小说根本不是文学创作，大部分作品毫无文学性可言，如果用文学的思维、方法、视角去研究古代小说，无疑会出现"驴唇不对马嘴"的现象，所以上世纪八十年代出现的文言、笔记小说研究的小热潮，没能改变小说史的研究格局，其原因之一便是研究方法的偏颇，"小说史"和"历史中的小说"是完全不同的两回事。于是我开始思考小说研究是否可以做到"旁观者清"、他山之石能否攻玉。而站在史学和文献学研究的角度,使用相应的研究方法,抛开文学研究的束缚,将古代小说研究从其中解放出来,回归古代学术体系和历史史实,是否可以真正做到还原小说史呢?我曾经对自己的想法有过怀疑,但我坚信这是一次有意义的尝试。《总目》小说观念对后世影响颇深,而研究成果也非常丰富,但很少有人去追索其形成的原委。我将四库小说家类作为研究中心,试图从史实与文献的考辨中揭示四库小说观念和分类的形成过程,在零零碎碎的纂修史料中,探寻古代小说观念以及古人对于小说的理解。我认为利用史料也可以拼凑出一部"小说史"。不仅如此,小说史研究还需要破除经典化研究思维的束缚,关注小说发展背后的思想、社会、书籍等因素。

最初在申报项目时,采取的是以文学为主的跨学科研究方式,目的主要是整理四库小说纂修史料、理清纂修史实、揭示四库小说观念和分类的生成过程。但在项目完成后,我发现全书似乎与初衷有所偏离,从四库纂修来看小说观念和分类,变成了从小说家类来看四库全书的纂修,文学研究变成了四库学研究。但从另一个角度来看,这种研究结果似乎在一定程度上实现了我最初的想法,将小说研究从文学研究中解放出来,从一个旁观者视角来考查古代小说。

学术是什么?对我来说一半甚至多半是为了生活,我很惭愧没能达到将学术视为生命的至高境界。我是个俗人,最初的理想并不是要做学问,也从来没想过自己会从事学术研究工作,因为我觉得学人应有之特点我一样不占,而缺点我样样都有。幸运的是,大概从到华师大读博开始,我慢慢地找到了学术研究的乐趣。尤其自 2013 年至今,我流连于国内大型古籍拍卖会、网络拍卖会、国营古籍书店、私人古籍书店。十年间,我在买古籍中找到乐趣,感受了淘书人的喜怒哀乐。近年来,我又将淘书所得写成文章,发表于学术期刊。将业余爱好与工作结合到一起,自己辛苦淘来之书又得到了肯定,这岂不是件快乐的事情！我突然觉得自己能够回答之前提出的问题了,答案:学术是快乐的！即便经历过板凳十年,那些苦也逐渐被淡忘,被转化成快乐的一部分。

我能顺利地考上硕士、博士,在大学从事教研工作,这要得益于国家的扩招政策、老师们的帮助以及运气。在我的求学生涯中,总是能遇到好老师,给予我莫大的帮助。在这里我首先要感谢恩师谭帆先生,是先生带我走上学术之路,教会我如何读书、做学问。更重要的是,先生改变了我的人生命运。当年考博我已经没有选择和退路,如果不是先生招我做博士,我肯定从事其他与学术毫不相干的工作,更不会在大学当老师,有今天这样的生活,我的人生轨迹也会随之完全改变。感谢硕士导师刘鹤岩老师、浙大徐永明老师、博士后合作导师许建中老师,感谢老师们给予我学术指导和无私的帮助。拙著得以出版,要感谢本书责编吴爱兰老师的辛勤付出。

最后,感谢内子唐笑琳女史,感谢她十二年来随我从北到南,从无到有。感谢她在我失落的时候给我的鼓励,在我不太冷静的时候给我的提醒。感谢她的信任和理解,我总是将微薄的收入换来一堆旧纸,还自信满满地向她说这书有多好多好,而她总是微笑告诫我"最后一次",可淘书成瘾,于是一次又一次,我成了失信之人。

坦诚地说,学术研究只是我生活的一部分,因为我觉得人生还有很多值得去做的事情,而学术研究的意义也在于它能给我的生活带来一些乐趣,我希望未来自己还能够快乐地去做些学问,不必太大。

川州　张玄

甲辰龙年盛夏于广陵三摩地室